초보자를 위한
공동의존

관계 중독에서 자기다움을
회복하는 길

CODEPENDENCY FOR DUMMIES, 2ND EDITION

Darlene Lancer 저 | 신수경 역

학지사

역자 서문

올해 여름은 유난히 비가 많이 내렸다. 한여름의 어느 날, 제법 알려진 한 유튜버가 자살로 생을 내렸다. 그의 삶은 고달프고 힘들고 외로워 보였다. '도대체 잠은 언제 잘까?' 싶을 정도로 여러 가지 아르바이트를 하는 모습이 몇 달치 영상에 담겨 있었다. 그의 말로는 너무 힘들어서, 무서워서 잠이 들 수 없고 자기를 이겨 내고 싶어 아르바이트를 많이 늘렸다고 했다. 잘 이겨 내고 잘 수습하고 있는지 의아했지만, 강인하고 꿋꿋하게 그의 주변을 둘러싼 삶의 무게와 시간을 담담히 담아내고 있어 보였다. 많은 구독자, 특히 그의 삶과 비슷하다고 느끼는 젊은 구독자들이 그를 통해 힘을 얻고, 위안받으며, 그의 삶의 궤적을 눈여겨보며 따라가고 있었다. 문득 해가 넘어가듯, 갑작스러운 그의 죽음은 정말 마음이 아프고 안타까웠다. 그의 삶, 젊음, 아름다움, 멋스러움, 재능이 너무 아까웠다. 그도 공동의존자였을까?

나는 공동의존에 대해 잘 몰랐다. 공동의존은 DSM 체계로 다루거나 진단 내려지는 정신질환이 아니다. 임상심리전문가의 견해로 볼 때도, 공동의존에 포함되는 정신질환과 증상 및 증후군의 범위는 너무 넓다. 북미권의 정신의학 전문가들이 공동의존을 DSM에 포함시킬지 여부로 고민했지만 여러 가지 이유로 DSM에 포함시키지 않은 이유가 충분히 이해되고 타당하다.

　　세월이 달라서일까? 세월이 빨라서일까? 아니면 내가 나이가 들어서일까? 요즘 내가 가르치는 학생들은 예전과 비교하면 정말 많이 다르다. 수업 속에서 혹은 소통 속에서, 젊은 청년들이 눈에 띄게 다른 점은 매우 우울하고, 분노하고, 불안하고, 고통스럽고, 힘들다는 점인데, 이런 아픔을 서슴지 않고 드러내고 표현한다는 것이다. 앞서 언급한 유튜버의 모습과는 정반대일 수도 있겠다. 젊은 청년들은 수업 중에도 "저, ○○○ 때문에 약물치료를 받고 있습니다."라는 이야기도, "저, ○○○ 때문에 상담(혹은 심리치료)을 받고 있습니다."라는 이야기도 어렵지 않게 한다. 하지만 그들은 여전히 우울하고, 분노하고, 불안하고, 힘들다.

　　내가 의아해하는 지점은 지속적으로 약물치료를 하든, 대학 생활 4년 내내 상담을 받든, 종교 활동이나 신앙생활을 열심히 하든 변화하지 않는다는 점이다. 아니, 변화하지 못하는 건지도 모르겠다. 정말 개개인이 받은 진단이 정확한 게 맞는가? 물론 정신과에서 내린 특정 진단 자체의 신뢰성과 타당성을 의심하는 의문은 아니다.

　　나의 학생들은 물론이고, 대부분의 사람은 정말 열심히 성실하게 최선을 다해 자신의 삶을 감당해 낸다. 치료제를 복용하면서, 상담이나 심리치료를 받으면서, 종교적 지도나 조언을 받으면서, 특정 신앙 활동을 하면서 너무 열심히 산다. 정말 열심히 산다. 겉으로 드러난 우울 증상, 불안 증상, 분노, 고통을 위해 적절한 처방을 받고 없애려고 애쓰는데도 같은 자리만 맴돌고 있다. 이런 쳇바퀴를 도는 고통이 또 다른 좌절, 절망과 분노를 낳는다. 우울, 불안, 두려움, 고통, 중독, 분노 속에는 무엇이 있는가? 이 책『초보자를 위한 공동의존』에서는 이를 공동의존으로 본다.

　　『초보자를 위한 공동의존』의 저자, 달린 랜서는 공동의존을 '잃어버린 자기(Self)'라고 정의 내린다. 공동의존은 인생의 겉으로 드러나는 모든 고통의 증상이나 현상의 원인이 될 수 있다. 이런 원인을 해결하지 않는 한, 겉으로 드러나는 증상이나 현상은 사라지지 않는다. 달린 랜서의 고통에 대한 정의로 나의 학생들의 상황을 살펴보자면, 열심히 약물치료를 하고, 열심히 상담이나 심리치료를 받고, 열심히 문제를 해결하고, 열심히 종교나 신앙생활을 하면서도, 핵심적인 무언가가 여전히 빠져 있다는 말이다. 고통과 문제해결의 지속성은 진정한 자기를 찾고 만나고 보듬기 위해 중요한 무언가를 작업해야 할 때라는 신호다. 고통은 지금과는 다른 길을 가라고 알려 주는 신호다.

요즘 자주 생각해 보곤 한다. 재능이 많지만 우울증으로 시달리던 한 젊은 청년이 부모, 질병, 장애, 가난, 생계, 중독, 불화, 책임, 성실 등을 내려놓을 수 있었더라면, 자기다운 혹은 자기만의 길을 걸었더라면, 그는 지금 무엇을 하고 있을까?

나는 『초보자를 위한 공동의존』이 우울, 좌절, 두려움, 중독, 관계의 어려움, 학대, 외상 등으로 고통받는 사람이 자기 자신과 자기 삶을 되돌아보는 것을 원할 때 읽어보기를 권한다. 또한 정서 장애, 행동 장애, 성격적 결함, 중독, 외상, 학대 문제로 고통받는 환자나 내담자를 돌보는 상담 및 치료 전문가 혹은 예비 전문가, 성직자, 교사에게도 이 책을 권한다. 자신을 위해 읽든 누군가를 돕기 위해 읽든, 이 책에서 제시하는 삶의 나침반을 끝까지 따라가 보기를 권한다.

마지막으로 부탁하고 싶은 이야기가 있다. 공동의존의 대표적인 이미지는 '남을 잘 돌보는 사람'이다. 피상적으로 드러나는 공동의존을 잘못 이해하거나 과도하게 단순화하면, '내가 아는 사람 중에 남을 잘 돌보는 사람이 있는데, 그 사람도 공동의존자가 아닐까?'라는 생각이 들 수 있다. 공동의존자는 자신과 다른 사람에게 해로울 수 있는 삶의 양식이 몸에 밴 사람이다. 인생 여정을 행복하게 사는 데 필요한 요소와 영양분을 공급받지 못했을 수 있고, 다른 사람으로부터 따뜻함과 온정의 온기를 느껴 보지 못했을 수 있고, 부적응적인 삶의 양식과 가치를 배웠을 수 있고, 자신이 누구인지, 어떻게 살아야 하는지에 관한 삶의 지침을 전혀 배우지 못했을 수 있고, 자기 삶 속에 적합한 본보기를 보여 줄 대상이 없었을 수도 있고, 지속적인 학대나 외상을 경험했을 수 있고, 가족 중 누군가의 질병, 중독, 가난으로 고통을 겪었을 수도 있다. 공동의존자의 공동의존적 행동이 자신을 위한 것이든, 다른 사람을 통제하기 위해서든, 다른 사람의 조종에 의한 것이든 이들의 삶과 내면은 불행하다. 공동의존을 치유하고 회복시키기 위해, 이들에게 공동의존 혹은 공동의존자라는 또다른 편견의 틀을 씌우기보다, 어떤 동기나 목적이든, 장애나 중독이나, 질병이나 가난한 부모와 형제자매, 그 외의 이웃을 돕고 살아온 사람에게 가장 먼저, "그동안, 많이 애쓰셨습니다." "그동안 정말 많이 노력해 오셨습니다." "가난하고 병든 부모를 도와주서서 감사합니다."라는 인정과 격려의 말을 전해 주기를 희망해 본다. 그리고 신이 우리에게 바라는 온전한 여정을 함께 떠나 보자는 따듯한 초청을 전해 주기를 바란다.

"여러분, 그동안 정말 많이 고생하고 애쓰며 살아오셨습니다."

신부동에서

신수경

저자 서문

이 책을 읽는 이유가 자신이 공동의존자인지 아닌지 궁금해서라면 당신은 혼자가 아니다. 어떤 이들은 대다수의 사람이 공동의존자라고 생각한다. **공동의존**(codependency)이라는 용어는 1970년대부터 사용되었다. 공동의존에 대한 새로운 관점은 생각보다 훨씬 더 많은 사람에게 공동의존이 적용된다는 것이다. 여러 유형의 성격과 사람들이 공동의존자가 되고 공동의존적인 방식으로 행동한다. 공동의존은 정도와 심각도에 따라 다양하다. 모든 공동의존자가 불행한 것은 아니다. 하지만 어떤 사람은 고통스럽고 고요한 절망 속에서 살아간다. 공동의존자의 예는 다음과 같다.

- 나이 든 부부인 **매니**와 **페이**는 오랫동안 행복한 결혼 생활을 하고 있다. 페이는 매니를 "아빠"라고 부르고 매니는 페이를 "엄마"라고 부른다. 페이는 자신을 바로 잡아 주는 남편을 믿고 따른다. 그래서 이들은 거의 모든 일에 의견이 같다. 주로 매니가 먼저 동의하는 편이고, 페이에게 의견을 물으면, 그녀는 남편의 말을 그대로 따라 한다.
- **시드**와 **이나**는 수년 동안 함께 살고 있다. 하지만 이들의 관계에는 열정과 친

밀감이 부족하다. 시드는 **마이라**와 바람을 피우면서 이나에게는 마이라와 같은 야성미가 부족하다고 말한다. 그래서 시드는 이나와의 결혼에 확신이 없고, 덫에 걸린 것처럼 마음이 답답하다. 그는 어떤 여자에게도 전념하지 못하고, 이나와 더 가까워지는 것이 두려워 떠났다.

- **션**은 강박적인 과식자다. 그의 아내인 **소냐**는 션의 음식 섭취를 통제하려고 잔소리한다.

- **멜리사**는 뛰어난 영화감독이다. 남자들은 그녀에게 매력을 느낀다. 멜리사는 관계에서 열정이 식거나 독립심이 빼앗기는 느낌이 들기 시작하면 관계를 끝낸다. 멜리사는 지금까지 강렬하고 짧은 관계를 가졌다.

- **버드**는 대기업의 고위 간부로 100명 이상의 직원을 감독하고 있다. 직원들은 버드를 강하고 자기주장이 강한 사람으로 생각한다. 그러나 집에서 버드는 아내의 요구에 따르고 친밀감을 피한다. 특히 자신의 감정에 대해 이야기하거나 필요를 표현하지 못한다.

- **토마스**는 싱글 아빠다. 같이 사는 성인 아들과 매우 친하다. 토마스는 아들을 가장 친한 친구로 생각한다. 아들의 요구가 무엇이든 거절하지 못한다. 토마스는 이혼한 지 여러 해가 지났지만, '적합한' 여성을 만나지 못했다.

- **월터**는 직장에서 출세했지만 집에서는 매일 밤 술에 절어 있다. 그가 외출하는 밤마다 아내는 월터를 걱정하며 기다린다. 월터가 집으로 돌아오면 야단친다. 다음 날 아내는 월터가 아프다고 직장에 전화한다.

- **코니**는 폭력적인 남편 미하일이 겁난다. 굴욕감을 느끼지만 어쨌든 남편을 사랑한다. 그는 코니에게 사과하고 사랑을 나눈다. 코니는 다시는 자신을 때리지 않겠다는 남편의 약속을 굳게 믿고 용서한다.

공동의존자는 공동의존자에게 끌리기 때문에 건강한 관계를 맺을 가능성이 거의 없다. 좋은 소식은 공동의존 증상을 되돌릴 수 있다는 것이다. 이에는 결심, 노력, 지지가 필요하다. 때로 공동의존 증상이 자신에게 슬그머니 다가와, 전혀 알아차리지 못할 수도 있다. 공동의존 증상은 자신의 생각과 행동에 영향을 미친다. 공동의존은 완전히 치유되고 영원히 회복될 수 있는 것이 아니다. 하지만 언젠가는 자기 자신, 자신의 삶, 자신의 관계를 즐길 수 있다. 회복하기로 결정했다면 자신에게 힘을 부여하는 흥미진진한 여정을 시작한 것이다. 새로운 삶의 방식과 세상을 보는 방식이 열린다. 이 놀라운 여정을 나(저자)와 함께하기로 결정하기를 바란다.

이 책에 대하여

모든 공동의존자가 중독으로 고통받는 사람과 관계를 맺고 사는 것은 아니다. 자신이 그런 사람이든 아니든, 이 책은 사랑하는 사람과 관련된 당신을 위한 것이다. 자신이 알코올, 섭식, 저장, 쇼핑, 일, 성, 도박 등과 같은 물질이나 행위 중독에서 회복 중일 수 있다. 공동의존을 중심으로 문제를 해결할 준비가 되었다면, 이 책은 시작하기에 안성맞춤이다. 이 책의 초점은 중독을 극복하는 것이 아니라 자신의 대인관계에 있다('중독자'라고 언급할 때, 이는 마약 중독자를 포함하여 모든 유형에 중독된 사람을 의미한다. 때로 알코올 중독자로 특정되기도 한다).

이 책은 선형적이고 구분되어 있다. 한 번에 한 가지씩 논의하는 문장이나 단락으로 구성된다. 그러나 인간은 4차원적 시간과 공간에서 산다. 공동의존은 홀로그램이며 삶의 모든 방식에 영향을 미친다. 공동의존은 선형적이지도 않고 3차원적이지도 않다. 모든 특성은 서로 영향을 미친다. 이 책에서는 공동의존을 여러 부분으로 나누어 다양한 측면에 대해 논의한다. 하지만 이는 공동의존을 경험하는 방식이 아니다. 예를 들어, 질문에 단순히 "예." 또는 "아니요."라고 대답해도 자존감, 가치, 경계선, 감정, 반응성에 의해 동시에 영향을 받는다. 이와 더불어 무의식적이고 부정할 수 있는 과거 혹은 현재의 것들도 있다. 이는 또한 자신이 말하고 행동하는 모든 것에 영향을 미친다. 공동의존에 영향을 주는 모든 변인을 이해해도, 몇 문장의 설명으로 공동의존의 과정을 쉽게 이해하기는 불가능하다.

이 책은 매우 포괄적이며 공동의존에 대해 알아야 할 모든 것에 대해 자세히 설명한다. 회복에서 실천할 수 있는 도구들도 제공한다. 회복을 경험하는 방식에 따라 이번의 두 번째 판을 재구성했다. 먼저, 정의, 증상, 원인을 이해한 다음 변화와 치유 과정에 참여한다. 하지만 자신이 선택한 순서가 어디든 자유롭게 읽으라. 논의되고 있는 주제와 관련된 다른 장의 정보는 상호 참조 표시를 해 두었다. 중요한 회복 수단인 12단계 작업 과정을 설명하는 새로운 장도 추가했다. 전문가가 자신의 공동의존적 행동을 피할 수 있도록 전문가를 위한 10개 장의 추가 부분은 웹 사이트에서 이용할 수 있다.

이 책의 중요한 부분은 자기 발견 훈련에 있다. 전문가는 자기 발견 훈련을 자유롭게 복사하여 내담자에게 사용하라. 훈련을 건너뛰고 싶은 유혹을 받으면 변화에 도움이 되는 주요 기능을 놓치게 된다. 한 가지 전략은 책을 읽은 다음 한가로운 시간에 되돌아가서 훈련하는 것이다. 훈련한 후, 자신에게 도움이 되는 훈련을 지금부터 몇 달 또는 몇 년 동안 반복한다. 그러면 자신에 대한 새로운 지식을 얻을 것이다. 운동과 마찬가지로, 어떤 훈련은 반복해야 한다. 매번 수행할 때마다 유익하다.

공동의존을 처음 접하는 사람은 아마도 이 책에 나오는 조언을 이행하지 못할 수도 있다. 그렇다고 해도 당황하지 말라. 회복의 길을 따라 회복을 시작하면서 이 책을 선택한다면 다른 눈으로 책을 읽고 새로운 통찰력과 이해를 얻을 수 있다.

부정은 무의식적 수준에서 작동하기 때문에, 다른 사람이 공동의존을 어떻게 경험하는지 읽어 보지 않는 한, 공동의존은 자신과 관련이 없을 수 있다. 따라서 나(저자), 내담자, 아는 사람에 관한 많은 사례를 제시했다. 특정 세부 사항과 사실 내용에 대해서는 바꾸었기 때문에, 사례는 실제 인물과의 유사성은 없다. 사례의 이름은 **진하게** 표시했다.

어리석은 짐작

이 책을 쓰면서, 나는 독자가 공동의존에 완전히 익숙하지 않을 수도 있고, 이미 회복 중인 사람이거나, 공동의존에 대해 더 많은 정보를 찾고 있는 전문가라고 생각했다. 나는 비전문가도 공동의존의 모든 개념을 이해할 수 있는 글을 쓰려고 노력했다. 하지만 어떤 개념은 심오하고 공동의존의 근본이 되는 더 깊은 심리를 이해하려는 사람들을 위해서도 글을 썼다. 그래서 이 책은 초보자를 위해서만 쓰인 책은 분명히 아니다.

이 책에서 사용하는 아이콘

『초보자를 위한 공동의존』에는 책 전반에 걸쳐 정말 중요한 내용, 간과할 수 있는 내용을 알려 주는 아이콘들이 있다. 이 책에서 사용하는 아이콘은 다음과 같다.

이 아이콘은 특히 중요한 정보를 표시한다. 책에 수록된 모든 정보가 중요하지만, 이 아이콘이 표시된 단락은 계속 생각해야 하는 정보다.

이 아이콘은 공동의존을 극복하기 위해 실제로 실천할 수 있는 유용한 제안에 대해 표시한다.

이 아이콘은 독자가 관심이 없을 수도 있는 기술적·심리적 정보를 나타낸다. 공동의존에 대한 더 깊은 이해를 원한다면 읽어 보라.

이 아이콘은 공동의존 또는 치료 함정에 대해 경고한다.

이 아이콘은 집에서 혼자 할 수 있는 훈련이나 치유 활동을 제안한다.

이 아이콘은 이전 단락에서 설명한 원리나 개념을 설명하는 사례를 제시한다.

이 책을 넘어

지금 읽고 있는 책이나 전자책 외에도, 웹상에서 찾아볼 수 있는 중요한 자료가 있다. 웹 사이트에서 무료로 제공하는 유용한 정보를 얻을 수 있다.

✔ 쉽게 참조할 만한 사이트

http://www.dummies.com/cheatsheet/codependency

✔ 회복 과정에 도움이 되는 논문

http://www.dummies.com/extras/codependency

어디로 갈 것인가

이 책을 어디에서부터 읽기 시작하느냐는 자신이 공동의존에 대해 얼마나 알고 있는지에 따라 다르다. 이제 막 공동의존에 대해 알아 가기 시작했다면, 제1부에서 시작하라. 회복을 시작할 준비가 되었다면, 자신에 대한 일기를 쓰고 자신을 일깨우고 회복하는 여러 훈련을 실천하라.

책 읽기는 시작에 불과하다는 사실을 기억하라. 책 읽기는 문제에 대한 마음을 열어 준다. 공동의존을 극복하려면 시간, 노력, 지지가 필요하다. 따라서 읽을 수 있는 모든 것을 읽고 회복 중인 다른 공동의존자와 이야기를 나누고, 12단계 프로그램의 후원자, 전문 코치, 정신건강 전문가를 찾아 자신의 여정에 대한 안내와 도움을 받으라. 외부 지원을 찾는 방법과 지원 장소에 대한 자세한 내용은 제6장, 제17장을 참조하라.

차례―한눈에 살펴보기

차례

제**1**부

공동의존의
극복 시작하기

제1부에서는

☑ 공동의존의 정의와 특성에 대해 배운다.

☑ 부정, 수치심, 낮은 자존감, 역기능적 경계선, 역기능적 의사소통 방식
  등과 같은 공동의존의 여섯 가지 핵심 증상을 평가한다.

☑ 공동의존의 수준을 평가하는 데 도움이 되는 질문에 대답한다.

제1장

공동의존적 상처

🖋 이 장에서는

✓ 공동의존에 대해 소개하기

✓ 공동의존의 역사와 논쟁 브리핑하기

✓ 문제에 직면하기

✓ 공동의존과 회복의 단계 이해하기

✓ 회복의 목표 파악하기

모든 관계에는 문제가 있다. 가장 사랑하는 사람이 자신을 아프게 하고 실망시킬 때가 있다. 또한 사랑하는 사람이 고통받으면 걱정할 때가 있다. 중독자는 술, 음식, 성관계 등과 같이 자신이 선택한 '중독'에 집착한다. 중독자는 약물 사용에 대한 기대를 품고 계획을 세운다. 공동의존자는 관계에서 그렇다. 공동의존자의 삶은 다른 사람, 특히 자신이 사랑하는 사람을 중심으로 돌아간다. 자신이 사랑하는 사람의 생각, 감정, 대화에 몰두한다. 깡충깡충 뛰어다니는 토끼처럼, 공동의존자는 자신에게 필요한 것과 느껴지는 것을 제쳐 둔다. 하지만 상대의 모든 것에 반응하고 자신이 통제할 수 없는 것을 통제하려고 한다. 공동의존자는 상처받고 또 상처받는다. 이 장에서는 공동의존과 공동의존자가 무엇을 의미하는지 소개한다. 회복이라고 불리는 목표와 치유 과정에 대해 탐색한다.

공동의존이란 무엇인가

정신건강 전문가들은 공동의존을 파악하고 공동의존의 정의와 어떤 사람이 공동의존자인지에 대해 수십 년 동안 논의해 왔다(제2장에서 공동의존이 무엇인지에 대해 설명한다). 전문가들은 공동의존의 양상이 한 세대에서 다음 세대로 전수되고, 도움을 받으면 전수되지 않을 수 있다는 데 동의한다.

개관

치료자와 상담자는 우울증, 불안, 중독, 친밀감, 관계 문제 등과 같이 다양한 증상이 있는 사람들을 만난다.

내담자들은 상처를 받고 있다. 이들은 상처의 원인이 보통 배우자, 문제 있는 자녀, 직업 등과 같이 자신의 외부에 있다고 믿는다.

더 자세히 살펴보면, 내담자(또한 이 책의 초판을 읽은 많은 독자)는 자신에게 발생한 모든 문제에서 자신의 행동과 사고 양상이 문제를 더 크게 만든다는 사실을 깨닫기 시작한다. 즉, 자기 행동과 사고 양상이 **역기능적**이다. 이런 양상의 특징은 중독적이고 강박적이다. 즉, 파괴적인 결과가 있음에도 불구하고 삶을 그대로 이어 간다는 의미다. 근본적인 문제는 대개 공동의존이다.

관계가 아픈 이유

친밀한 관계는 편안함, 즐거움과 더불어, 특히 모든 희망, 두려움, 열망을 불러일으킨다. 누구나 안정감을 느끼고 사랑받고 감사하고 보살핌을 받고 싶어 한다. 자신과 가장 가까운 사람들에게 의존하게 되면 거절당하고 판단받고 최악의 상황에서 보일 수 있는 감정적 필요와 취약성이 더욱 커진다.

공동의존은 특정 종류의 의존이다. 공동의존은 교활하고 강력하다. 공동의존은 자신의 기쁨, 마음의 평화, 지속적이고 사랑스러운 관계를 맺는 능력을 빼앗는다. 공동의존은 자신과의 관계에 영향을 준다. 또한 사랑과 지지 주고받기, 의사소통, 타협, 문제 해결 능력 등을 포함하여, 대인관계의 자연스러운 흐름과 유연성을 제한한다.

제3장에서 설명하는 증상들이 모두 함께 작용하여, 관계에서 얻을 수 있는 이득을 공동의존자에게서 박탈한다. 또한 존재하지도 않은 문제를 일으키기도 한다. 예를 들어, 수치심과 낮은 자존감으로 불안하고 불안정해지고, 다른 사람의 수용과 검증에 매달리게 된다. 자기 자신이 되는 것이 불편하고 지각된 비판이나 버림받음에 과민해진다(실제 비판이나 버림을 받지 않았을 때도). 다른 사람이 자신을 좋아하고 관계를 유지하기 위해 다른 사람을 통제하거나 조종한다. 어떤 공동의존자는 반복적으로 재확인한다. 효과적인 의사소통과 진정한 친밀감이 필요한 직접적이고 정직한 의사소통을 두려워한다.

 어린 시절의 수치심과 외상은 자신이 접근할 수 없는 진정한 핵심 자기(core self)를 숨긴다. 대신, 공동의존자는 다른 사람에게 반응하고 자기 비판에 반응한다. 또한 자신이 어떤 사람이 **되어야 하는** 상상적 이상에 반응하여 페르소나를 발달시킨다. 다른 사람과 자기 자신을 수용하기 위해 자신이 누구인지 숨기고 자신이 아닌 다른 사람이 된다. 자신이 얼마나 자기 비판적인지 모른다. 정신분석학자 카렌 호나이가 만든 용어, '당위성의 횡포'에 시달린다. 당위성의 횡포와는 관련이 없더라도, 이는 무의식에서 계속 작동한다. [그림 1-1]에 나와 있는 페르소나만 인식하고 원 안에 있는 것은 아무것도 인식하지 못한다.

모든 관계에는 경계선이 필요하다. 경계선이 없으면 사랑이 안전하지 않다. 하지만 많은 공동의존자는 자기 가치가 부족하여 존중받지 못하는 대우를 받으면서도 용인한다. 이들은 자신이 칭찬을 받거나, 진정한 사랑을 받거나, 경계선을 정할 자격이 없다고 여긴다. 수용받기 위해 직장이나 관계에서 자신의 몫보다 더 많은 일을 하여도 인정받지 못하고 결국 분노하거나 이용당한다. 이 책을 읽으면서 관계가 자

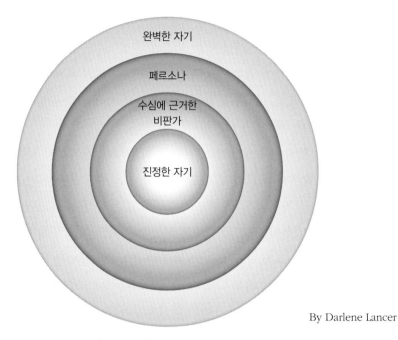

By Darlene Lancer

[그림 1-1] 혼란에 빠진 자기

신에게 도움이 되는 관계인지 혹은 소진시키는 관계인지 물어보라.

또한 수치심은 자기 자신과 관계에서 자신의 감정과 필요를 부정하거나 무시하게 만들 수 있다. 수치심에 대처하기 위해 공동의존자는 때로 실제로 일어나는 일을 무시하거나, 걱정이나 원망으로 반추하거나, 끝내 폭발하기도 한다. 자신과 다른 사람에 대한 경계선, 책임에 대한 부정, 혼란스러움이 친밀감과 소통 문제를 일으킨다. 커플은 친밀해지지 않고 의사소통을 피한다. 또한 조종하기 위해 의사소통을 하거나 매우 반응적이어서 갈등이나 사회적 철수를 심화시킨다. 아무것도 해결되지 않는다. 이러한 증상은 거부감과 외로움에 대한 두려움으로 자신을 마비시키기 때문에, 결국 덫에 걸린 것처럼 느끼거나 불행하다고 느끼게 된다.

공동의존 증상은 모두 얽혀 있다. 증상들은 부정적인 피드백 루프를 생성하는 고통스러운 감정과 자기 파괴적인 행동으로 이어진다. 이 책은 공동의존자가 공동의존 증상에서 벗어나 자유롭고 긍정적이고 치유적인 피드백 루프를 만들도록 돕는다.

공동의존의 역사 알아보기

공동의존은 비교적 최근(1970년대 이후)에 와서야 질병으로 인식되었다. 그러나 75년 전, 카렌 호나이는 공동의존을 신경증적 특성으로 설명하였다. 공동의존이라는 용어는 1935년 빌 윌슨이 알코올 중독자의 단주를 돕기 위한 익명의 알코올 중독자 모임(AA)을 설립한 이후, 알코올 중독자 가족 치료에서 비롯되었다.

신프로이트 학파 카렌 호나이의 연구

1930년대 후반부터 1940년대 초반에 선도적인 신프로이트 학파와 인본주의자들은 성격 발달에 초점을 맞추기 시작했다. 최초의 여성주의 정신 분석가로 불리는 카렌 호나이는 자기 실현의 선두 주자 중 한 사람이다.

호나이는 프로이트와 여러 가지 문제로 결별했다. 호나이는 아이들은 근본적으로 좋은 '진정한 자기(real self)'가 있고 건강하고 공감적이고 지지적인 환경에서 잘 성장한다고 믿었다. 아동의 진정한 본성을 실현하기 위한 자연스러운 노력은 잘못된 육아와 문화적 영향으로 좌절될 수 있다. 그러나 자기 인식을 통해, 진정한 자기는 부정적인 영향에서 벗어나는 데 필요한 긴 여정을 떠날 수 있고 성장할 수 있다. 호나이는 오늘날 공동의존자의 전형적인 특징과 유사한 현실적 자기로부터 소외된 순응형 성격을 개념화하였다. 호나이의 기타 성격 범주 중 일부는 공동의존일 수도 있다. 호나이의 영향은 20세기 중반 인본주의 심리학자 에이브러햄 매슬로와 칼 로저스의 저서에 분명히 드러난다.

카렌 호나이의 '신경증 경향성'

호나이는 자기 소외와 어린 시절의 두려움, 무력감, 고립에 대처하기 위해 사람들이 발달시키는 세 가지 성격 유형에 대해 설명하였다. 그 밑바닥에는 다양한 수준으로 억압된 불안, 적대감,

무가치감 등의 감정들이 깃들어져 있다. 첫 번째 유형은 수동적이고 순응적일 때 사랑받고 안전하다고 믿는 사람들이다. 두 번째 유형은 삶을 투쟁으로 여기고 공격적이고 통제해야 한다고 결론을 내린 사람들이다. 세 번째 유형은 상호작용에서 정서적으로 철수하여 자신의 안전을 보장받는다고 믿는 사람들이다. 호나이는 이 세 가지 유형의 기반이 되는 열 가지 신경증 경향성 또는 욕구를 파악했다. 이 욕구들은 서로 겹친다. 정상적인 욕구일 수도 있다. 하지만 이 욕구들은 강박적이고 불안에 이끌리고 현실과 비례하지 않기 때문에 **신경증적**이다. 이 욕구들은 부적절하고 무차별적이다. 상사를 기쁘게 하고 싶은 것은 정상이다. 하지만 모든 사람을 기쁘게 하고 싶은 것은 신경증적이다. 이러한 경향성의 일부가 공동의존이다.

첫 번째 유형 – 신경증 순응형

✓ 애정과 인정 욕구

✓ 사랑이 자신을 행복하게 하고 자신의 기대와 책임을 충족시켜 줄 상대에 대한 욕구

✓ 좁은 경계선 내에서 자신의 행동과 기대를 제한하고 잠재력을 과소평가하고 눈에 띄지 않게 살려는 욕구

두 번째 유형 – 신경증 공격형

✓ 나약함에 대한 경멸과 더불어 다른 사람에 대한 권력과 지배 욕구

✓ 다른 사람을 이용 대상으로 보고 착취하고 조종하려는 욕구

✓ 사회적 인정이나 명성에 대한 욕구

✓ 이상적인 자기에 대해 존중받고 싶은 욕구

✓ 남들이 자신을 알아주지 않을 때, 분노와 결합된 개인적 성취 욕구

세 번째 유형 – 신경증 고립형

✓ 친밀한 관계를 피할 정도로 자립적이고 독립적인 욕구

✓ 완벽에 대한 욕구, 가능한 오류와 결함에 대해 걱정하고 다른 사람보다 우월하게 느끼려는 욕구

✓ 좁은 경계선 내에서 자신의 행동과 기대를 제한하고 잠재력을 과소평가하고 눈에 띄지 않게 살려는 욕구

공동의존자는 현실적인 자기와 진정한 감정을 억누른다. 또한 자신의 정체성, 권리, 필요, 사랑스러움에 대해 수치심에 기반한 신념을 발전시킨다. 이는 아동기의 역기능적 양육(예: 비판, 무관심, 경직, 침투적, 비일관성, 거부하는 부모 등)에 대한 반응이다. 때로 공동의존자의 신념은 학대 때문이고, 때로 감정적으로 의지하거나 본받을 수 없는 부모 행동 때문이기도 하다. 수치심은 또한 자신의 생존을 위해 의지하고 존경해야 하는 부모에게 분노를 터트릴 수 없었기 때문에 자신을 향한 분노의 결과이기도 하다(제7장 참조).

　　수치심을 극복하기 위해, 많은 공동의존자가 상상 이상으로 상황이나 주변에 부합하고 자신을 평가하는 법을 배운다([그림 1-1] 참조). 어떤 공동의존자는 사회적으로 철수하거나 반항한다. 어떤 공동의존자는 성인이 되어서도 끊임없이 부적절감을 느낀다. 반면, 어떤 공동의존자는 자신의 이상적인 자아와 동일시하여 자존감이 높다고 생각한다. 많은 공동의존자가 내면에서 느껴지는 자기 혐오와 균형을 맞추려고 완벽주의자가 된다. 공동의존자는 자신의 가치나 독립성을 증명하기 위해 노력하고 다시는 어떤 누구도 필요하지 않도록, 사랑스럽고 선하고 아름답고 성취적이고 성공하려고 노력한다. 하지만 노력할수록 더 우울해진다. 왜냐하면 부모가 키워 주지 못한 진정한 자기를 자신이 버리고 있기 때문이다. 어떤 사람은 중독이나 대인관계 문제로 치료받는가 하면, 어떤 사람은 삶의 모든 부분이 아무 문제 없이 잘 돌아가고 있는데도 왜 우울한지 이해하려고 한다.

가족 체계 이론의 영향

　　가족 체계 이론은 사이버네틱스, 체계 이론, 체계 심리학의 연구에서 비롯되었다. 정신건강 분야의 이론가와 치료자는 정신질환을 점차 가족 맥락에서 바라보게 되었다. 현장에서, 상담자들은 어떤 환자의 증상이 호전되었지만, 가족에게로 돌아갔을 때 증상 행동이 재발되었다는 사실을 알게 되었다. 상담자들은 가족 역동이 질병을 유지시키거나 심지어 유발시킨다고 추론하고 가족 간의 상호작용에 초점을 맞추기 시작했다.

알코올 중독자와 함께 작업하는 치료자들은 알코올 중독자의 배우자와 가족이 중독자의 음주 행동을 강화시키는 반복된 양상을 관찰하였다. 치료자들은 통제할 수 없는 질병을 통제하려 한다는 사실을 알아차리지 못한 채 알코올 중독자를 비난하고 관리하는 남편과 아내들을 만났다. 가족은 역기능적 특징을 보였다. 처음에는 공동의존을 **공동 알코올 중독자**(co-alcoholics)라고 불렀다. 수년간의 실망과 성격적 침체로 이들은 빈껍데기가 되었다. 이들의 절망감과 자존감은 알코올 중독자만큼 낮았다.

놀랍게도, 전문가들은 알코올 중독자가 단주한 후에도 가족 문제가 지속된다는 사실을 발견하였다. 전문가들은 배우자의 역기능적 양상이 알코올 중독자와의 결혼 이전부터 있었고 단주 후의 새로운 관계에서도 지속된다는 사실을 발견하였다. 전문가들은 공동 알코올 중독자가 알코올 중독자 가족을 위한 12단계 프로그램, 즉 알아논(Al-Anon)에 다니는 사람과 관계를 경험하면서 독립적으로 회복해야 한다는 사실을 알게 되었다. 이후, 이러한 역기능적 양상은 중독자와 관련이 없는 역기능적 가정에서 성장한 사람들에게서도 관찰되었다(제7장 참조). 따라서 전문가들의 모든 발견은 정신분석 이론으로 검증되고 수렴되었다.

공동의존(codependency)이라는 용어는 1970년대 후반에 생겼다. 1980년대에는 중독자와 가족, 만성 정신질환 및 만성 신체 질환의 가족, 돌봄 종사자에게까지 적용되었다.

중독과 12단계 프로그램

AA가 설립된 직후, 빌 윌슨의 아내 로이스는 중독자의 아내들도 지지가 필요하다는 사실을 알게 되었다. 로이스는 회원들의 집에서 모임을 열기 시작했다. 이 모임은 알코올 중독자의 가족과 친구에게로 확대되었다. 그리고 알아논이 탄생했다. 1950년대에 전국적으로, 오늘날 전 세계로 퍼져 있는 자조 모임을 조정하기 위해 뉴

욕에 본부가 설립되었다.

    기타 익명의 12단계 프로그램들은 효과성이 밝혀진 AA의 모델을 기반으로 형성되기 시작했다. 이러한 프로그램들은 곧바로 확산되었다. 알아논이 본부를 설립한 후, 1953년에 익명의 마약 중독자 모임이 시작되었다. 이어서 1960년에 익명의 과식자 모임, 1961년에 익명의 도박 중독자 모임이 뒤를 이었다. 1970년대에는 익명의 정서 건강 모임, 익명의 성 중독자 모임, 익명의 성 및 사랑 중독자 모임, 익명의 채무자 모임, 익명의 알코올 중독자 성인 아이 모임 등이 출현했다. 이 목록은 1980년대에 익명의 일 중독자 모임, 익명의 니코틴 모임, 익명의 말더듬이 모임, 익명의 코카인 모임, 익명의 마리화나 모임, 익명의 성적 강박증 모임 등으로 늘어났다.

    마침내 1986년에 두 명의 치료자, 켄과 메리에 의해 자조 프로그램인 익명의 공동의존자 모임(Co-Dependents Anonymous; CoDA라고 함)이 설립되었다. 켄과 메리는 모두 역기능적·학대적 가정에서 자랐고 중독에 빠진 이력이 있다. CoDA도 AA의 12단계를 모델로 한다. 알아논과는 달리, 회원 자격은 알코올 중독자와의 관계와 관련이 없다. 서문에 언급된 유일한 요건은 '건강하고 사랑스러운 관계에 대한 열망'이다. 1989년에 제1차 전국 공동의존 모임이 개최되었다.

공동의존적 사회

    중독에 대한 인식이 커지면서 더 많은 습관과 강박이 중독의 특성으로 특징지어지기 시작했다. 점점 더 많은 사람이 중독자와 가까운 사람 간의 관계 손상을 나타내는 공동의존 특성이 있는 것처럼 보였다. 가족 체계의 저자이자 이론가인 버지니아 사티어는 자신의 연구에서 10,000가구 중 96%가 공동의존적 사고와 행동을 보였다고 하였다. 1980년대 후반에 전직 심리치료자였던 앤 윌슨 쉐프는 1988년 저서, 『사회가 중독자가 될 때』에서 미국을 중독적 사회라고 불렀다(HarperOne).

대인관계의 모든 초점은 가족 치료의 성장, 여성의 성적 해방, 인간
의 잠재력 운동이 반영된 시대의 신호다. 이전 세대는 생존과 생산성
에 초점을 두고 있어서 친밀감은 소설, 시, 판타지에나 속했다. 하지만,
오늘날엔 필요로 간주된다. 독립과 낭만적인 사랑의 옹호자이자, 이혼율이 가장 높
은 미국에서 공동의존 운동이 일어난 것은 우연이 아니다. 미국인은 로맨스도 효율
적이길 원한다! 이유야 어쨌든, 거의 모든 사람이 친밀하고 만족스러운 관계를 원한
다. 즉, 공동의존자를 배제시키는 것처럼 보인다.

공동의존과 관련된 논쟁

　　공동의존을 둘러싼 논쟁은 찬성과 반대의 양 진영으로 나뉜다. 한쪽 끝에는 공동
의존이 광범위하고 치료 가능한 질병이라고 주장하는 정신건강 전문가들이 있다.
다른 끝에는 공동의존을 비판하는 사람들이 있는데, 이들은 공동의존이 단지 사회
적 혹은 문화적 현상일 뿐이고 과도하게 진단되었거나 변화할 필요가 없는 관계의
한 측면이라고 주장한다. 여기 '반대' 진영에 있는 사람들은 다른 사람이 필요하고
다른 사람을 의존하게 되는 것은 당연하다고 말한다. 이들은 개인이 친밀한 관계에
서만 진정으로 번영할 수 있다고 주장한다. 또한 이들은 공동의존 운동이 지나친 독
립심과 잘못된 자기 충족감을 조장하여 사람들과 관계에 해를 끼쳤으며 이는 고립
과 관련된 건강상의 위험을 초래한다고 믿는다.

　　어떤 반대자들은 공동의존의 구성개념을 단지 개인주의와 독립에 대한 서구적 이
상주의의 산물이라고 폄하하였으며, 이는 다른 사람과의 연결에 대한 필요를 감소시
켜 사람들에게 해를 끼쳤다고 하였다. 여성 운동가들은 또한 여성이 전통적으로 양육
자이며 역사적으로 경제적·정치적·문화적인 이유로 비지배적인 역할을 해 왔다고
언급하면서, 공동의존은 성차별적이고 여성에 대한 경멸적인 개념이라고 비판했다.
여성의 관계와 상대에 대한 헌신은 장애가 아니며 자기 보호를 위해 필요했다. 또 어
떤 사람들은 일반적으로 12단계 프로그램이 집단에 대한 의존과 피해자 정신을 조장
한다고 비판하였다.

　위원회는 공동의존이 미국 정신의학협회에 의해 정신질환으로 인식되어 치료 보험 혜택을 받을 수 있도록 로비 활동을 벌였다. 공동의존의 정의와 진단 기준의 정의에 대한 합의가 부족하다는 것이 주요 장애물이었다. 보험용으로 전문가는 일반적으로 불안이나 우울증으로 진단하는데, 이는 모두 공동의존 증상이다.

　　다음은 공동의존 반대자의 관점을 이해하는 데 도움이 되는 몇 가지 고려 사항이다.

- ✓ 공동의존 비판자들은 사람은 다른 사람을 필요로 하고, 사랑하고, 보살피도록 운명지어졌다고 주장한다. 또한 이런 주장은 옳다. 그러나 공동의존자의 관계를 자세히 살펴보면, 공동의존자의 역기능적 상호작용 양상 때문에 건강하고 친밀한 관계의 많은 이점이 없다. 공동의존자는 관계에서 지지와 강화받는 경험을 하지 못한다. 공동의존 증상과 결과는 불안과 고통을 유발한다. 공동의존자는 관계에서 외롭고 불행하다고 호소한다. 또한 '잘못된 자기 충족감'도 공동의존의 일부다. 공동의존자는 자신의 필요를 무시하고 다른 사람에게 의존하며 종종 건강에 해로울 정도로 자기 희생을 한다. 공동의존자는 통제, 분노, 갈등이 이어지는 방식으로 다른 사람을 돌본다. 공동의존의 개념이 이혼, 외로움, 불행을 증가시키는 원인은 아니다. **공동의존은 그 자체로 만족스럽고 친밀한 관계 유지 능력을 제한시킨다.**
- ✓ 회복 중인 공동의존자는 자기 보호적 행위로 학대적이거나 고통스러운 관계를 떠나기로 선택한다. 이런 관계를 유지하면 만성적인 스트레스로 인한 건강상의 위험이 생긴다. 분리가 반드시 고립으로 이어질 필요는 없다. 고립의 원인은 치료되지 않은 공동의존이다. 반대로 회복은 개인이 다른 사람에게 다가가고 건강한 방식으로 외로움에 대처하도록 돕는다. 건강하고 성장적이며 상호의존적인 관계를 형성하는 것이 목표다. 따라서 공동의존에서 회복하기 위해 관계를 끝내고 독립적이 되어야 할 필요는 없다. 관계에서 더 잘 기능하고 더 많은 친밀감과 독립성을 누리는 것이 목표다. 나는(저자는) 많은 공동의존적 개인 및 커플

들과 작업해 왔는데, 이들이 더 자율적이고 주도적으로 되었을 때 관계에 도움
이 되었다. 공동의존을 뭐라고 부르든, 그것이 문제를 발생시키지는 않는다.

✓ 마지막으로, 나는 **공동의존**이라는 용어가 사람을 판단하는 데 사용해서는 안
된다는 데 동의한다. 공동의존은 서구 사회의 사회적 · 정치적 사고에서 비롯
되었다. 공동의존은 문화적 · 민족적 맥락에서 고려되어야 한다. 공동의존은
적응적이며 이에 대한 변화가 파괴적인 경우가 있을 수 있다. 이는 미국과 유
럽의 사상이 아시아, 중동, 아프리카로 퍼지면서 문제가 된다. 나는 독립에 대
한 열망, 종교와 문화의 억압 사이에서 갈등을 느끼는 남성과 여성으로부터 편
지를 받았다. 많은 사람이 서구 사회에 존재하는 변화에 필요한 제도적 · 문화
적 지지를 받지 못하고 있다.

공동의존 스펙트럼

아마도 자신이 공동의존자인지 아닌지 궁금할 것이다. 처음에는 말하기 어려울
수 있다. 왜냐하면 아직 회복되지 않은 상태에서 제4장에서 설명하듯이 부정이 공
동의존 증상이기 때문이다. 공동의존자로 파악되든 아니든, 자신이 인식하는 증상
이 완화되면 자신에게 도움이 된다. 자기 삶에서 더 잘 기능하게 된다. 회복은 자신
에 대해 더 좋게 느끼고 더 솔직하고 정직하고 개방적이고 친밀한 관계를 맺도록 도
와준다.

대부분의 것들과 마찬가지로, 공동의존은 최소에서부터 심각한 수
준에 이르기까지 다양하다. 스트레스를 받으면 증상이 두드러진다. 어
떤 사람은 경미한 증상만 보이지만, 어떤 사람은 공동의존의 전형적인
특징을 모두 드러낸다(제3장에서 공동의존 증상에 관해 설명). 이 책을 읽으면서 어떤
특성과 예들은 생소할 수 있다. 반면, 어떤 특성과 예들은 자신과 관련될 수도 있다.
공동의존의 심각도는 다음에 따라 달라진다.

✓ 유전적 배경

✓ 종교적 믿음을 포함한 문화

✓ 가족 역동

✓ 외상 경험

✓ 역할 모델

✓ 중독이나 약물 사용

✓ 중독자와의 친밀한 관계

　자신이 공동의존자라면 일반적으로 모든 관계, 친밀한 관계에서 증상이 어느 정도 나타난다. 또는 공동의존은 배우자, 연인, 부모, 형제자매, 자녀, 직장의 누군가와의 상호작용에 영향을 준다. 효과적인 역할 모델이 있거나 관리에 도움이 되는 대인관계 기술을 배우면, 직장에서 공동의존은 그다지 큰 영향을 미치지 않을 수 있다. 특정 관계, 상사, 근무 환경이 공동의존을 유발하기 전까지 문제가 없었을 수도 있다. 부모의 성격이 까다로울 때, 아이에게 특별한 필요가 있을 때, 커플이 서로 적응했지만 친밀감을 피할 때 등이 그 예다.

　공동의존 스펙트럼은 [그림 1-2]에 설명되어 있다. 가로 화살표는 공동의존적 성격 특성이 관계에서 어떻게 나타날 수 있는지 보여 준다. 개인의 역할은 바뀔 수 있다. 예를 들어, 어떤 관계에서는 추적자이고 어떤 관계에서는 거리를 둔다. 같은 관계에서도 역할이 바뀔 수 있다. 알코올 중독자와 결혼한, 술을 마시지 않는 배우자는 피해자처럼 행동한다. 또한 무책임하고 무능한 알코올 중독자를 꾸짖고 비난한다. 하지만 역할이 바뀌어 알코올 중독자가 배우자를 지배하고 통제한다. 때로 도움이 필요해 보이거나 '정신 나간' 행동을 하던 남편이 회복되면, 자기충족적이고 취약하지 않던 아내가 무너지기도 한다.

　회복과 질병은 [그림 1-2]의 세로 화살표로 표시된다. 공동의존적인 행동과 증상은 앞에서 설명한 회복과 함께 개선된다. 그러나 변화를 위한 행동을 실천하지 않으면 아래쪽에 표시된 최종 단계에서 악화된다.

회복
자존감
감정과 필요 인식하기
창조성과 자발성
자기관리 실천하기
독립적인 관계
단호한 의사소통
건강하고, 융통성 있는 경계선
권한 부여하기와 목표 추구하기

구원자, 보호자   자기중심적, 희생자
지배하기, 비난하기   복종적, 회유적
과잉 책임감, 과잉 자기만족감   무책임한, 도움이 필요한
취약성, 감정적 단절   취약적, 감정적
역기능적 의사소통   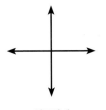   역기능적 의사소통
역기능적 경계선   역기능적 경계선
친밀하기의 두려움   버림받음의 두려움
거리두기   추적자

최종단계
관계를 유지하지 못함
무감각, 무력감, 무망감
분노, 갈등 증가
우울, 자포자기
자기관리 부족
중독
만성 질병   By Darlene Lancer
고립
자살

[그림 1-2] 공동의존 스펙트럼

공동의존의 증상과 특성에 대해 더 잘 알게 되면 자신을 보게 될 수도 있다. 공동의존적 사고에 압도당할 때, 자신이 바꾸고 싶은 패턴과 행동에 집중하라. 변화에 전념한다면 자기 자신을 공동의존자라고 생각하는지 여부는 중요하지 않다. 그러나 공동의존이 저절로 나아지거나 없어지지는 않는다. 이 사실을 깨닫는 것이 중요하다. 자기 스스로 계속된 변화를 이룰 수 없다. 따라서 지지가 매우 중요하다.

공동의존의 회복 단계

알코올 중독 가족을 치료하는 상담자들은 공동의존을 다른 중독과 마찬가지로 만성 질환으로 간주한다. 왜냐하면 공동의존이 진행적으로 관찰되기 때문이다(제2장 참조). 중독 상담자들은 중독자의 배우자도 알코올 중독자와 유사한 증상이 점차 악화되는 것을 발견했다. 최종 단계에서 두 사람에게 모두 심각한 정신적 · 신체적 문제가 있었다. 치료하지 않고 내버려 두면 알코올 중독과 같이 공동의존도 아래로 기울어진다. 그러나 두 사람 치료를 시작하면 현저히 개선되었고 비슷한 회복 궤적을 밟는다.

 언제든지 회복을 시작하여 공동의존의 진행을 되돌릴 수 있다. 빠를수록 더 쉽다. 이 부분에서는 일반적으로 공동의존에 적용되는 회복의 초기, 중기, 후기 단계의 중요한 특성에 대해 요약한다. 〈표 1-1〉부터 〈표 1-3〉을 읽을 때 다음 사항을 유의하라.

✓ 표 왼쪽은 시간이 지남에 따라 점차 악화되는 증상이고, 오른쪽은 호전되는 증상이다.
✓ 중독자와 기타 중독에 대한 언급은 중독자와 관련 있는 경우에만 적용된다. 중독자와 관련될 경우, 증상 및 진행 상황이 더 뚜렷하게 나타난다. 더 많은 기능장애, 무력감, 갈등을 보인다.
✓ 초기 단계의 증상이나 일부 증상과 관련될 수 있다. 지금 변화를 시작하면 더 빠르게 회복할 수 있다.

공동의존과 회복의 초기 단계

공동의존의 초기 단계는 누군가에게 애착을 갖는 것으로 시작되고, 상대에 대한 건강하지 못한 의존으로 끝난다. 회복의 초기 단계는 자신을 되찾는 시작으로 마무리된다.

질병 과정

도움이 필요한 사람에게 끌린다. 가족에게 지나치게 간섭하고 자연스럽게 다른 사람을 돕거나 기쁨을 주고 싶어 한다. 자신에게 두어야 하는 초점을 점차 잃어버린다. 개인적으로 친구와 활동을 하지 않게 되고, 상대에게 점점 더 감정적으로 의존하고 집착한다.

회복 과정

부정에서 벗어나기 시작한다(제4장 참조). 이는 자신의 문제를 정면으로 직면하고 현실을 인정한다는 의미다. 이는 공동의존을 바꾸기 위한 전제조건이다. 이러한 변화는 다른 사람의 회복으로, 혹은 이 책을 읽으면서 영감을 얻을 수 있다. 더구나, 변화는 어떤 사건, 즉 **바닥을 치는** 것으로 불리는 사건에 의해 촉발된다. 변화가 절실해진다. 사실을 무시하거나 최소화하기보다, 힘들고 고통스럽지만, 사실을 있는 그대로 알아차린다. 이런 일들이 좋지는 않지만, 사실을 있는 그대로 본다.

회복은 정보를 얻고 도움을 요청하는 것으로 시작된다. 이 책을 읽으면서 새로운 답과 선택지를 찾기 시작했다. 많은 사람이 심리치료를 시작하거나 12단계 프로그램에 참여하여, 희망을 품고 정체성을 재형성하는 과정을 시작한다. 〈표 1-1〉은 공동의존의 초기 단계와 회복의 진행 단계다.

〈표 1-1〉 공동의존과 회복의 초기 단계

공동의존의 진행 과정	공동의존의 회복 과정
도움이 필요한 사람에게 끌림: 도움, 선물, 식사 제공	바닥을 치고 스스로 도움을 요청함
다른 사람을 기쁘게 하려고 시도함	공동의존과 중독에 대해 배움
다른 사람이나 행동에 집착함	12단계 프로그램과 치료에 참여
자신의 지각을 합리화하고 의심함	희망을 갖기 시작함

중독에 대해 부정하나 우려가 커짐	부정에서 벗어남
누군가와 함께하기 위해 자신의 활동 포기	회복이 자신을 위한 것임을 배움
가족 및 사회생활에 영향받음	자기에게 재초점 맞춤
누군가에게 점점 더 정서적으로 의존하게 됨	자기 정체성을 구축하기 시작함

공동의존과 회복의 중기 단계

공동의존에서 중요한 중기 단계는 부정, 고통스러운 감정, 강박행동 패턴이 만연하는 단계다. 통제하려는 시도가 증가하면서 통제 불능 상태를 더 많이 경험한다. 회복하면서 독립성, 균형, 더 큰 마음의 평화를 되찾는다.

질병 과정

지지가 없으면 부정과 고립이 계속되고 문제는 더 악화된다. 대인관계의 다른 고통스러운 측면을 최소화하고 숨기고 외부 활동과 친구에게서 멀어질 수도 있다. 한편, 관계나 중독에 대한 집착과 그에 따른 불안, 분노, 죄책감이 증가한다. 다른 사람이나 누군가의 중독을 돕고 조장하고 통제하기 위해 더 많은 행동을 하며 심지어 자신의 책임이 아닌 다른 사람의 책임을 떠맡기도 한다(제4장 참조). 어떤 공동의존자는 기분 변화와 갈등이 증가하고, 이를 대처하기 위해 마약, 음식, 소비, 기타 중독 행동으로 눈길을 돌린다.

회복 과정

중기 단계에서 회복 작업이 대부분 이루어진다. 비애착을 실천하기 시작하고, 다른 사람, 자신의 무능감, 중독을 파악하기 시작한다(제9장 참조). 자신 자신에게 초점을 더 많이 둘수록 12단계 프로그램뿐 아니라 심리치료의 일부인 자기 책임, 자기 인식, 자기 성찰도 함께 커진다. AA는 알코올 중독자의 회복 성공이 엄격한 자기 정직에 기반한다고 강조한다. 자기 정직은 공동의존자 치료와 CoDA의 12단계 중 하나다.

다른 사람과 외부 상황을 탓하면 변화에 영향을 주고 행복을 얻을 수 있는 자신의 힘이 부정된다. 학대의 피해자라도, 통제의 중심이 가해자에서 자신에게로 이동하면, 자신의 상황과 반응을 바꾸는 힘을 발견하게 된다. 제7장과 제8장에서 설명하는 것과 같이, 자기 성찰에는 공동의존이 발생한 어린 시절의 문제 해결이 포함된다.

 자신의 행동에 대한 통찰이 필요하지만, 변화를 위해서는 통찰만으로는 충분하지 않다. 의사결정, 행동 실천, 위험 감수가 중기 단계에서 필요하다(제16장 참조). 이는 준비되었을 때 생기고 강요할 수는 없다. 더 좋은 직장을 얻거나 원하는 지역으로 이사하는 것과 같이, 상황이 나아질 것을 알면서도 변화는 어렵다. 결과가 불확실해도 위험을 무릅쓸 용기가 필요하다. 익숙한 불편함에서 벗어나 새로운 영역으로 모험을 떠날 용기가 필요하다. 이것이 지지가 필수적인 이유다. 제6장과 제18장을 참조하라.

중기 단계에서 새로운 친구를 사귀고, 외부 활동에 참여하고, 단호하게 소통하고, 경계선을 설정한다(제11장, 제13장 참조). 정서적으로 독립할수록 자기 자신을 더 잘 보살핀다. 또한 반응하기, 행동 조장하기, 행동 통제하기는 감소한다.

〈표 1-2〉는 중기 단계의 공동의존과 회복의 진행 과정이다.

〈표 1-2〉 공동의존과 회복의 중기 단계

공동의존의 진행 과정	공동의존의 회복 과정
관계의 고통스러운 측면의 부정 · 최소화하기	무력함 이해하기
관계의 고통스러운 측면을 다른 사람에게 숨기기	영적 근원에게 의존하기
불안, 죄책감, 자기 비난 증가하기	분리 시작하기
자존감 감소하기	자기 인식 증가하기
가족과 친구로부터 사회적으로 철수하기	새 친구 사귀기
누군가(중독자)와 중독을 강박적으로 감시하기	외부 활동 개발하기
잔소리, 비난하기, 조종으로 통제 시도하기	조장과 통제 멈추기
어긴 약속으로 인한 분노와 실망 증가하기	단호한 소통 배우기

상대를 통제할 수 없다는 적개심	자기 자신 책임지기
기분 변화, 갈등 증가, 폭력 발생하기	자기관리와 자존감 증가하기
상대의 책임감 조장·관리하기	경계선 설정하기와 덜 반응하기
가족 비밀(혹은 중독) 숨기기	정서적으로 더 많이 독립하기
대처하기 위해 음식, 술, 마약, 쇼핑, 일 활용하기	어린 시절의 상처 치유하기

공동의존과 회복의 후기 단계

공동의존과 회복의 후기 단계는 질병과 건강의 대조가 가장 두드러진다. 치료받지 않은 공동의존자의 세계는 상당히 좁아져 있고, 건강과 기능 수준은 심각하게 감소한다. 반면, 회복된 공동의존자의 세계는 위험을 감수하고 대인관계와 새로운 목표로 확장된다.

질병 과정

질병이 진행될수록 분노와 갈등이 더 잦아지고, 자존감과 자기 관리는 더욱 감소된다. 절망, 공허함, 우울증이 만연하다. 공동의존의 만성 스트레스는 스트레스와 관련된 건강 문제(제3장 참조), 새롭게 진행된 강박행동 및 중독과 같은 새로운 증상으로 나타난다. 강박행동과 중독으로는 중독자 감시, 조장, 집 청소, 다이어트, 과식, 외도, 운동, 소비, 합법적 또는 불법적 약물 사용이다.

회복 과정

회복 후기에는 자존감과 자신감이 되돌아온다. 자신의 목표를 추구할 수 있는 권한이 생기고 더 광범위하고 창의적이며 자발적이다(제16장 참조). 자신의 순수한 기쁨과 자유를 위해 자신을 맘껏 표현하고 싶어진다. 자신의 초점이 자기 밖의 누군가에게서 멀어지면서, 자신의 행복이 다른 사람에게 있지 않다는 사실을 완전히 이해하게 된다. 관계를 맺으려는 절실한 필요가 더는 없다. 동시에 진정한 친밀감을 더 간절히 열망한다(제15장 참조).

〈표 1-3〉은 자신이 아무것도 하지 않고 공동의존 후기 단계의 진행과 회복 과정을 지켜나갈 때 얻게 되는 보상들이다.

〈표 1-3〉 공동의존과 회복의 후기 단계

공동의존의 진행 과정	공동의존의 회복 과정
신체 증상 발생	행복은 다른 사람에게 의존하지 않는 것
분노, 무망감, 우울함	자존감과 자신감 회복
강박행동, 중독	자신에게 힘이 있음, 목표 추구
자존감 감소	광범위하고 창의적이고 자발적인 경험
절망과 자기관리 부족	자기 사랑의 경험
갈등 증가	상호의존과 친밀감을 위한 능력

 공동의존에서 회복하려면 관계 안팎에서 지속적인 유지 관리가 필요하다. 이것이 바로 중독이나 중독에서 벗어난 후에도 12단계 프로그램을 계속 유지하는 이유다. 몇 년이 지난 후에는 회복, 건강한 변화, 도구가 자신의 일부가 된다.

기대하는 변화

회복의 전반적인 목표는 진정한 삶을 살 수 있는 완전히 기능하는 사람이 되는 것이다. 이는 자신의 감정, 가치, 행동이 일치하고 친밀한 관계와 더불어 혼자여도 편안하다는 의미다.

네 가지 기본 단계 살펴보기

회복을 향한 여정(이 책의 구성)은 대략 다음 단계를 따른다.

1. 자기 인식 구축하기

   자기 인식을 구축하려면 정보를 얻고 부정에서 벗어나야 한다.

2. 자기와의 관계 치유하기

   자기와의 관계를 치유하기 위해, 자기 자신을 알고 수치심과 과거의 상처를 치유하고 자존감을 키우고 취미를 개발하는 등 즐거움을 찾는다.

3. 다른 사람과의 관계 치유하기

   다른 사람과의 관계를 치유하기 위해, 다른 사람에게 집중하는 것을 그만두고 (이것도 제2단계의 전제조건이다), 단호하게 소통하는 방법을 배우고 경계선을 설정하고 건강한 관계를 맺는다.

4. 세상과 관계 확장하기

더 큰 목표와 열정 추구하기

회복은 자신의 감정과 가치에 대해 알고 이를 가치 있게 여기고 신뢰하고 자유롭게 자기를 표현하는 것이다. 이를 위해, 이 책에서는 자기 생각, 감정, 행동, 자존감과 관련된 새로운 기술, 태도, 습관을 배우는 방법을 다룬다. 후속 장들을 통해, 진보 상황을 추적하고 회복 과정에서 계속 성장을 이어가도록 고려하라. 자기가 따라갈 목표를 세우라.

사고와 관련된 것

첫 번째 우선순위는 공동의존과 중독에 대한 인식, 사고와 이해를 높이고, 각각이 가족과 삶에 어떻게 영향을 미치는지, 계속 영향을 주는지 파악하는 것이다. 구체적인 인지 목표는 다른 사람과의 분리 이해하기, 내려놓기, 자기에 대해 책임지면서 다른 사람도 자신의 책임을 질수 있도록 존엄성 부여하기다. 지속적인 목표는 자기 생각, 가치, 신념, 욕구, 행동을 알아차리고 강박적이고 반복적인 걱정과 부정적인 자기 대화를 줄이는 것이다. 이에 대한 구체적인 내용은 다음과 같다.

- 공동의존 이해하기(제2장, 제3장, 제4장 참조)

- 중독과 가족 역동 이해하기(제4장, 제7장, 제14장 참조)
- 중독이 자기에게 어떤 영향을 미쳤는지 이해하기(제7장 참조)
- 부정에서 벗어나기(제4장 참조)
- 중독에 대한 무력감 받아들이기(제12장 참조)
- 비애착 개념 이해하기와 실천하기(제12장 참조)
- 다른 사람과의 경계선 인식하기(제3장, 제14장, 제15장 참조)
- 자신과 다른 사람의 판단을 포함한 사고 인식하기(제10장 참조), 걱정과 두려움(제12장 참조), 합리화(제4장 참조), 환상과 집착(제4장, 제12장 참조)
- 자신의 필요와 충족하는 방법 파악하기(제3장, 제8장, 제9장, 제10장 참조)
- 신념과 가치에 대해 알아차리기(제9장 참조)
- 현실에 대한 생각과 신념 검증하기(제4장, 제7장, 제9장 참조)
- 의사결정 기술 개발하기(제16장 참조)
- 기쁘게 하기(제2장 참조), 조종하기, 통제하기(제9장 참조), 조장하기(제3장 참조)를 포함한 공동의존적 행동 알아차리기(제3장 참조)

감정과 관련된 것

자기 감정을 파악하는 법을 배우지 못했거나 자유로운 표현을 방해하는 어린 시절의 환경으로, 자기 감정을 잘 알지 못할 가능성이 크다. 감정을 파악하는 것은 감정이 생기는 것과 다르다. 공동의존자는 울고 화는 내지만, 자신이 왜 화가 났는지 알 수 없거나 어떤 감정인지 이야기하지 못한다. 일반적으로 공동의존자는 다른 사람의 부정적인 감정에 대해 죄책감을 느낀다. 또한 다른 사람이 자신에게 죄책감이나 분노를 느끼게 한다고 생각한다.

다른 사람의 감정이 아닌 자신의 감정에 책임을 지는 것은 점진적이고 필수적인 학습 과정이다. 중요한 목표는 자신의 감정을 파악하고 감정에 이름을 붙이고 공개적으로 표현하는 것이다. 자신이 울거나 약하다고 느끼는 데 익숙하지 않다면, 이는 어려울 수 있다. 하지만 중요한 치유 단계다.

감정에 쉽게 압도되는 사람은 감정을 이해하고 억제해야 한다. 기본적으로 자기 감정을 다른 사람에게 적절하게 표현할 수 있어야 한다. 목표는 다음과 같다.

- 절망을 희망으로 대체하기(제6장, 제11장, 제17장 참조)
- 자신의 감정을 파악하고 수용하기(제9장 참조)
- 자신의 직업과 다른 사람에 대한 감정을 파악하고 수용하기(제9장 참조)
- 감정 쓰기(제9장 참조)
- 생각, 욕구, 감정과 행동 연결하기(제9장 참조)
- 자기 감정과 다른 사람의 감정 구별하기(제3장, 제12장 참조)
- 자기 감정에 책임지기(제3장, 제9장, 제10장, 제12장 참조)
- 다른 사람의 감정에 책임지지 않기(제3장, 제12장 참조)
- 집단 또는 치료자와 감정 공유하기(제6장, 제17장 참조)
- 분노 다스리기(제3장, 제8장, 제11장 참조)
- 상실 애도하기(제8장 참조)
- 안전하고 개인적인 관계에서 감정 공유하기(제14장, 제15장 참조)
- 부정적인 감정이 있을 때 스스로 위로하기(제8장, 제10장, 제11장 참조)

자존감과 관련된 것

자존감은 자기를 어떻게 느끼는지에 대한 반영이다. 이는 대인관계, 직업적 성공, 기분, 행복감을 향상시키거나 손상시킨다. 회복의 초석은 수치심과 낮은 자존감을 자존감과 자신감으로 대체하는 것이다(제10장 참조). 이 장에서 설명된 모든 목표를 추구하면 자존감이 향상된다. 다음에 특별히 주의를 기울이면 이점을 얻을 수 있다.

- 부정적인 자기 대화에 직면하기(제10장 참조)
- 수치심 치유하기(제3장, 제7장, 제8장 참조)
- 자기 자신에게 친절하기(제8장, 제10장 참조)
- 자기 행동에 책임지기(제9장, 제10장, 제12장, 제19장 참조)

- 자기 인정하기(제10장, 제16장 참조)

- 자기 수용하기(제9장, 제10장 참조)

- 죄책감을 줄이고 자기 용서하기(제10장, 제19장 참조)

- 자기의 필요 충족시키기(제5장, 제8장, 제9장 참조)

- 12단계 모임과 치료에서 나누기(제6장, 제18장 참조)

- 자기를 신뢰하고 사랑하기(제10장 참조)

- 목표 추구하기(제16장)

- 자기를 돌보고 즐겁게 지내기(제8장, 제11장 참조)

의사소통과 관련된 것

단호한 의사소통을 배우면 관계가 향상되고 자존감이 생긴다. 목표는 다음에서 소개하는 것들과 제13장에서 다루는 내용이다.

- 솔직하고 직접적으로 진술하기

- 나 진술문 사용하기

- 입장 취하기

- 반응하지 않는 법 배우기(또한 제12장)

- 학대적인 의사소통 파악하기(또한 제3장)

- 경계선 설정하기와 거절하기

- 관계에서 문제 해결하기

- 갈등 다루기

행동과 관련된 것

AA에는 "행동을 하면 감정이 뒤따른다."라는 격언이 있다. 이는 생각과 감정이 행동 방식을 결정하지만, 행동 또한 생각, 신념, 감정을 변화시킨다는 뜻이다. 공동의존에 대해 읽고 이해하고 어떻게 공동의존자가 되는지 아는 것이 중요하다. 하지만 위험을 감수하고 다르게 행동해야 자기 이해가 실현되고 변화를 이룬다. 행동 실천이 문제를 '고치는' 것을 의미하지 않는다. 반응하는 행동은 오히려 문제를 복잡하게 만들고 일이 자연스럽게 해결되지 못 하게 한다. 알아논에는 AA의 격언과는 거의 반대되는 격언이 있다. "아무것도 하지 말고 그냥 있으라." 평소에 하는 행동과 반대되는 행동을 하고 습관적으로 하는 행동을 하지 않으려면 용기와 힘이 필요하다. 행동 실천의 목표는 다르게 의사소통하고 경계선을 설정하는 것이다. 구체적인 내용은 다음과 같다.

- 글쓰기(제9장)
- 12단계 모임과 상담에 참석하기(제6장, 제18장 참조)
- 조장하지 않기(제3장, 제12장 참조)
- 비애착 실천하기와 자기 일에 마음 쏟기(제12장 참조)
- 영성 훈련 창조하기(제11장 참조)
- 상호의존적 행동 개발하기(제14장, 제15장 참조)
- 취미와 관심 개발하기(제11장, 제16장 참조)
- 자신의 필요를 충족시키는 행동 실천하기(제8장, 제9장, 제12장 참조)
- 목표 설정하기와 추구하기(제16장 참조)
- 지지적인 관계 구축하기(제6장, 제11장, 제17장 참조)
- 힘들 때 연락하기(제6장, 제17장 참조)

이 목표들 중에서, 어떤 목표를 달성하지 못해도 낙심하지 말라. 많은 목표가 회복 중기 및 후기 단계에서 나타난다. 당신은 여행 중이다. 멋진 일이다. 때로는 고통스러운 여행이다. 하지만 즐거운 자기 발견 모험이다.

제2장

공동의존이란 무엇인가

> 🪶 **이 장에서는**
>
> ✓ 공동의존 정의하기
> ✓ 공동의존의 핵심 이해하기
> ✓ 공동의존이 아닌 것 명료화하기

전문가는 질병에 관해 이야기하고 연구하기 위해 진단을 자주 사용한다. 진단은 증상을 파악하고 검증된 치료를 활용하고 장애의 기원을 이해하는 데 도움이 된다. 진단은 또한 연구를 낳는다. 나는 진단이 개인의 고유성을 무시하고 사람들로 하여 금 자신에 대해 부정적으로 느끼게 하므로 좋아하지 않는다. 특히 공동의존자는 자 신을 나쁘게 여긴다! 공동의존자는 자신을 수치스러워하고 결손되어 있다고 느낀 다. 반면, 진단의 이점은 문제를 명확히 규정하고 도움이 되는 부분과 치료 방법을 명료화한다. 개인의 입장에서 보면, 진단이 붙고 희망적인 해결책이 생긴다. 진단 으로 문제에 대한 책임을 질 수 있다. 일단 문제가 파악되면, 경험을 공유하고 정보, 도구, 지원을 제공할 수 있는 사람을 찾을 수 있다. 상점을 일일이 돌아다니며 물건 을 둘러보지 않고 필요한 곳으로 곧장 향할 수 있다.

공동의존이라는 용어가 마음에 들지 않으면 무시하라. 논의되는 몇 가지 부분에 공감한다면 해당 부분에 초점을 맞추고 도움이 되는 행동 실천 단계를 활용하라.

공동의존의 정의

오늘날, 공동의존에 대한 합의된 정의는 없다. 미국 정신의학협회는 공동의존을 인정하지 않는다. 『정신질환의 진단 및 통계 편람(DSM)』은 합의된 정신질환 진단 기준을 설명하기 위해 정기적으로 발간된다.

1989년에 공동의존 분야의 22명의 지도자들이 전국 회의를 소집하여 공동의존에 대한 잠정적인 정의를 내놓았다. "공동의존은 강박행동에 고통스럽게 의존하고 안전, 자기 가치, 정체성을 찾기 위해 다른 사람의 인정을 받으려는 패턴이다. 회복은 가능하다." 그러나 이 회의에서, 공동의존을 정의하려는 시도를 마무리 짓지 못했다. 전문가의 이론적 배경에 따라 원인, 행동, 증상, 가족 역동, 사랑하는 관계를 형성하는 개인의 능력에 초점을 맞춘 다양한 정의가 제안되었다. 공동의존 분야의 저자와 연구자가 내린 정의는 공동의존이 물질 의존자와 함께 사는 것 그 이상이라고 용어를 확장시켰다.

- ✓ 존 프리엘과 린다 프리엘: "공동의존은 개인의 정체성 발달을 억제시키는 원가족과 문화에서 비롯된 역기능적 삶의 패턴이다. 공동의존은 외부 사건에는 과민 반응을 보이지만, 내적 단서와 감정은 무시한다."
- ✓ 찰스 휘트필드: "공동의존자는 어린 시절에 생긴 상처를 통해 진정한 자기로부터 소외된다."
- ✓ 멜로디 비티: "공동의존자는 다른 사람의 행동이 자신에게 영향을 미치게 하고, 다른 사람의 행동을 통제하는 데 집착한다."
- ✓ 어니 라슨: "공동의존은 사랑하는 관계를 시작하거나 관여할 수 있는 능력의 감소다."
- ✓ 로버트 서비: "공동의존은 억압적인 규칙에 장기간 노출된 결과다."
- ✓ 존 브래드쇼: "공동의존은 버림받음의 증상이다. 즉, 내적 현실을 상실하고 외적 현실에 중독되는 것이다."

정의 중에서, 어떤 정의는 너무 일반적이고 어떤 정의의 범위는 너무 좁다. 비판가는 정의에 '정상적인' 사람이 포함되어 있어서 유용하지 않다고 주장한다. 나는 다음의 이유로 이에 동의하지 않는다.

- ✓ 소위 '정상'이라 불리는 사람들이 고통을 겪고 있다. 중독으로 곤경에 처하거나 건강과 관계를 망치고 있는 사람을 걱정하고 도와주는 것은 정상이다. 하지만 문제가 조력자의 마음, 정신, 건강을 장악하면 기능장애가 된다.
- ✓ 공동의존에서 '정상'으로 되었다고 해서 건강해진 것은 아니다.
- ✓ 대부분 공동의존자는 '좋아 보인다.' 정신건강 전문가가 아닌 많은 비판가들이 유쾌하고 믿을 만하며 자신의 몫이나 분량보다 더 많은 일을 하는 공동의존자를 개인적으로 알고 있거나 그들과 함께 작업하고 있다. 이러한 비전문적 비판가들은 공동의존자가 내적으로 불안하고 죄책감에 시달리고 있다는 사실을 모른다.
- ✓ 대부분의 학교, 공공기관, 기업은 독립적인 사고를 장려하지 않는다. 순응에 보상한다.
- ✓ 점점 더 많은 사람이 근본적인 공동의존에 대처하기 위해 처방 약과 길거리 약물을 사용하고 중독 행동을 한다.

공동의존은 중독자와 살든, 혼자 살든, 다른 사람의 행동을 통제하려고 하든 관계없이 관계에 고통을 초래한다. 많은 사람이 학대를 받으며 성장하지는 않는다. 공동의존에 대한 나의 정의는 공동의존의 핵심을 찌른다. 즉, 중독자와 그들을 사랑하는 많은 사람을 포함하여 공동의존은 잃어버린 자기(lost Self)다.

공동의존자는 타고난 자기가 기능을 발휘하지 못하고, 대신 물질, 과정,
다른 사람을 중심으로 생각과 행동을 조직화하는 사람(들)이다.

과정(process)은 행위다. 예를 들어, 도박, 성, 일, 쇼핑 등일 수 있다. 이 정의에는 물질과 과정에 중독된 사람들이 포함된다. 근본적인 공동의존을 다루기 전에 과정에 대한 금욕이나 절제가 선행되어야 한다. 일하기와 섭식하기와 같은 경우에 금욕은 특정 지침 내에서의 절제를 의미할 수 있다.

공동의존의 핵심-잃어버린 자기

개인은 내적 자각과 외적 환경을 모두 느끼고 반응할 수 있는 타고난 능력을 갖추고 고유하게 태어났다. 이는 진정한 경험을 통해 배우고, 계획하고, 창조하고, 다른 사람들과 관계를 맺는 방법이다. 공동의존자는 이러한 자연스러운 과정에서의 발달이 중단되었거나 부정되었다.

자기(Self)라는 용어는 모호하다. 자기는 파악하기도 어렵고 정의하기도 어렵다. 자기는 자신의 고유하고 본질적인 존재다. 자기는 DNA에 새겨져 있고 구현화되고 발달하고 표현되기를 기다리고 있다. 나는 평소 자신이 생각하는 것보다 '더 큰 자기(Self)'라는 사실을 상기시키기 위해 대문자를 사용한다. 저명한 정신분석학자 칼 융은 자기는 개인의 모든 것의 전체성을 통합하는 일관성 있고 통일된 원리라고 생각했다. 즉, 정신의 중심이자 전체다. 자기에 포함되는 것은 다음과 같다.

✓ 성격
✓ 무의식
✓ 의식
✓ 자아(ego) (현실 대처에 도움이 되지만 작은 부분만 차지함)

공동의존자는 자기(Self)의 내적 충동을 표현하지 않는 대신, 대처하기 위해 다른 사람의 행동에 적응하고 반응하였다. 시간이 흐르면서 자기의 내적 충동은 가짜 성격에 의해 흐려지고 가려져서 이에 접근할 수 있는 능력이 약해졌다. 따라서 익명의 공동의존자 모임의 모토는 '자기 자신에게 진실하기'다. 이는 진짜 어렵다.

어떤 공동의존자는 자신이 '사기꾼'처럼 느껴지거나, 공적인 자기와 내적 자기 간의 불일치를 호소한다. 자기 자신과 연결되어 있지 않을 때 감정을 파악하거나 결정을 내리거나 경계선을 설정하기는 어렵다. 공동의존자는 사람과 상황에 반응하고 다른 사람에게 대답, 확인, 승인을 구한다. 때로는 분노하고 길을 잃고 혼란스러움을 느낄 수 있는데 이는 우울증으로 이어지기도 한다. 공동의존자는 거절과 외로움의 고통 때문에 불행한 관계에 머물러 있다. 어떤 사람은 다시는 자기 자신을 잃지 않기 위해 다른 사람과의 관여를 포기하고 혼자 지내기도 한다.

중독인가, 질병인가

1988년 정신과 의사 팀먼 커맥은 공동의존을 질병으로 처음 제안하였다. 질병(Disease)이라는 용어가 병적이라는 의미로 들릴 수도 있다. 하지만 이는 정상적인 기능이 손상되고 확인 가능한 진행성 증상이 있는 상태를 의미한다.

1956년 미국의학협회(AMA)는 알코올 중독을 질병으로 불렀다. 1991년 AMA는 알코올 중독과 더불어 약물 의존을 질병으로 분류하였다. AA와 전문가들은 1960년 모튼 젤리닉이 『알코올 중독의 질병 개념』을 출판하기 훨씬 전에 질병 의학 모델을 채택하였다. 이는 개인과 사회 전반의 알코올 중독에 대한 수치심을 많이 없앴기 때문에 승리로 간주되었다.

그 이후 중독 전문가는 질병 의학 모델을 성, 음식, 도박 중독에도 적용하였다. 또한 공동의존에도 적용하였다. 어떤 사람은 질병이라는 용어가 회복하려는 사람에게 낙인을 찍고 낙담시키고 의욕을 잃게 한다고 주장하며 질병이라는 용어에 반대한다. 일각에서는 당뇨병이나 고혈압 등의 신체 질병과 같이 공감과 경계심을 가지고 치료해야만 중독에 대한 수치심과 징벌적 치료가 사라지게 된다는 의견도 있다.

수년 동안 사람들은 중독을 질병으로 규정하기 위해 중독의 생물학적 요소가 무엇인지, 중독을 파악할 수 있는지 여부에 대해 논쟁했다.

오늘날 중독자의 뇌 스캔을 통해 즐거움과 만족감을 유발하는 도파민의 처리를 담당하는 뇌의 쾌락 중추의 결함이 밝혀졌다. 도박과 같은 행동 중독에서도 동일한 사실이 발견되었다. 쾌락 중추의 기능장애가 중독보다 선행하는지 여부는 미지수다. 유전자가 중독에 어떻게 영향을 미치는지에 관한 연구가 계속되고 있다. 연구에 따르면, 육아와 외상을 포함한 환경적 요인이 유전자 발현과 중독의 발달에 영향을 미친다고 밝혔다. 외상과 우울증은 신경전달물질에 영향을 주지만 긍정적인 생각과 감정을 포함한 심리치료와 행동 변화도 신경전달물질에 영향을 미친다.

공동의존이 중독이든 질병이든 회복의 선택은 자신의 몫이다. 공동의존이라는 용어가 마음에 들지 않으면 사용하지 말라.

교차 중독

중독자는 정의상 의존적이다. 중독자는 기능을 하기 위해 중독 대상에 의존하고, 중독과 관련하여 많은 시간을 보낸다. 중독자가 중독을 끊으면 많은 사람이 교차 중독을 일으킨다. 교차 중독을 직접 목격하려면, AA 모임에 참석하여 얼마나 많은 사람이 흡연하고 있는지 보면 알 수 있다. 단주자에게 줄담배, 과식, 성 중독 등이 연쇄적으로 생기기 시작한다. 체중 감량을 위해 비만 수술을 받은 어떤 음식 중독자의 경우, 덜 먹지만 알코올 중독자나 쇼핑 중독자가 된다.

중독의 원인은 다양하다. 하지만 신경과학 연구에 따르면, 중독자가 일차 중독을 중단하고 다른 중독을 채택할 때 **동일한 수준으로 중독**된다고 한다. 예를 들어, 강박적인 도박자가 도박을 끊을 때, 알코올 중독자처럼 술을 마실 위험이 있다. 이는 신체적 이유와는 별도로, 정서적 차원에서 잃어버린 자기(Self)를 치유하기 위한 정서적 회복 작업을 하지 않아서다. 여기가 바로 공동의존이 들어오는 부분이다.

중독자가 중독을 포기하면 자신의 감정을 다뤄야 한다. 독신이었던 많은 사람이 연애하기를 원한다(AA에서 농담으로 '열세 번째 단계'라고 부름). 이들은 자신이 피했던 모든 관계와 친밀감 문제에 정면으로 직면한다. 신입 회원을 후원하고 이들의 삶을 관리하려 하고 심지어 자신의 '자녀'에게 집착하는 사람들도 있다. 다시 말하지만, 공동의존의 근본적인 문제가 표면화되고 있다. 때로 재발의 원인이 될 수 있는 공동의존 문제에 기꺼이 직면하기까지 수년이 걸리기도 한다.

교차 중독과 집착은 또한 알아논이나 익명의 공동의존자 모임의 구성원에게도 발생한다. 나는 공동의존적 행동을 멈췄을 때, 강박적으로 다이어트를 하기 시작했다. 남편에 대한 집착을 대신했던 다이어트 강박관념에서 벗어나기 위해 익명의 과식주의자 모임에 나갔다. 정신적 강박관념이 불안과 억압된 감정을 대처하는 나의 수단이었다(부정에 대한 자세한 내용은 제4장 참조).

이 책은 잃어버린 자기, 공동의존자의 관계, 다른 사람과의 상호작용에 초점을 맞추고 있다. 자기(Self)를 치유하는 것이 이 책의 초점이긴 하나, 마약 중독이나 기타 과정(행동) 중독을 극복하는 내용에 대해서는 구체적으로 다루지 않는다. 이에 대한 자세한 내용은 브라이언 쇼, 폴 리트보, 제인 어바인이 쓴 『초보자를 위한 중독과 회복』(John Wiley & Sons, 2005)을 참조하라.

여성과 공동의존

나는(저자는) 임상 현장에서 많은 공동의존자를 만난다. 그러나 공동의존자들의 대부분은 여성이다. 이에 대한 다양한 이유는 다음과 같다.

✓ **생물학적:** 여성은 생물학적으로 대인관계와 연결되어 있다. 여성의 변연계는 유대감과 감정에 대한 민감성을 증가시킨다. 스트레스를 받으면 남성 호르몬은 행동을 준비하고 여성 호르몬은 자녀를 보살피고 다른 사람에게 친구가 되

어 줄 준비를 한다.

✓ **발달적(성 정체성)**: 일반적으로, 여자아이는 부모에게 더 많이 의지하고 정서적으로 관여한다. 이들에게 관계 상실은 가장 큰 스트레스 요인이다. 여성은 부모의 가치를 더 잘 받아들이고, 부모와의 정서적 애착을 위협하는 분리는 불안을 유발한다. 따라서 자율성은 여성에게 가장 큰 어려움이다. 여자아이와 달리 남자아이는 정체성을 형성하기 위해 엄마와 분리되어야 하고 아빠와 동일시해야 한다. 남성에게 있어 친밀감은 어려운 문제다.

✓ **정치적**: 보편적으로 여성은 남성에게 종속되어 동등한 돈, 권리, 권력에 대한 접근에서 소외되었다. 여러 세대에 걸친 억압은 여성을 더욱 순종적으로 만들었다. 이는 오늘날에도 계속되고 있다. 남성보다 여성이 신체적 · 성적 학대로 인한 정신적 충격을 더 많이 받고 이로 인한 자존감도 낮다.

✓ **문화적**: 대부분의 문화권에서 여성은 더 제한적이고 자율성을 행사할 기회가 적다. 호르몬과 사회 규범 모두 남성에게 더 반항적이고 자율적이 되도록 장려한다. 남성에게 더 많은 자유가 주어지고 이를 위해 기꺼이 투쟁한다.

✓ **종교적**: 많은 가부장적 종교는 여성이 남성에게 복종하는 역할로 간주하고 여성이 남편, 형제, 다른 남성에게 순종해야 한다고 주장한다. 여성은 자유와 권리가 적고 교육이나 권위의 지위에 대한 접근성도 더 적다.

✓ **사회적**: 여성은 남성보다 낮은 자존감과 우울증을 더 많이 경험한다. 이것이 공동의존의 원인인지, 부산물인지, 아니면 공동의존과 동시에 발생하는지 명확하지 않다. 그러나 사회적 태도가 원인에 기여한다. 도브의 연구에 따르면 여성의 40% 이상이 자신의 외모에 만족하지 않고, 2/3 이상이 자신의 신체에 자신감이 낮다고 하였다. 많은 사람이 이상적인 모델들로 인해 비현실적이고 달성할 수 없는 기준이 정해졌다고 비난한다. 불행하게도, 이는 어린 시절부터 시작된다. 10명 중 7명의 소녀가 자신의 외모에 만족하지 못한다. 많은 여성이 자기 파괴적인 행동을 한다.

공동의존이 아닌 것

공동의존에 대한 정의에는 한 가지 이상의 기타 정신 장애가 있는 사람이 포함될 수 있다는 점을 유의하는 것이 중요하다. 예를 들어, 강박 장애, 주의력 결핍 장애, 양극성 장애, 자기애적, 의존적 또는 경계선과 같은 성격 장애 등이다. 가장 적절한 치료를 결정하기 위해 진단이 필요하다. 치료에 대한 구체적인 정보는 이 책의 범위를 벗어난다. 진단은 전문가에게 맡겨야 한다. 가까운 사람을 진단하며 에너지를 소비하는 것보다(일반적인 공동의존 행동), 자신을 치유하는 데 에너지를 사용하는 것이 더 낫다.

공동의존은 또한 보살핌, 친절, 상호의존이 아니다. 나는 사람들이 아픈 친척을 돌보거나 누군가를 돕는다는 이유로, '공동의존'이라는 낙인이 찍혔다는 호소를 들은 적이 있다. 특정 상황의 행동으로 공동의존자가 되지는 않는다. 공동의존 평가는 더 큰 행동 패턴을 기반으로 하며, 제3장에서 설명하는 여러 특성을 동반한다. 이 부분에서는 공동의존적인 것과 그렇지 않은 것의 차이를 살펴본다.

공동의존은 보살핌이 아니다

많은 사람, 특히 여성은 다른 사람을 양육하고 보살피는 것을 즐거워 한다. 어떤 사람은 보살피는 일을 직업으로 삼는다. 엄마는 자녀를 보살피는 데 익숙하다. 공동의존적 관리는 누군가를 보살피는 것과 다르다. 사실, 공동의존은 주는 사람의 필요가 우선이며 주는 것보다 더 많은 것을 취할 수 있다. 보살핌은 풍요에서 나오고, 관리는 필요와 결핍에서 나온다. 보살핌이 언제 공동의존적 관리가 되는가? 다음 사례를 읽고 스스로 결정하라.

질과 **제인**은 각자 죽음이 임박한 어머니를 보살피기 위해 직장을 그만뒀다. 한 여성은 공동의존적이고, 다른 여성은 그렇지 않다. 다음 사례를 보고 무엇이 공동의존적으로 만드는지 생각해 보라(관리하기에 대한 자세한 내용은 제3장 참조).

질은 자신의 직업을 좋아한다. 엄마를 돌볼 수 있는 사람은 질밖에 없다. 어쩔 수 없이 질은 엄마 생의 마지막 몇 달을 함께 하는 것이 최우선이라 생각하고 직장을 그만두었다. 그녀는 자신을 위한 시간을 갖기 위해 일주일에 며칠은 아르바이트를 했다. 질은 운동하고 친구들에게 지지를 구하고 자신과 엄마를 모두 보살피는 삶의 균형과 조화를 유지하기 위해 최선을 다했다.

제인은 엄마를 돕기 위해 직장을 그만두어야 한다고 느낀다. 제인은 자신의 짐을 나누지 않은 형제들을 비난하고 분노했다. 하지만 그들에게 도움을 요청하지 않았다. 제인은 엄마의 치료에 책임을 느끼고 걱정했다. 온종일 엄마와 함께 지내며 엄마에게 신앙 치유자를 만나도록 설득했지만 성공하지 못했다. 엄마는 제인에게 휴식을 권했지만, 제인은 죄책감이 너무 들어 자신을 위한 시간을 가지지 못하고 항상 피곤하였다.

제인의 공동의존적 보호는 부적절한 책임과 통제로 넘쳐난다. 제인은 엄마에 대한 책임감 때문에 죄책감과 분노를 느끼고 자신에 대한 책임은 소홀히 한다. 제인은 엄마의 치료를 떠맡고 원치 않는 조언을 한다. 자신의 통제력을 유지하기 위해 다른 사람에게 도움을 요청하지 않는다. 마지막으로, 제인이 생각하는 것보다 엄마는 제인이 덜 필요해 보이지만, 제인은 너무 걱정하고 죄책감에 사로잡혀 자신을 보살피지 못한다. 하지만 질은 엄마를 보살피고 있으면서도, 자신의 필요를 무시하지 않기 때문에 분노하지 않는다. 공동의존자는 자신이 상처받을 때까지 내어 준다.

공동의존은 친절이 아니다

다른 사람들에게 도움이 되고 친절하게 대하는 것은 분명히 자연스럽고 만족스러운 일이다. 하지만 공동의존적 쾌락은 낮은 자존감에서 비롯된다. 주는 것보다 얻는 것이 더 많다. 많은 공동의존자가 선택의 여지가 없다! 공동의존자는 거절할 수 없다(아니요라고 말하지 못한다). 보살핌과 마찬가지로, 공동의존을 결정하는 것은 행동이 아니라 기쁘게 해 주려는 사람의 마음 상태다. 본질적인 물음은 주는 것이 자존감에서 나오는 것인가 아니면 죄책감, 두려움, 불안에서 나오는 것인가.

빌, 브래드, 밥은 모두 여자 친구에게 베푸는 것을 좋아한다. 다음은 식사 장소를 선택하는 상황이다.

- 빌은 여자 친구를 잃을까 봐 두려워서 여자 친구를 실망시키거나 갈등이 일어나지 않도록 피한다.
- 브래드는 테이크아웃을 주문하고 싶지만 여자 친구에게 비싼 레스토랑을 고르게 하여 자존감을 유지한다.
- 밥은 어디에서 먹든지 상관없다. 다른 문제로는 자신의 주장을 표현한다.

빌은 버림받는 것이 두렵다. 여자 친구에게 식당을 선택하게 하는 것은 일종의 뇌물이다. 대부분의 사람은 다른 사람을 기쁘게 하고 친절 베풀기를 좋아하고 인정받을 때 기분이 좋아진다. 하지만 관계가 위험해지는 것을 두려워하지는 않는다. 브래드는 주로 자기 이미지에 관심 있다. 브래드는 버림받는 것이 두려워서, 여자 친구에게 자신이 정말로 어떤 사람인지 알려 주지 못한다. 밥은 두려움과 낮은 자존감보다 자유롭게 선택하고 행동한다.

공동의존은 상호의존이 아니다

역동이 공동의존이든 건강한 관계이든, 처음에는 공동의존이 분명하지 않다. 다음의 내용은 극단적이지만 공동의존에 대한 이해를 얻을 수 있다. 대부분의 관계는 중간 어디쯤에 있을 것이다.

관계 지옥

겉으로 보기에 공동의존적 커플은 신체적·지적·경제적으로 독립된 것처럼 보일 수 있다. 하지만 실제는 정서적으로 의존적이고 불안정한 두 명의 성인이다. 평등, 친밀함, 존중보다는 권력 불균형이나 권력 투쟁이 있다. 한 사람은 다른 사람의 필요를 예상하고 그에 대한 죄책감, 불안, 분노를 느낄 수 있다. 이들은 단순히 서로에게 영향을 받는 것이 아니라 서로의 감정과 기분에 반응하고 책임감을 느낀다. 이들은 자신의 필요를 충족하기 위해 직접 또는 간접적으로 상대를 통제한다. 이들은 관계에서 자유롭지 못하고 불안정한 자기를 위협하는 친밀함과 분리를 두려워한다.

관계 천국

애착은 보통 친밀한 관계에서 생긴다. 두 사람이 서로 사랑할 때, 함께 있고 싶고 서로 그립고 걱정하는 것은 당연한 일이다. 시간이 지나면서, 삶과 일상이 서로 얽힌다. 서로 돕고 격려하는 것을 즐긴다. 서로 필요하고 의지하고 영향받는다. 평등하다. 서로의 삶과 관계에 책임을 진다. 이들의 삶은 상호의존적이다. 친밀감을 두려워하지 않고 독립성이 관계에 위협이 되지 않는다. 사실, 이런 관계는 서로에게 더 많은 자유를 준다. 서로의 개인적인 목표를 존중하고 지지하면서 관계에 전념한다(자세한 내용은 제15장 참조).

존슨 부부와 **브라운 부부**는 주말마다 항상 복식 테니스를 친다. 이중 한 부부는 공동의존적이다.

존슨 부부는 서로를 가장 좋은 친구라고 생각한다. 이들은 테니스 토너먼트를 즐긴 후, 다른 부부와 어울린다. 존슨 부부는 긍정적이고 긴장을 풀고 경기를 돕는 태도로 서로의 어려움, 실수, 전략에 관해 이야기한다.

브라운 부부는 경기가 끝나면 매번 말다툼한다. 아내는 테니스를 그만두려고 한다. 하지만 남편은 테니스 경기에 혼자 나가겠다고 위협한다. 아내는 준비하느라 보통 늦는다. 남편은 화를 내고 아내는 죄책감을 느낀다. 부부는 테니스장에 가는 동안 말을 하지 않는다. 남편은 아내의 경기를 비판한다. 부부가 이긴 경우를 제외하고는 거의 사교 활동을 하지 않는다. 경기에 이겼을 때도 남편은 아내의 게임 실력을 향상시키려고 노력한다.

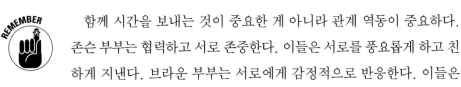

　　함께 시간을 보내는 것이 중요한 게 아니라 관계 역동이 중요하다. 존슨 부부는 협력하고 서로 존중한다. 이들은 서로를 풍요롭게 하고 친하게 지낸다. 브라운 부부는 서로에게 감정적으로 반응한다. 이들은 개개인의 불완전성 때문에 마음을 열고 가까워지는 것이 두렵다. 이들은 로맨틱한 순간을 보내고 '하나'가 된 것처럼 느끼지만, 반응이 부메랑이 되어 되돌아온다. 이 예에서 권력은 불균형적이고, 남편은 아내를 정서적으로 학대한다. 아내는 만성적으로 지각하면서, 자신의 힘과 분노를 표출하려 하지만 버림받는 것이 두려워 테니스 경기를 그만둘 수는 없다. 남편도 마찬가지다. 남편은 아내를 두고 혼자 가겠다고 위협하지만 그렇게 하지 못한다. 이들은 서로에게 속박되어 있고 문제에 대해 솔직하게 이야기하지 못한다.

제3장

공동의존의 증상

🪶 이 장에서는

- ✓ 자존감과 내면화된 수치심 정의하기
- ✓ 경계선 설명하기
- ✓ 의존 이해하기
- ✓ 공동의존적 의사소통 양상 알아차리기
- ✓ 돌봄과 통제 파악하기
- ✓ 부정 살펴보기
- ✓ 고통스러운 감정 알아보기

　누구에게나 상처가 있다. 어떤 사람은 다른 사람보다 더 많은 상처가 있다. 가까워지는 것이 두렵고 혼자 되는 것이 두렵고 상처 입는 것이 두렵고 통제받는 것이 두렵고 판단받는 것이 두려운가? 이것이 공동의존적 상처다. 이런저런 사실을 깨닫지 못하고 마음속 깊이 자신이 중요한 사람이라고 믿지 않는다. 슬프게도, 공동의존적 상처는 자신이 누구인지에—자신이 인간이라는 사실—수치심을 느끼게 하여, 다른 사람, 심지어 자기 자신에게도 상처를 숨긴다. 이것이 부정이다.

　이 장에서는 공동의존의 주요 특징과 증상에 관해 설명한다. 자신에게 전부는 아니지만, 공동의존의 일부 증상이 있을 수 있고, 증상이 계속 지속되지 않을 수도 있고, 모든 사람에게 있는 것도 아니다. 증상과 심각도는 공동의존자마다 다르다.

숨겨진 수치심

 수치심은 무가치감, 부적절감, 소외감을 느끼는 고통스러운 감정이다. 때로 다른 사람들이 자신의 결점을 보고 있는 것처럼, 자신이 드러나는 것 같고 소외감을 느낄 수도 있다. 수치심을 숨기고 보이고 싶지 않다. 보통 자신을 좋게 여기는 자존감이 높은 사람을 포함하여 모든 사람이 수치심을 느낀다. 수치심은 공공장소에서 배변을 보거나 도서관에서 소리를 지르는 것과 같이 일반적으로 사회적으로 용납될 수 없는 일을 하지 못하도록 할 때는 건강하다.

수치심의 신체 증상은 다음과 같다.

- ✓ 눈 접촉 피하기
- ✓ 사회적 철수
- ✓ 얼어붙기
- ✓ 발한
- ✓ 어깨 축 늘어뜨리기
- ✓ 고개 숙이기
- ✓ 현기증
- ✓ 구역질

 보통 수치심은 창피한 사건이 일어난 이후에 사라진다. 하지만 대인관계 수치심은 어린 시절의 경험에서 내면화된다(제7장 참조). 수치심은 활성화되기를 기다리며 앉아 있고, 치유되지 않은 벌어진 상처처럼 사건이 발생한 이후 오랫동안 지속된다. 자신이 어떤 사람인지 수치스러워한다. 수치심은 모든 것에 만연해 있다. 자발성을 마비시키고 자기 자신을 규정짓는다. 자신이 중요하거나 사랑, 존경, 성공이나 행복할 가치가 있다고 믿지 않는다. 자신이 나쁘거나, 결함이 있거나, 부적절하거나, 위선적이거나, 실패했다고 생각한다.

만성적으로 내면화된 수치심은 보통 수치심보다 더 강렬하고 더 오래 지속된다. 이는 자신과 다른 사람에게 수용될지와 관련된 수치심 불안을 크게 조장한다. 수치심이 극도로 장기간 지속되면 무망감과 절망으로 이어지고, 정신적 마비를 일으켜 좀비처럼 내면이 죽어 간다. 내면화된 수치심은 낮은 자존감과 대부분의 공동의존 증상, 즉 쾌락, 중독, 통제, 보호, 우울증, 자기주장의 결여, 친밀감 문제, 완벽주의 등을 유발한다. 낮은 자존감과 내면화된 수치심에서 비롯되는 핵심 감정은 〈표 3-1〉과 같다.

〈표 3-1〉공동의존의 핵심 감정

낮은 자존감	수치심	두려움	죄책감
~에 대한 결핍감	~를 느낌	~에 대한 두려움	~에 대한 죄책감
자신감	무가치함	버림받음	자기 감정
자기 신뢰	사랑스럽지 않음	거절	자기 행동
자기 수용	불안	실수하기	자기 필요
자기 책임	중요하지 않음	비판	타인의 감정
자기 효능감	자격이 없음	실패와 성공	타인의 행동
자기 존중	자기 혐오	친밀감	타인의 필요
자기 가치	판단받음	자신의 힘	타인의 문제

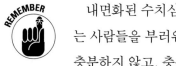

내면화된 수치심은 만성적인 열등감을 만들어 낸다. 자신이 존경하는 사람들을 부러워하고 자신과 그들을 부정적으로 비교한다. 자신이 충분하지 않고, 충분히 매력적이지 않고, 충분히 똑똑하지 않고, 충분히 훌륭하지 않다고 믿을지도 모른다. 수치심은 고통스러워서, 수치심을 의식하지 못하고 자신의 자존감이 높다고 생각하기도 한다. 자신이 가르치거나 감독하는 사람, 다른 계급이나 문화를 가진 사람, 자신이 판단하는 어떤 사람보다 자신이 더 우월하다고 자만하거나 중요하다고 느낀다. 다른 사람을 평가절하하면서 수치심을 부정하고 숨기고 자신을 더 높이 끌어올린다. 대부분의 공동의존자는 열등감과 우월감 사이를 오락가락한다. 내면화된 수치심과 공동의존에 대해 더 자세히 알고 싶

다면, 나의 책, 『수치심과 공동의존 극복하기: 진정한 자기를 해방하기 위한 8단계』(Hazelden)를 참조하라.

낮은 자존감

수치심은 감정이다. 하지만 자존감은 자신이 자기를 어떻게 생각하는지를 반영한다. 자존감은 자기 평가다. 자존감은 자기 자신에 대한 솔직한 견해다. 자존감이 높거나 낮을 수는 있지만, 다른 사람의 생각을 근거로 하지 않는다. 자존감(Self-esteem)(**자기** 평가를 강조하기 위해 대문자 'S'로 표현)을 대신하여, 공동의존자는 자신의 가치와 타당성을 검증하기 위해 다른 사람들을 찾는다. 다른 사람과 사물이 자신의 기분을 좋게도 나쁘게도 한다. 공동의존자를 '다른 사람이 규정한 사람'이라고 말할 수 있다.

우리는 어려운 프로젝트를 해 내거나, 대회에서 우승하거나, 친구와 즐거운 하루를 보내면 어떤 기분이 드는지 안다. 자존감이 높은 사람은 대부분의 시간을 그렇게 보낸다. 대부분의 사람들은 상사에게 질책을 받거나, 재정적인 어려움을 겪거나, 질병에 걸렸을 때 낙담하지만, 이런 감정은 일시적이다. 일시적 감정이 긍정적이든 부정적이든 진정한 자존감을 반영하지는 않는다. 좋은 자존감은 외부 사건에 의해 크게 달라지지 않는다. 나쁜 일이 생겨도 자신이 나쁘다고 느끼지 않는다. 왜냐하면 나쁜 일은 외부적이고 본질적인 자기를 반영하는 것이 아니기 때문이다. 회복할 자원이 있다는 것도 안다. 하지만 자존감이 낮은 사람은 상실감이나 실망감을 느낄 때, 패배감을 느낀다. 〈표 3-2〉는 높은 자존감과 낮은 자존감의 징후에 대한 비교다.

자신이 공동의존자라면 아마도 자존감이 낮을 것이다. 자신의 가치를 돈, 아름다움, 명성이나 다른 것(예: 훌륭한 부모되기)으로 자존감의 근거로 삼을 수 있다. 하지만 이 중 어떤 것도 진정한 자존감이 아니다. 돈, 외모, 명성을 잃거나 자녀가 마약 중독자가 된다면 자기 자신에 대해 어떻게 느낄 것인가? 자기 자신을 싫어하는 성

〈표 3-2〉 높은 자존감과 낮은 자존감의 징후

높은 자존감	낮은 자존감
자신이 괜찮다는 사실을 안다.	'불충분하다'고 느낀다. 비교하고 자신을 개선시키려고 노력한다.
자신의 가치와 문제를 안다.	자기 가치와 존중이 부족하다.
유능감을 느낀다.	다른 사람에게 의견을 묻는다.
자신을 좋아한다.	다른 사람의 승인이 필요하고 자기 비판적이다.
정직하고 성실하다.	다른 사람에게 떠넘기고 동의를 얻으려 하고 기쁘게 해 주려고 한다.
자기를 신뢰한다.	자신을 의심하고 우유부단하다고 느낀다.
다른 사람을 긍휼히 여긴다.	다른 사람을 비판하고 비판에 민감하다.
자신과 다른 사람에 대한 책임감이 있다.	자신의 감정, 욕구, 필요를 깎아내린다.
칭찬과 관심을 수용한다.	칭찬을 무시하거나 의심하고 관심받는 것을 싫어한다.
희망적이다.	자신감과 자기 효능감이 낮다.
자신과 다른 사람을 존중하고 긍휼히 여긴다.	자기 존중과 자기 긍휼이 낮다.

공한 미인 유명인이 있고 자존감이 높은 일반인도 있다. 다른 사람의 승인이나 인정을 받고자 하는 욕구가 자기 행동의 동기가 될 수 있다. 하지만 진정한 자존감은 멋지게 성취한 것에 기반을 두지 않는다. "자신의 마지막 성취만큼만 멋지다." 이는 과거의 모든 성공 여부에 따라 자신이 평가되지 않는다. 자신의 가장 최근에 이룬 성공에 의해서만 판단받는다는 의미다. 성취한 것에 기반한 자존감은 '다른' 자존감을 추구하는 것이다. 모든 것이 외부에 바탕을 두고 있다는 사실을 깨닫지 못하고 자신을 높이 평가하고 있을 수도 있다.

공동의존자는 자기 자신과 단절되어 있어서 보통 자기 신뢰와 자기 내면의 안내를 따르는 데 어려움을 겪는다. 마음이 혼란스럽고 결정하지 못한다. 항상 다른 사람의 의견을 묻는다. 자신이 진정으로 무엇을 원하는지 모르고 호감과 사랑을 받기 위해 자신의 필요를 다른 사람에게 이양한다. 자신의 필요와 욕구를 알게 되어도 무시한다. 자신의 필요와 욕구와 관련된 이야기나 갈등을 피하려고 다른 사람의 필요와 욕구에 동조한다. 가까운 관계에서 특히 그렇다.

 자존감이 낮은 사람은 자기 자신을 심하게 비판한다. 자신이 어떻게 느끼고 행동하고 보이는지, 자신에게 무엇이 필요하고, 생각하고, 말하고, 창조하는지 자신에 관한 거의 모든 것에 트집을 잡는다. 심지어 자신을 미워하고 혐오하기도 한다. 대부분의 사람은 자기 판단의 정도를 잘 깨닫지 못한다. 비판에 민감한 사람이 되거나 자신이 비판받는다고 느낀다. 칭찬, 관심, 찬사, 선물을 받으면 당황하고 자신에게는 그럴 자격이 없다고 변명한다. 자기 비판적인 태도는 다른 사람에게도 비판적이다.

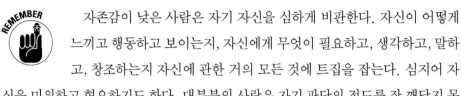 낙심하지 말라. 희망은 있다. 자존감은 학습된 것이다. 낮은 자존감이 자기 가치로 바뀔 수 있다. 그 길을 걷기 시작하도록 이 책과 훈련이 있다.

기쁨 주기-인간 프레첼 되기

다른 사람을 수용하기 위해 자기 자신을 내던지는 공동의존자들이 있다. 공동의존자는 자신에게 중심을 두지 않고 다른 사람의 승인, 사랑을 바라고 적어도 자신을 필요로 해 주길 간절히 원한다. 다른 사람의 존중을 받기 위해, 다른 사람을 기쁘게 해 주기 위해, 수용과 인정을 받기 위해 인간 프레첼이 된다.

다른 사람이 자신에게 불만이 있으면 불안하다. 다른 사람의 필요, 감정, 의견 등을 자기의 것보다 우선시한다. 사실, 다른 사람이 기대하고 바라는 존재가 되기 위해 자신의 필요, 감정, 생각, 가치에 침묵한다. 특히 그 진가가 발휘되는 곳은 연애 관계다. 다른 사람과 잘 어울리고, 완벽하고, 착하고, 잘 생기고, 책임감 있고, 잘 지내고, 남을 잘 챙기려고 노력하면서 자신의 상처, 수치심, 고통을 숨긴다. 극도로 불안할 때, 다른 사람의 행동과 감정을 그대로 따라 하거나 다른 사람이 원하는 대로 느끼고 행동하는 척한다.

자신이 어떻게 느끼고 생각하고 행동해야 하는지 측정하기 위해 겉모습에 치중할수록 내적 자기와 더욱 소원해진다. 자기와의 분리로 생기는 공허함을 채우기 위해 중독자가 약물을 사용하는 것처럼 무언가나 누군가를 향한 필요와 중독이 강해진다. 쾌락은 일시적인 안도감만 줄 뿐이다. '다른 사람'에게 매력을 느끼는 것에서 다른 사람에게 중독되기까지 더 많은 것을 원한다.

죄책감-항상 죄송합니다

　　죄책감은 수치심과 다르다. 수치심은 한 개인으로서 자기 자신에 대해 느끼는 나쁜 감정이다. 반면, 죄책감은 누군가를 해치는 것 등의 개인적 기준, 법이나 윤리적 원칙을 위반하는 말이나 행동과 관련된 느낌이다. 공동의존자는 죄책감을 버리기 어렵다. 특히 죄책감이 수치심이라는 근본적인 감정을 자극하면 더 복잡해진다. 죄책감("그렇게 하지 않았어야 했어.")에 이어 수치심("난 너무 이기적이야." "패배자야." 등)을 느낄 수 있다.

　　　　데이비드는 회계사다. 토요일에 데이비드는 의뢰인의 세금 신고에 실수한 부분이 있다는 사실을 알게 되었다. 아직 의뢰인이나 국세청에는 제출하지 않았지만, 데이비드는 죄책감이 들고 자신에게 화가 많이 났다. 오류를 바로잡지 않고서는 월요일까지 기다릴 수 없을 만큼 마음이 조급해졌다. 데이비드는 사무실에 빨리 가야 해서 가족 나들이는 가지 않았다. 그의 건강하지 못한 죄책감이 내면화된 수치심을 불러일으켰고 마음의 평화를 빼앗았다.

　　　　감정은 인간성의 일부다. 하지만 공동의존자는 감정에 대한 죄책감과 수치심을 느낀다. 무엇이 정상인지 궁금해하고 자신의 감정을 판단한다. 화가 났을 때 분노를 느껴서는 안 된다고 말하거나 죄책감을 느껴야 한다고 자기 자신에게 말한다. 슬프거나 우울할 때 자신에게 뭔가 문제가 있다고 생각하기도 한다. 이전의 사건과 대화를 곱씹고 '실수'에 대해 자신을 비난한다. [그림 3-1]은 공동의존의 부정적인 생각과 감정에 가려진 자기(Self)를 보여 준다. 무너진 경계선을 알아차리라.

　　　　수잔은 새로운 사람과 사귀고 있다. 매주 치료 시간에, 수잔은 지난 데이트에서 무슨 일이 있었는지, 무슨 말을 했는지 자세히 설명했다. 수잔은 "그러니까, 선생님은 어떻게 생각하세요?"라며 이야기를 마무리했다. 수잔은 자신이 '잘못된' 말이나 행동을 했는지, 상대 남자가 관계에 대해 어떻게 생각하는지 알고 싶어 했다. 결손된 자기를 완성시키기 위해 남자를 소유하려 하고 자기 자신을 그에게 맞추려 하였다.

　　　　공동의존자는 자신의 필요에 대해 죄책감과 수치심을 느낀다. 따라서 도움이나 자신이 무엇을 원하는지 요청하기 어렵다. 공동의존자는 자신이 나약하고 무르고 요구적이고 이기적이라고 판단한다.

　　　　셜리는 갑작스럽게 아파트를 비워 달라는 말을 듣고 매우 당황했다. 나는 셜리에게 친구나 가족에게 이삿짐 싸는 것을 도와 달라는 요청을 해 보라고 제안했다. 그녀는 "전 그냥 그럴 수 없어요."라고 변명했다. 그녀는 자신의 필요가 부모에게 부담을 준 것처럼 다른 사람에게도 부담이 된다고 생각했다.

　　　　스탠리는 수년간 직원들과 경계선을 두고 회사의 필요를 충족시켜 왔다. 하지만 정작 자신의 필요에 대해서는 그렇게 하지 못했다. 까다로운 아내를 원망하면서도 양심의 가책을 느끼지 않고 거절하거나, 원하는 것을 요구할 수 없었다. 그는 주말에 낚시를 함께 가자는 친구의 권유를 계속 미루면서, 가고 싶은 마음은 이기적이라고 자신을 납득시켰다. 자신의 필요를 평가절하하는 것이 낮은 자존감을 반영한다는 사실을 깨닫지 못하고 아내를 원망했다.

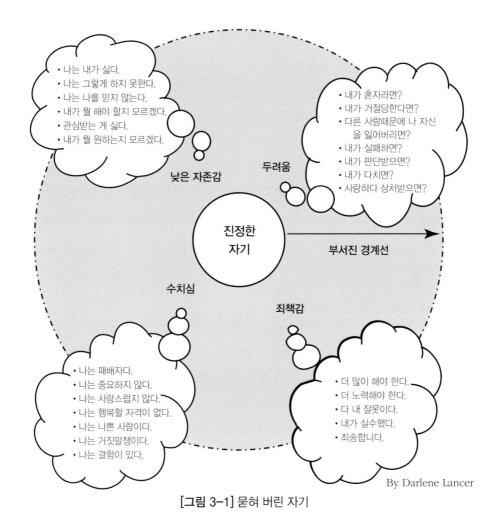

[그림 3-1] 묻혀 버린 자기

By Darlene Lancer

　　　　공동의존자는 자신의 감정뿐만 아니라 다른 사람의 감정에 대해서
도 죄책감을 느낀다. 자신의 실수에 대해 다른 사람에게도 책임을 느낀
다. 상대가 자신이 선택한 영화를 보는 데 동의했어도 마음에 들어 하
지 않으면 죄책감을 느낀다. 대인관계에서 반대나 거절을 하면 반드시 죄책감을 느
낀다. 자신의 '실수'에 대해 항상 "죄송합니다."라고 말한다. 보통 상대의 행동에 직
면하기보다 자신이 더 열심히 노력한다. 상대의 기분이 좋지 않거나 분노나 슬픔과
같은 고통스러운 감정을 느끼면, "내가 무슨 잘못을 했나?"라는 생각을 먼저 하게

된다. 자신이 비난받지 않을 때도 방어적이다. 죄책감이 다른 사람의 말을 경청하는 데 방해가 되어 갈등을 지속시킨다.

자신이 무가치하고 자격이 없다고 느끼는 것은 자기 처벌이다. 다른 사람의 학대적 분노와 비난도 자신이 잘못했다는 증거로 받아들이기 쉽다. 심지어 다른 사람의 중독적 행동이나 학대 행위를 유발했다고 비난받을 때도 그렇다. 자존감이 낮아서, 경계선을 설정하기보다 오히려 비난하는 사람의 비위를 맞추고 승인을 얻으려고 더 열심히 노력한다. 하지만 비난자 역시 공동의존자다. 낮은 자존감 때문에 자신의 행동에 책임을 지지 않고 다른 사람을 비난하며 수치심을 방어한다. 비난자나 비위를 맞추는 자 모두 자신이 자기(Self)의 중심에 있지 않다.

완벽에 대한 애매한 추구

완벽은 세상에 존재하지 않는다. 완벽은 완벽주의자 마음에만 존재한다. 완벽은 항상 손에 닿지 않는 환상적 기준이다. 완벽주의자는 무엇이 충분히 괜찮은지 절대 모른다. 항상 마음속에서 패배한다. 이상적 기준과의 지속적인 자기 비교는 특정 행동과 더불어 한 사람으로서의 끊임없이 자기 판단과 수치심을 불러일으킨다. 앞의 예에서 회계사인 데이비드와 같이 완벽을 추구하는 강박행동이 수치심을 방어한다.

수치심, 죄책감, 완벽주의의 조합은 사랑을 할 수 없거나 간헐적으로 사랑을 줄 수 있는 사람과 사랑하려고 할 때 특히 자멸적이다. 자신의 자존감을 증명하고 내면의 수치심을 가라앉히기 위해 완벽해지려고 노력한다. 자신이 사랑스럽다는 사실을 증명하고 사랑받기 위해 더 열심히 노력한다.

공동의존이 높은 성취자는 성취를 통해 자신의 가치를 증명하려고 노력한다. 이들의 강박관념은 자신에게 결함이 있다는 내면화된 수치심에서 비롯된다. 시험 결과에 A를 집착하거나 문제를 놓쳤다고 생각하는 학생은 수치심에 이끌리는 완벽주의자다. 자신이 희망 없는 실패자라고 생각하는 사람은 성취하려고 노력하지 않는다. 자신이 '게으르다' '실패했다' '멍청하다' 등과 같은 수치스러운 메시지를 믿는 학생은 학업에서 탁월한 능력을 발휘하지 못한다.

또 다른 예로, 외모가 항상 완벽해야 하는 여성이다. 심지어 집에 티끌 하나 없어야 한다. 자신의 개인적인 수치심은 자신의 환경에 투사되는데, 이는 결함을 견디지 못하는 자기 반영이다. 무언가가 부서졌거나 먼지가 많거나 제자리에 있지 않을 때 고통스러운 불안이 유발된다. 이때 자신의 감정을 바로 잡기보다 무언가를 바로잡는 것으로 해결한다.

나의 권리와 경계선은 무엇인가

경계선은 자존감의 표현이다. 경계선은 자신이 어디에서 끝나고 다른 사람은 어디에서 시작하는지를 나타낸다. 경계선은 자신과 다른 사람의 간의 한계를 설정하여 개인적인 자기를 구체화한다. 경계선에 대한 인식은 다른 사람으로부터 자신을 보호하고 다른 사람의 경계선을 위반하지 않도록 한다. 부모가 아이의 경계선을 보호하고 존중하며 다른 사람의 경계선을 침범하지 않도록 가르친다. 아이는 성장하면서 경계선에 대해 배운다. 배운 적이 없다면, 자신이 부적절하다는 사실을 인식하지 못한다. 부모가 자신의 경계선을 침범하면 다른 사람도 자신의 경계선을 침범하는 것이 당연하다고 느낀다. 건강한 경계선은 자신의 감정과 한계를 아는 것에서 시작된다. 세 가지 역기능적 경계선은 [그림 3-2]와 같다.

| 약한 경계선 | 부서진 경계선 | 경직된 경계선 |

By Darlene Lancer

[그림 3-2] 경계선의 정도

나의 경계선

경계선은 삶의 모든 부분에 영향을 미치고 세상과 상호작용하는 방식에도 영향을 미친다. 논의를 위해 경계선을 몇 가지 유형으로 나누었다. 네 가지 주요 경계선은 다음과 같다.

✓ 재정적 경계선
✓ 신체적 및 성적 경계선
✓ 정신적 경계선
✓ 감정적 경계선

재정적 경계선

재정적 경계선은 소유물과 돈을 공유하는 것을 의미한다. 경계선이 없는 사람은 분별없이 돈을 주거나 빌려준다. 허락 없이 돈이나 소지품을 가져가는 것, 빌리는 것, 빌린 것을 돌려주지 않는 것도 다른 사람의 경계선을 존중하지 않는 것이다.

신체적 및 성적 경계선

신체적 및 성적 경계선을 자신의 사생활, 누군가가 자신의 공간에 들어오거나 만질 수 있도록 허용하는 방법, 사람, 시간을 나타낸다. 아이의 사생활이나 신체에 대한 통제권이 거부당할 때 신체적 경계선이 침범받는다. 악수, 포옹, 키스든 다른 사람이 자신과 얼마나 가까이 있는지를 통해 경계선을 알 수 있다. 밀쳐내도 계속 경계선을 침범한다면, 상대는 자신의 경계선을 존중하지 않는 것이다. 상대의 경계선과 자신의 경계선은 다르다. 또 다른 예는 부적절한 시간에 전화하거나 듣는 사람은 신경 쓰지 않고 일방적으로 혼자 이야기하는 사람이다. 듣는 사람이 경계선을 설정하지 않으면 듣는 사람의 경계선이 부족한 것이다. 다음 예와 같이 경계선은 관계마다 다르다.

엄마는 **질**에게 엇갈리는 메시지를 보냈다. 엄마는 질에게 자신의 지갑이나 소지품에는 손대지 못하게 금했다. 하지만 엄마는 질의 메일을 읽고 서랍을 뒤지는 등 경계선을 침범했다. 질이 결혼했을 때 엄마처럼 되고 싶지 않았다. 자녀의 경계선을 존중했다. 그러나 남편과의 관계에서는 그렇지 않았다. 자신은 사생활을 가질 권리가 없다고 느꼈다. 질은 자신만의 시간을 갖는 데 죄책감을 느꼈다. 남편과 자신의 치료에 대해 상의하는 것을 거부하는 것에 대해서도 죄책감을 느꼈다.

어렸을 때 신체적 또는 성적 학대를 받은 적이 있다면, 신체적 또는 성적 경계선이 약하거나 존재하지 않기 때문에, 신체적 학대나 원치 않는 성적 접근을 중지하는 데 어려움을 겪는다. 부적절하거나 과도한 노출, 희롱, 자극적인 언어로 성적 경계선을 위반하기도 한다.

프란시스는 어렸을 때 보모에게 성추행을 당했다. 그녀는 보호받지 못했고, "그만 하세요."라고 말하지 못했다. 성인이 되어서도 남편의 폭력을 막을 수 없었다. 성추행의 외상을 치유하지 못했다. 자신이 원치 않는 성관계도 남편에게 거절할 권리가 없다고 믿었고 부부의 의무라고 생각했다.

신체적 경계선은 양육 방식에 따라, 배우자마다 다르다. 문 잠그기, 나체, 대출, 돈을 쓰는 것과 공유하는 것, 욕실, 정보, 개인 소지품 등과 같은 문제로 갈등이 생긴다.

정신적 경계선

정신적 경계선은 의견과 신념에 적용된다. 정신적 경계선은 경직되거나 독단적이지 않고 문제나 어려움이 생겼을 때 자신의 한계를 정하고 유지할 수 있는지를 나타낸다. 성장하면서 스스로 생각하고, 결정 내리고, 자기 생각과 의견을 존중받을 권리가 없었다면, 자신이 무슨 생각을 하거나 무엇을 믿어야 할지 모른다. 이런 경우, 혼란스럽거나 자신의 의견이 이해받지 못하거나 말다툼이 일어날 때 화가 많이 날 수도 있다. 이는 부모가 자신의 의견을 무시하거나 비판하거나 침묵시켰던 과거로 인한 반응이다.

감정적 경계선

감정적 경계선은 모호하고 이해하기 어렵다. 감정적 경계선은 자신의 감정적 권리와 책임에 대해 정의내리고 다른 사람의 감정과 자신의 감정을 분리시킨다. 건강한 감정적 경계선이 있는 사람은 친밀한 관계에서 자신을 잃어버리지 않는다. [그림 3-3]과 같이, 각 사람의 감정적 정체성이 분명하다. 각자 자기 통합을 유지하면서 서로 친밀하고 온전한 상태를 유지한다. 각자 따로 분리되어 있어서 서로를 개인적인 소유물로 여기지 않는다.

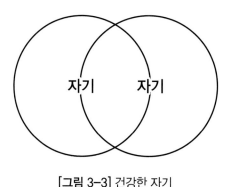

By Darlene Lancer

[그림 3-3] 건강한 자기

공동의존자는 건강한 감정적 경계선이 없다. 성장하면서 자신의 감정이 존중받지 못했다면, 자신과 다른 사람의 감정의 차이를 느끼지 못하거나 경계선이 존중받지 못하는 것을 모를 수 있다. 왜 화가 났는지, 무엇을 느끼는지 모를 수 있다. 상처, 굴욕, 분노라고 이름 붙이지 못할 수도 있다. 며칠 동안 화도 나지 않을 수 있다. 자신의 감정에 대해 알기까지 누군가에게 자신을 상처를 주지 말라고 말하지도 못한다. 그래서 자신의 권리를 주장할 자격이 없다고 느낀다.

감정적 경계선이 약하면 다른 사람의 문제나 부정적인 감정을 들었을 때 책임감을 느낀다. 때로 죄책감도 느낀다. 다른 사람이 화가 났을 때 자신이 뭔가 해야 한다는 충동이 일어난다. 다른 사람의 문제와 책임이 자신의 것이 된다. 대인관계에서 책임의 50% 이상을 자신이 떠맡고, 결과가 좋지 못하면 자신을 탓한다. 상대의 필요를 충족시키려고 해도 자신의 필요는 고려하지 않는다. 심지어 상대의 성기능 장애, 중독, 우울증에 대해서도 자신을 탓한다. 하지만 이런 자기 탓이 도움이 되지 않기에, 두 사람 모두 불행해진다.

누군가가 자신을 비난, 통제, 학대, 이용하도록 허용하면 경계선이 약해진다. 비난받을 때, "전 그것에 대한 책임이 없어요." 혹은 "동의하지 않습니다."라고 말하지 못한다. 대신 자신이 뭔가 잘못을 했다고 느끼고 반응한다. 자신이 얼마나 많이 허용하는지 혹은 어느 정도 제공하는지의 제한이 없다. 반대로, 자신이 누군가를 비난하거나 학대하거나 무엇을 해야 하는지에 말한다면, 다른 사람과의 분리를 무시하고 경계선을 넘는 것이다. 자신이 편해지기 위해 다른 사람의 경계선을 넘으면 자기 감정에 대한 책임을 무시하는 것이다. 이는 자신이 다른 사람과의 분리를 부정하면서, 다른 누군가가 자신의 감정을 책임져야 한다는 의미다(이후 '부서진 체계' 부분에서 책임에 대한 논의 참조).

우리는 하나다–나의 것은 너의 것이다

사랑하는 사람과 하나가 되는 것은 멋진 일처럼 들리겠지만, 실제로 두 사람은 다르다. 두 사람이 매우 비슷할 수도 있다. 하지만 사람마다 고유하다. 사람마다 개인의 역사, 유전, 선호도, 생각, 관심사, 욕구, 정서적 반응이 고유하다. 일란성 쌍둥이도 다르게 발달하고 반응한다. 다른 사람에 대한 자기 생각, 느낌, 옳다고 생각하는 것을 추측할 때 경계선을 넘는다. 다른 사람의 경계선을 존중하는 것은 서로의 개별성을 존중하는 것이다.

경계선이 약하거나 없는 사람은 외로움에 취약하고 자신을 잃어버리는 경향이 있는 가까운 관계가 있다. 이런 사람은 빠르게 다가가고 낯선 사람과 성관계를 하고 "아니요."라고 말하고 싶을 때 "예."라고 말한다. 이들은 누구든 믿고 아는 사람에게 사생활을 공개한다. 자신과 다른 사람 간의 경계선이 없거나 매우 모호한 것을 밀착(enmeshment)이라고 한다([그림 3-4] 참조). 밀착은 관계를 무섭고 고통스럽게 만든다.

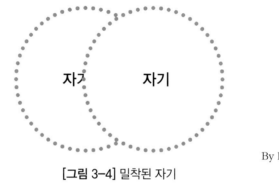

자기   자기

By Darlene Lancer

[그림 3-4] 밀착된 자기

밀착되어 있으면 상대의 감정, 필요, 행동, 문제에 책임을 느끼고 반응한다. 하지만 자신의 필요와 감정에 대해 명확하게 생각하거나 책임을 지지 않는다. "당신이 기쁘면 저도 기뻐요." "당신이 슬프면 저도 슬퍼요."라고 느낀다. 매우 밀착된 커플은 한 사람이 통제하는 것처럼 보인다. 두 사람이 융합되어 있어서다. 말다툼, 의견 차이, 분리의 여지가 없다. 다른 한 사람은 개인의 권리, 가치, 감정이 없는 문지기나 관리인이다.

멀찍이 떨어져 있기-나의 것은 나의 것이다

자기 보호를 위해 경계선이 경직되어 있거나 두꺼우면 자신을 보호하는 방법을 배우지 못해서다. 두려움 때문에 결국 외로워진다. 관계에서 거리를 유지하고 안전해 보여도, 다른 사람과의 공유가 부족하고 융통성 없는 규칙들로 가득 차 있다. 사회적으로 고립되거나 친밀감을 피하려고 직장, 중독이나 활동을 이용한다. 성관계에서는 때로 친밀감을 느끼기도 한다. 다른 사람과 삶에 대한 침묵, 분노, 불신, 냉소적인 자기 보호벽을 세우기도 한다.

경직된 경계선은 접근이 허용되지 않은 다른 사람과의 문제를 일으킨다. 상처 입은 동물이 취약하다고 느끼기 때문에 자기 보호를 위해 멀리 물러나 있는 것과 같다. 신체 언어로 다른 사람에게 가까이 오지 말라고 말하는 것이다. 가족 간에 친밀감이나 스킨십이 부족하거나 자기 표현에 대한 부정적인 규칙이 있다면, 경직된 경계선을 배워서다. 어떤 아이는 가족 안에서 안전감을 느끼기 위해 고립되고 철수한다. 성인이 되어서도 계속 그렇게 행동한다. 경직된 경계선은 외상에 대한 반응일 수도 있다.

부서지고 혼합된 경계선

 경계선이 무너져 있는 경우, 특정 상황이나 사람과의 시간을 제한시킨다. 경계선이 괜찮을 수도 있다. 하지만 스트레스를 받으면 경계선이 없어질 수도 있다. 친구와는 경계선을 설정할 수는 있지만, 권위적인 인물과는 경계선을 설정하지 못할 수도 있다. 배우자와는 좋은 경계선을 유지하거나 멀리 떨어져 있거나 경직되어 있을 수 있다. 그러나 자녀와의 경계선에서는 너무 많은 것을 제공하거나 통제하려고 하는 등 복잡하게 얽혀있다.

경계선이 혼합되어 있으면 상처를 받은 다음, 약한 경계선에서 경직된 경계선으로 넘어간다. 관계 속으로 너무 빨리 빠져들면 친밀감이 두려워 곧바로 흥미를 잃거나 불편해질 수 있다. 결국 혼자라는 부메랑이 되돌아온다. 건강한 경계선이 생기기 시작하면, 얽매인 가족과 시간을 보낼 때 미칠 것 같고 혼란스러워지기 시작한다. 또한 자신이 취약해지고 새로운 자기 감각을 유지하기 어려워지기도 한다.

누군가에게 너무 많이 의존하기

공동의존자가 죽음을 맞이하는 순간, 다른 사람의 삶이 주마등처럼 지나간다는 농담이 있다. 현실에서 자신의 많은 부분이 다른 사람에게 투자되고 자신의 감정, 필요, 취미, 목표를 잃어버린 것이다. 자신의 생각과 행동의 중심이 다른 사람을 얻고 바꾸고 걱정하고 반응하는 것으로 이뤄진다. 질병의 진행 단계에서 공동의존자는 빈껍데기가 되어 있다. 강박적인 도박자나 채무자가 돈을 탕진하는 방식으로 다른 사람에게 자신의 삶을 허비한다.

공동의존자는 정의상 '의존적이다.' 자신 밖의 무언가 혹은 누군가에게 의존한다. 의존은 낮은 자존감과 버림받는다는 두려움에서 비롯된다. 징후는 다음과 같다.

✓ 누군가를 지나치게 생각하고 걱정하고 이야기하기

✓ 자신의 의견보다 다른 사람의 의견 존중하기

✓ 스스로 결정하기 어려워하기

✓ 누군가와 함께 있기 위해 자신의 계획, 취미, 관심사 포기하기

✓ 버림받거나 거절당하는 것에 대해 두려워하기

✓ 자기 자신에 대해 불행하거나 공허하거나 불만족스러워하기

✓ 혼자 있기 두려워하기

✓ 혼자 어디 가거나 프로젝트를 시작하지 못함

✓ 다른 사람의 취향이나 관점에 적응하기

✓ 누군가를 따라다니기, 조사하기, 기웃거리기

✓ 떠날 수 없는 관계에서 불행하거나 갇혀 있다고 느끼기

✓ 행복, 힘, 의미, 안전, 흥분을 추구하기 위해 관계 맺기

✓ 다른 사람의 문제나 삶에 자신의 에너지 집중시키기

✓ 자신에게 상처 주는 사람에게 충성하기
✓ 상실과 이별을 내려놓거나 극복할 수 없음

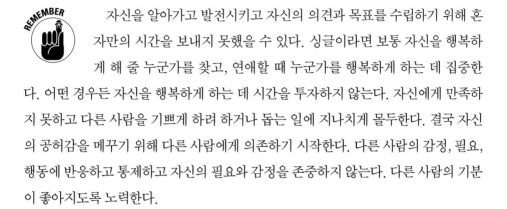 자신을 알아가고 발전시키고 자신의 의견과 목표를 수립하기 위해 혼자만의 시간을 보내지 못했을 수 있다. 싱글이라면 보통 자신을 행복하게 해 줄 누군가를 찾고, 연애할 때 누군가를 행복하게 하는 데 집중한다. 어떤 경우든 자신을 행복하게 하는 데 시간을 투자하지 않는다. 자신에게 만족하지 못하고 다른 사람을 기쁘게 하려 하거나 돕는 일에 지나치게 몰두한다. 결국 자신의 공허감을 메꾸기 위해 다른 사람에게 의존하기 시작한다. 다른 사람의 감정, 필요, 행동에 반응하고 통제하고 자신의 필요와 감정을 존중하지 않는다. 다른 사람의 기분이 좋아지도록 노력한다.

거절에 대한 두려움

의존적인 관계에서 버림을 받거나 거절을 당하거나 혼자가 되는 것에 대한 두려움은 큰 역할을 한다. 어떤 공동의존자는 혼자 잠을 잘 수 없다. 자기 자신과 단절되어 있으면 자신이 완전하다고 느끼지 못한다. 자신을 지탱하고 성장시킬 내적 삶이 없다. 혼자 있는 것은 아무도 없는 집에 있는 것처럼 공허하다. 자신의 필요를 스스로 충족시킬 수 없게 되면, 다른 사람이 충족시켜 주길 바란다. 관계가 자신의 삶을 더해져도 관계에서 무엇이 빠져 있는지 고칠 수 없다. 관계하면서도 외로움을 느끼고 일단 애착이 형성되면 관계에 대한 의존이 중독으로 바뀐다.

어린 시절에 버림을 받으면 수치심과 낮은 자존감을 경험한다. 또한 자신이 사랑을 받고 보살핌을 받고 있는지, 미래에도 사랑과 보살핌을 받을 수 있을지 불안하다. 결과적으로 **수치심 불안**은 거절 불안을 조성하고 때로 현실이 아닌 지각된 거절을 유발시킨다(초기 유기에 대한 자세한 내용은 제7장 참조). 유기는 사망이나 이혼으로 인해 누군가가 실제로 떠나는 것이 아니라, 누군가가 정서적으로 존재하지 않거나 사랑이나 관심을 주지 않는 감정적인 것일 수 있다.

버림받는다는 수치심과 두려움이 만연할 때, 자신은 절대 충분하지 않고 사랑받을 가치가 없다고 느낀다. 자신의 결점을 감추고, 상대를 기쁘게 하려 하고, 수용하려 하고, 눈치를 보고, 학대를 용인하고, 필요한 사람이 되려 하고, 인간 프레첼이 되려고 한다. 이 모든 것이 혼자되거나 거절당하지 않기 위해서다. 관계를 잃는다는 것은 이전에 버림을 받아서 고통스럽고 자신의 일부를 잃어버렸기 때문에(자기 자신 진정시키기 등과 같이 이미 누락된 부분이나 기능) 고통스럽다. 자신에게 도움이 되지 않는 상대에게 끌리거나, 관심을 받거나 확신을 얻으려고 지속적으로 비난하거나 애원하는 등의 행동은 최악의 두려움을 불러일으켜 다른 사람을 밀어낸다. 버림받기 순환은 [그림 3-5]와 같다.

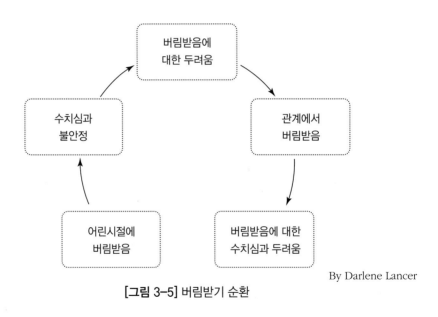

By Darlene Lancer

[그림 3-5] 버림받기 순환

당신에게서 벗어날 수 없어요

내가 15세 때 선생님이 나에게 어떤 연구에 참여하라고 했다. 선생님은 연구에 대해 자세한 설명은 하지 않았다. 나는 작은 면담실로 들어갔다. 한 여성이 자기 소개를 하고 면담을 녹음하겠다고 했다. 그녀는 아무런 지시를 하지 않았고 내가 말할 때까지 기다렸다. 나는 질문을 받지 않은 상태에서 무슨 말을 해야 할지 몰랐다. 우리는 침묵 속에 조용히 앉아 있었다. 나는 영원처럼 보이는 상황에 점점 더 불편해지고 짜증이 났다. 나는 할 말이 없을 때까지 부모와 형제자매에 관한 이야기를 했다. 나중에 나는 이 면담이 이상하다는 생각이 들었다. 그리고 나를 제외한 다른 사람에 대해 이야기한 것도 이상했다.

이것이 바로 공동의존자가 하는 일이다. 다른 사람에게 자신의 시간과 에너지를 투자하고 다른 사람에 대해 생각하고 이야기한다. 다른 사람의 동기, 필요, 다른 사람이 무엇을 할 수 있거나 해야 하는지 파악하고 다른 사람의 문제를 해결하려고 노력한다. 때로 자신의 생각을 사로잡는 상대에 관해 무심코 이야기하기도 한다. 어떤 경우에는 자신의 관심이 감각 정보가 없는 레이저처럼 상대에게 집중한다. 누군가가 당신에게 기분이 어떠냐고 물어보면, 다른 사람에 대해 이야기한다. 반복해서 물어봐도 자신이 질문에 대답하지 않았다는 사실조차 모른다.

이것이 강박사고다. 생각이 원을 그리듯 반복되고 때로 통제할 수 없이 질주하고 걱정하고 답을 찾고 대화를 곱씹는다. 생각은 피할 수 없는 집착이 되어 마음을 사로잡는다. 두려움과 고통이 강박사고를 주도한다. 버림받을까 봐, 거절당할까 봐, 사랑받지 못할까 봐, 사랑하는 사람이 자신을 파괴시킬까 봐 두려워한다. 감정에 사로잡히면 현재에서 멀어진다. 몇 분, 몇 시간이 지나면 며칠이 된다. 삶이 사라진다. 결과는 치명적이다.

 새로운 관계가 시작되면, 사랑하는 사람과 함께 있고 싶고 사랑하는 사람을 생각하며 시간을 보내고 싶은 것은 정상이다. 한동안 사랑하는 사람이 자기 세상의 중심이 되지만, 공동의존자는 이런 양상을 절대 멈추지 않는다. 그리고 사랑하는 관계에만 한정되지도 않는다. 가까운 사람에게 집착한다. 더욱이 그 사람과 함께 있거나 어울리려고 자신에게 중요한 것을 포기한다.

강박사고는 더 깊은 감정적 고통을 피하는 방법이다. 하지만 반드시 고통스러운 것은 아니다. 사실, 강박사고는 관계에서 경험하고 싶은 것, 누군가가 행동해 주기를 바라는 방식, 더 좋은 시간을 기억하기 위한 즐거운 환상일 수 있다. 공상이나 끊임없는 수다로 자신의 마음을 채울 수 있다. 하지만 이는 관계에 대한 갈망과 충족되지 않는 필요를 포함하여 현실에 닿지 못하게 하고 문제에 잠재되어 있는 해결책을 찾지 못 하게 한다. 환상과 현실 간의 거리는 자신이 놓치고 있는 부분에 대한 깊이다.

넌 나의 분신이야

 가장 행복하고 가장 건강하고 가장 성공한 사람은 내적 통제 소재(Internal locus of control)를 갖고 있다. 즉, 자신이 삶의 결과를 통제한다고 느낀다는 의미다. 이들은 자신에 대해 책임을 지고 변화를 가져오고 행복을 창조한다. 반면, 공동의존자는 자기 책임과 자기 효능감을 갖기 어렵다고 느낀다.

대응하기보다 반응한다. 변화하기보다 상황에 적응한다. 행동을 실천하고 위험을 감수하고 창조하고 생산하기 위해 다른 사람이나 구조가 필요하다. 스스로 동기를 부여하고 노력을 지속하기 어렵다는 사실을 알게 된다. 이는 보통 자율성이 보장되지 않는 여성에게서 더 두드러진다(제2장 참조). 남성은 보통 가족을 부양해야 한다는 의무가 동기를 부여한다. 어떤 여성에게는 가족을 부양할 의무는 없다. 선택하려는 의지가 부족한 이유는 다음과 같다.

- ✓ 성공, 실패, 실망, 변화에 대한 두려움
- ✓ 낮은 자존감 · 자기 비하
- ✓ 소극적, 우유부단함
- ✓ 다른 사람에게 낭비되는 관심과 에너지
- ✓ 다른 사람의 지지와 검증의 필요
- ✓ 자기 신뢰 부족
- ✓ 다른 사람, 신, 상황 탓하기, 피해자처럼 느끼기
- ✓ 어린 시절 학대로 인한 우울증
- ✓ 성장하면서 자신의 말이나 감정이 중요하지 않다고 느낌

✓ 권위주의·자기애적 부모

✓ 성공하지 못할 거라는 말을 들음

✓ 꿈을 이룰 수 없을 거라는 말을 들음

단호한 의사소통의 부족

성공적인 관계를 유지하는 데 의사소통이 필수적이다. 듣는 사람에게 자신의 자존감에 대한 많은 정보를 준다. 명확하고 간결하며 정직하고 적극적으로 전달하는 건강한 의사소통은 좋은 자존감을 반영한다. 의사소통의 목적은 감정과 정보를 전달하는 것이다. 하지만 의사소통에서 중요한 부분은 경청이다. 공동의존자는 의사소통 능력이 부족하다. 공동의존자는 너무 집착하거나 감정적으로 반응하여 종종 제대로 듣지 못한다. 상대의 말이 자신의 두려움과 낮은 자존감을 통해 여과된다.

대인관계에서 언어적 의사소통은 보통 가장 쉬운 것에서부터 가장 어려운 것까지다. 이에 대한 범주는 다음과 같다.

✓ 정보, 경험 공유하기 또는 요청하기

✓ 생각과 의견 표현하기

✓ 적극적으로 경청하기

✓ 감정 표현하기

✓ 욕구, 필요에 대한 충족 요청하기

✓ 경계선 언급하기

말하기 전부터 의사소통을 배우기 시작한다. 자궁 안에서도 엄마 목소리의 리듬과 소리를 배운다. 부모가 역할 모델이다. 하지만 더 나은 의사소통 기술은 배울 수 있다(제13장 참조).

생각과 느낌 말하기

자신이 생각하고 느끼는 것을 이야기하는가? 두려움과 낮은 자존감 때문에, 다음과 같은 잘못된 의사소통 습관이 있을 수 있다.

✓ 지키지도 않는 위협하기
✓ "아니요."일 때 "예."라고 말하기
✓ 평화를 유지하려고, 하지 않겠다고 맹세하고 동의하기
✓ 자신이 생각하고 느끼는 것이나 모른다는 사실 숨기기
✓ 논쟁이나 비판을 피하려고 말한 내용 편집하기
✓ 다른 사람에게 요청하거나 말하지 않고, 다른 사람이 자신의 마음을 읽고 이해하고 필요를 충족시켜 주길 기대하기
✓ 간접적으로 돌려 말하기–원하는 것 암시하기
✓ 진술하는 대신 질문하기
✓ 자기 자신에 대해 이야기하기보다 다른 사람에 대해 이야기하기
✓ 원치 않는 조언하기
✓ '나'라고 말하지 않고 '우리'라고 말하기(예: "우리는 ~해야 해.")
✓ 다른 사람의 말이나 행동이 마음에 들지 않아도 싫다고 말하지 않기
✓ 자신의 필요나 바람을 충족시켜 주도록 요청하지 않기
✓ 심각한 문제에 대한 솔직한 대화 피하기
✓ 감정을 유발한 다른 사람 비난하기

REMEMBER   수치심으로 의한 두려움은 직접적인 의사소통의 가장 큰 장애물이다. 적극적으로 의사소통을 하지 않으면, 관계 문제가 정당하게 제대로 다루어지지 않거나 해결되지 않는다. 두려움에 대한 알아차림은 정직하게 위험을 무릅쓸 수 있도록 돕는다. 의사소통을 방해하는 일반적인 두려움은 다음과 같다.

✓ 미움받거나 비판받기

✓ 관계 망치기

✓ 떠맡기나 부담 갖기

✓ 실수하기

✓ 누군가의 감정 상하게 하기

✓ 보복당하기

자기 생각, 감정, 사실을 고려하기보다 다른 사람이 어떻게 생각할지 걱정한다. 문제에 관해 이야기하는 것은 마치 자신의 생명을 위협하는 상황에 놓여 있는 것처럼 느껴질 수 있다. 자신의 유일한 선택은 다른 사람의 감정을 기쁘게 하거나, 달래거나, 통제하려고 비난하거나, 진실을 숨기거나, 가리거나, 사과하거나, 동의하는 것이다. 이는 갈등을 피하려는 두려움에서 비롯되는 **방어적인 조종**(defensive manipulation)이다. 공동의존자는 비판과 죄책감으로 인해 쉽게 조종하고 조종당한다. 조종하기는 자존감을 측정하는 기준이 되는 다른 사람의 반응에 초점을 둔다.

   다음 질문을 해 보라.

✓ 속마음이 말과 일치하는가? 아니면 진실을 편집하는가?

✓ 진술보다 질문을 더 자주 하는가?

✓ '나 전달문'을 사용하는가?

✓ "너 때문이야."라고 말하지 않고 자신의 감정을 표현할 수 있는가?

✓ 경청하는가?

✓ 명확하고 간결하게 전달하는가?

✓ 거절할 수 있는가?

✓ 자신의 필요와 욕구를 충족시키기 위해 직접적으로 정중한 요청을 하는가?

인간 반응자 되기

공동의존자는 반응한다. 이는 자신의 행동이 주로 외부 영향으로 결정된다는 의미다. 문자 메시지의 몇 마디가 폭풍처럼 자신을 강타하고 자신의 일, 감정, 생각에서 벗어나게 한다. 자신의 기분과 생각을 망친다. 하루를 망칠 수도, 심지어 일주일을 망칠 수도 있다. 다른 사람의 말이 자신을 반영한다고 여기고 개인적으로 받아들인다. 자존감을 건드리거나 감정을 유발한 것이 사람이든 사물이든 즉각적으로 반응한다. 자기(Self)는 다른 사람에 의해 정의되고 다른 사람이 자신의 통제 소재이기 때문에 중심을 잃는다. 이러면 조종당하기 쉽다.

반응하는 것이 반드시 분노를 표출한다는 의미는 아니다. 그럴 수도 있다. 예를 들어, 방해받을 때, 반응하기보다 경계선을 설정하여 침묵할 수도 있다. 반항과 순응은 모두 동전 양면의 반응이다(자세한 내용은 제12장 참조). 때로 자기 삶의 주요 선택이 부모, 배우자, 기타 영향력 있는 사람에 대한 반응이다.

연약한 자기와 빈약한 경계선이 반응에 기여한다. 하지만 아이든 성인이든 스트레스를 계속 받으며 살다 보면 과민해지고 반응하게 된다. 상처 입은 동물이 움찔대는 것과 같다. 모든 사소한 일들이 위기가 된다. 두더지 언덕으로 산을 만들고 대수롭지 않은 일로 자녀나 컴퓨터에 대고 소리를 지른다. 대안을 생각하고 건설적인 행동을 취하기보다 문제를 악화시키는 방법으로 통제하려는 헛된 반응을 한다. 어떤 경우는 사소한 사건으로 자극받을 수 있는데, 이는 과거에 간과했거나 투덜댔던 일련의 문제나 모욕의 최후 결정타이기 때문이다. 이런 반응은 새롭고 건설적인 해결책을 진지하게 찾아야 하고 전문가의 도움을 구해야 한다는 신호다.

영향에 대한 반응은 매우 다양하다. 사전 대응이거나 대답이다. 책임지는 행동은 자신을 위한 적절한 방법과 최선의 이익을 생각하고 문제를 해결하거나 행동하는 것이다. 이는 선택을 의미하고 외적 표현과 내적 감정 모두 자신의 몫이다. 침묵으로 반응하거나 자극을 무시하는 선택을 할 수도 있다. 반응하기는 감정을 고조시키기보다 확산시킨다.

반응하고 싶은 경우, 다음 전략을 시도해 보라.

✓ 숨을 길게 천천히 들이마시고 내쉰다.

✓ 활동을 바꾸라─놀고 즐겁게 지낸다.

✓ 객관적인 피드백을 얻기 위해 상황에 관해 이야기한다.

✓ 사실과 삶이 실제로 변했는지 고려해 본다.

✓ 다른 사람이나 사건이 자신을 통제하지 못하게 선택한다.

✓ 자신의 동의 여부, 자기 가치에 대해 생각한다.

✓ 머릿속에서 부정적인 곱씹기를 하면 "그만."이라고 말한다.

✓ 긍정적인 표현으로 자기 자신을 공감하고 사랑한다.

✓ 과거의 반응이 자신에게 마음의 평화를 가져왔는지 혹은 문제를 해결했는지 생각한다.

언어적 학대

언어적 학대는 정서적 학대의 가장 흔한 형태지만 보통 그렇게 생각하지 않는다. 언어적 학대는 항상 다른 사람의 정서적 경계선을 위반한다. 학대적인 의사소통은 처벌, 경멸, 통제, 조종적인 말이나 행동이다. 자신이 학대의 피해자가 될 수 있다. 특히 마약 중독자와 관계를 맺고 있는 경우, 학대 피해자가 될 수 있다. 또는 자신이 다른 사람을 통제하려고 학대적 의사소통을 할 수 있다. 학대가 사랑스럽고 조용한 목소리로 말하거나 농담처럼 은폐되어 있기도 하다. 미묘한 언어적 학대는 특히 언어적 학대로 감지되기 어렵다. 하지만 이는 노골적인 언어적 학대만큼이나 해롭다. 시간이 지남에 따라 언어적 학대는 교활하고 해로운 결과를 초래하여 자기 자신을 의심하고 믿지 못하게 만든다. 이에 대한 예는 다음과 같다.

✓ **비난하기**: 다른 사람이 사건, 감정, 행동의 책임을 지도록 통제하려는 가장 흔한 학대 전술이다. 비난하면 자기 자신과 다른 사람의 권한이 박탈된다. 자신이 무력한 피해자라는 사실을 전달한다. 비난하기는 "나는 당신에게 화가 납니다."와 같은 단호한 표현과는 아주 다르다.

✓ **별명 부르기**: 이는 위협적이고 모욕적인 괴롭힘의 일종이다. 이는 누군가에게 굴욕감을 주고 깎아내리려는 의도다.

✓ **분노하기**: 격분하거나 비명 지르기는 다른 사람의 경계선을 침범하고 위협하고 통제하기 위해서다.

✓ **은밀하게 공격적으로 조종하기**: 이는 방어적 조종과 다르다. 여기에 숨겨진 동기는 공격성이다. 이는 간접적인 권력 놀이로 매력, 묵시적 보상, 칭찬, 베일에 가려진 처벌, 무력감, 죄책감, 수치심, 자기 비하 또는 희생자 역할을 활용하여 조종자가 누군가를 원하는 대로 행동하거나 느끼도록 유도하는 것이다. 겉으로는 조종자가 공격적으로 보이지 않고 고통받은 당사자처럼 행동하기 때문에, 조종을 당하는 사람은 죄책감, 방어, 혼란스러움을 느낀다.

✓ **명령하기**: 요청하지 않고 누군가에게 무언가를 하도록 지시하고 명령하는 것은 다른 사람을 비하하고 노예처럼 대하는 통제의 표현이다.

✓ **판단하기, 비판하기**: 판단하기와 비판하기에는 평가하기, 원치 않는 조언하기, 해야 할 일에 관해 이야기하기 등이 속한다. 이는 또한 상대를 나르시시스트 또는 거짓말쟁이라고 부르는 등의 낙인도 속한다.

✓ **농담하기, 놀리기, 빈정거리기**: 빈정거리기는 재치 있고 아이러니한 언급이다. 때로는 노골적인 칭찬으로 상처를 입히려는 의도도 있다. 당하는 사람은 고통스럽다. 장난스러운 놀림이나 농담으로 은폐된 판단도 그에 못지않은 상처를 준다.

✓ **반대하기**: 학대자는 상대를 적으로 취급하고 상대의 말, 지각, 의견, 생각에 반대하고 사실상 모든 것에 대해 "아니요."라고 반대하기 때문에 건설적인 대화가 불가능하다.

✓ **차단하기**: 이 전략은 화제를 전환하거나 비난하거나, 실제로 "입 다물어."라는

단어를 사용하여 대화를 중단시킨다.

✓ **깎아내리기, 멸시하기**: 깎아내리기와 멸시하기는 감정, 생각, 경험을 최소화하거나 하찮게 만드는 학대의 한 형태다. 다른 사람의 감정이 중요하지 않거나 틀렸다고 말하는 방식이다.

✓ **훼손하기, 방해하기**: "당신은 자신이 무슨 말을 하는지 모릅니다."라는 식으로 진술을 훼손시키거나 허락을 구하지 않고 다른 사람의 말을 대신 말하여 자존감과 자신감을 손상시킨다.

✓ **거짓말하기, 부정하기**: 동기가 무엇이든 의식적인 거짓말은 조종적이다. 공동의존자는 보통 대립을 피하거나 상대를 통제하기 위해 거짓말한다. 어떤 중독자와 학대자는 합의나 약속을 부정하거나, 과거의 학대를 포함한 대화나 사건이 있었다는 사실을 부정하는 대신 사랑과 돌봄을 택한다. 이는 미친 짓이고 피해자는 자신의 기억과 지각을 점차 의심하게 된다. 지속적인 패턴은 1944년 영화 〈가스등〉의 이름을 따서 가스라이팅이라 부른다. 이 영화에서 남편은 부정을 이용하여 아내에게 현실에 대한 통제력을 잃어 가고 있다고 믿도록 만들었다.

통제와 보살핌

통제와 예측 가능성은 필요하고 정상적일 수 있다. 하지만 중독자나 학대자 가족은 끊임없이 위기에 처한다. 공동의존자는 통제 불능의 누군가를 통제하려 하고 가족의 분열을 막으려고 한다. 권위적이거나 갈등이 많은 가정이나 환경에서 성장했다면, 부모를 화나게 하는 것에 대한 두려움이 통제력을 유지한다는 의미다. 안전하다고 느끼기 위해 감정과 행동을 통제하는 법을 배웠다. 다시는 누군가에게 휘둘리고 싶지 않을 것이다. 성인이 되어도 자신이 안전하다고 느끼지 못한다. 재난을 두려워하며 과거에 대한 두려움으로 불안해하고 심지어 현재 그럴 만한 증거가 없어도 사람과 사건을 통제하려 한다.

일반적으로 사람들은 통제를 명령이나 기타 명백한 학대로 생각한다. 그러나 통제가 간접적이고 비언어적인 행동일 수도 있다. 직접적인 통제가 두려울 경우 다음의 '우회적인' 통제 방법을 사용한다.

✓ 무력감, 수동성

✓ 보류하기

✓ 고립되기

✓ 이야기하기

✓ 침묵하기

✓ 선물하기, 호의 베풀기

✓ 유혹하기

✓ 기분 좋게 해 주기, 보살피기

 보살핌은 누군가에게 신체적인 도움을 주는 것과 관련 있다. 하지만 '좋은 친구'나 '착한 사람'이 되는 것도 보살핌이다. 누군가를 수용하고 돌보기 위해 자신의 감정과 필요를 억누른다. 또한 나는 통제하기 위해, 감정적·재정적·영적·지적 도움을 주는 행위를 표현하기 위해 보살핌이라는 용어를 사용한다.

부서진 체계

건강한 관계는 [그림 3-6]에서 볼 수 있듯이, 각 관계의 절반을 책임지는 두 사람으로 구성된다. 건강한 관계는 자신이 생각하고 느끼고 필요한 것이 무엇인지, 그러한 필요를 채우는 방법을 알고 있을 때 제대로 작동한다.

공동의존자는 자신의 필요를 충족하는 방법을 모른다. 공동의존자는 다른 사람은 스스로를 돌보지 못한다고 믿는다. 공동의존자는 불쌍한 사람에게 끌린다. 자기 울타리에 대한 책임은 지지 않고 다른 사람을 통제하려고 애쓰고 경계선을 침범한다. 많은 공동의존자가 직장, 돈, 육아, 안전, 건강, 위생과 관련하여 무책임하다.

공동의존자는 특히 관계에서 자신의 감정과 정서적 필요에 책임을 지지 않는다. 이는 자신의 감정과 욕구를 인식하지 못하기 때문이다. 대신 이는 자신의 필요를 충족하기 위해 다른 사람을 통제하고 비난하는 부서진 체계이다. 암묵적 계약은 "나는 당신을 책임지고, 당신은 나를 책임진다. 나는 당신의 필요를 충족시키고, 당신은 나의 필요를 충족시킨다."다. "당신이 그렇게 만들었어요." 또는 "당신에게 죄책감이 듭니다."라고 말하기도 한다.

부서진 체계의 결과는 자신의 감정과 행동에 대한 책임은 부정하면서도 상대의 행동과 감정에 대해서는 책임을 느낀다. 이는 자신의 행동과 감정에 대한 통제를 외부화하고 자신을 행복하게 해 줄 상대에게 자신의 자존감을 전가하는 것이다. 이는 자신의 삶과 행복에 대한 책임을 포기하고 자기 관리, 선택, 행동 실천에 대한 책임을 덜어 준다. 자신의 웰빙에 중요한 감정과 의견을 가진 사람을 통제하고, 조언하고, 조종하기 위해 끊임없이 노력한다. 그 결과, 다른 사람의 감정과 필요에 집중하고 책임을 느끼고 반응한다. 누군가를 실망시키지 않으려고 극단으로 치닫는다. 누

50%　　　　50%

By Darlene Lancer

[그림 3-6] 동등한 관계

군가를 실망시키면 죄책감을 많이 느낀다.

조종을 통한 통제

조종은 간접적·기만적·학대적인 전술로 누군가에게 영향을 미치거나 통제하는 방법이다(은폐되어 있는 '언어적 학대'는 조종의 한 형태다. 자세한 내용은 앞의 '언어적 학대' 부분 참조).

공동의존자는 다른 사람을 즐겁게 해 주려 하고 매력을 발산한다. 아첨, 호의, 성관계, 도움, 선물을 제공하여 수용과 사랑을 받으려 한다. 공동의존자는 상대와 잘 지내고 사랑받기 위해 상대가 듣고 싶어 하는 말을 한다. 누군가에게 영향을 미치려고 한다. "아니요."라고 말하거나, 거절하지 못한다. 하고 싶지 않은 일에도 일단 동의한다. 하지만 잊어버리거나 지각하거나 성의 없는 쪽으로 방향을 잡는다. 그런 다음, 자신이 원하는 대로 행동하면, 이는 **수동-공격**(passive-aggression)이다. 직면하여 책임과 비난을 받아들이기 싫으므로, 평화를 유지하기 위해 변명하거나 맘에도 없는 사과를 한다.

 '고의로' 잊어버리면 자신이 하고 싶지 않은 일을 편하게 피하고 상대에게 복수할 수 있다. 예를 들어, 세탁소에서 상대의 옷을 찾아오는 것을 잊어버리는 일이다. 더 적대적인 것은 다이어트 중인 상대에게 디저트를 제공하는 것이다. 이러한 수동-공격은 적대감을 표현하는 방법이다.

비판, 죄책감, 자기 연민도 조종하는 데 사용된다. "왜 자기 생각만 하고 저의 문제에 대해 묻거나 도와주지 않나요? 저는 당신을 도왔습니다." 희생자 연기는 죄책감을 부추겨 조종하는 방법이다. 어떤 공동의존자는 자신이 원하는 것을 얻기 위해 학대적 위협, 협박, 두려움, 분노로 조종한다.

중독자는 자신의 중독을 보호하기 위해 일상적으로 부정하고 거짓말하고 조종한다. 중독자의 상대도 조종을 사용한다. 예를 들어, 중독자의 아내는 마약이나 알코올을 숨기거나 희석해 놓거나 하는 등 기타 은밀한 행동으로 조종한다. 중독자와 대립을 피하고 중독 행동을 통제하기 위해 거짓말하거나 반쪽 진실을 말하기도 한다.

친절을 위장한 통제

배려하는 사람은 진정으로 돕고 싶어 한다. 도움이 되는 것은 기쁘다. 그러나 배려와 공동의존적 보살핌은 다르다(제2장 참조). 전자는 아무 조건 없이 돕지만, 후자는 무의식적 형태의 은밀한 조종이다.

건강한 보살핌

진정한 보살핌은 다른 사람의 생각과 감정을 이해하면서 경청하고 해결책을 브레인스토밍을 하게 한다. 다른 사람의 분리 경계선을 존중하고 자신의 문제를 해결하려는 욕구나 죄책감을 느끼지 않고 지원한다. 이들은 다른 사람이 스스로 자신의 문제와 고통에 대한 적절한 해결책을 찾을 수 있다는 사실을 안다. 그렇지 못해도 다른 사람의 삶을 바꾸거나 지시하는 것이 자신의 일이 아니라는 사실을 안다. 주는 것에 대한 기대나 통제가 없다. 자기 자신을 포기하지 않는다.

돌보미의 숨은 동기

돌보미는 사랑받기 위해 사랑한다. 관계에서 자신이 더 많은 것을 주고 직장에서는 다른 사람보다 더 열심히 일한다. 자신이 사랑스럽고, 있는 그대로 충분하다고 믿지 않기에 다른 사람에게 베풀지 않으면 사랑받을 가치가 없다고 느낀다. 돌봄은 자신의 수치스러운 필요, 감정, 결점을 숨길 수 있게 한다. 또한 사랑을 베풀고 필요하고 없어서는 안 될 존재로 자신의 사랑스럽지 않음을 보상한다. 버림받지 않으려는 보험이다. 돌봄은 사랑보다 죄책감, 수치심, 두려움에서 더 많이 비롯되기 때문에, 자신의 필요가 충족되길 기대하면서 다른 사람에게 베푼다. 일반적으로 자신이 좋은 사람이라는 것을 인정받거나 증명하려는 무의식적 욕구다. 특히 선물, 재정 지원이나 성관계가 제공될 때는 어떤 조건이 붙어 있다.

스스로 멈출 수 없을 때

공동의존자는 도우려는 노력을 멈출 수 없다. 이는 학습되어 습관화된 성격 유형이다. 경험이 없는 상황에서도 자신이 다른 사람에게 가장 좋은 것이 무엇인지, 그들의 삶을 영위하게 하는 방법에 관해 알고 있다고 믿는다. 다른 사람의 행복, 감정, 생각, 행동, 필요, 기대, 바람에 대한 과도한 책임감 때문에 다른 사람의 문제에 쉽게 관여하고, 구하려고 노력하고, 결과를 통제하려 한다.

다른 사람의 감정과 필요를 예상하고 요청받지 않고 원치 않는 도움과 제안을 제공한다. 도움을 받는 사람이 자신에게 문제가 있다고 믿지 않아도 단념하지 않는다. 충고가 받아들여지지 않거나 도움이 감사히 여겨지지 않을 때, 좌절하거나 짜증 내거나 상처 입거나 분노한다. 하지만 다른 사람을 변화시킬 수 있든 없든 계속 도움을 준다. 어떤 사람은 공동의존자의 거절하지 못하는 점을 이용하기도 한다. 자발적으로 도움을 주고 있지만 자신의 행동에 책임을 지지 않기 때문에, 결국 이용당하거나, 분노하거나, 자신의 노력에 충분히 감사받고 사랑받고 보상받지 못한다고 느낀다(제12장 참조).

공동의존 시소

누군가가 무책임하게 행동하거나, 자기 파괴적으로 행동하는 가정에서 살고 있다면, 가족의 안정과 안전을 지키기 위해 여유를 가지고 책임감과 통제력을 높이려는 것은 정상이다. 자신이 '옳고' 다른 사람은 그렇지 않다는 것이 분명하다. 곧 자신이 부모 역할을 하고 다른 사람의 일에 관심 두기 시작한다. 애초에 무책임하거나 의존적인 사람에게 끌려, 자신이 관리자가 되어 통제한다. 해결할 문제가 없는 사람에게는 친밀감을 느끼지 못할 수도 있다.

[그림 3-7]과 같이, 자신이 승자가 되어 패자를 돕고 내려다보는 데 익숙하다. 자신의 소원, 즉 패자가 성장하고 책임지는 일이 자신의 가장 큰 두려움이라는 사실을 모른다. 고칠 사람이 없으면 자신은 필요 없는 존재이기 때문이다. 자신의 불행을

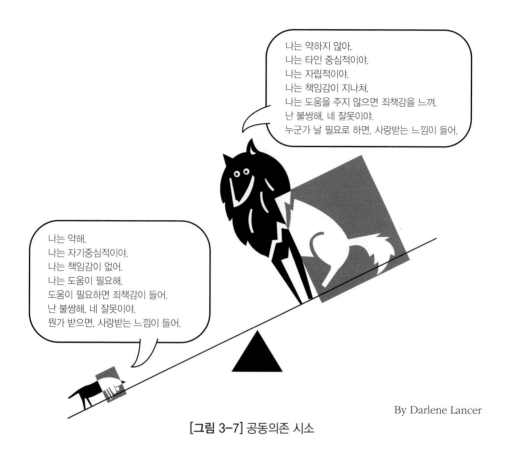

By Darlene Lancer

[그림 3-7] 공동의존 시소

비난할 사람이 전부 없어져 버린다.

승자는 통제하는 동안, 고통스럽고 독선적이다. 또한 자신에게 스포트라이트를 집중하지 못한다. 승자는 '어느 누가 나를 원하겠어?'라고 생각한다. 패자는 의지할 수 있고 자신에게 부족함을 채워 주는 돌보미가 필요하다. 패자 또한 공동의존적이다. '어느 누가 나를 원하겠어?'라고 생각한다. 많은 경우, 패자가 개선되기 시작하면 승자는 자신이 패자가 되는 것을 피하려고 자신도 모르게 패자의 회복을 방해한다. 패자의 회복은 자립적이고 취약하지 않고 강하고 흠잡을 데 없는 전체 성격 구조를 위협한다. 위기, 질병, 재정적 반전으로 역할이 바뀌기도 한다.

어떤 관계에서, 각 상대는 육아와 재정 등의 다양한 책임 영역에서 교대로 승자나 패자가 된다. 관계에 균형을 잃을수록 상대에 대한 스트레스가 더 커진다.

조장하기

 조장하기는 누군가의 무책임한 행동의 자연스러운 결과를 없애려고 관리하는 것이다. 또한 상대방이 다룰 수 있고 **다루어야** 하는 책임을 자신이 지는 것도 해당한다. 패자는 조장하기 위해 승자를 부추기고 비난하고 조종한다.

 원래, **조장자**는 알코올 중독자의 음주 결과에 고통을 겪고, 말 그대로 알코올 중독자의 뒤치다꺼리에 최선을 다하고, 상사와 친구에게 변명하고, 알코올 중독자를 침대에 눕히고, 교도소나 다른 엉망진창인 곳에서 알코올 중독자를 건져 준 공동 알코올 중독자다. 그 결과, **알코올 중독자**는 계속 부정하고 질병의 결과를 겪을 때까지 술에서 깨지 못했다. 상담자는 변화에 대한 압박이 다른 사람의 설득이 아니라 알코올 중독이 자신의 삶에 심각한 피해를 주고 있다는 알코올 중독자의 경험에서 비롯되어야 한다고 결론 내렸다. 오늘날 조장하기는 누구든 자기 파괴적인 방식으로 계속 행동을 하게 하는 행동으로 더 광범위하게 적용된다.

조장자는 책임감이 왜곡되어 있고 다른 사람이 야기한 문제의 책임이 자신에게 없는데도 자신이 조장하지 못한 것에 대해 극심한 죄책감을 느낀다. 또한 자기 삶의 문제를 해결하는 데 어려움을 겪는다.

 메리는 인터넷을 하며 시간을 보내는 실직한 성인 아들의 응석을 받아 주고 있다. 원망스럽지만, 메리는 아들이 우울하다고 정당화하면서 아무런 기대나 제한하지 않고, 숙식을 제공하고 사랑스럽다고 믿는다. 메리는 아들에게 더 많은 사랑이 필요하다고 생각했고 아들이 스스로 살아갈 능력이 없다고 보았다. 메리의 능력으로 아들의 부정적인 결과들을 없애 버렸다. 성인으로서 책임을 다해야 하는 자신감의 결여를 강화했다. 메리의 진짜 동기는 무의식적 동료애와 필요한 사람이 되는 것이어서, 아들이 홀로 서는 법을 배우지 못하게 했다.

부정

부정은 무언가의 진실을 인정하지 못하는 것이다. 부정은 **중독의 대표적인 특징**으로 간주되며, 공동의존자에게도 적용된다. 부정은 몇 년 또는 몇십 년 동안 공동의존을 지속하게 한다. 부정과 극복에 대해서는 제4장에서 다룬다.

자신이 다른 사람에 대한 중독, 즉 공동의존을 부정하는 만큼, 자신과 가까운 누군가의 중독도 부정할 가능성이 크다. 상황이 달라지길 바라거나 자신의 문제를 보지 않고 상대를 비난하기도 한다. 관계에 의존하고 있어서 상대에 관한 진실을 접어두고 부정할 수도 있다. 자신의 삶을 책임지지 않는 사람이 책임을 회피하는 행동을 정상으로 여기고 문제를 악화시킨다. 부정이 진행되면 행동은 점점 더 비합리적으로 변한다.

중독자의 자녀는 보통 부모의 문제가 자신에게 영향을 미쳤다는 사실을 부정하고 집을 떠나거나 중독된 부모의 회복으로 문제가 끝났다고 생각한다. 이들은 어린 시절에 중독으로 시달리던 생활이 성인이 되어서도 계속 영향을 미친다는 사실을 깨닫지 못한다. 자신의 고통스러운 과거에 대해 생각하고 싶어 하지도 않는다. 조부모가 알코올 중독자이면 부모는 공동의존자가 되고 또다시 자녀에게 영향을 준다.

공동의존자는 자신의 필요, 욕구, 감정을 인식하지 못한다. 자신의 감정을 알아차린다고 해도, 감정을 표현하는 데 너무 취약하거나, 거절을 두려워하거나, 앞의 스탠리처럼, 자신이 이기적·요구적·탐닉적이라고 생각한다. 반대로, 요청하지 않고 다른 사람이 자신의 필요를 채워 주길 기다리고 의지하고 기대한다. 혹은 누구에게도 의지하지 않으려고 자립한다. 자신의 필요와 감정을 무시하면 자신의 반응을 알 수 없다. 자신의 반응을 측정하기 위해 다른 사람이 무엇을 필요로 하고 어떻게 느끼는지 평가한다. 공동의존의 많은 특성은 부정의 증상이다. 다른 사람에게 집중할수록 자기 자신을 느끼지 못하기 때문에 부정이 더 강화된다.

고통스러운 감정

공동의존자는 부정하고 있어도 고통스러운 감정을 계속 경험한다. 불안과 분노가 두드러진다. 또한 두려움이나 분노가 무망감과 절망으로 바뀐다. 도움을 받지 않으면, 시간이 지남에 따라 공동의존자는 감정의 결핍인 우울증을 경험하게 된다.

두려움과 수치심 불안

두려움은 불안을 낳고 불안은 두려움을 낳는다. 앞의 '숨겨진 수치심'에서 유기, 거절, 친밀감, 비판, 권력, 성공, 실패 등에 대한 두려움을 포함하여 낮은 자존감에서 비롯된 몇 가지 일반적인 두려움을 열거하였다. 공동의존자는 여러 가지 두려움이 있다. 즉, 자기 자신이 되는 두려움, 혼자 있는 두려움, 다른 사람의 반응 특히 분노에 대한 두려움, 위험을 감수하는 두려움을 안고 산다. 어떤 사람은 신체적 두려움과 공포증이 있다.

공동의존자는 두려워하지 않으면 불안하다. 불안은 미래의 위협에 대한 염려다. 예측 불가능과 무능감이 불안을 가중시킨다. 우리의 몸은 싸우거나 도망치면서 두려움에 반응하도록 설계되어 있다. 하지만 상황을 피할 수 없거나 통제할 수 없으면 불안이 발생한다. 어떤 일이 어떻게 되길 바라는 환상과 합리화가 뒤섞여, 자신의 미래에 대한 희망과 두려움을 투사한다. 그런 일이 일어날 증거가 없을 때도 그렇다.

수치심 불안은 어린 시절에 느꼈던 수치심이나 감정적 유기를 다시 경험하기 두려워하는 공동의존자에게 흔하다. 이는 상처, 판단, 거절에 대한 자의식과 수치심 불안으로 이어진다. 수치심이 정상적인 불안을 부풀리고 감정과 행동에 영향을 준다. 마음은 무서운 결과를 반추하는 강박관념으로 바뀐다. 현실에 반응하기보다 왜곡된 생각에 반응한다. 수치심 불안은 직업이나 대인관계를 방해한다.

마약 중독자나 남용자와 함께 살고 있다면, 자녀, 중독자, 자신의 안전이 두려운 것은 당연하다. 전쟁터에 살고 있으면 언제, 어디에 폭탄이 떨어질지 모른다. 아내가 자녀를 돌볼 수 없거나 남편이 직장에 나가지 못하거나 해고될까 봐 두렵다. 남편이 무사히 집에 돌아올 수 있을까? 캔 따는 소리, 남편의 차가 집에 도착하는 소리, 채무자, 관련된 친구, 가족, 문 앞에 선 경찰의 질문에 대답하는 소리가 두렵다. 다른 재난이 닥치기 전에 지금 일어나고 있는 재난을 회복할 기회가 없다.

전쟁터나 또 다른 실망으로 끝나는 휴일이 두려워지기 시작한다. 걱정과 집착이 커진다. 부정적인 경험을 곱씹고 '만약……'의 가장자리에서 살고 있다. 만약 또 다른 싸움, 폭음, 재정적 위기가 닥치면 어쩌나 염려한다. 경계선을 늦추지 못하고 살얼음 위를 계속 걷는다. 친구나 가족으로부터 점점 더 고립되고, 이런 고립이 두려움을 증가시킨다. 끊임없는 싸움, 불안 심지어 자살 시도를 한다. 이런 와중에도 어떻게든 함께 사는 법을 배우고, 여전히 돈을 벌러 나가고, 자녀를 양육하는 등 정상적인 모습을 유지하려고 애쓴다. 이런 것이 **평범한** 삶이 되었다. 공포 속에서 사는 삶은 정상적인 삶이 아니다.

분노와 화

공동의존자는 정당한 이유로 화를 낸다. 이는 끊임없이 약속과 결심을 어기고 경계선을 위반하고 실망시키고 신뢰를 저버리는 사람에 대한 건강한 반응이다. 많은 공동의존자가 덫에 걸려 있고 문제에 부담을 느끼고 자녀를 책임지고 재정적인 문제에 시달리고 있다. 이들은 탈출구를 찾지 못한다. 하지만 불행을 탓하거나 떠날 때 죄책감을 들게 하는 사람을 여전히 사랑한다. 어떤 사람은 신에게 화가 나 있다. 그러나 분노의 근원은 바로 공동의존이다.

분노는 표현을 추구하는 강력한 에너지다. 때로는 잘못된 것을 바로잡기 위해 행동 실천이 필요하다. 떠들썩하거나 상처받을 필요는 없다

(갈등 다루기에 대해서는 제13장 참조). 공동의존자는 자신의 분노에 대처하는 방법을 모른다. 사람마다 분노를 다르게 다룬다. 어떤 사람은 소리 지르거나 폭발하거나 비난한다. 어떤 사람은 분노를 표현하지 않고 억압하거나, 학대자를 이해하려 하거나, 힘이 약한 사람에게 화풀이한다. 직접적으로 분노를 표현할 수 없는 경우, 다음과 같은 형태로 삐져나올 수 있다.

- ✓ 빈정거림
- ✓ 목소리 톤
- ✓ 차가운 표정
- ✓ 쾅 닫는 문
- ✓ 사랑 보류하기
- ✓ 성관계 보류하기
- ✓ 침묵하기
- ✓ 잊어버리기
- ✓ 지각하기

 많은 공동의존자가 자신의 분노를 느끼지 못하거나 인정하지 않는다. 어떤 사건이 발생한 후, 며칠, 몇 주 또는 몇 년이 지난 후에 분노를 깨닫기도 한다. 분노를 묻고 표현하지 않으면 원한으로 굳어진다. 어떤 사람은 평범하고 인간적인 감정을 표현하면서 죄책감을 느낀다. 분노가 사랑하는 사람을 아프게 하고 멀어지게 하고 심지어 파괴시킬까 봐 두려워한다. 행동으로는 갈등을 피하려고 분노를 참거나 뒤로 물러서지만, 정신적으로 고충을 곱씹고 희생당한 느낌을 받는다. 씁쓸해질 수 있고, 복수를 원할 수도 있다. 아무것도 바뀌지 않은 채 자신이 용납할 수 없는 행동을 계속 받아들인다. 또는 자신에게 화가 나기도 한다. 제10장에 설명하는 것처럼, 자신을 비판하고 비난하고 몰아붙인다. 이는 우울증과 신체 증상을 유발한다.

분노로 인한 어려움은 부모 중 한 사람 또는 두 사람 모두 공격적이거나 수동적이었던 어린 시절의 부적절한 역할 모델 때문이다. 성장하면서 두 사람 중 한 사람의 행동 패턴을 배웠을 것이다. 성인이 되어 자신이 공격적인 부모로 변하는 것이 두려울 수도 있다. 목소리를 높이지 말라고 배웠거나 분노를 표출했다는 이유로 처벌을 받았다면 분노를 억누르는 법을 배웠을 것이다. 어떤 사람은 분노 표현이 비종교적이거나 영적이지 않거나 좋지 않다고 믿는다.

분노를 표현하기 위해 누군가에게 분풀이하거나 화를 내야 한다는 것은 잘못된 생각이다. 가장 효과적인 방법은 비난이나 비판하지 않고 단호하게 소통하는 것이다(제13장 참조). 누군가를 꾸짖거나 분노로 채우지 말고 일기를 쓰고 누군가와 의논한 다음 분노를 표현하라. 분노를 신체적·창조적 활동으로 전환하라. 명상 중에 분노를 관찰하거나 자신의 부분을 포함하여 분노에 기여한 요인을 분석한다.

절망과 우울증

회복되지 않을 경우, 공동의존의 후기 단계의 자연스러운 결과는 절망과 무망감이다. 몇 가지 이유는 다음과 같다.

- ✓ 만성적인 열등감, 수치심
- ✓ 벗어날 수 없는 끝없는 위기
- ✓ 실패한 일련의 관계
- ✓ 불행한 관계에 갇힘
- ✓ 일상의 스트레스, 안전과 평화의 부족으로 패배한 기분
- ✓ 외로움
- ✓ 자신의 필요를 충족시키지 못함
- ✓ 더 나은 미래를 위한 변화 가능성에 대한 믿음의 상실
- ✓ 신에게 버림받은 느낌

삶이 자신에게서 빠져나가 버린 것과 같은 절망이 우울증, 즉 무감 각으로 이어질 수 있다. 일에 흥미를 잃어버린다. 슬프거나 울 수는 있어도 안도감은 없다. 우울증은 '억누르거나', 감정, 특히 분노를 억제한 결과로 발생할 수도 있다. 수치심과 관련된 부정적인 자기 대화도 우울증을 유발한다.

많은 공동의존자가 자신이 인식하지 못하는 만성적으로 경미한 수준의 우울증을 앓고 있다. 연애, 성관계, 자주 만나지 못하는 그리운 상대, 멜로 드라마 같은 로맨틱한 관계, 바쁜 일정, 돌보미가 되어 받는 흥분은 표면 바로 아래에 있는 우울증에서 벗어나게 할 만한 충분한 자극과 눈돌림 거리가 된다. 우울증을 감추기 위한 드라마와 스트레스가 만들어 내는 아드레날린 없이는 평화로운 관계나 평온한 환경은 곧 '권태로워진다'.

신체 증상

스트레스가 건강의 악화나 만성 질환의 주요 원인이다. 수년간의 스트레스가 많은 관계와 감정이 신체의 면역계와 신경계에서 회복하고 보충하는 능력을 저하시킨다. 공동의존의 만성적인 스트레스는 심장병, 소화기 장애, 수면 장애, 두통, 근육 긴장, 통증, 비만, 궤양, 측두하악관절 장애, 만성피로 증후군을 포함한 여러 가지 건강 문제를 초래한다. 성적 장애, 방광염, 알레르기, 좌골 신경통, 이명, 섭식장애와 같은 기타 신체 증상도 억압된 감정의 증상일 수 있다.

제4장

부정을 넘어 회복으로

🖋 이 장에서는

✓ 부정의 목적과 회복을 방해하는 방법 이해하기

✓ 부정의 다양한 방법, 정도, 유형 파악하기

✓ 부정의 단서 파악하기

✓ 회복한 이후 부정 깊이 밝혀내기

이 장에서는 공동의존의 특성, 즉 제1장에서 처음 언급한 부정에 대해 자세히 설명한다. 문제가 있다는 사실과 문제를 관리하기 위해 지금까지 해 왔던 방법이 효과가 없다는 사실을 직면하기 전에는 변화가 불가능하다. 부정에서 벗어나는 것이 바로 치유 과정의 중요한 첫 번째 단계가 되는 이유다. 이 장에서는 부정의 기능, 다양한 방법, 정도, 유형, 부정을 인식하는 방법에 대해 알아본다. 부정을 다루는 방법에 대한 팁도 제공한다.

부정의 목적

간단명료하게, 부정은 방어기제다. 모든 사람이 부정한다. 우리 뇌가 사용할 수 있는 첫 번째 방어가 부정이다. 부정은 자동적이고 무의식적으로 작동한다. 뇌는 실제로 감각 정보를 왜곡하여 사실을 위협적이지 않은 방식으로 해석한다. 다음에서 설명하는 몇 가지 전략을 사용하여 일어나고 있는 일들을 차단한다. 무의식이기 때문에, 스스로 알아차리기 어렵다.

현실을 부정하는 쪽으로 선택하지 않아도, 감정에 압도되거나 두려운 일에 직면하지 않도록 자신을 보호하기 위해 현실 지각을 변화시킨다. 즉, 무언가가 잘못되었거나 위협적이라는 사실을 자신이 지각하지 못하면 그에 대한 고통이나 갈등을 경험할 필요가 없다는 의미다. 문제가 존재하지 않으면 문제가 없다. 부정하는 이유는 다음과 같다.

✓ 사랑하는 사람, 자기 자신, 관계에 대한 사실을 마주할 때, 고통스러운 생각이나 감정을 피하기 위해
✓ 다른 사람과의 정서적 갈등을 피하거나 어려운 선택을 하거나 고통이나 상실을 초래할 수 있는 행동을 실천하는 것에 대한 내적 갈등을 피하기 위해
✓ 일반적으로 상실, 버림받음, 신체적 또는 정서적 상해, 심각한 질병, 죽음에 대한 지각된 위협을 피하기 위해
✓ 오래전에 일어났던 신체적·성적·정서적 학대로 인한 충격이나 외상에 대처하기 위해

부정의 형태

부정은 다양한 형태로 나타난다. 어떤 사람은 다른 사람들 보다 현실을 더 많이 차단시킨다. 그러나 모든 형태의 부정은 진실을 마주하지 못하게, 문제를 다루지 못하게 하는 것이 목적이다. 또한 공동의존에 대한 특정 유형의 부정도 있다. 다음은 사람들이 부정하는 일반적인 방법이다.

✓ **잊어버리기**: 하고 싶지 않은 일을 간과하는 것

✓ **자기 기만하기**: 진실의 반대나 왜곡을 믿는 것

✓ **거짓말하기**: 진실에 반대 주장을 하는 것(속이는 것과 다르다)

✓ **최소화하기**: 사실보다 사소하게 만들기

✓ **합리화하기**: 변명이나 주장으로 정당화하기

✓ **억압하기**: 감정, 생각, 필요, 바람, 외상 사건, 기억에 대한 인식 없애기

 이 방법들은 의식하는 인식의 정도가 다르다. 부정한다고 해서 문제, 감정, 필요를 항상 망각하는 것은 아니다. 어떤 일이 일어나고 있는지 최소화하거나 합리화하여 문제의 중요성이 줄어들거나 해결되지는 않는다. 문제, 감정, 필요는 인식하지만, 문제의 결과와 영향을 부정할 수도 있다. 이런 사실을 모두 알고서도 도움의 필요를 부정할 수도 있다.

부정의 유형

중독과 공동의존에 관한 한 부정은 건강하지 않다. 사실 위험하다. 문제에 직면하지 않으면 자신과 다른 사람의 삶을 개선시키고 살릴 수 있는 건설적인 방법을 배우지 못한다. 공동의존에는 여러 가지 유형의 부정이 있다. 부정의 네 가지 유형은 다음과 같다.

유형 1은 누군가의 행동이나 중독에 대해 부정한다. 이는 일반적으로 공동의존과 중독의 초기 단계에서 효과적이다. 유형 2는 공동의존과 공동의존 문제가 끼친 기여도를 부정한다. 공동의존과 자신에 대해 더 많이 알수록, 부정을 더 많이 극복할 수 있다. 유형 3은 감정을 부정한다. 유형 4는 더 깊은 유형으로, 자신의 필요를 부정한다(제3장 참조). 부정의 유형이 더 깊어질수록, 공동의존을 초래한 원래 문제와 공동의존으로 이어진 고통을 부정한다. 이에 대해서는 제7장과 제8장에서 설명한다.

유형 1: 누군가의 행동 부정하기

유형 1은 자신의 삶에 누군가가 중독되어 있거나 상대의 행동이 문제를 일으키거나 자신에게 부정적인 영향을 주고 있다는 사실을 부정한다. 공동의존자에게 흔하다.

✓ 가족 내에서 중독이나 문제 행동을 겪으며 성장했기 때문에 이에 익숙하고 이를 정상이라 느낀다.
✓ 중독자와 학대자는 자신의 행동에 책임지기 싫어한다. 중독자와 학대자는 책임을 부정하고 이를 진심으로 받아들이는 사람을 비난한다.
✓ 역기능적 가정에서 성장하면서 자신의 지각과 자신이 알고 있는 것을 신뢰하지 않는 법을 배운다.
✓ 중독과 학대에 따른 낙인 때문에 진실을 인정하는 것이 수치스럽다.
✓ 낮은 자존감은 대우에 대한 기대치를 낮춘다.
✓ 중독과 학대의 징후에 대한 정보가 부족하다.

부정은 진실을 인정하지 못하게 하기 때문에, 누군가의 언짢은 행동이나 중독에 직면하지 못하게 하고 고통을 경험하거나 행동을 실천하지 않아도 된다. 중독자를 사랑하고 위험이 없는 척하면, 일시적으로 기능을 더 잘할 수 있다. 치명적인 약물 과다복용, 교통 사고, 도박으로 인한 파산, 간경화, 기타 무수한 문제 등과 같은 중독과 행동의 골치 아픈 결과에 대해 생각하지 않아도 된다.

부정한다고 해서 자신의 행동에 전혀 신경을 쓰지 않는다는 의미는 아니다. 이는 학대, 외도, 중독, 기타 문제 등을 있는 그대로 알아차리지 못한다는 의미다. 문제가 있을 수도 있다는 생각이 문득 스쳐 지나가지만 이에 대해 괘념치 않는다. 중요하지 않다고 무시하거나 설명과 합리화로 최소화하거나 정당화하거나 변명한다. 자신이 처한 상황이 그렇게 나쁘지 않다고 하거나,

나아질 거라고 자신에게 말한다. 그러면서 상황이 어떻게 굴러가길 바라는지 환상을 품는다. 심지어 자신의 지각을 의심하고 알고 있던 거짓 정보나 변명을 믿는다. 사랑하는 사람이 심각한 정신적 또는 행동적 문제가 있다는 사실을 인정하지 않는다. 문제가 커진 어느 날 자신이 절대 용납할 수 없는 행동이 일어나도 이에 대해 변명하고 그럴 수 있다고 여긴다. 이는 부정할 때 생기는 일이다. 상황이 더 나빠진다.

　배우자의 외도, 중독, 학대적인 비판의 징후를 무시하는 것이 부정의 예다. 청소년 마약 사용자의 부모가 자녀의 문제를 무시하거나 성적이 떨어지는 이유로 친구나 게임 때문이라고 할 수 있다. 어떤 부모는 자녀가 술을 너무 많이 마신다는 사실을 알면서도 이를 청소년 시절의 한때 방황으로 최소화한다. 부모가 자신의 중독을 부정하면, 자녀의 중독도 흔히 부정한다.

약물 남용 인식하기

　대부분의 사람은 약물 남용의 증상에 대해 잘 모른다. 이에 대한 자세한 논의는 이 책의 범위를 벗어난다(『초보자를 위한 중독과 회복』, Brian F. Shaw, Paul Ritvo, Jane Irvine, and M. David Lewis, John Wiley & Sons, Inc 참조). 약물마다 수면, 기분, 생각에 다른 영향을 미친다. 알코올은 처음에는 진정제 역할을 한다. 이후 수면을 방해하는 지연된 자극 효과가 있어서 알코올 중독자는 처음에는 의식이 둔탁하지만, 나중에는 초조해진다. 모든 알코올 중독자의 혀가 꼬이는 것은 아니다. 사실, 어떤 중독자의 말은 논리적이고 경계하는 것처럼 들린다. 마리화나는 알코올과는 반대 효과를 일으킬 수 있다. 먼저 흥분한 다음, 신체적 무기력, 운동 기술 손상이 뒤따른다. 심오한 이상화, 단기 기억 상실, 때로는 비합리적 두려움, 불안, 공황 등을 경험하기도 한다. 중독자는 종종 자신이 한 약속과 이전에 나눈 대화 내용을 부정한다. 가끔 알코올 중독자는 블랙아웃으로 기억을 하지 못한다.

　중독자가 중독의 영향을 받지 않을 때, 보통 사랑스럽고 책임감이 강한 지킬 박사다. 지킬 박사는 약속을 하고 가족은 절제(예: 단주)가 지속되기를 희망한다. 머지않아 중독자를 사랑하는 배우자와 자녀의 약속, 신뢰, 사랑, 희망을 깨트리는 하이드가 등장한다. 반대의 증거가 분명해도 가족은 중독 행동이 끝날 것이라는 약속과 희망을 계속 믿기 때문에, 이 사이클은 계속 반복된다(원래 조셉 P. 켈러만 목사가 이름 붙인 '부정의 회전목마'). 만성적인 중독 단계에 이르기 전까지, 절제하는 동안 평화와 정상성이 돌아온다. 하지만 중독 행동이 재발하면(때로는 약물 사용 없이) 실망, 절망, 무망감은 더 커진다.

기분 전환 효과는 약물과 개인마다 다르다. 약물은 우울증이나 불안 또는 둘 다를 유발할 수 있다. 어떤 사람은 철수하고, 어떤 사람은 화를 내거나 더 유쾌해지거나 수다스러워진다. 알코올은 음주자의 기분을 과장시키고 판단력과 사고력을 손상시키고 억제를 완화시킨다. 알코올과 마약은 사용자에게 계속 영향을 미친다. 때로는 사용 후 며칠이 지나도 영향이 지속된다. 중독자의 개인적인 상호작용이 적고 약물 의존도가 높을수록, 약물 사용이 관계와 일을 방해한다.

부정의 흔한 패턴으로 우울, 분노, 거짓말과 같은 증상에는 초점을 두지만, 중독이라는 더 큰 문제는 부정한다. 나는(저자는) 많은 공동의존자가 자신의 상대가 중독되었다는 사실은 부정하지만, 관계 문제를 중독의 부작용 탓으로 돌린다는 말을 듣곤 한다. 어떤 여성은 남편의 분노에 대해 걱정하지만, 남편이 퇴근 후 술집에 들러 '만취하여' 집에 오는 것은 간과한다. 남편에게 음주 문제가 있는 것 같다고 말하면, 술이 문제라는 사실을 부정한다. 아내의 우울증을 걱정하는 남편이 아내가 진통제 중독이라는 사실을 부정하는 사례도 있다. 아내가 진통제로 기절했을 때, 남편은 아내가 낮잠 자고 있다고 생각했다.

누군가가 걱정된다면 더 많은 정보가 필요하다. 살펴봐야 할 정보는 다음과 같다.

✓ 관계, 직업, 건강, 사회생활, 재정과 관련하여 부정적인 영향을 주거나 당황하게 하거나 화나게 하는 행동을 한다.
✓ 마약(또는 술병)을 숨기거나 거짓말한다.
✓ 법률을 위반한다.
✓ 자신의 행동에 대해 상대를 비난한다.

✓ 자신이 어디에 있었는지 잊어버리거나 신뢰할 수 없는 방식으로 행동한다.

자신이 누군가의 행동을 부정하는지 어떻게 알 수 있는가

 누군가의 행동을 부정하고 있다면 자신이 부정한다는 사실을 모른다. 사실, 대부분의 사람은 자신이 부정하고 있다는 사실을 부정한다! 다음 질문에 대해 솔직하게 글로 써 보라.

✓ 일이 어떻게 되길 바라는지 생각하면서 시간을 보내고 있는가?
✓ "만약 상대가……" 라고 말하는가?
✓ 다른 사람에게 변명하는가? 자기 자신에게 변명하는가?
✓ 나쁜 행동이나 상처받은 감정을 최소화하거나 합리화하는가?
✓ 어긴 약속이나 보증을 믿는가?
✓ 앞으로 어떤 사건(휴가, 취업 제의, 약혼, 출산 등)이 생기면, 관계나 행동이 개선될 수 있다고 생각하는가?
✓ 상대의 행동과 관계가 개선되기를 바라며 계속 양보하거나 상대에게 맞추는가?
✓ 가족이나 친구에게 난처한 관계를 숨기거나 공개하지 않는가?

유형 2: 자신의 공동의존 부정하기

일반적으로 공동의존자는 자신의 공동의존에 직면하면 이를 부정한다. 이것이 유형 2다. 공동의존자는 자신의 상황에 대해 선택의 여지가 없다고 믿거나 다른 사람을 비난한다. 자신의 더 깊은 고통을 피하려고 자신의 질병을 부정한다. 자신이 공동의존자라고 생각하지 않을 수도 있다. 하지만 제3장에서 설명한 특징이 하나하나 맞아떨어질 때, 고려해 볼 가치가 있다.

문제가 있다는 것을 인정하고 도움을 구하는 것이 어려운 또 다른 이유는 자기 자신을 보는 것에 익숙하지 않아서다. 다른 사람에게 초점을 맞추면 자신의 고통에 직면하지 않고 자신의 행복에 책임을 지지 않아도 된다. 이는 자신의 행복이 다른 사람에게 있다는 잘못된 전제를 바탕으로 한다. 또한 다른 사람을 바꾸려고 노력하거나 자신을 행복하게 해 줄 누군가를 찾는 무익한 목표를 계속 추구하게 한다. 다음의 예와 같이, 다른 사람을 비난하거나 우월감을 느끼면서 자기성찰을 피한다.

　　　　짐은 몇 주 동안 알코올 중독자 모임에 참석했다. 다른 회원인 **비벌리**는 짐의 아내 **코니**가 알아논에 참석하면 도움이 될 거라고 제안했다. 비벌리는 코니에게 전화를 걸어 알아논에 나와서 "짐의 단주를 돕자."라고 현명한 제안을 했다. 코니는 흔쾌히 찬성하고 자조 모임에 나왔다. 코니는 자신에게는 흠이 없고 중독자인 짐이 곤경에 처해 있다고 확신했다. 만약 비벌리가 처음에 코니에게 도움이 필요한 것 같다고 말했다면, 코니는 비벌리의 말을 듣지 않았을 것이다.

　　　　트리시는 '올바른 남자'가 자신을 행복으로 이끄는 열쇠라고 믿으며 연애에 모든 관심을 집중시켰다. 그러나 '좋은 남자'가 없다고 불평했고, 실패한 관계에 대해 비난했다. 자신의 공동의존적 행동은 보지 못했다.

　전문가를 포함한 어떤 사람은 공동의존에 대해 많이 알고는 있지만 다른 사람에게만 적용되는 것으로 생각한다. 부정은 자기 자신을 보지 못하게 한다. 또한 공동의존을 인정하면서도 도움은 필요하지 않다고 생각하는 사람도 있다. 이들은 자신의 문제를 마음속으로 파악하고 스스로 해결하거나 책을 읽고 친구들과 함께 이야기하면 공동의존의 문제를 해결할 수 있다고 믿는다. 자신의 공동의존과 그것이 자신의 삶에 미치는 영향을 과소평가한다. 다음의 산드라와 같이 내면화된 수치심 때문에 도움을 받지 않는다. 수치심 때문에 마약 중독자가 치료를 받지 못하는 것과 같은 방식이다.

 산드라는 오랜 교대 근무와 환자에 대한 과도한 개입으로 소진한 간호사다. 산드라는 공동의존에 대한 교육을 계속 들었다. 자신의 건강이 나빠지고 있다는 것을 알고 있었지만, 전문적인 도움이 필요하다고는 생각하지 않았다.

유형 3: 기분을 묻지 마세요

공동의존자는 일반적으로 다른 사람이 무엇을 느끼는지 잘 파악하고 다른 사람의 걱정으로 많은 시간을 보낸다. 하지만 걱정이나 때로 분노 외에 자신의 감정에 대해 잘 모른다. 감정의 부정이 유형 3이다. 중독—사람, 음식, 성관계, 일, 마약 등—에 대한 집착은 대개 감정에서 다른 것으로 주의를 돌리게 한다. 공동의존자에게 기분이 어떠냐고 물어보면 "괜찮아요."라고 말하거나, 무엇을 느끼는지 물어보면 "아무 것도 아니에요."라고 대답한다.

공동의존자는 자신의 진정한 감정을 부정하기 때문에, 신체적 고통은 이해하지만, 정서적 고통은 이해하지 못한다. 자신의 정서적 고통을 경험하면 고통스러울 수 있다. 성장하면서 자신의 감정을 파악하는 법을 배우지 못했고, 특히 자신을 위로해 줄 사람이 없었다면 자신의 마음을 안전하게 표현하지 못했을 수 있다. 대신, 수치심을 감추고 감정을 억압했다(감정 파악하기에 대한 도움이 필요한 경우, 제9장 참조).

 고통스러운 감정을 포함하여 감정은 목적이 있다. 감정은 자신의 욕구를 알아차리고 환경에 적응할 수 있도록 도와준다. 감정에 대한 알아차림은 다른 사람과의 건강한 상호작용에 매우 중요하다.

✓ 두려움은 감정적으로 해를 끼칠 수 있는 사람을 포함하여 위험을 피하라고 알

려 준다.

✓ 분노는 잘못된 것을 바로잡거나 변화를 주기 위한 행동 실천이 필요하다고 알려 준다.

✓ 건강한 죄책감은 자신의 가치관과 일치되는 행동을 하도록 도와준다.

✓ 슬픔은 감정을 내려놓는 데 도움이 되고 공감과 대인관계를 북돋아 준다.

✓ 수치심은 사회 적응에 도움을 주고 남에게 피해를 주지 않게 한다.

✓ 외로움은 다른 사람에게 다가가도록 동기를 부여한다.

감정을 부정하거나 억누르면 꼼짝하지 못하고 갇혀 버린다. 감정이 발산되지 못하고 무의식 속에 머물러 있다. 때로는 수년 동안 머무른다. 고통이 축적된다. 고통이 많을수록 더 많이 부정한다. 고통스러운 감정에 대한 부정의 의도치 않은 결과는 기쁨, 감사, 사랑에 무감각해진다. 압력솥의 뚜껑을 닫아 두는 데 에너지가 드는 것처럼 계속 부정하면 우울해진다. 창조적이고 건설적으로 사용될 수 있는 에너지가 감정을 억제하는 데 사용된다. 원초적인 감정을 부정하면 강박사고, 중독, 우울한 기분, 분노로 곪아 간다. 감정이 흘러가도록 놓아주면 억눌린 긴장이 해소된다.

어떤 공동의존자는 내면의 분노를 감추기 위해 원망한다. 이들은 보통 경계선을 설정하지 않은 사람을 원망한다. 성장하면서 거절이나 분노를 표현했을 때 안전하지 않았을 수 있다. 성인이 되어 이들은 분노를 최소화하거나 합리화할 수도 있다. 심지어 자신의 분노를 부정하고 다른 사람과의 관계를 유지하기 위해 자신을 비난하기도 한다. 분노를 허용하면 분노가 풀리고, 분노에 관해 이야기하면 관계 회복에 도움이 된다.

어떤 사람은 억압된 감정을 경험하지 않고 정서적 긴장을 풀어 주는 행동으로 자신의 억압된 감정을 행동화한다. 자신의 감정을 부정하는 공동의존자는 보통 불안정한 감정을 보이는 사람과 결혼하여 대리 감정을 경험한다.

알렉시스는 자해를 계속했는데 그 이유는 몰랐다. 그녀는 단답식으로 짧게 대답하고 입을 다무는 편이었다. 곧바로 의기소침해졌다. 남편은 그녀와 정반대였다. 통제적이고 열정적이고 화를 잘 내는 남자였다. 그녀는 남편에게 가게 지출 비용을 요청해야 했고, 각 지출마다 타당한 이유가 있어야 했다. 그녀는 남편에 대한 자신의 분노를 부정했다. 하지만 자신이 느끼지 못할 정도로 분노를 표현했다. 알렉시스가 분노를 표현했더라면 자해를 막을 수 있었을 것이다.

　　감정을 부정하면 적절하게 대응하지 못하고 더 많은 문제가 발생한다. 어떤 경우에는 자신의 감정에 대해 알긴 하지만, 감정에 묻어 있는 억압된 의미는 부정한다. 이런 경우, 더 깊은 고통은 해결되지 않는다. 따라서 감정을 재경험하고 관련된 행동을 반복하는 순환 속에서 고정된 상태로 머물러 있다. 이는 다음의 공동 치료를 받으러 온 모나와 아이라의 경우다. 이들은 부모와의 상호작용에서 부정해 온 감정으로 서로에게 반응하는 패턴에 갇혀 있다.

　　모나는 쾌활한 성격과 활기찬 유머 감각이 있다. 모나는 **아이라**가 감정을 공유하지 않는다고 불평한다. 이런 면을 제외하면 둘은 '멋진' 사이다. 모나는 아이라에게 자주 물어보는데, 그는 항상 "괜찮아."라고 대답했다. 때로 모나는 아이라에게 몇 가지 선택권을 주어도, 아이라는 별 반응을 보이지 않았다. 결국 모나의 좌절감과 분노가 커졌다. 내가 아이라에게 시선을 돌렸다. 아이라는 나의 작은 도움으로 자신의 감정을 알아치릴 수 있다는 사실에 놀랐다. 아이라는 모나의 추궁에 판단 당하고 숨이 막히는 느낌을 받았다. 아이라는 어머니가 자신과 아버지에게 잔소리할 때마다 움찔했던 과거의 일을 떠올렸다. 무엇이 모나를 괴롭혀 왔는지 함께 탐색했다. 모나는 오만한 아버지와 함께 살았던 때처럼 혼자가 된 것 같은 기분이 든다고 하였다. 그녀는 곧 흐느껴 울기 시작했다. 아이라에 대해 한참 이야기를 나눈 후에 모나는 "여기 오기 전까지 저는 항상 기분이 좋았어요. 내가 그동안 얼마나 많은 고통을 숨기며 살았는지 깨달았어요."라고 말했다. 나는 모나가 아이라에게 집중하고 그의 감정을 파헤치는 것을 멈추고, 자신이 외로울 때마다 외로움을 알아차리고 표현하도록 격려했다. 아이라는 자신의 감정을 보듬고 표현하기 위해 경계선을 설정해야 했다. 모나와 아이라는 자신의 현재 감정을 어느 정도 인정할 수 있었다. 하지만 감정에 숨겨진 의미는 아직 어린 시절에 묻혀 있는 상태다.

유형 4: 나의 필요는 중요하지 않아요

공동의존자는 다른 사람의 필요를 예상하고 채우는 데 매우 능숙하다. 하지만 자신의 필요는 부정하거나 최소화한다. 이것이 유형 4다(자신의 필요를 파악하는 방법에 대해서는 제9장 참조). 다른 한 극단은 다른 사람이 자신의 필요를 충족시켜 주길 요구하고 기대하는 사람이다. 어떤 공동의존자는 방치되었고 기본적인 신체적 필요가 충족되지 못했다. 학대받은 사람은 관계에서 안전을 경험한 적이 없다. 또한 안전이 정상적인 대인관계의 전제 조건이라는 사실을 기대조차 하지 못한다. 많은 공동의존자가 물질적 필요가 자신이 필요한 전부라고 생각한다. 하지만 인간에게는 다양한 필요가 있다. 수치스럽거나 한 번도 채워지지 않은 필요를 알아차리는 것은 시각장애인에게 색깔을 설명하도록 요청하는 것과 같다.

좋은 부모는 자녀가 원하는 것을 안전하게 요청할 수 있게 한다. 그렇게 성인이 되면, 자신의 필요를 파악하고 스스로 기능을 발휘하고 자신의 필요를 표현한다. 어린 시절의 핵심 필요가 수치스럽다거나 무시되었다면, 자기 자신에게도 똑같이 대하면서 성장하고 자신의 필요와 관련된 감정을 차단한다. 채워진다는 기대를 하지도 않는데 왜 필요를 느끼는 것인가? 자신의 필요를 완전히 부정하는 편이 덜 고통스럽다.

이것이 바로 많은 공동의존자가 자립적으로 살아가는 법을 배우고 특히 감정적 필요를 부정하는 방법을 배우는 이유다. 관계의 맥락에서 필요를 표현하려면 신뢰가 필요하다. 다른 사람의 관여가 필요한 경우에 자신의 필요를 요청하는 것이 어렵게 느껴질 수 있다. 지지, 양육, 무엇보다 가장 인간적인 사랑에 대한 필요를 부정하거나 수치스러워할 수 있다. 자신이 사랑받았다는 사실을 알고 있더라도, 양육을 받지 못했거나 감정을 존중받지 못했다면, 그런 공허를 중독으로 채우려고 할 수 있다. 중독적 관계는 진정한 관계를 대신하는 역할을 한다. 어떤 사람은 대가로 사랑받기를 원한다. 하지만 친밀한 관계를 유지하기 위해 자신의 감정에 취약해질 수 없는 돌보미일 뿐이다(친밀감에 대해서는 제15장 참조).

지지와 편안함에 대한 필요를 알아차리지 못하는 많은 사람이 특히 상처를 받았을 때 사회적으로 고립된다. 심지어 자신의 필요를 알고 있어도 누군가에게 자신을 만나달라고 요청하는 것에 굴욕감을 느낄 수 있다.

안나는 수술을 앞두고 있었는데 친구가 병원에 데려다준다고 말했다. 나는 안나에게 마취하는 동안 누군가가 옆에 있으면 더 낫지 않겠냐고 물었다. "누군가가 옆에 있어 줄 거라곤 생각해 본 적이 없어요. 없어도 괜찮을 거예요."라고 대답했다. 수술을 마친 후, 안나는 수술 전에 친구와 함께 있었는데, 자신이 상상했던 것보다 더 큰 위안이 되었다고 하였다. 안나는 수술에 대한 두려움을 최소화하고 지지의 필요를 부정했다.

마를린은 결혼과 직장생활에서 매우 행복했지만 뚜렷한 이유 없이 극도로 우울해졌다. 20년의 결혼 생활을 하는 동안 남편은 발기부전이었다. 마를린은 이 사실을 알았지만, 남편의 발기부전이 자신을 괴롭히는 것 같진 않았다. 마를린은 "그건 제게 그렇게 중요하지 않아요. 이젠 혼자 있는데 익숙해요."라고 말했다. 그녀는 자신의 성적 필요를 부정하였고, 자신의 박탈감과 우울증을 연결시키지 못했다.

회복은 자기 인식을 증진시킨다

이 책을 읽으면서 회복이 진행되고, 부정의 다양한 유형과 정도에 대해 알게 된다. '양파 껍질 벗기기'는 무의식을 알아가는 것이 지속적인 과정이기 때문에 적절한 표현이다. 수년 동안 12단계 모임에 참석해도, 자신의 공동의존의 깊이는 부정한다. 다음 시에나의 예와 같이, 이들은 변화는 이뤘지만, 문제의 깊이는 부정한다.

시에나는 회복 과정에서 진보를 보였지만 결혼 생활의 어려움은 계속되었다. 그녀의 자존감과 일 중독자 남편과의 의사소통은 크게 향상되었다. 갈등은 줄었지만, 시에나는 남편을 변화시키기 위해 자기 자신을 바꿨다. 이는 전형적인 공동의존이다. 부정이 결혼 생활의 공허함, 친밀감 문제, 결혼 생활이 끝나면 혼자가 된다는 두려움에 대해 직면하지 못하게 막았다.

많은 경우, 중독자는 회복 단계에 들어선다. 또한 공동의존자는 문제 있는 관계에서 벗어날 만큼의 충분한 독립성과 자존감을 얻는다. 삶이 향상되고 공동의존이 치유되었다고 생각하지만, 원인이 해결되지 않아 문제가 재발한다.

신시아는 마약 사용자와의 관계를 끝냈다. 그녀는 행복했고 자기 일에 집중했다. 공동의존도 과거의 일로 생각됐다. 하지만 세련되고 차분한 남자와 새로운 관계를 맺으면서, 자신의 공동의존이 재발하는 것을 보고 실망했다. 그는 책임감 있고 친절했다. 그와 함께 있으면 즐거웠다. 신시아는 그가 자신의 천생연분이라고 확신했다. 하지만 그의 바쁜 일정 때문에 충분한 시간을 함께 보낼 수 없었다. 그녀는 그에게 집착하기 시작했다. 그의 전화를 받기 위해 시간을 비워 두려고 친구와의 계획과 활동을 모두 중단했다. 그의 사랑을 받으려고 프레첼로 변신했다. 그녀는 전남편과 함께 살았던 때처럼 불행해졌다. 적어도 전남편은 자신을 필요로 했기 때문에 전남편이 그리워지기 시작했다.

흔히 공동의존자는 과거의 외상이 자신의 기분, 집중력, 관계에 문제를 일으킨다는 사실을 부정한다. 외상 치유에 대한 자세한 내용은 제8장을 참조하라.

제5장

그래서, 공동의존자인가

이 장에서는 네 가지 공동의존 평가에 관해 소개한다. 처음 두 가지는 연구 및 전문가가 내담자를 평가하는 데 사용할 수 있도록 개발되었다. 세 번째는 익명의 공동의존자 모임(CoDA)에서 파악된 특성으로 공동의존자에게서 흔히 관찰된다. 마지막은 성숙도를 평가하기 위해 알아논 문헌에서 참조한 퀴즈다.

공동의존에 대한 정의는 한 가지가 아니다. 따라서 해 볼 수 있는 검사도 여러 가지다. 증상과 심각도는 다양한 요인에 따라 사람마다 다르다. 코다(CoDA)와 알아논(Al-Anon)에서 제시한 질문지와 특성을 통해 자신을 이해하는 데 도움을 받을 수 있고, 어떤 12단계 프로그램이 자신에게 도움이 될지 알아볼 수 있다.

공동의존 평가

다음은 공동의존자를 파악하기 위해 사용되는 두 가지 평가다. 각 문항에 "예" 또는 "아니요"로 대답한다.

이 평가는 론과 팻 포터 에프론이 처음 개발하였다. 이들은 공동의존자를 신체적 또는 정신적 건강과 관련된 만성 질환을 포함하여 알코올 중독자, 물질 의존자 또는 기타 만성적이고 스트레스가 많은 가족 환경과 관련 있었거나 관련된 사람으로 간주하였다. 이 기준을 충족시키려면, 〈표 5-1〉의 8개 범주 중 5개의 범주에서 최소 2개 이상의 질문에 긍정적('예')으로 대답해야 한다.

〈표 5-1〉 공동의존 평가

	예	아니요
1. 두려움		
a. 다른 사람의 문제, 특히 물질 사용자의 문제에 집착하고 있나요?	☐	☐
b. 상황을 '통제'하려 하거나 '해결'하려고 노력하나요?	☐	☐
c. 자신이 해야 할 업무의 합당한 몫보다 더 많은 책임을 지고 있나요?	☐	☐
c. 다른 사람, 특히 물질 사용자에게 직접적으로 접근하는 것이 두렵나요?	☐	☐
e. 이후에 어떤 일이 일어날지 종종 염려하거나 걱정하나요?	☐	☐
f. 신뢰하기 어려워 다른 사람과 함께 위험을 감수하는 일을 피하나요?	☐	☐
2. 수치심/죄책감		
a. 자신의 행동과 더불어 다른 사람, 특히 물질 사용자의 행동에 대해서도 수치심을 자주 느끼나요?	☐	☐
b. 가족 중 다른 사람의 문제에 대해 죄책감을 느끼나요?	☐	☐
c. 기분이 상할 때, 사회적 접촉을 피하나요?	☐	☐
d. 때로 자신이 싫어지나요?	☐	☐
e. 자신에 대한 나쁜 감정을 숨기려고 자신 있는 척하며 행동한 적 있나요?	☐	☐

	예	아니요
3. 오래된 절망감		
a. 현재 상황을 바꾸는 데 무망감을 자주 느끼나요?	☐	☐
b. 일반적으로 세상에 대해 비관하는 경향이 있나요?	☐	☐
c. 자신의 기술과 성취를 제대로 반영시키지 못하는 낮은 자존감이나 실패감이 있나요?	☐	☐
4. 분노		
a. 물질 사용자, 다른 가족 또는 자신에게 계속 화가 나나요?	☐	☐
b. 정말로 화를 내면 통제력을 잃을까 봐 두려운가요?	☐	☐
c. 신(예: 하나님 등)에게 화가 났나요?	☐	☐
d. 자신의 행동 방식을 완전히 알아차리지 못한 채, 은밀한 방식으로 다른 사람에게 복수한 적이 있나요?	☐	☐
5. 부정		
a. 가족의 근본적인 문제를 부정하고 있다고 느끼나요?	☐	☐
b. 가족 문제가 그렇게 나쁘지 않다고 자신에게 말하나요?	☐	☐
c. 가족원의 무책임한 행동을 정당화할 이유를 찾고 있나요?	☐	☐
6. 경직성		
a. 문제가 있을 때 여러 가지 대안을 찾지 않고 둘 중 하나로 생각하는 경향이 있나요?	☐	☐
b. 누군가가 자신의 일과를 뒤흔들면 불편한가요?	☐	☐
c. 도덕적인 문제를 흑백 논리로 보는 경향이 있나요?	☐	☐
d. 죄책감, 사랑, 분노와 같이 특정 감정에 '갇혀' 있나요?	☐	☐
7. 정체성 발달의 손상		
a. 원하는 것과 필요한 것을 요청하는 데 어려움이 있나요?	☐	☐
b. 고통을 겪고 있는 다른 사람과 함께 똑같은 고통을 느끼나요?	☐	☐
c. 자신의 가치를 느끼기 위해 주위에 다른 사람이 필요하나요?	☐	☐
d. 다른 사람들이 자신을 어떻게 보는지 걱정을 많이 하나요?	☐	☐
8. 혼란		
a. '정상'의 의미가 무엇인지 궁금한가요?	☐	☐
b. 때로 자신이 '미쳤다'라는 생각이 드나요?	☐	☐
c. 때로 자신의 감정을 파악하기 어렵나요?	☐	☐
d. 다른 사람들에게 잘 속는 편인가요?	☐	☐
e. 결정하는 데 어려움이 있나요? 우유부단한가요?	☐	☐

다음 두 번째 평가는 「개정된 공동의존 척도의 개발 및 검증」(2011, *Australian Journal of Psychology*, Wiley)이라는 논문에 게재된 복합 공동의존 척도다(〈표 5-2〉 참조). 이 연구에서 정서적 억압, 대인관계 통제, 자기희생에 대한 핵심 공동의존 증상에 대한 타당도를 밝혔다.

〈표 5-2〉복합 공동의존 척도

다음 각 문항에 "예" 혹은 "아니요"로 응답하세요.	예	아니요
1. 나는 무력감, 죄책감, 강요, 위협, 조언, 조종, 지배를 통해 사건과 다른 사람을 통제하려 한다.	☐	☐
2. 나는 다른 사람을 있는 그대로 받아들이고 사건이 자연스럽게 흘러가도록 내버려 두는 것이 두렵다.	☐	☐
3. 나는 사건과 다른 사람의 행동을 통제하려고 노력한다.	☐	☐
4. 나는 다른 사람의 문제를 해결하도록 도와야 한다는 강박감이 있다(예: 조언 제공하기).	☐	☐
5. 나의 노력과 관심이 없으면 모든 것이 무너질 것 같다.	☐	☐
6. 나는 다른 사람의 기준에 너무 많이 맞추며 살아간다.	☐	☐
7. 나는 다른 사람에게 깊은 인상을 주기 위해 쇼를 한다. 하지만 나는 가식적인 사람은 아니다.	☐	☐
8. 사이좋게 지내고 호감을 받으려면 나는 다른 사람들이 원하는 사람이 되어야 한다.	☐	☐
9. 대부분의 시간을 나에 대해 사과하거나 변명해야 한다.	☐	☐
10. 나의 필요보다 가족의 필요가 항상 우선이다.	☐	☐
11. 사랑하는 사람들이 문제를 해결할 수 있도록 힘을 쏟는 것은 나의 책임이다.	☐	☐
12. 무슨 일이 있어도 항상 가족이 우선이다.	☐	☐
13. 나는 보통 다른 사람들의 필요를 나의 필요보다 우선시한다.	☐	☐
14. 내가 사랑하는 사람들이 괜찮다면 나의 기분은 중요하지 않다.	☐	☐
15. 이기적으로 보이기 때문에, 다른 사람들의 필요보다 나의 필요를 우선시할 수 없다.	☐	☐
16. 내가 열심히 일하면, 거의 모든 문제가 해결되거나 다른 사람들을 위해 상황을 더 좋게 개선할 수 있다.	☐	☐
17. 종종 표현하지 못한 감정이 내 속에 쌓인다.	☐	☐

18. 나는 감정을 철저히 통제한다.	☐	☐
19. 나는 내 감정을 혼자 간직하고 괜찮은 척한다.	☐	☐
20. 나의 감정을 다른 사람들과 나누는 것이 불편하다.	☐	☐
21. 보통 남들에게 '진짜 나의 모습'을 보여 주지 않는다.	☐	☐
22. 아무도 나를 알지 못하도록 숨긴다.	☐	☐
23. 고통스러운 생각과 감정을 의식 밖으로 밀어낸다.	☐	☐
24. 사람들이 나를 좋아하지 않는 것 같아, 보통 다른 사람들과 친구가 되지 않으려고 한다.	☐	☐
25. 나는 정말 슬프거나 화가 날 때 행복한 표정을 짓는다.	☐	☐

공동의존적 패턴이 있는가

코다(CoDA)는 12단계 프로그램이 도움이 될 수 있는지 알아보기 위해 개인의 생각, 느낌, 행동을 평가하는 패턴 목록을 만들었다.

부정 패턴

- 나의 감정을 파악하는 데 어려움이 있다.
- 내가 진짜 느끼는 감정을 최소화하거나 바꾸거나 부정한다.
- 나는 절대 이기적이지 않고 다른 사람들의 안녕에 헌신한다고 생각한다.
- 나는 다른 사람의 감정과 필요에 대한 공감 능력이 부족하다.
- 나는 부정적인 특성 기준으로 다른 사람들을 분류한다.
- 다른 사람의 도움 없이도 나 자신을 돌볼 수 있다.
- 나는 분노, 유머, 고립과 같은 다양한 방법으로 고통을 숨긴다.
- 나는 간접적이고 수동적인 방법으로 부정성이나 공격성을 표현한다.
- 내가 끌리는 사람의 무능함을 인정하지 않는다.

낮은 자존감 패턴

- 나는 결정을 내리는 데 어려움이 있다.
- 내가 나를 가혹하게 생각하고 말하고 행동하는 것에 절대 충분하지 않다고 판단한다.
- 나는 인정, 칭찬, 선물을 받기가 부끄럽다.
- 나의 생각, 감정, 행동에 대한 다른 사람의 승인이 나의 승인보다 더 중요하다.
- 나 자신을 사랑스럽거나 가치 있는 사람으로 생각하지 않는다.
- 내가 가치있다고 여기는 인정을 끊임없이 추구한다.
- 나의 실수를 인정하기 어렵다.
- 나는 다른 사람의 눈에 좋게 보여야 하고 멋지게 보이기 위해 거짓말도 한다.
- 다른 사람에게 나의 필요나 욕구를 충족시켜 달라고 요구하지 못한다.
- 내가 다른 사람보다 우월하다고 생각한다.
- 나는 안정감을 갖기 위해 다른 사람을 찾는다.
- 나는 일을 시작하고 마감 시간을 맞추고 완료하는 데 어려움이 있다.
- 나는 건강한 우선순위를 정하는 데 어려움이 있다.

순응 패턴

- 나는 매우 충성스러워서, 해로운 상황에도 오랫동안 머물러 있다.
- 나는 거절이나 분노를 피하려고 나의 가치와 순전함을 훼손시킨다.
- 다른 사람이 원하는 것을 하기 위해 나의 이익을 제쳐 둔다.
- 나는 다른 사람의 감정에 과도하게 주의를 집중하고 감정을 떠 안는다.
- 나의 신념, 의견, 감정이 다른 사람과 다를 때 표현하기 두렵다.
- 나는 사랑을 원할 때 이를 성적 관심으로 받아들인다.
- 결과를 고려하지 않고 결정을 내린다.
- 다른 사람의 인정을 받거나 변화를 피하려고 나의 진실을 포기한다.

통제 패턴

- 나는 대부분의 사람이 자신을 돌볼 능력이 없다고 믿는다.
- 나는 다른 사람이 어떻게 생각하고 행동하고 느껴야 하는지 설득하려 한다.
- 나는 다른 사람에게 물어보지 않고 내 맘대로 조언과 방향을 제시한다.
- 다른 사람이 나의 도움을 거부하거나 충고를 거절하면 분노한다.
- 나는 영향을 미치고 싶은 사람에게 선물과 호의를 아끼지 않는다.
- 나는 인정과 수용을 받기 위해 성적 관심을 이용한다.
- 다른 사람과 관계를 맺으려면 나는 필요한 존재여야 한다.
- 다른 사람이 나의 필요를 맞춰 주길 요구한다.
- 나의 매력과 카리스마를 이용하여, 내가 다른 사람을 돌보고 자비를 베풀 능력이 있음을 확신시킨다.
- 나는 비난과 수치심을 사용하여 다른 사람의 감정을 착취한다.
- 나는 협력, 타협, 협상하는 것을 거부한다.
- 나는 결과를 조종하기 위해 무관심, 무력감, 권위, 분노적 태도를 취한다.
- 나는 다른 사람의 행동을 통제하기 위해 회복이라는 용어를 사용한다.
- 나는 내가 원하는 것을 얻기 위해 다른 사람에게 동의하는 척한다.

회피 패턴

- 다른 사람이 나를 거부하거나 수치스러워하거나 분노를 표현하게 하는 방식으로 행동한다.
- 나는 다른 사람의 생각, 말, 행동을 가혹하게 판단한다.
- 나는 거리를 유지하는 수단으로 정서적 · 육체적 · 성적 친밀감을 피한다.
- 사람, 장소, 사물에 대한 나의 중독이 관계의 친밀감을 갖게 하는 데 방해가 된다.
- 갈등이나 대립을 피하려고 간접적이고 회피적인 의사소통을 사용한다.
- 회복에 필요한 모든 수단을 활용하지 않아 건강한 관계를 맺을 수 있는 능력이 감소된다.

- 나의 감정을 억누르거나 상처받기 쉬운 감정은 피해야 한다.
- 다른 사람을 내 쪽으로 끌어당기지만, 그들이 가까이 다가오면 밀어낸다.
- 나보다 더 큰 권력에 굴복하지 않으려고 나의 의지를 포기하지 않는다.
- 감정을 드러내는 것은 나약함의 표시라고 믿는다.
- 감사 표현을 보류한다.

중독의 영향을 받았는가

다음은 알아논 유인물에 있는 질문이다. 자신의 삶이나 가족 중에 알코올 중독자가 없어도, 설명된 여러 특성과 같을 수 있다. 이는 학대자, 통제하는 부모, 다른 중독자와 함께 살아온 것에 대한 반응이다. 읽으면서, 어떤 사람을 '음주자'라는 단어로 대체할 수 있다(알아논에 대한 자세한 정보는 제17장 참조).

문제 음주자와 함께 성장했나요? 알아논은 당신을 위한 것이다!
알아논은 다른 사람의 음주로 영향을 받은 가족, 친척, 친구를 위한 것이다. 다음 질문은 알아논이 자신에게 적합한지 판단하는 데 도움이 될 수 있다.

1. 끊임없이 승인과 확인을 구하나요?
2. 자신의 성취를 인정하지 않나요?
3. 비판을 두려워하나요?
4. 자신을 지나치게 과시하나요?
5. 강박 행동 문제가 있나요?
6. 완벽해야 하나요?
7. 인생이 순조롭게 진행될 때, 끊임없이 문제를 예상하고 불안한가요?
8. 위기 속에서 생동감을 더 느끼나요?
9. 자신의 삶에서 문제 음주자에게 책임감을 느꼈던 것과 같이 다른 사람에게도

책임감을 느끼나요?

10. 다른 사람은 쉽게 돌보지만 자신을 돌보는 것은 어려운가요?

11. 다른 사람으로부터 고립되어 있나요?

12. 권위상과 화난 사람이 두려운가요?

13. 개인과 사회가 전반적으로 자신을 이용하는 것 같나요?

14. 친밀한 관계에 문제가 있나요?

15. 문제 음주자와의 관계처럼 연민과 사랑을 혼동하나요?

16. 강박적이고 학대적인 경향이 있는 사람에게 끌리거나 찾나요?

17. 혼자가 되는 것이 두려워 관계에 집착하나요?

18. 자신의 감정과 다른 사람이 표현한 감정을 보통 불신하나요?

19. 자신의 감정을 파악하고 표현하는 것이 어렵나요?

20. 누군가의 음주가 자신에게 영향을 주었다고 생각하나요?

알코올 중독은 가족 질병이다. 어렸을 때 이 질병과 함께 살아온 사람은 알아논 프로그램으로 도움을 받을 수 있는 문제가 있다. 앞서 제시한 질문 중 하나라도 "예"라고 대답했다면, 알아논이 도움이 될 수 있다. 알라논에 전화하거나 메일로 연락할 수 있다.

제 2 부

회복의 돌파구
-자기 치유하기

회복의 특징

☑ 중독에서 벗어나거나 중단하기

☑ 자율성 갖기

☑ 친밀해지기

☑ 진솔해지기(즉, 정직하고 진실하기)

☑ 자신의 가치, 감정, 필요를 조화롭게 표현하기

☑ 사고와 경계선을 유연하게 유지하기(안전을 유지하면서)

제2부에서는

☑ 공동의존의 원인에 대해 검토한다.

☑ 자신의 과거를 더 잘 파악하기 위해 도움이 되는 몇 가지 일반적인 질문에
   대해 살펴본다.

☑ 자존감을 키우고 자신을 돌보는 방법에 대해 배운다.

☑ 자신의 가치를 파악하고 영성 훈련, 레크리에이션, 즐거움을 통한 삶의
   균형을 이룬다.

제6장

회복으로 가는 길

📝 이 장에서는

- ✓ 회복을 최우선으로 하는 중요성 이해하기
- ✓ 회복 시작하기
- ✓ 회복하며 자기 관리하기

이 책을 읽으면서 아마도 공동의존에 대해 더 많은 관심이 생기거나 회복하기 시작했거나 시작할 준비가 되었을 것이다. 이 장에서는 회복에 초점을 맞추고 회복을 시작하는 것이 얼마나 중요한지 설명한다.

바로 자신의 회복이다

나의 개인적이고 전문적인 경험에 따르면, 공동의존을 극복하는 데 필요한 시간과 관심을 과소평가하는 사람들이 있다. 또한 회복을 잘하고 있을 때 슬금슬금 다가오는 재발을 과소평가하는 사람들이 있다. 이 책은 회복과 관련된 포괄적인 지침을 제공한다. 하지만 읽고 이해하는 것만으로는 충분하지 않다. 변화하려면 결심과 노력이 필요하다. 결심은 자기 자신과 회복에 대한 것이다. 회복 과정이 항상 편하거나 좋은 것만은 아니기에 정말로 변하고 싶어야 한다. 노력할 만한 가치가 있는지 궁금해질 수도 있다. 사람들은 상대가 변화를 시도하지 않는다고 불평하고 왜 변화하지 않는지 의아해한다. 인생에서 다른 누군가가 회복을 하든 말든 회복은 자기 자신을 위한 것임을 처음부터 깨닫는 것이 중요하다. 절대 잊지 말고 명심하라.

회복에는 변화가 필요하다

공동의존에 대해 알기 전까지 자기 자신과 환경에 대한 새로운 가능성은 어둠 속에 있었다. 치유가 단순히 습관을 바꾸는 것 이상의 개인적 성장의 길이라는 사실을 모를 수도 있다. 성장은 새로운 태도, 행동, 지각, 신념을 포함한 새로운 것을 시도한다는 의미다. 부정에서 벗어났더라도(제4장 참조), 다음의 이유로 행동 실천을 미룰 수 있다.

- ✓ 고통스러운 상황에서 살아남기 위해 어려운 상황에 이미 적응해 있다.
- ✓ 자신이 처한 상황의 성격, 중압감, 통제할 수 없는 것을 통제하려는 시도에 압도되어 있다.
- ✓ 자신의 상황에 대해 불평하고 상황이 바뀌길 원하거나 다른 사람이 자신을 행복하게 해 주길 원한다. 공동의존자는 보통 다른 사람이 변하길 원하지만, 자신이 행동하는 것, 행동하지 않는 것, 선택에 대해 책임지길 싫어한다.
- ✓ 변화가 위협적으로 보일 수 있기 때문에 변화를 두려워하는 것은 정상이다. 결정이나 변화가 클수록 그에 따른 두려움도 커진다. 즉, 알 수 없는 세상에 대한 두려움, 버림받거나 위협에 맞서는 등의 두려움이다.
- ✓ 평안한 날은 안도감을 준다. 이런 날에는 변화를 부정하고 최소화하고 회피한다.

변화는 자신이 문제에 기여했다는 사실에 책임을 지도록 요구한다. 이는 오늘의 선택이 내일의 변화나 침체의 씨앗이라는 앎에서 나온다. 엘드리지 클리버는 "자신이 해결의 일부가 아니라면, 자신은 문제의 일부다."라는 유명한 말을 남겼다. 과거에 행동을 실천하지 못했던 이유, 지금 망설이는 이유, 이 책을 읽게 된 이유가 무엇인지 생각해 보라. 변화하기 전에 다음 단계를 살펴보고 자신의 현재 위치를 파악하라.

1. 문제에 대해 생각하기
2. 답을 찾고 경청하고 정보 수집하기
3. 책임지고 변화해야 한다는 사실 깨닫기
4. 동기 부여하기
5. 행동 계획하기와 준비하기
6. 모임, 상담, 워크숍에 참석하기
7. 목표에 집중하기 위해 자기 훈련하기
8. 결과를 달성하고 유지하기 위해 행동 실천 반복하기

결심하기

많은 사람이 고통에서 벗어나기 위해, 다른 사람을 돕기 위해, 관계를 되돌리기 위해 회복하기 시작한다. 이는 회복의 시작에 좋은 이유들이지만, 변화를 지속하기 위해서는 결심하고 자신에게 전념해야 한다. 고통이 줄어들면, '누군가'는 좋아질 수도 있고 좋아지지 않을 수도 있다. 또는 관계가 끝났어도 여전히 고통스러울 수 있다. 회복을 우선순위에 둘 때 얻는 이점이 있다. 회복이 자신의 삶이고 회복과 함께 행복의 열쇠를 쥐게 된다. 행복이 관계에 있든 없든 책임은 자신에게 있다. 특정 시간 동안 우울하다면, 관계의 안팎에서 우울할 것이다. 기타 공동의존적 특성도 마찬가지다. 공동의존은 자신의 활력, 만족, 건강, 완전한 자신이 될 수 있는 능력을 빼앗아 간다. 회복만이 장기적으로 자신을 행복하게 할 수 있는 유일한 길이다.

자신을 최우선에 두는 것은 어렵다. 다른 사람을 우선시하는 데 익숙해서다. 이

것이 문제다. 새로운 기술을 개발하거나 근육을 단련하려면 주변을 얼쩡거리고 있을 때가 아니라 규칙적으로 운동해야 한다. 새로운 신념과 습관도 마찬가지다. 회복을 세상에서 받은 가장 소중한 선물처럼 행동하라. 왜냐하면 사실이기 때문이다. 때가 되면, 자신이 그럴 만한 가치가 있다는 사실을 알게 된다.

회복은 평탄한 길이 아니다

회복 과정은 평탄한 곧은 길이 아니라 순환적이다. 순환은 반복이다. 이주, 사계절, 행성 공전 주기를 생각해 보라. 하지만 치유 과정은 처음으로 되돌아가지 않는다. 회복은 슬링키처럼 나선형으로 움직이며 앞으로 나아간다. 치유를 향해 나선형으로 나아가는 것은 향상된 기능 상태를 의미한다.

상처를 입어 보았다면 개선, 좌절, 점진적인 회복을 경험했을 것이다. 공동의존도 마찬가지다. 혼란, 정체, 좌절, 후퇴하는 시기를 겪지만 대부분 회복을 향해 계속 나아간다. 마치 돛단배를 조종하는 것과 같다. 처음에는 돛을 조종하고 통제하는 방법을 몰라 항로를 이탈하고 표류하기도 한다. 때가 되면, 자신의 목적지와 바람을 염두에 두고 방향키를 조정하여 올바른 방향으로 항해할 수 있게 된다.

회복 과정에 대해 더 많이 알수록 더 많은 진보를 경험하게 된다. 회복 의지를 동원하지 않으면 회복 기능은 악화될 것이다.

도움과 지지 구하기

공동의존적 관계와 가족은 폐쇄적인 경향이 있다. 이는 외부 정보와 공동체로부터 고립되어 있다는 의미다. 회복하는 가장 좋은 방법은 가족을 넘어서는 것이다. 제7장에서 자세히 설명한 바와 같이, 공동의존적 관계는 제한적이다. 중독과 관련된 경우, 보통 수치심과 두려움으로 다른 사람에게 손을 내밀지 못한다. 학대적인 관계에서 학대자는 통제를 유지하고 외부인을 불신하고 외부 영향을 허용하지 않는다. 불신과 공포의 메시지를 믿지 않고 이에 굴복하지 않는 것이 중요하다. 대신, 자신이 할 수 있는 모든 것을 찾아 도움을 받으라. 학대와 중독이 전혀 없더라도, 다른 사람에게 집착하고 부정적인 생각에 사로잡혀 있는 공동의존자는 마음을 열어야 한다. 다음은 수천 명의 공동의존자에게 도움이 된 제안이다. 어떤 제안은 자신에게 적합하지 않게 느껴질 수도 있다. 의심을 멈추고 시도하는 것을 목표로 하라. 마음에 깊이 와닿는 것은 활용하고 그렇지 않은 것은 무시하라. 제11장에서는 영성에 대해 더 깊이 살펴본다. 제17장에서는 지지받기에 대해 더 자세히 알아본다.

지지가 결정적이다

역설적이게도, 자신의 내면을 들여다보기 위해서는 외부의 지지가 필요하다. 혼란스러워지거나 주의가 흐트러지지 않으려면 자기 훈련이 필요하다. 지지는 지속적으로 변화하기 위해 시간에 따른 노력을 유지하고 정보, 격려, 검증, 권한 부여, 우정, 통찰력, 희망을 제공하는 데 중요하다. 지지는 또한 목표와 자신이 할 수 있는 일을 떠올리게 한다. 가장 큰 문제는 자신에게 집중하는 것이다. 지지도 그렇게 할 수 있다.

변화는 또한 불편함을 수반한다. 현실, 자신에 대한 새로운 지각, 모르는 것에 대한 두려움, 다른 사람들의 반응에 대한 두려움, 처음 가 보는 길에 대한 혼란스러움, 무능함 등으로 불편해진다. 죄책감, 어색함, 불안을 느낄 수 있다. 오래된 습관으로 낙심하고 휘둘리기 쉽다. 공동의존적 자아는 자신의 진보를 멈추기 위해 필사적으로 싸울 것이다. 뒤로 미끄러지지 않도록 지속적인 지지와 자기 인식이 필요하다. 인내가 빛을 발한다.

가장 좋은 도움은 12단계 프로그램, 상담자, 심리치료자의 형태로 제공되는 공동의존을 경험한 사람에게서다. 다른 형태의 지지에는 가족과 친구가 포함되지만, 보통 이들에게도 공동의존적 관점이 있고 애초에 공동의존적 문제에 기여했을 수 있다. 이들이 부정을 부추길 수도 있다. 더 좋지 않은 부분은 문제에 대해 당신을 비난할 수도 있다. 자신의 믿음과 행동을 변화시키기 위해 가족 체계 이외에 외부의 도움을 받는 것이 중요하다. 온라인 공동체는 시작에 좋은 방법이다. 하지만 잘못된 조언을 받을 수 있으므로 주의하라. 온라인 12단계 모임을 찾아보는 것이 좋다.

자살 사고가 있거나 현재 학대 관계에 있다면, 핫라인에 전화하여 치료를 받으라(제17장 참조).

치료와 자조 모임은 서로 다른 장점이 있다. 한 가지 방법이 다른 방법을 대신하여 하나만 참여해도 되는 상호 배타적인 대안으로 생각하면 안 된다. 대신, 치료와 자조 모임을 추가적 형태의 도움으로 생각하라. 더 많은 지지를 받을수록 회복은 더 쉽고 빠르다. 심리치료와 12단계 모임은 관계, 영성, 중독, 행동 수정, 경계선과 관련된 문제를 다룬다.

12단계 모임 참석하기

12단계 모임에 참석하여 회복을 시작하는 것이 이상적인 방법이다(공동의존을 위한 구체적인 모임에 대해서는 제17장에서 논의). 모임마다 고유한 풍미가 있다. 어떤 모임은 연사가 있고, 어떤 모임은 문헌을 검토하고, 어떤 모임은 참여만 하고 서로 공유하지는 않는다. 어떤 모임이 마음에 들지 않으면 다른 모임에 참석하라. 12단계 모임은 다음과 같은 이점이 있다.

✓ 정보: 오랫동안 참석한 회원들 간의 공유된 경험과 자신의 문제에 적합한 참고 문헌을 통해 정보를 얻는다.
✓ 격려: 12단계 프로그램에 처음 들어가면 무력감을 느낄 수 있다. 모든 것을 시

도했지만 아무 효과가 없었고 더는 변화를 믿지 않는다. 다른 회원의 성공담, 실제 교훈, 경험, 힘을 통해 모임이 자신에게 영감을 줄 수 있다.
- ✓ **개인지도**: 자신이 겪고 있는 어려움을 이해하는 친구를 사귄다. 친구의 경험, 지도를 공유하고 전화로 지지를 받는다. 모임이 없는 평일에 조언과 지지를 요청할 수 있는 후원자를 만날 수 있다.
- ✓ **동기**: 변화 결심을 하거나 어떤 아이디어로 흥이 돋지만 머지않아 흥미나 동기를 잃는다. 이 부분이 지지 체계가 들어오는 곳이다. 다른 사람의 이야기를 경청하면서 계속해서 변화의 길을 가도록 격려받고 동기 부여를 할 수 있다.
- ✓ **익명성**: 모임은 익명이며 비밀이 보장된다.
- ✓ **무료**: 모임은 무료다. 기부는 전적으로 자발적이다.
- ✓ **영성**: 모임은 영적인 정취가 있고, 회원들은 신이나 더 높은 힘에 대해 언급한다. 하지만 종교에 대해 논의하거나 종교적 철학은 공유하지 않는다.
- ✓ **매일 모임이 있다**: 일반적으로 매일 오전 7시부터 오후 8시 30분까지 모임이 있다. 자신의 일정 맞는 모임을 찾는다.

심리치료받기

또 다른 형태의 지지는 공동의존과 중독에 대해 잘 알고 자격증이 있는 정신건강 전문가와 함께 하는 심리치료다. 정신건강 전문가로는 자격증이 있는 결혼 및 가족 치료자, 임상 전문 상담사, 임상사회복지사가 있다. 이들은 보통 석사학위와 박사학위가 있다. 어떤 지역에서는 알코올 및 약물 상담사와 같이 석사학위가 있는 상담사에게 자격증을 준다. 심리학자는 박사학위가 있고, 정신과 의사는 처방전을 쓸 수 있다. 정신분석가는 집중적인 연구를 마친 후에 정신분석 기관에서 수여하는 학위가 있다. 상담 전문가에게 자격 증명에 관해 물어보고, 제3장과 제5장을 읽으면서 공동의존 경험과 증상이 있고 이를 다룬 경험이 있는지 물어본다. 격려, 개인지도, 동기 부여하기 등 외에 심리치료의 이점은 다음과 같다.

✓ **개인상담**: 특정 상황, 신념, 감정을 다루기 위한 개인적으로 주의를 기울인다. 개인력, 반응, 사고, 행동 패턴을 이해하고 검토하고 새로운 패턴으로 대체할 수 있다.

✓ **전문가, 객관적 지도**: 훈련된 전문가가 친구, 후원자, 모임의 회원보다 객관적이고 전문적 지식과 경험이 풍부하다. 또한 심리치료는 **무능력**을 무력감으로, **수용**을 수동성으로, **도덕적 목록**을 자기비판으로 혼동하는 12단계 개념을 혼동하지 않도록 도와준다.

✓ **친밀감**: 치료 과정의 개인적이고 친밀한 특성은 친밀감 기술을 향상시킨다.

✓ **비밀보장**: 집단 환경에서 자신의 이야기를 함께 공유하는 것이 불편하거나 더 탄탄한 비밀보장을 원하는 사람도 있다.

✓ **더 깊은 문제를 치료한다**: 전문가는 원가족, 학대, 외상, 정서 장애, 수치심, 친밀감, 낮은 자존감과 관련된 문제를 다룰 수 있다.

✓ **영적이지 않다**: 12단계 프로그램의 영적 특성이 불편하여 개인 상담을 선호하는 사람이 있다.

✓ **커플 상담**: 상대와의 친밀함, 육아, 성관계, 의사소통 문제를 해결할 기회를 제공한다. 두 사람 사이에 일어나고 있는 일에 대한 객관적인 피드백을 받을 수 있다. 또한 서로를 인정할 수 있는 안전한 장소를 제공한다.

코치와 상담자 활용하기

일부 코치와 상담자는 기술이 훌륭하고 동기를 이끌어 내고 지지한다. 코치와 상담자는 당신이 새로운 행동을 배우고, 자기주장, 명상, 연애, 체중 감량과 같은 개인 목표를 달성할 때 책임을 지도록 유지시킬 수 있다. 중독과 공동의존에 숙련된 사람을 찾으라.

코치와 상담자는 면허를 소지한 정신건강 전문가가 지켜야 하는 경계 등의 윤리적 규칙을 적용하지 않는다. 자신에게 불편을 유발하는 행동이 있는지 주의를 기울이라. 코치나 상담자(혹은 공동의존에 관한 자격증이 있는 전문가)가 당신의 경계선을 위반할 수 있다. 따라서 경계선을 설정하고 보호하는 방법을 가르쳐 주지 못할 수 있다. 코치나 상담자가 정서, 친밀감, 외상 문제를 돕는 훈련을 받지 않았을 수 있음을 명심하라.

자신에게 인내심을 가지라

이 책을 읽고 회복하기 시작하면 자기 자각을 하게 된다. 정보에 압도당하거나 빨리 변하고 싶거나 자기비판을 하기도 한다. 자신이 누구인지, 어떤 사람이 되고 싶은지, 다른 사람에게 자신이 어떻게 보이고 싶은지 등 자신이 한참 부족하다고 생각할 수도 있다. 자신을 판단하지 말고 인내심을 가지라. 마치 연구자처럼 행동하라. 자신의 행동에 대한 자료를 수집하라. 단점을 발견하면 흥미를 가지라. 인식이 성장하고 있다. 이것이 변화의 시작이다. 좋은 부모는 아이가 걸음마를 배울 때 넘어져도 꾸짖지 않는다. 아이의 시도와 노력에 박수를 보낸다. 예전의 행동 패턴에 머물러 있는 자신을 발견하면, 배운 것을 생각하고, 자신에게 "다음에는, 다른 방식으로 다루어 보는 기회를 잡을 거야."라고 말하라.

회복은 과정이다. 지금의 자신이 되기까지 오랜 시간이 걸렸다. 자신에게 도움이 되지 않는 습관과 신념을 깨트리는 데도 시간이 걸린다. 린디 매거진이 『10년의 감독상』으로 선정한 피트 캐롤 전 축구 감독은 팀 성공의 비결로 실책을 이유로 선수들을 비난하지 않고 선수들이 다시 경기에 나가 더 잘 뛸 수 있도록 격려한 일이라고 말했다. 피트 캐롤은 허물지 않고 쌓아 올리기만 했다. 피터 캐롤처럼 되라. 긍정적인 코치가 되라.

신을 믿어야 하는가

회복을 위해 신을 믿어야 하는지 궁금할 수 있다. 대답은 아니요다. 종교가 없거나 신을 믿지 않는 사람은 12단계 프로그램을 거부한다. 어떤 사람은 무신론자다. 무신론자는 치료받는 것을 좋아하고 종교적인 믿음이나 신에게 의존하지 않고 공동의존과 중독에서 회복한다. 하지만 이들은 많은 자조 모임의 혜택을 놓친다.

12단계 프로그램은 종교적인 것이 아니라 영적이다. 실제로 12단계 모임에서는 종교에 관한 토론은 금지되어 있다. 믿음은 필요 없다. 원한다면 자신만의 영성에 대한 정의를 내릴 수도 있다. 후원자, 미래, 치료 과정, 내려놓기, 치유 능력 등과 같이 무언가에 대한 믿음은 회복에 도움이 된다.

대부분의 공동의존자는 학대, 배신, 실망을 겪었다. 또한 어떤 것이나 누구를 믿거나 신뢰하는 데 어려움을 겪었다. 문제는 신뢰할 수 없는 사람을 신뢰하며 살아왔다. 어떤 사람은 자신에 대해 실망하여 신을 원망한다. 다시 신뢰하는 것이 회복의 일부다. 때가 되면 자기 자신을 신뢰하는 법을 배우게 된다.

회복에 대해 다른 사람에게 말하기

회복은 자기 자신을 위한 것이다. 치료, 모임, 기타 모든 것에 대해 비밀보장을 받을 권리가 있다. 어떤 상대는 다음과 같은 이유로 당신을 통제하기 위해, 상담을 받거나 모임에 참석하지 못하게 한다.

✓ 어떤 이는 당신이 떠날까 봐 두렵다.
✓ 어떤 이는 당신이 강해지고 도전할까 봐 두렵다.
✓ 어떤 이는 당신의 중독이 지속되길 바란다.
✓ 어떤 이는 당신이 자신을 수치스러워하고 나쁘게 볼까 봐 두렵다.

알다시피, 이들의 동기는 두려움과 수치심이다. 상대가 자신을 학대하거나 회복을 방해할까 봐 걱정된다면, 자신이 더 강해질 때까지 기다리라. 학대적인 반응에 대처할 수 있는 말과 지원을 받으라. 당신은 자신이 생각하는 것보다 더 큰 힘이 있다. 중독자나 상대에게 자신의 회복에 대해 말하기로 결정했다면, 회복은 자신의 문제를 위한 것임을 강조하라.

친구는 회복에 엄청나게 큰 도움을 주거나 큰 피해를 끼칠 수 있다. 대부분의 사람은 자신의 의견을 주입하려 하고 객관적으로 경청하지 못한다. 도움이 되는 친구는 경청하고 판단하지 않는다. 하지만 당신이 정직하지 않거나 친절하지 않거나 비현실적인 기대를 할 때 정중하고 부드럽게 지적할 수 있다. 이들은 당신을 격려하고 당신이 보지 못한 부분, 당신의 강점을 상기시켜 주고 당신의 성장을 축하한다.

험담을 하거나, 편견이 강하거나, 마약이나 술을 남용하거나, 질투하거나, 경쟁적이거나, 공감하지 않으면서, 문제를 극복하라고 말하는 친구를 조심하라. 어떤 사람은 당신이 겪고 있는 일에 대한 경험이 없으면서 당신의 삶을 비판하고 '~해야 한다'로 가득 채운다. 공동의존자가 보통 그렇게 한다. 공동의존자는 좋은 의도로 그렇게 한다. 하지만 당신의 기분은 더 나빠지고 공동의존자의 곁을 떠나게 된다는 사실은 그리 놀랄 일이 아니다. 누군가에게 화가 났을 때, 비난의 화살을 상대에게 쏟아부을 수 있다. 하지만 이런 행동은 자신에게 전혀 도움이 되지 않고 불난 집에 부채질할 뿐이다.

제7장

제7장

어떻게 공동의존자가 되는가

🖋 **이 장에서는**

✓ 공동의존이 유아기에서부터 어떻게 진행되는지 설명하기

✓ 넓고 다양한 역기능적 가정 파악하기

✓ 건강한 가정과 역기능적 가정의 특성 이해하기

✓ 학대의 유형 정의하기

✓ 중독 가정의 역할과 역동에 관해 설명하기

이 장에서는 초기 아동기에서 건강한 자기(Self)가 어떻게 발달하는지에 관한 정신역동적 관점에 대해 설명한다. 보통 일차 양육자는 어머니다. 일차 양육자가 아버지, 조부모, 기타 친척이나 사람일 수도 있다. 하지만 단순하게 설명하기 위해 나는 일차 양육자를 어머니로 지칭한다. 영유아 시기의 부적절한 양육은 가족 전체의 기능장애를 반영한다. 또한 성장하는 아이의 자기(Self)에 심한 손상을 입힌다. 가족체계 이론의 관점에서 건강한 가정과 역기능적 가정의 증상을 비교하여 설명한다.

있는 그대로 사랑받았는가—정신 역동적 관점

아이는 연약하게 태어나고 필요로 가득 차 있으며 보살피는 사람에게 전적으로 의존한다. 성장하려면 음식 못지않게 많은 신체 접촉, 관심, 공감, 양육, 안전감 등이 필요하다. 아이는 엄마에게 매우 의존적이어서 엄마의 몸과 자신의 몸이 분리되어 있다는 사실을 모른다. 엄마의 모든 반응 혹은 반응 부족은 아이에게 영향을 미친다. 엄마의 행동은 대부분 자발적이고 무의식적이기 때문에, 엄마가 행동한 것보다 아이에게 심리적으로 더 큰 영향을 미친다. 예를 들어, 엄마가 아이를 안고 보살피는 방식은 아이에게 불안이나 안정감, 사랑이나 무관심, 조바심이나 신중함을 전달한다. 엄마의 목소리 톤, 표정, 몸의 긴장감 등은 아이에게 환경이 안전한지에 관한 정보를 제공한다. 연구에 따르면, 엄마가 무표정하면 아이는 초조해지기 시작한다고 한다. 또한 아이의 심리적 필요가 충족되면 안전하고 활력적이며 자기(Self)가 독립적으로 성숙한다. 건강한 자기가 형성되면 위기와 상실, 실패와 성공, 거부와 존중을 헤쳐 나갈 힘이 생긴다.

생후 4~6개월부터 지속적으로 아이는 엄마와 자신을 자신 있게 분리하고 경계선을 설정해야 한다. 아이는 **개성화**되어야 한다. 개성화(individuation)는 아이가 성인이 되어 전체 자기(Self)를 발달시키는 것이다. 즉, 심리적·인지적·정서적으로 분리되고 자신의 지각, 생각, 감정, 기억을 소유하고 신뢰하는 장기적인 심리 과정이다. 부모의 언어적·비언어적 반응은 자기의 발달 과업에 도움이 되거나 방해가 된다. 자신감이 있는 부모는 아이의 시도와 노력을 밀어붙이거나 억압하거나 경쟁하거나 두려워하지 않고 수용한다. 아이가 자기 신뢰와 분리를 배우려면, 분리의 필요성을 포함하여 자신의 필요를 안정적으로 충족시키기 위해 엄마를 먼저 신뢰해야 한다. 부모가 어떻게 반응하느냐에 따라 아이가 성인으로서 경계선을 얼마나 효율적으로 설정할 수 있는지 결정된다.

공감의 중요성

 분리−개성화 과정과 건강한 자기(Self) 형성의 열쇠는 아이의 감정을 반영하는 엄마의 능력이다. 엄마는 아이의 필요와 끊임없이 변화하는 감정에 공감해야 한다. 또한 직관적으로 아이의 반응과 일치된 반영을 해야 한다. 엄마는 아이의 기쁨에 동참하고 아이의 슬픔에 침착하게 대응하여, 아이의 강렬한 감정을 억제시키고 해소시킨다. '모든 것을 알고 있는 엄마'가 타당성을 검증했기 때문에, 엄마는 아이의 감정을 정확하게 공감하고 규정하고 반영하면서 아이가 자신의 내적 감정, 지각, 생각을 인식하고 신뢰하고 반응하도록 가르친다. 건강한 경계선은 엄마가 아이의 감정을 개인화(personalization)하지 못하게 한다. 엄마는 아이가 자신과 다른 인식, 감정, 욕구가 있음을 인정한다. 심지어 아이와 갈등할 수 있다는 사실도 인정한다.

따라서 이러한 연결 과정을 통해 아이가 사랑받고 이해받는다고 느끼고 분리된 심리적 자기를 형성한다. 자신의 진정한 자기(Self)를 표현하기 위해, 안전하고 안정감을 느끼기 위해, 아이는 부모와 분리된 개인으로서 사랑받고 있다고 느껴야 한다.

부적절한 미러링 효과

일반적으로 불충분하거나 부적절한 미러링(mirroring)[1]은 엄마의 불완전한 자기(Self)를 반영한다. 공동의존은 세대를 거쳐 전수된다. 이는 엄마의 정서적 무능력과 공감의 결여에서 비롯된다. 아이가 장난감이 망가져 울고 있을 때, 엄마가 다른 일에 몰두해 있거나 이를 무시하면 아이는 버림받았다고 느낀다. 잘못된 미러링은 아이의 특정 필요에 반응하지 못할 때 발생한다. 잘못된 미러링이 엄마가 어렸을 때 자신이 받지 못한 미러링에 대한 필요를 나타낸다면, 엄마가 아이에게 엄청난 관심

---

1) 역자 주: 미러링은 한 사람이 무의식적으로 다른 사람의 몸짓, 연설 패턴, 태도를 모방하는 행동이다(위키백과 참조).

을 줄 때도 발생한다. 예를 들어, 엄마는 아이에게 강요하거나 지나치게 자극적인 방식으로 말할 수 있다. 엄마의 결손된 미러링은 다음과 같은 이유로 발생한다.

✓ 질병

✓ 슬픔

✓ 외부 사건으로 인한 스트레스

✓ 우울증, 자기애를 포함한 정신적 또는 정서적 결손

✓ 경직된 경계선-차갑고 공감하지 못함

✓ 약한 경계선-자신과 아이를 분리하여 보지 못함

REMEMBER 약한 경계선은 공동의존의 전형적인 특징이다. 엄마의 공감이 정확하지 않다. 왜냐하면 심리적으로 엄마는 아이를 자신의 연장선으로 보기 때문이다. 엄마는 아이를 통해 자신의 필요를 채우고 가치 있고 중요하고 사랑스럽고 완전하다고 느끼는 기회로 여긴다. 엄마는 무의식적으로 자신의 자존감을 높이는 아이의 반응만 강화한다. 아이가 화를 내면 엄마는 참지 못하고 아이의 감정을 반영하지 못한다. 아기가 계속 울면 감정에 압도되거나 겁을 먹거나 조급해진다. 아이의 반항적인 분노에 상처를 받고 철수되거나 꾸짖는 등의 반응을 보이기도 한다.

REMEMBER 부적절한 미러링으로 아이는 외롭고 불안하다. 아이는 자신의 필요, 감정, 생각을 중요하지 않게 여기고 자신이 틀렸고 잘못되었다고 생각한다. 자신이 수치스러운 존재라고 배운다. 이러한 양상이 반복되면 아이는 자신의 필요와 감정을 억누르고 엄마의 기대와 감정에 맞추는 법을 배운다. 아이는 환경에 적응하고 생존을 위해 필요한 사람이 되어야 한다는 이상적 기준을 발달시킨다. 아이의 자기는 위축되고 눈치 보고 자립적이고 공격적으로 된다. 아이는 기쁘고 사랑받는 존재로 자신을 느끼기 위해 다른 사람의 인정을 받으려고 한다. 다른 사람의 사랑과 인정을 받을 수 있다고 생각하는 행동을 한다. 강인한 자기 개념, 필요, 감정, 생각에 대한 인식을 개발시키지 못한다. 자신의 가치는 다른 사람에 의해 결정된다고 믿는다. 엄마가 만성적으로 아이의 필요를 충족시키지 못하면 아이는 자신의 존재를 입증할 수 있는 대상이 없으므로 상실감과 버림받은 느낌을 받는다. 아이는 시큰둥하거나 우울하거나 불안할 수 있다. 이후에는 강박적인 자위, 중독, 아슬아슬한 위험 감수 등과 같은 자기 흥분적이거나 과도하게 자극적인 행동을 하게 된다.

공동의존적인 엄마는 무의식적으로 아이의 독립 욕구를 지지하지 못할 수도 있다. 대신, 엄마의 욕구와 자동적 반응은 아이를 계속 자신에게 의존하게 하고 무력하게 만든다. 아이가 성인이 되어도 공동의존적 상태를 유지하도록 하여 아이를 망가트린다. 반면, 아이의 필요에 부담을 느끼는 엄마는 아이가 자립하게끔 성급하게 종용한다. 이때 아이는 자신이 관리할 수 있는 제한된 능력치를 넘겨 압도감을 경험한다. 아이는 버림받았다고 느끼고 분리를 두려워하고 공동의존자가 될 수 있다. 엄마의 부적절한 상호작용으로 조화롭고 활력적인 자기가 발달하지 못하고 아이의 정서적 기능이 왜곡된다. 성인이 되어, 자신도 모르는 필요를 충족시키기 위해 다른 사람을 통제하거나 기쁘게 하려는 헛되고 필사적인 노력을 하게 된다. 내적 자기를 의식적으로 인식하거나 공감하지 못한다. 자신과 다른 사람을 수단으로 취급하고 혼자 지내거나 친밀한 대상이 없거나 관계의 결렬로 자신을 위협한다.

대다수가 공동의존자다

역기능적 가정이 가족의 새로운 기준이다. 미국의학협회에 따르면, 중독자 가족이 72%이고 심각한 정신질환을 앓고 있는 20%를 합산하면 거의 모든 사람이 공동의존에 해당한다고 한다. 중독은 만성 질환, 학대, 외상과 함께 역기능적 가정의 주요 원인이다. 사회는 관계, 연애, 성관계, 돈, 일, 도박, 음식, 운동, 소비, 속도, 휴대폰, 인터넷, 합법적 및 불법적 마약에 중독되어 있다.

역기능적 가정에 기여하는 또 다른 요인은 높은 이혼율이다. 아동의 1/3이 부모와 함께 살지 않는다. 이혼은 항상 갈등, 위기, 상실, 유기에 아동을 노출시키는 외상이다. 이러한 혼인 관계의 대부분은 이혼 전부터 기능장애가 있었을 가능성이 크다. 더욱이 경제, 건강상의 문제로 인한 스트레스 증가는 갈등, 불안정, 정신질환, 자녀에 관한 관심 부족을 유발한다.

가족을 건강하게 만드는 요인 혹은 그렇지 않은 요인 −가족 체계 관점

REMEMBER

가족 체계 이론가들은 가족을 살아있는 유기체로 본다. 가족원의 건강과 행동은 서로 및 전체에 의존하며 그 반대의 경우도 마찬가지다. 부모는 가족 규칙을 정하고 시행하고 행동과 의사소통의 본보기가 된다. 구성원 간의 협력은 최적의 가족 기능에 매우 중요하다. 부모와의 상호작용을 통해 아이는 다음과 같은 삶의 교훈을 배운다.

✓ 필요와 감정을 파악하는 방법
✓ 자신의 필요, 말, 감정이 중요한지 여부
✓ 자기 자신을 성장시키는 방법
✓ 다른 사람으로부터 필요를 충족시키는 방법(징징거리기, 조종하기, 구걸하기, 거짓말하기 등 역기능적일 수도 있음)
✓ 자기 책임과 자신의 필요를 충족시키는 방법
✓ 권위를 신뢰하는지 여부
✓ 보상받을 수 있는 행동(어떤 부모는 부정적인 행동에 더 많은 관심을 보이고 보상한다)
✓ 진정한 자신이 가치 있는지 여부
✓ 부모를 관찰하고 상호작용하여 갈등을 해결하는 방법
✓ 실망을 받아들이는 방법

✓ 감정과 결과를 통해 생각하고 문제를 해결하고 결정하는 방법

건강한 가정

기능적인 가정에도 형제자매간 경쟁, 의견 불일치, 실망이 있다. 건강한 가정의
구성 요소는 다음과 같다.

개방적 체계

　　　　국가든 조직이든 가족이든 개인이든 개방성은 건강한 표시다. 개방
성은 표현의 자유, 정보의 흐름, 유연성, 적응성을 허용하고 생존을 연
장시킨다. 건강한 가정은 새로운 아이디어를 수용하고, 아이디어에 대
해 이야기하고, 새로운 환경에 적응하고, 위기를 극복할 수 있다. 열린 가정은 외부
의 영향을 두려워하지 않고 보통 공동체에서 활동적이다.

　일반적으로 다른 환경에서 표현되는 성격의 다른 측면을 포함하여, 개인은 외부
지식과 경험을 가족과 공유한다. 이중생활을 하기도 한다. 또한 항상 '엄마'나 '남동
생' 역할만 하지 않는다. 정보가 외부로도 흘러나간다. 외부인이 가족의 '지저분한
빨랫거리'를 보는 것을 두려워하지 않는다.

제너럴 일렉트릭의 '열린 문' 정책

제너럴 일렉트릭의 전 CEO인 잭 웰치는 G.E.를 근로자와 경영진 간의 의사소통을 통해 폐쇄적
인 체계에서 개방적인 체계로 전환했다. 그의 '열린 문' 정책으로 수익이 3배로 늘었고, 직원
들의 자부심, 동기부여, 생산성이 급증했다.

　　　　개방된 환경에서 진정한 자기를 자유롭게 표현할 수 있다. 보고, 듣
고, 느끼고, 생각하는 것에 대해 이야기할 수 있다. 성관계나 돈 등의
금지된 주제는 없다. 부모의 결점이나 실패도 드러나 있다. 인간의 연

약함을 가르친다. 즉, 부모가 완벽하지 않다는 것이다. 반대의견도 묵살되지 않는다. 가족의 결정과 가치에 의문을 제기하고 토론할 수 있다. 모든 감정 표현이 허용되지만, 언어폭력은 용납되지 않는다. 모든 행동이 허용되는 것은 아니다.

모든 사람이 평등하다

건강한 가정에는 평등, 존중, 공정한 분위기가 있다. 배우자는 서로 동등하게 대하며 자녀의 본보기가 된다. 부모는 규칙을 정하지만 권위적이지 않다. 가족은 서열적 구조가 아니라 평등적이다. 연령에 맞는 차이를 제외하고 모두 동등하게 대우받는다. 나이 많은 형제자매가 어린 형제를 희롱하는 것은 허용되지 않는다. 집안일은 성별에 따라 공평하게 분담된다. 부모를 포함해서 모든 사람이 자신의 책임을 진다. 방해받고 싶어 하지 않으면 방해하지 않는다. 부모는 자녀에게 행동의 본보기가 된다. 부모는 자신의 실수를 사과하고 다른 사람의 실수를 용서하여 실수해도 괜찮다는 것을 보여 준다.

모든 사람이 경청받는다

의사소통은 정직하고 직접적이고 적극적이며 존중적이다. 부모는 서로를 이해하고 경청하려고 노력한다. 무시당하거나 비난받지 않고 자신의 의견을 드러낼 기회가 있다. 이해하면서 경청하는 것은 존경의 표시다. 자존감을 형성하고, 개성을 존중하며, 자신의 말에 가치가 있다. 자신의 감정과 필요를 인정하고 표현하는 법을 배우고 자신의 의견에 대한 자신감을 얻는다.

합리적이고 일관성 있는 규칙

모든 가정에는 규칙이 있다. 어떤 가정의 규칙은 분명하고 어떤 가정은 은밀하다. 자신이 예상해 보지 못한 일을 해 본 적이 있다면 그것이 얼마나 스트레스인지 알 것이다. 건강한 가정에서 규칙과 처벌은 분명하고 일관적이고 인도적이며 합리적이다. 이런 경우 안전한 환경이 조성된다. 안전하고 일관된 환경을 내재화하는 방법을 배우면 자신의 감정을 추스르고 조절할 수 있게 된다. 규칙은 또한 유연하고 합리적이며 이에 의문을 제기하고 의견을 제시할 수 있다. 규칙은 자신에게 의미가 있다. 비난받거나 수치심을 느끼지 않으면서, 규칙을 어겼다고 말한다. 처벌은 공정하고 규칙 위반과 관련 있다. 실수로부터 배우고 납득한다. 부모는 아이를 '나쁘다'고 판단하지도 않고 잔인하게 사랑을 보류하지도 않는다.

때로 배우자는 서로 다른 가족 규칙 목록을 제시한다. 어떤 남편은 아내가 밤에만 성관계를 해야 한다는 규칙이 있다고 오해한다. 아내는 이 사실을 알고서 충격받을 수 있다. 반면, 아내는 자신이 뚱뚱하다고 생각하고 자신의 '몸매를 유지하기' 위해 정기적으로 운동하고 싶어 한다. 아내는 남편의 유일한 관심사가 자신이 살이 찌지 않는 것이라고 말한다. 이들이 규칙을 서로 공개적으로 이야기하지 않았다면, 서로 오해하고 있는 부분에 대해 전혀 몰랐을 것이다.

 자신의 원가족과 관련하여 다음 질문에 답하세요.

✓ 언급이 제한된 주제가 있었는가?

✓ 분노를 포함한 모든 감정 표현이 허용되었는가?

✓ 가족 규칙은 무엇이었는가?

✓ 누가 규칙을 만들었는가?

✓ 규칙에 대해 언급할 수 있었는가?

✓ 가족이 자신이 원하는 것을 방해하거나 성취하게 했는가?

✓ 규칙에 동의하지 않으면 어떻게 되었는가?

✓ 이 규칙은 최신 버전인가? 새로운 규칙이 필요한가?

해결책 찾기

 긍정적인 관계의 핵심은 문제와 갈등을 해결하는 능력이다(제13장 참조). 부부가 동일한 문제를 놓고 반복적으로 싸우기보다 갈등과 문제를 해결하기 위해 장남이나 장녀를 의사결정에 참여시킬 수 있다.

부모는 또한 아이를 지지하고 격려하며 선택의 결과에 대해 생각해 볼 수 있도록 돕는다. 또한 결정을 내리는 방법을 안내하고 알려 준다. 건강한 육아는 아이에게 선택권을 주고 아이의 연령에 맞는 결정을 내릴 수 있게 한다. 부모가 너무 많이 또는 너무 적게 관여하면 아이는 성인이 되어 계획 및 결정 장애를 보인다.

사랑하는 관계

존중 외에도, 건강한 가정은 수용, 신뢰, 안전, 보살핌, 호의적인 분위기가 있다. 이는 통제가 아닌 사랑과 공감에 바탕을 둔 부부 관계에서 시작된다. 가족은 서로를 보호하고 돕는다. 상처를 받았거나 낙심했을 때 보살핌, 격려, 지지를 받는다. 부모는 또한 형제자매의 학대로부터 아이를 보호한다. 갈등과 분노가 있어도 사랑이 억압되거나 학대로 인해 훼손되지 않기 때문에, 평화가 곧 찾아온다. 부모를 신뢰하고 아이가 실수하거나 부모를 실망시켜도 조건 없이 수용받는다는 사실을 알고 있다. 아이는 책임감 있고 행복하고 자신감 있는 성인으로 성장한다. 사랑과 신뢰에 익숙해지고 존경과 친절한 대우를 받는다. 아이는 이 수준 이하의 대우는 허용하지 않는다.

역기능적 가정

많은 역기능적 가정이 겉으로는 건강해 보이지만, 내부 역동은 가족의 중독, 학대, 질병, 외상을 중심으로 돌아간다. 어떤 가정은 엄격한 통제, 공감 부족, 수용 부족으로 역기능적이다. 자녀는 공동의존자가 된다. 공동의존의 가장 강력한 예측 변인은 공동의존적인 부모다.

공동의존은 보통 감정적으로 버림받았다고 느낄 때 시작된다. 이에 대한 반응으로 감정, 필요, 관찰, 생각을 억압한다. 상처가 무감각해지고 부모를 불신하고 자립하는 법을 배운다. 대처하고 수용받으려고 거짓 성격 뒤에 숨거나, 대처하기 위해 강박 행동을 발달시킨다. 증상은 다음과 같다.

역기능적 가정이 되기 위해 반드시 증상이 필요한 것은 아니다. 약물 중독이나 남용이 있는 가정은 대개 증상이 더 많다.

우리 vs. 외부인

역기능적 가정은 폐쇄된 정도가 다양하다. 어떤 사람은 가족이나 다른 사람의 서로 다른 생각이나 새로운 생각을 허용하지 않는다. 다른 인종이나 종교가 있는 손님이나 친구를 환영하지 않는다. 〈올 인 더 패밀리〉의 아치 벙커[2]를 기억하라. 아치 벙커는 독재적이고 반대 의견을 용납하지 않는다. 어떤 가정은 고립되어 있고 공동체와도 교류하지 않는다. 어떤 가정은 공동체와 교류는 하지만 보이는 것, 즉 외모가 전부다. 어떤 가정은 공동체에서 존중받지만, 진심은 숨긴다. 다른 사람에게 가족에 대해 이야기하면 신실하지 못한 것으로 여긴다. 밑바닥에 수치심과 두려움이 있어서다.

부정

가족의 문제나 가족원의 부재, 질병, 중독과 같은 위기에 대한 이야기를 절대 입에 올리지 않는다. 부모는 평상시처럼 행동하고 문제가 없는 척하면 문제가 없어지거나, 자녀가 알아차리지 못하거나, 피해를 입지 않는다고 생각한다(부정에 대한 자세한 내용은 제4장 참조). 하지만 이러한 가식은 자녀의 지각에 의심을 품게 만든다. 왜냐하면 자신이 보고 알고 있는 사실이 권위상(부모)에게 부정되기 때문이다. 부모에게 의문을 품거나 신뢰하지 않는 법을 배우거나 성인이 되어서도 자신의 지각, 감정, 자기 자신을 신뢰하지 않는다. 부정은 아이에게 무서운 것에 대해 말을 하면 안 된다는 정보를 전달한다. 슬프게도, 부모가 싸우는 것을 엿들은 겁먹은 아이들이 같은 침실을 공유하고 있어도 서로의 고통을 이야기하지 못하고 침묵의 두려움 속에서 떨며 산다.

---

2) 역자 주: 아치 벙커는 1970년대 미국 텔레비전 시트콤 〈올 인 더 패밀리(All in the Family)〉의 가상 캐릭터이며 캐롤 오코너가 연기한 아치 벙커 플레이스(Archie Bunker's Place)다(위키 백과 참조).

다음 질문에 답해 보라.

✓ 가족 안에서 어떤 진실이 감춰지거나 무시되었는가?

✓ 부모는 어떻게 행동했는가?

✓ 자신에게 어떤 영향을 주었는가?

비밀

부정은 비밀을 낳는다. 어떤 가정은 중독, 폭력, 범죄 행위, 성적 문제, 정신질환 등의 수치스러운 비밀과 진실을 세대에 걸쳐 숨긴다. 이런 수치심은 자녀가 느낄 수 있다. 자녀가 비밀의 내용은 모를 수 있어도 비밀에 대해 느낀다. 비밀에 대해 알고 있지만, 비밀에 대해 질문하거나 말할 수 없으면 자신이 다른 사람과는 다르다고 느끼거나, 상처받거나, 수치심을 느낀다.

가계도는 가족 관계, 패턴, 비밀을 도표로 보여 준다([그림 7-1] 참조). 가계도를 통해 명료해진다. 모든 친척을 인터뷰하여 정보를 수집하고 가계도를 그려라. 남성은 사각형으로 오른쪽에, 여성은 원으로 왼쪽에 표시한다. 가장 나이 많은 자녀부터 왼쪽 순이다.

다음 가계도 예시에서, 당사자는 1969년에 태어났고 1996년에 비와 결혼했다. 아들(톰)과 딸(앨리)이 있다. 부모인 밥과 아나는 당사자가 15세인 1984년에 이혼했다('//'). 아나는 4년 후 이라와 재혼했지만 별거했다('/'). 현재 메그와 함께 살고 있다(점선 '…'). 당사자의 아버지는 할아버지 시드, 증조 할아버지 짐과 같이 알코올 중독자다. 1986년에 아버지는 2009년에 사망한 페이와 결혼했다. 결혼하고 유산한 이후 태어난 이복 여동생 리아와 당사자와 같은 또래인 이복 여동생 미아가 있다. 다른 이복 형제는 팸, 조, 질이다. 당사자는 형제 알의 딸인 수의 삼촌이기도 하다.

가계도는 흥미로운 세대 패턴을 보여 준다. 아마도 부모 중 한 사람과 비슷한 나이에 결혼했거나 자녀를 가졌을 것이다. 가계도를 그리면 가족에 대한 많은 질문의

답을 얻을 수 있다. 이 예시에서, 아나의 아버지 시드와 형제 테드도 알코올 중독자다. 아나는 공동의존자로 아버지와 결혼할 준비가 되어 있었다. 아나의 외할머니 노라처럼 쌍둥이를 낳았다. 아나는 이란성 쌍둥이고, 노라는 일란성이다. 이는 인접한

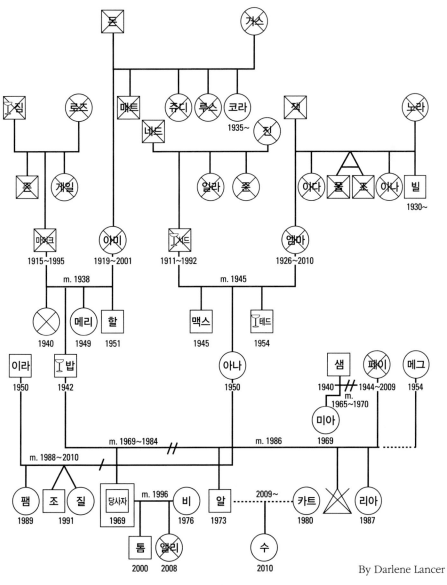

[그림 7-1] 가계도

By Darlene Lancer

막대 표시로 나타낸다('–'). 아나는 어머니 엠마와 같이 19세에 결혼했다. 삼촌 맥스는 혼전임신으로 부모가 결혼한 해에 태어났다. 또한 친할머니와 외할머니 모두 대가족의 장녀였다. 이는 이들이 매우 강한 여성이자 돌보는 사람이었음을 나타낸다.

 　정신질환, 입양, 가족 폭력, 수감, 알코올 중독, 도박, 성관계, 섭식 장애를 포함한 기타 유형의 중독을 표시하기 위해 온라인에서 기호를 검색하거나 만든다. 우울증, 중독, 심장병, 당뇨병, 암과 같은 질병도 추적한다. 또한 다음 질문에 답해 보라.

✓ 가족 비밀이 무엇이었나?

✓ 비밀은 세대적인가?

✓ 비밀이 가족에게 어떻게 영향을 주었는가?

✓ 비밀을 숨기기 위한 규칙과 행동은 무엇인가?

✓ 비밀이 수치스러운가?

✓ 비밀을 영원히 간직하고 있는가?

경계선 문제

　좋은 양육은 아이의 개성과 분리를 존중하는 적절하고 유연한 경계선이 필요하다. 건강한 가정의 부모는 자녀의 정서적·정신적·성적·신체적 경계선을 존중한다. 역기능적 가정의 경계선은 경직되어 있거나 모호하거나 혼합되어 있다(제3장의 경계선에 대한 설명 참조).

개별 경계선

 　경계선이 너무 경직되어 있으면 가족은 정서적으로나 육체적으로 분리된다. 친밀감이나 애정을 느끼지 못한다. 성인이 된 형제자매는 정서적 거리가 있고 가족이 모여 축하하는 자리가 마련되지 않는다. 자녀들은 형제자매와는 서로 멀리 떨어져 있고 부모와는 얽혀있다.

어떤 가족은 경계선이 없거나 얽혀 있어 경계선을 설정할 부분이 없다. 가족은 서로 험담을 하고 서로 과잉 반응하며 원치 않는 조언을 하고 개인적인 경계선을 침범한다. 모든 형태의 학대도 경계선을 위반한다. 통제적인 부모는 아이의 결정을 대신하고 취미, 학교 과정, 친구, 복장을 통제한다. 부모는 자녀에게 캐묻거나 메일을 읽거나 친구에 대해 질문하거나 허락 없이 소지품을 뒤지거나 빼앗아가는 행동으로 경계선을 침범한다. 부모는 아이가 필요하다. 이런 이유로 부모로부터 분리되려는 아이의 충동을 저지한다. 자연스러운 독립이 불충실하고 유기하는 것으로 비친다. 성인이 되어 부모나 다른 사람과의 경계선을 설정할 때 반항하거나 죄책감을 느낄 수 있다.

 다음 영역에서 가족의 경계선에 관해 설명해 보라.

✓ 돈

✓ 개인 소지품

✓ 신체 접촉, 애정 표현

✓ 성관계, 과도한 노출

✓ 정서적–감정에 대한 존중

✓ 정신적–생각, 의견에 대한 존중

세대 경계선

부모와 자녀 사이에도 세대 간의 경계선이 있다. 아이가 성인 역할을 하면 경계선 위반이다. 부모 중 한 사람과 아이와 지나치게 가까워 아이를 동반자로 삼거나, 부모의 관계나 개인적인 문제를 의논하는 친구로 삼거나, 다른 한쪽 부모에 대항하는 동맹으로 이용했다면 경계선 위반이다. 친밀감이 부족한 부모 사이에서 아이가 정서적 대리인, 권력 투쟁의 동맹이나 담보 역할을 한다. 이혼한 후, 한쪽 부모가 자녀를 이용하여 다른 쪽 부모에게 메시지를 전달할 때 보통 세대 경계선이 무시된다.

아이가 정서적으로나 육체적으로 부재한 부모의 책임을 떠맡을 때도 세대 경계선 위반이다. 이는 한 부모 가정이나 한쪽 부모가 아프거나 군대에 있거나 중독자일 때 발생한다. 5세 미만의 아이가 자신의 식사를 차린다. 어떤 아이는 '어린 엄마' 또는 '어린 남편' 역할을 맡아 동생이나 궁핍한 부모를 돌본다. 이는 많은 공동의존자가 과잉 기능을 하는 성인이나 보호자가 되는 이유다. 어떤 아이는 이런 행동으로 칭찬을 받고, 성인이 되었을 때 자신의 역할이 성격의 일부가 된다.

　　　　　세대 경계선을 뛰어넘으면 심리적으로 해롭다. 이는 아이가 부모의 필요를 들어주기 때문에 부자연스럽다. 또한 나이에 맞지 않는 페르소나('어린 어른'이 되기 위해)를 갖기 위해 필요와 감정을 억눌러야 한다. 이는 진정한 어린이 자기(Self)와 분리되는 경험이다.

　　　　　세대 간의 경계선에 대해 생각해 보라.

✓ 성인의 업무를 수행하거나 성인의 책임을 져야 했는가?

✓ 부모가 부적절하게 비밀을 털어놓았는가?

✓ 한쪽 부모가 다른 쪽 부모에게 대신 말해 달라고 부탁했는가?

✓ 다른 쪽 부모를 제외한 한쪽 부모와 특별한 관계를 이어 왔는가?

✓ 이 모든 상황에서 어떻게 느꼈는가?

비난과 수치심—역기능적 의사소통

　　　　　역기능적 가정은 다른 사람의 말을 경청하지 않는다. 의사소통은 단호하지도 개방적이지도 않다. 이해보다 통제하는 데 의사소통을 더 많이 사용한다(제13장 참조). 일반적으로, 역기능적 의사소통의 특성은 다음 중 한 가지 이상이다.

✓ 간접적

✓ 학대적(제3장에서 정의됨)

- ✓ 부정직
- ✓ 이중 메시지
- ✓ 표현의 자유 금지
- ✓ 현실, 자녀의 감정과 생각 무효화하기
- ✓ 비난하기
- ✓ 수치심
- ✓ 잦은 언쟁
- ✓ 희생양 삼은 아이들

이중 메시지는 부모의 말과 행동이 다르거나 모순된 요구를 할 때 발생한다. 예를 들어, 울면서 괜찮다고 말하는 엄마, 절대 거짓말을 하면 안 된다고 하며 표를 싸게 사려고 13세 아이를 12세라고 주장하는 아빠, 아이를 데리고 쇼핑하는 엄마가 "뭐든지 골라라 사 줄게."라고 말하면서 자신이 원하는 물건에만 돈을 내는 엄마 등이 대표적이다.

때로 침묵의 벽이 있거나 현재 일어나고 있는 일과 의사소통이 무관하다. 아이는 괴롭고 고통스러운 일에 대해 질문하거나 언급하지 않는 법을 배운다. 아이가 자신의 감정을 혼자 관리하도록 강요당하는 상황에서 버림받고 고립된 느낌을 받는다. 이는 실제 사건보다 더 해롭다. 아이는 자신의 생각과 감정을 표현하는 것을 두려워하고 비난, 수치, 무시를 당한다. 아이의 삶은 무시당하는 것에 익숙하고 살얼음 위를 걷는 생활을 한다. 직간접적으로, 아이는 무엇을 하든 느끼거나 생각하지 말라는 말을 듣는다. 그 결과, 시간이 흐르면서 아이의 내면의 삶은 억압되고 현실과 자신에 관한 자료를 제공해 주는 내적 단서를 차단한다. 한 번이 아니라 규칙적으로 자신의 감정, 관찰, 반응을 억압시키면 무감각해지고 우울해진다. 성인이 되어 더는 자신의 감정을 파악할 수 없고, 자신의 의견과 생각을 신뢰하지 않는다.

게다가, 사랑, 성공, 좋은 일, 즐거운 일에 가치를 느끼는 것을 수치스럽게 여기기도 한다. 부모가 아이에게 사랑을 보류하거나 아이를 비난하고 수치심을 느끼게 할 때, 버림받는다는 수치심과 두려움이 내면화된다.

 가족에게 들은 수치스러운 메시지 목록을 작성해 보라. 몇 가지 일반 적인 사항은 다음과 같다.

✓ "넌(소년) 계집애 같아 (나쁘다), (멍청하다), (게으르다), (이기적이다)."
✓ "넌 수치스러워."
✓ "남자답게 굴어라."
✓ "상처받지 말라."
✓ "널 위해 희생했어."
✓ "여자답게 행동해."
✓ "어떻게 나한테 이럴 수 있어?"
✓ "넌 버릇이 없어."
✓ "철 좀 들어라."
✓ "나이에 맞게 행동해."
✓ "넌 너무 예민해."
✓ "넌 네가 누구라고 생각해?"
✓ "~을 느껴서는 안 돼."
✓ "우리는 여자아이(남자아이)를 원했어."
✓ "너 때문에 미치겠다."
✓ "네가 아니었다면……"
✓ "넌 아무것도 제대로 하는 게 없구나."
✓ "넌 아무것도 아니야."

부모 사이의 갈등은 아이를 두렵게 한다. 아이는 보통 부모의 분노에 시달린다. 아이는 의사소통을 하지 않는 부부의 전쟁터가 될 수 있다. 부모는 직접적으로 싸우지 않고 아이를 문제 삼아 서로의 분노와 불만의 중심지에 둔다. 부모는 육아나 아이에 대해 말다툼한다. 아이는 부모 사이에서 혼란스럽고, 갈팡질팡한다. 이는 이혼 전후에 자주 나타난다.

엄격한 규칙

 어떤 가정의 부모는 무책임하고 규칙은 너무 느슨하다. 아이에 대한 지도가 부족하여 안전과 보살핌을 받지 못한다. 어떤 역기능적 가정은 규칙이 너무 엄격하고 제한적이다. 통제적인 양육 방식은 아이에게 공동의존을 유발한다. 규칙은 말로 표현되기보다 보통 느껴진다. 사망, 홀로코스트, 조부의 장애, 아버지의 재혼 등과 같이 '부적절하게' 여겨지는 주제, 가족의 비밀 등에 대한 언급이 금지되어 있을 수 있다. 규칙은 완벽주의를 지향하고 실수하면 안 된다. 어떤 가정은 분노, 활기, 울음의 표현을 제한한다. 항상 감사하고 용서해야 하며 상처, 분노, 실망감을 부정해야 하는 종교적인 가정도 있다. 감정을 억제하기 위해 자기통제를 배우고 지나치게 통제하거나 통제받는다. 이 모든 것이 낮은 자존감에 기여한다.

 성장하면서 지배해 온 제한 규칙 목록을 작성해 보라. 예를 들면 다음과 같다.

✓ "말대꾸하지 말라."
✓ "직설적으로 말하지 말라."
✓ "솔직하게 말하지 말라. 예의 없어 보인다."
✓ "강하고 완벽하고 착해라."
✓ "바보같이 굴지 말라. 그건 철없는 짓이야."
✓ "슬픔이나 분노를 표현하지 말라."
✓ "스스로 칭찬하지 말라. 자만하지 말라."
✓ "필요나 욕구를 드러내는 것은 이기적인 행동이다."

✓ "감정에 대해 이야기하지 말라."

✓ "문제에 대해 언급하지 말라."

✓ "내가 그렇게 말했기 때문에 옳다."

✓ "질문하지 말라."

✓ "가족만 믿으라."

✓ "남자는 성관계만 원한다."

✓ "자위행위는 죄다."

✓ "여자는 대학에 갈 필요 없다."

✓ "남자는 울면 안 된다."

✓ "볼 수는 있지만 듣지는 말라."

✓ "좋든 싫든 접시에 있는 건 전부 먹으라."

✓ "엄마를 화나게 하지 말라."

✓ "(수치스럽다는 듯) 내가 말할 땐 날 쳐다봐."

어떤 가정의 규칙은 매우 엄격하다. 질서와 규율이 감정보다 더 중요하다. 권위적인 부모는 알코올 중독자 가족과 마찬가지로 부모의 기분에 따라 자녀의 자존감이 달라진다. 연구에 따르면, 중독 여부와 상관없이 공동의존은 강박적인 어머니나 권위적인 아버지와 상관있다고 한다. 이런 부모는 통제는 하지만 감정에 대한 지지는 거의 하지 않는다.

임의성과 모순

임의적이고 일관성 없는 규칙은 엄격한 규칙보다 더 나쁘다. 이치에 맞지 않는 규칙은 잔인하고 부당하다. 언제 처벌을 받을지 모른다. 이는 혼란과 무력감, 표현되지 않은 분노로 이어진다. 끊임없는 두려움 속에서 살아가고, 살얼음 위를 걷는 것 같고, 예측하지 못하고, 불공정하고 절망하고 분노한다. 임의적인 처벌은 아이의 가치와 존엄성을 약화시킨다. 일반적으로 부모는 권위에 대한 존경과 신뢰를 잃는다. 아이에게 순응하도록 강요할 때, 어떤 아이는 학업 곤란이나 약물을 사용하는 등 반항하거나 비행 행동으로 자신의 감정을 표현한다. 부모가 서로 잘 지내지 못하거나 육아에 서로 동의하지 않을 때도 문제가 발생한다. 부모는 서로 모순된다. 한쪽 부모에게 순종하고 다른 부모에게서는 처벌을 받을 수도 있다.

예측 불가능

예측 가능성은 안전감을 준다. 부모가 어떤 기분인지 모르면, 아이의 자발성은 떨어지고 항상 불안하다. 어떤 가족은 중독, 정신질환, 학대로 위기를 계속 겪는다. 가정이 안전한 피난처가 아닌 탈출하고 싶은 전쟁 터가 된다. 아이는 두통이나 복통과 같은 신체적 고통을 호소한다. 아이는 안전을 느끼기 위해 통제받거나 행동으로 반항한다.

문제 해결 능력 부족

원활하게 돌아가는 조직의 핵심은 문제 및 갈등 해결이다. 역기능적 가정은 부모와 자녀가 반복적으로 비난하고 끊임없이 말다툼하거나 분노로 인한 침묵의 벽이 있다. 이런 상태로는 아무것도 해결되지 않는다.

학대

학대는 역기능적 가정에서 흔하다. 방치나 신체적 · 성적 · 정서적 · 정신적 학대 형태로 나타난다. 학대는 경계선을 위반하고 자존감을 심각하게 손상시킨다. 학대자는 부모, 형제자매, 기타 친척일 수 있다. 때로 손위 형제자매가 부모의 학대 행위를 본받아 어린 동생에게 표출하지 못한 분노를 드러내기도 한다. 학대는 일반적으로 무작위적이고 예측 불가능하다. 심지어 불안이나 공포 분위기를 자아낸다. 학대는 반드시 불법적이거나 공격적이지 않다. 아동 학대는 교묘하고 조용하고 은밀하다. 심지어 유쾌하거나 놀이나 농담으로 위장되기도 한다. 가해자는 일반적으로 자신의 학대 행위를 부정하고 피해자 탓을 한다. 피해자는 자기 잘못이 아닌데도 수치심을 느끼기 때문에 학대받은 경험을 부정하고 최소화한다. 가해자만이 행동의 책임이 있다. 피해자는 자신의 행동에 절대 책임이 없다. 절대 없다!

반복 강박

프로이트에 의해 처음 알려진 반복 강박(repetition compulsion)은 일반적으로 외상을 극복하거나 해결하려는 시도로 가해자나 피해자가 되어 무의식적으로 이전의 외상 경험을 되풀이하는 강박이다. 이는 영화 〈사랑의 블랙홀〉(1993)과 비슷한 주제다. 주인공을 맡은 빌 머레이는 사랑에 대한 교훈을 배울 때까지 매일 같은 날을 반복한다.

어렸을 때 학대를 받고 자란 성인은 분노, 안전, 신뢰, 권위와 관련된 특별한 어려움을 겪는다. 부정으로 인해, 많은 사람이 자신이 학대받은 사실을 깨닫지 못한다. 치유하지 않으면, 친밀감을 경험하는 데 어려움을 겪는다. 어떤 사람은 학대적인 관계를 맺기도 한다. 과거를 살펴보는 작업은 반복 강박을 멈추는 데 도움이 된다(과거 치유하기에 대해서는 제8장 참조).

방치

방치는 부모가 신체적 또는 정신적으로 아프거나 약물을 남용할 때 발생한다. 아이의 건강, 안전, 웰빙의 위협을 감독하지 않거나, 아이에게 필요한 음식, 의복, 안식처, 의료적 보호를 제공하지 않으면 부모로서 실패다. 방치된 아이는 어린 시절을 빼앗기고 성인이 되어서도 자신을 돌보는 데 어려움을 겪는다. 아이가 부모를 돌봐야 할 경우, 세대 경계선을 위반하여 고통을 더 받는다.

신체적 학대

신체적 학대는 때리기, 발로 차기, 물기, 질식시키기, 화상 입히기와 같은 폭력 행위와 더불어 밀치기, 뺨 때리기, 꼬집기, 머리카락 잡아당기기, 물건 던지기, 재산 파괴하기, 신체적 상해 위협도 포함된다. 화를 내거나 화상, 타박상, 채찍 때리기도 학대다. 대부분의 부모는 좌절감을 느끼고 아이를 때리고 싶은 유혹을 느낀다. 이런 충동은 아이에 대한 염려 때문이 아니라 부모의 정서적 필요에 의한 동기다. 체벌은 올바른 행동을 가르치지 못한다. 체벌은 두려움과 수치심만 심어 줄 뿐이다. 아이가 부모나 손위 형제자매의 간지럽힘이나 난투극을 멈추길 원하지만 힘으로 제압당하거나 무시당하는 것도 학대다. 이는 약자에 대한 강자의 지배다. 약자는 굴욕감을 느끼고 무력하게 된다. 놀림을 받은 아이는 자신을 보호하는 법을 배우지 못할 수 있다.

아이가 가정폭력이나 형제자매의 신체적 학대를 목격했다면 자신에게 일어난 일처럼 정신적 외상을 입는다. 학대를 막지 못한 것에 대한 죄책감을 느낄 수 있다. 이를 목격자 학대라고 한다. 여기에는 부모가 문을 부수는 등 심하게 재산을 훼손하는 것을 목격하는 것도 포함된다. 방을 리모델링하는 아버지를 보는 것은 즐겁지만, 부모가 말다툼하며 방을 부수는 것은 두려울 수도 있다. 아버지의 분노는 무섭다.

성적 학대

성적 학대는 부적절한 신체 접촉, 키스, 훑어보기, 과도한 노출, 유혹, 포르노, 엿보기, 노출증, 성적 조롱, 이야기나 농담이다. 아동과의 성적 접촉을 비밀로 유지할 경우, 학대일 가능성이 높다. 성적 비밀 유지는 피해를 악화시킨다. 부적절한 성적 접촉도 학대다. 피해자는 가해자의 욕구를 충족시키는 데 이용되기에 부적절한 성적 접촉은 지나치게 자극적이고 신뢰를 위반하는 행위다. 즐거움을 경험한다고 해서 학대가 줄어들지는 않는다. 심지어 손위 형제자매와 어린 동생 사이에서도 나이 차이는 권력 남용이다. 성적 학대의 피해자가 특히 쾌락을 경험했을 경우, 자기혐오와 수치심을 느낀다. 성인이 되어서도 친밀감, 신뢰감, 성적 문제가 있다.

정서적 학대

정서적 학대에는 제3장에서 정의된 언어적 학대가 포함된다. 정서적 학대는 사랑을 보류하거나 부당한 처벌, 집안일, 고립이나 박탈을 위협하거나 강요하는 형태를 취할 수도 있다. 어떤 부모는 차갑고 애정이 없거나, 어떤 부모는 반응이 없고 로봇이나 유령 같다. 정서적 학대는 자신이 사랑스럽지 않다고 느끼게 하고 거부감을 느끼게 하여 성인이 되어서도 정서와 관련된 문제를 초래한다. 부모가 자녀의 활동과 결정을 통제하거나 자녀의 친구와 연인을 소유하려 하고 질투한다면, 자녀는 친밀한 관계에서 질식되거나 폐쇄 공포증을 느끼게 된다. 부모가 지나치게 비판적이고 계속 충고하고 조언하고 자녀를 끊임없이 발전시키려고 할 경우, 아이는 수치심과 낮은 자존감을 내면화하고 지나치게 비판적인 성인으로 성장한다. 자신이 사랑을 받기에 절대 충분하지 않다고 믿는다. 즉, 부모의 사랑이나 친구의 사랑을 확보할 만큼 충분히 성취하지 못하거나 잘하지 못하거나 좋지 않다고 믿는다.

정신질환을 앓고 있는 부모는 때로 잔인하고 가학적이다. 어떤 아버지는 매일 아침 5시에 아들을 깨워 전날 밤에 떨어진 낙엽을 모두 줍게 했다. 처벌로 아버지는 아들을 낯선 마을의 주유소에 놔두고 왔다. 어떤 어머니는 딸의 애완동물인 토끼를 죽이고 아들의 운동 경기 트로피를 버렸다.

영적 학대

영적 학대는 극도로 종교적인 가정에서 일어난다. 어떤 부모는 자녀를 이해하고 지도하고 가르쳐야 하는 의무를 게을리한다. 대신 자녀가 이해할 수 없는 성경 구절을 인용한다. 어떤 부모는 복수심으로 불타는 신에 대한 두려움을 심어 주거나 종교의 이름으로 자녀를 수치스럽게 만든다. 이는 많은 동성애자에게서 나타났다. 이와 반대로, 무신론자 부모가 신에 대해 언급을 금하거나 자녀의 영적 호기심과 갈망을 수치스럽게 만드는 경우도 마찬가지다. 어떤 가정에서는 학대가 될 수 있는 종교적 숭배 관습을 세뇌시키기도 한다.

약물 중독

제1장에서 언급했듯이, 알코올 중독 가족을 연구하는 치료자들이 공동의존을 처음 관찰하였다. 모든 중독자 자녀가 공동의존자는 아니지만, 일반적으로 약물이나 알코올 중독이 있는 가족은 이와 같은 역기능적 특징이 모두 있다. 알코올 중독자의 성인 자녀 중 절반이 자신의 부모가 알코올 중독이라는 사실을 부정한다. 오히려 이들은 수치심과 죄책감 속에서 산다. 대다수가 학대를 받았고, 학대 피해자처럼 과거에 대한 분노와 신뢰와 관련된 문제가 있다.

혼돈과 부정의 회전목마

중독자 부모가 있는 가정은 변덕스럽고 무책임하다. 보통 압제적이고 학대적인 행동이 두드러진다. 중독이 진행됨에 따라 상황은 악화된다. 중독자는 작은 독재자처럼 행동하고 음주나 약물 사용 문제를 부정하며, 누구도 이에 대해 이의를 제기하지 못하도록 엄포를 놓는다. 모든 사람의 행동은 중독자의 질병을 부정하는 쪽으로 중심이 치우친다. 이들은 정상을 유지하고 중독자를 보호하고 술을 마실 수 있게끔 애쓴다. 파장을 일으키지 않으려 하지만 또 다른 폭음, 재난, 폭발에 대한 두려움 속에서 살면서 생각, 감정, 관찰을 억압한다.

중독으로 인한 성격 변화는 혼돈의 분위기를 조성한다. 비중독자 부모가 가정, 중독자의 비합리적인 요구와 위기를 관리하려고 애쓰지만, 스트레스를 많이 받는다. 양육의 질은 낮고 신뢰할 수 없고 일관성이 없으며 예측할 수도 없다. 부모 모두 자녀에게 정서적으로 도움이 되지 않는다. 두 사람 모두 중독자일 경우, 신체적으로도 도움이 되지 않는다. 어린 시절 성장에 필요한 안전과 일관성이 전혀 없다. 중독자 부모로 창피를 당하지 않기 위해 친구를 집에 데려오지 못한다. 아이의 필요는 무시된다. 아이는 이에 실망하기보다, 요구하지 않는 법을 배운다. 아이가 자립하고 성인이 되어, 다른 사람이 다시 자신을 지배해도 이를 피해야 할 이유가 없다. 한쪽 부모가 책임을 지고 있는 경우에도 다음의 간단한 예에서 볼 수 있듯이 중독자의 기분과 약물이나 알코올 사용으로 인한 예측할 수 없는 변화로 계획과 규칙이 끊임없이 바뀐다.

　　물질을 사용하지 않은 부모는 아이에게 취침 시간이 밤 9시라고 말한다. 하지만 중독된 부모가 밤 11시까지 영화를 볼 수 있다고 주장하는 바람에 규칙이 훼손된다. 부모 간에 말다툼이 벌어지고 아이는 갑자기 사소한 일로 중독자에게 벌을 받고 저녁 8시에 잠자리에 들게 된다. 아이는 부모 모두 불신하고 안전하지 않다고 느낀다. 또한 죄책감, 배신감, 외로움을 느끼고, 부당함으로 혼란스럽고 화가 난다. 자신의 감정과 필요는 중요하지 않게 되고 대화할 사람도 없다.

비중독자의 역할

　　약물 중독 문제가 있는 가족은 친척, 공동체, 기타 도움의 원천에서 고립되는 경향이 있다. 따라서 중독자의 배우자는 어떠한 지원도 받지 못하며 중독자의 중독을 통제하기 위해 즐거운 일에서 협박에 이르기까지 모든 것을 시도한다. 중독자로부터 가능한 한 멀리 떨어트려 아이를 보호하려고 노력한다. 중독되지 않은 부모의 행동은 성격, 대처 방식, 공동의존 정도에 따라 다르다. 흔히 중독자를 돕고 보호하는 것에서 시작하여 약물 중독과 공동의존이 진행되면서 돌보기, 꾸지람과 비난, 감정적으로 물러서기 사이를 오락가락한다. 비중독자도 결국 마약, 술, 일, 기타 무책임한 행동을 할 수 있다. 부모가 모두 중독자일 때, 아이가 보통 부모 역할을 한다.

　　친척이나 육아에 도움을 준 사람 중에 아이에게 긍정적인 역할 모델이 될 수 있는 사람이 있으면 아이는 더 잘 지낸다. 연구에 따르면, 어머니가 중독자이면 더 힘들고 부모가 모두 중독자이면 더 파괴적이라고 한다. 아이가 어릴수록 손위 아이보다 더 피해를 많이 입는다. 남자아이가 여자아이보다 더 취약하다. 비중독자 부모가 부정과 공동의존의 유혹을 극복하고 중독자에게 책임을 묻고 자신의 우정을 챙기고 치료를 받거나 12단계 프로그램에 참석할 수 있다면, 가족에게 더 큰 안정과 건강을 가져다준다.

아이의 역할

　　배우자와 마찬가지로 아이도 가족의 긴장을 완화시키기 위해 행동을 취하는데, 이는 출생 순서와 성격에 따라 달라진다. 샤론 웩스하이더–크루스와 클라우디아 블랙은 다음 네 가지로 아이의 역할을 설명했다.

✓ **영웅**: 보통 장남과 장녀가 부모를 가장 많이 동일시한다. 혼란스러운 환경에서 안정을 얻을 수 있는 구조를 추구한다. 영웅은 중독되지 않은 부모와 동반자 관계를 맺고 가족의 책임을 지고 부모와 동생들을 보호하고 돕는다. 학교, 사회, 직장에서 성공하기 위해 무엇이 적절하고 올바른지 안다. 성인이 되어서도 목표를 달성하는 데 도움이 되는 리더십과 조직 기술을 개발한다.

　　영웅은 책임감이 있고 자립하는 데 익숙하다. 하지만 누군가를 신뢰하고 도움을 받는 데 어려움을 겪는다. 불충분하다는 근본적인 감정 때문에 어떤 실패도 용납하기 어렵다. 진지하고 엄격하고 통제적이고, 유연성과 자발성이 부족하다. 놀거나 긴장을 이완하는 것이 불편하고 일 중독자가 될 수도 있다. 어떤 사람은 긴장을 풀기 위해 약물을 사용한다. 어느 날, 자신이 친밀하고 감정을 개방하는 데 어려움이 있으며 불안하고, 외롭고, 우울하다는 것을 알게 된다.

✓ **적응자**: 적응자는 불평하지 않고 바람 부는 대로 가족에게 적응하는 아이다. 적응자는 가정과 학교에서 자신에게 너무 많은 관심이 끌리지 않도록 주의하여 예측할 수 없는 중독 환경에서 살아남는다. 영웅과 달리 사건과 상황의 영향을 느끼며 성인으로서 자신의 삶에 책임을 지지 않는다. 적응자의 도전 과제는 자신의 삶을 통제하고 목표를 추구하는 것이다.

✓ **회유자**: 회유자는 다른 가족원의 행동과 감정에 민감하고 더 쉽게 상처를 받는다. 자신이 가장 자상하고 다른 사람의 기분을 좋게 만든다는 자부심이 있다. 살아남기 위해, 다른 사람의 정서적 필요를 돌보고 자신의 욕구와 필요를 살피는 법을 배우지 못했다. 자신의 욕구와 필요를 고려할 때 죄책감을 느낀다. 받는 것보다 주는 것이 더 많다. 적응자처럼, 자신의 욕구를 발견하고 사랑받

을 가치가 있다고 느끼고 목표를 추구할 필요가 있다.

✓ **희생양**: 희생양은 부정적인 행동으로 중독자와 가족의 관심을 끈다. 희생양은 가정과 학교에서 끊임없이 말썽을 부리고, 친구, 직장 동료와 분노 및 갈등 문제를 겪는다. 이들의 행동은 소통하지 못한 감정의 표현이다. 잘 따르지 않거나 문제 행동을 철회하지 않기 때문에 부모와 권위상으로부터 훨씬 더 많은 처벌과 학대를 받는다. 많은 희생양이 비행 행위로 체포되고, 청소년 시절부터 약물이나 술을 사용하기 시작한다. 때로 희생양의 행동은 부모를 하나로 묶어 주기도 하는데, 이때 동기는 무의식적일 가능성이 크다.

✓ **잃어버린 아이**: 잃어버린 아이는 보통 가족으로부터 판타지, 음악, 책, 인터넷, 게임의 세계로 물러난 어린아이나 막내다. 잃어버린 아이는 고독 속에서 안전을 찾고, 혼자 있으면서 위험을 피한다.

✓ **마스코트**: 마스코트도 종종 가족의 긴장을 풀어 주기 위해 귀엽거나 웃기거나 응석을 부려 두려움과 불안을 관리하는 어린아이나 막내다.

어떤 아이는 다양한 모습을 보이고 두 가지 이상의 역할을 한다. 기타 유형의 역기능적 가정의 아이도 이런 역할을 다양한 수준으로 발달시킨다. 시간이 흐르면서, 대처 방식이 성인기까지 지속되어 자신의 역할이 된다. 성장하면서 이런 역할은 유용한 기능을 제공하지만, 자신을 완전히 표현하는 데 방해가 된다. 반항하거나 혹은 순응적이거나, 이런 역할이 진정한 자기를 감춘다. 가족을 떠난 후에도 생존의 위협을 느끼기 때문에, 자신에게 익숙한 역할 외에 다른 행동을 하는 것이 어렵고 두렵다. 치유를 위해, 삶의 모든 영역에서 자신을 소중하게 여기고 표현하는 법을 배워야 한다.

 자신과 가족이 맡은 역할을 파악해 보라.

✓ 과잉 기능자와 기능이 부족한 사람은 누구인가? 자신은 어느 쪽에 해당하는가?
✓ 자신의 역할에 대해 어떻게 느꼈는가?

✓ 역할이 가족 체계에서 어떤 기능을 했는가?

✓ 역할이 자기 가치에 어떻게 영향을 주었는가?

✓ 역할의 강점은 무엇인가?

✓ 역할로 무엇이 빼앗겼는가?

✓ 직장이나 개인적인 관계에서 계속 그 역할을 하고 있는가?

✓ 역할의 이득과 손실은 무엇인가?

✓ 다른 가족의 역할을 모방하면 어떤 기분이 드는가?

제8장

상처 치유하기
-자유하기-

📝 **이 장에서는**

✔ 상처 입은 아이와 친해지기

✔ 수치심 치유하기

✔ 어린 시절 애도하기

✔ 외상에 대해 알아보기

공동의존 양상과 근원에 관해 이해하는 것이 회복의 핵심 단계다. 그러나 진정한 변화는 어린 시절의 수치심과 상실에 대한 슬픔을 치유하는 것이다. 이 장에서 회복 과정을 시작한다. 슬픔의 단계를 소개하고 수용하는 것으로 마무리한다. 이는 과거로 돌아가서 잃어버린 조각들을 모으는 것과 유사하다. 부모를 직면하기로 한 결정에 대해 다룬다.

역기능적 가정에서 성장하는 것은 외상적일 수 있다. 결과적으로 많은 사람이 증상을 계속 경험한다. 외상에 대해 설명하고 외상을 치유하는 새로운 치료 방법에 관해서도 설명한다.

상처 입은 아이

역기능적 가정은 취약하다. 역기능적 가정에서 자발적이고 진솔하면 안전하지 않다. 아이는 감정을 표현하고 불완전하고 요구적이고 미성숙하다는 이유로 수치를 당하고 심지어 벌을 받기도 한다. 어떤 아이는 방치되거나 정서적 혹은 신체적으로 유기되고, 누구도 신뢰하거나 의지할 수 없다는 결론을 내리게 된다. 아이의 자기(Self)는 제쳐 두고라도 아이는 준비되기 전에 성인 역할을 한다.

이를 어떻게 경험했는지에 따라 상처가 된다. 대부분의 사람이 성장하지만 흉터는 남는다. 현실 대처와 관계 문제도 남아 있다. 더 깊은 치유를 위해 상처를 다시 열고 깨끗하게 닦고 긍휼의 약을 발라야 한다.

어린아이 자기의 본질

아마 '내면 아이'라는 표현을 들어 본 적 있을 것이다. 어쩌면 자기 안에 어린아이가 있다는 생각이 터무니없다고 생각하거나 이에 대한 언급이 어리석게 느껴질 수도 있다. 하지만 자신도 한때 어린아이였고 어린아이의 모든 특성이 있었다. 많은 공동의존자가 어린 나이에 조숙하고 책임을 지고 통제하는 법을 배웠다. 부모가 이런 특성을 중요시했다면, 자기 안의 어린아이는 움츠려 있어야 했다. 반면, 어린아이가 밖으로 나올 수 있도록 쉽게 허용할 수도 있다. 하지만 이를 표현하기에 절대 안전하지 않은 어린 시절의 감정은 계속 남아 있다.

내면 아이는 진정한 참자기(authentic Self)와 비교할 수 있다. 심리학자 칼 융은 내면 아이가 자기의 상징이자 '치유의 인도자'라고 믿었다. 또한 융은 내면 아이가 완전성, 개성화, 성격 변화의 길로 이끈다고 믿었다. 내면 아이의 영혼은 잠적하여 숨어 있지만 언젠가 인식되고 해방되기를 기다리고 있다.

어린아이의 특성

어린아이와 함께 지내 본 적이 있다면, 두려워하고 보호하는 법을 배우기 전까지 아이는 자발적이고 감정에 솔직하다. 어린아이는 크게 웃고, 다치면 울고, 화가 나면 반항하고 소리를 지른다. 곧바로 회복되고 다른 곳으로 주의를 돌린다. 상처받거나 실망해도 용서하고 걱정하지 않고 무조건 부모를 사랑한다. 항상 지금 여기에 있고 호기심이 많고 모든 것을 탐구하며 상상력과 창의력에 빠져드는 능력이 무한하다. 가장 행복하게 놀고 노래하고 춤춘다. 무엇보다 있는 그대로 사랑스럽다.

 우리는 어린아이처럼 행동하지 않도록 조건화되어 있다. 다음과 같은 어린아이의 특성과 필요도 자신의 일부다.

- ✓ **불완전한**: 실수하기, 넘어지기, 잊어버리기, 엎지르기
- ✓ **요구적인**: 사랑, 관심, 애정 요구하기
- ✓ **장난스럽고 창의적인**: 무한한 상상력 이용하기
- ✓ **자발적인**: 변화의 생각, 감정, 필요에 대응하기
- ✓ **의존적인**: 도움, 교육, 격려를 받기 위해 성인을 필요로 하기
- ✓ **미성숙**: 성인이 아닌 아이처럼 행동하기
- ✓ **취약성**: 모든 필요, 감정 표현하기
- ✓ **진정성**: 방어적이거나 가식적이지 않음
- ✓ **순전한**: 나쁘거나 결함이 있거나 충분하지 않다고 수치스러워하지 않기
- ✓ **열정과 활기**: 흥분과 열정 발산하기
- ✓ **사랑하기와 사랑스러움**: 사랑 주고받기

진정한 참자기, 즉 내면의 어린아이가 수용받고 표현되고 보살핌을 받을 때 열망, 창의력, 삶에 대한 열정이 되살아난다. 감정을 경험하고 즉흥적이고 창의적이고 장난스럽고 직관적일 때 자기에 대한 느낌이 드러난다.

밝은 색상의 옷 입기, 정원 가꾸기, 춤추기, 연주하기, 운동하기, 반려 동물과 놀기, 요리하기, 거품 목욕하기, 완전히 푹 빠지는 활동하기 등 감정과 놀이에서 자신을 있는 그대로 표현할 수 있는 방법을 모두 작성해 보라.

어린아이의 필요

때로 어린아이는 우울증, 분노, 중독, 질병, 고통을 통해 자신의 필요가 무시되거나 간과되고 있다는 사실을 알린다. 어린아이의 핵심 필요는 다음과 같다.

- ✓ 무조건적 사랑
- ✓ 안전
- ✓ 경청
- ✓ 접촉
- ✓ 지도
- ✓ 존중
- ✓ 양육
- ✓ 놀이
- ✓ 격려

    자신의 필요와 욕망을 짓밟거나 무시하고, 너무 열심히 일하거나 안전한 경계선을 설정하지 않거나 자신을 밀어붙이고 비판하는 경우, 어린아이는 불행하고 분노하고 불안하고 짜증나고 외롭고 피곤하고 우울하고 아프다. 마약과 같은 중독 행동, 즉 자기 파괴적인 방법으로 자신을 '돌보려는' 시도에 유의하라. 예를 들어, 긴장을 이완하기보다 약물을 하고, 자기 자신을 치유하기보다 다른 사람을 추구하고, 자신을 표현하기보다 음식을 먹고, 친밀감을 추구하기보다 성관계를 추구하는 것 등이다.

어린아이 자기와 친해지기

부모가 자신을 대했던 방법이 자신을 돌보는 방법이다. 부모로부터 보살핌을 받지 못했다면 자기 자신을 보살피지 못한다. 내면 아이와 친구가 되고, 내면 아이에게 무엇이 필요한지 파악하고 건강한 방법으로 보살피는 것이 어려울 수 있다. 이는 시간과 연습으로 쉬워지고 재미있어진다. 내면 아이에게는 자신을 발견할 수 있는 훌륭한 지혜가 있다.

내면 아이와 만나기

 움직임, 창의적 표현, 명상, 주로 사용하지 않는 손(오른손잡이인 경우, 왼손)으로 쓰기 등의 활동으로 감정적이고 직관적인 우뇌를 통해 내면 아이에게 쉽게 접근할 수 있다. 다음을 따라 수행한다.

1. 앉거나 누우세요. 발가락에서부터 두피, 전신을 이완하는 데 몇 분 정도 걸립니다. 이제 자신이 살았던 집을 방문한다고 상상해 보세요(여러 곳에서 살았다면, 사춘기 이전에 살았던 집을 선택하세요). 집 밖에 있을 때, 집으로 들어설 때 어떻게 느끼는지 주목하세요. 냄새, 소리, 목소리, 발소리, 장식, 자신의 몸에서 느껴지는 느낌에 주의를 기울이세요. 내면 아이를 찾을 때까지 모든 방에서 이 작업을 천천히 수행하세요. 아이의 얼굴을 들여다보고 어떤 감정을 느끼는지 알아보세요. 친절과 자비로 아이에게 부드럽게 이야기하세요. 과거에 아이가 느꼈던 것과 지금 무엇을 원하고 필요로 하는지 배우십시오. 자신이 내면 아이에게 관심이 있으며 아이의 말을 경청하고 있으며 아이의 필요와 욕구를 충족시키기 위해 자신이 할 수 있는 최선을 다하려 한다는 의지를 전달하며 아이를 다독이세요.
2. 신문지나 종이에 주로 사용하지 않는 손으로 내면의 아이를 그려 보세요(색을 칠하면 더 좋다). 완벽주의자와 비판가에게 자신을 그대로 내버려 두라고 말하세요. 자신이 무엇을 그리든 정확히 옳습니다.

3. 이제 자신이 그린 아이와 인터뷰하세요. 주로 사용하지 않는 손으로 질문하고 대답하세요. 아이가 무엇을 느끼고 있는지, 무엇이 가장 중요한지, 정확히 무엇이 필요한지, 자신이 무엇을 알기 원하는지 알아보세요.

4. 내면 아이는 자신의 몸과 움직임을 통해 당신에게 이야기합니다. 불분명한 비트나 리듬으로 악기를 연주하고 몸이 원하는 대로 움직이세요. 잠시 멈추고 자신이 느끼는 것을 알아차리세요. 느낌을 표현하거나 강조하는 방식으로 움직이세요. 공 모양으로 몸을 구부리고, 벽을 오르거나, 바닥을 두드리고 싶을 수도 있습니다. 소리나 단어가 어떤 표현을 원하는지 확인하세요. 소리와 단어를 허용하고 울부짖고 노래하고 쓰십시오.

　　　　자신의 욕구, 감정, 필요를 발견하기 위해 매일 내면 아이와 대화하는 습관을 들여라. 계획, 결정, 안전하다고 느끼는 친구와 그렇지 않은 친구에 대한 아이의 의견을 물어보라. 아이를 알아 가기 위해 행복한 시간과 놀이 시간도 필요하다. 아이가 가장 좋아하는 놀이 친구, 발견, 음식, 장소, 오락, 교사, TV 프로그램, 책, 동화, 노래 등이 무엇인지 물어보라.

첫인상

어떤 아기는 분만 합병증으로 외상을 경험하거나, 조산으로 인큐베이터에서 엄마와 떨어져 몇 주 동안 보낸다. 어떤 아기는 원치 않게 태어난다. 또는 중독자이거나 엄청난 스트레스를 받고 있는 엄마에게서 태어난다.

아이에게 편지를 쓰고 자궁에서의 경험과 이 세상에 나온 첫 경험에 관해 물어보라. 부모가 자신의 출생에 대해 어떻게 느꼈는지 아이에게 물어보라. 주로 사용하지 않는 손으로 대답하라. 의식적으로는 모를 수도 있지만, 불신을 멈추고 자신이 쓴 글은 전부 진실을 담고 있다는 사실을 믿어라.

어린 시절을 많이 기억하지 못할 수도 있지만, 글을 쓰기 시작하면 더 많은 것이 떠오를 것이다. 가족으로부터 어린 시절에 대한 정보를 수집하고, 출생, 사망, 이사, 절친, 학교 교사, 질병을 포함한 매년 일어난 사건과 추억을 나열하라. 사건, 여행,

발견, 추억, 사람에 대한 감정을 찾기 위해 아이와의 대화를 작성하라.

아이의 부모 되기

좋은 부모는 아이를 존중하고, 경청하고, 공감하고, 위로하고, 격려하고, 지도한다. 부모도 한계를 설정한다. 아이와 함께 이러한 양육 기술을 연습하면 시간이 지나면서 개방적이고 사랑스러운 관계를 형성할 수 있다.

아이 양육하기

양육과 조건 없는 사랑의 보편적인 상징은 지구, 마돈나, 기타 종교의 여신이다. 내면 아이 보살피기는 수용, 이해, 사랑으로 시작한다. 공동의존자는 다른 사람을 사랑하기는 쉽지만 자기 자신은 사랑하지 않는다는 사실을 알게 된다(제10장 참조). 어떤 공동의존자는 다른 사람을 돕고 자신을 소홀히 대하기 때문에 지치고 분노한다. 자신을 보살피기 시작하면 다른 사람을 보살필 때, 더 건강한 경계선이 생긴다.

수년 동안 내면 아이를 판단하고 몰아붙이고 꾸짖고 학대하고 유기하고 방치하였다면, 다음의 방식으로 내면 아이를 보살피고 경청하고 대화하여 신뢰의 다리를 쌓기 시작한다.

✓ **경청하기**: 아이의 마음을 경청할 수 있는 조용한 자신의 시간을 만든다.
✓ **미러링**: 아이가 하는 말을 그대로 반복하고 말한다. "슬프다고 들었어."와 같이 감정에 이름을 붙인다.
✓ **이해하기**: "그런 대접을 받은 것은 부당했어. 많이 힘들었구나."
✓ **수용하기**: "괜찮아. (화가 하거나 절망적이거나 혼란스러운) 감정은 나쁘지 않아." 모든 감정은 괜찮다.
✓ **공감**: "너의 마음을 알아."
✓ **위로와 편안함**: "항상 이렇게 느껴지는 않을 거야. 더 좋아질 거야."

✓ 격려: "넌 할 수 있어. 우리는 함께 할 거야."
✓ 조건 없는 사랑: 거울을 보며 "사랑합니다."라고 말한다. 상처 입은 것처럼 보이는 부분까지도 사랑한다라고 말하라.

 다음을 수행한다.

1. 주로 사용하지 않는 손으로 일기를 적으면서, 아이가 자신이 받은 양육에 대해 어떻게 느끼는지 살펴본다. 아이를 실망시킨 방법에 대해 구체적으로 이야기하도록 격려한다. 자세한 내용으로 아이의 필요에 대한 중요한 정보를 알 수 있다. 아이가 어떻게 사랑받기를 원하는지 알아보라.
2. 먼저 아이에게 사과하고 자신의 행동을 신뢰할 수 있도록 증명하라. 결심과 약속을 지키라. 그렇지 않으면 아이는 버림받았다고 느끼고 다시 숨어 버릴 것이다.
3. 아이에게 연애편지를 쓰라. 자신이 사랑하는 것에 대해 구체적으로 말하고 거울에 비친 자신을 보며 큰 소리로 읽으라.
4. 자신이 어떻게 느끼는지, 현재 무엇을 원하는지, 무엇이 필요한지 자신에게 물어보는 연습을 하라.

내면 아이 보호하기

내면 아이는 모든 감정이다. 경계선이 필요하거나 통제할 수 없다고 느낄 것이다. 아이가 화가 나서 물건을 부수거나 자기 자신이나 다른 누군가를 해치고 싶을 수도 있다. 아는 사람에게 부적절하게 폭언하거나 부적절하게 신뢰하거나 학대하거나 유기하는 사람을 사랑할 수 있다. 어떤 경우, 아이가 반항적이거나 고집 피우거나 자신의 웰빙에 필요한 일을 하기 두려워한다. 아이가 운동, 수면, 일, 의사 만나기를 싫어할 때, 아이가 원하는 대로 내버려 두면 자신에게 좋지 않다.

좋은 보살핌은 분노를 해소하고, 분노 표출의 한계를 설정하고, 분노의 건강한 출구를 찾기 위해 보호와 지도가 필요하다. 자신이 설정한 선을 지키려고 노력하라.

예를 들어, 일을 끝내고 충분한 휴식을 취하고 건강에 좋은 음식을 먹고 운동한다. 보살피는 부모는 내면 아이의 기분과 반항에 귀를 기울이고 공감한다. 그런 다음 부모는 지침을 제공하고 한계를 설정하여, 어떤 것은 불쾌하지만 장기적으로 자신에게 도움이 된다고 설명한다(책임에 대해서는 제12장 참조). 아이와 성인의 관점을 타협할 수 있도록 중재한다.

아이가 두려움을 느끼고 있을 수 있고 안심과 격려가 필요할 수 있다. 때로 그런 두려움이 직관적인 경고가 될 수 있다. 아이가 계속 무언가 하기 싫어하는 경우라면 더욱 그렇다. 대화를 통해 탐색해야 하는 더 깊고 타당한 이유가 있을 수 있다.

보호적인 부모는 또한 아이의 옹호자이고 세상에서 자신을 옹호하는 자기 일부다. 내면 아이가 자신을 보호하기 위해 무엇을 하길 원하는지 알아보라. 학대당했거나 아무에게도 보호받지 못했거나, "아니요." 혹은 "그만 하세요."라는 말을 할 수 없다면, 다른 사람에게 맞서는 연습이 필요하다(경계선 설정하기에 대해서는 제13장 참조). 이 장의 뒷부분에서 설명하는 심리치료는 자신의 목소리를 찾고 외상을 치유하는 데 도움이 된다. 먼저 다음 제안에 따라 시작하라.

- ✓ 주먹을 쥐고 발을 구르며, "나는 할 권리가 있어."라고 반복해서 말한다. 큰 소리로 계속 말하고, "존중받을 권리가 있어." "안전하다고 느낄 권리가 있어." "성장할 권리가 있어." "경청받을 권리가 있어." 등과 같이 다른 단어로 빈칸을 채우며 말한다.
- ✓ "싫습니다." "그만 하세요." "어떻게 감히." "그렇게 하지 마세요."라고 말하는 연습을 한다.
- ✓ 내면 아이가 자신에게 어떤 메시지를 전달하는지 파악한 다음, 역할극으로 연습한다. 자신이 대화하고 싶은 사람이 빈 의자에 앉아 있다고 상상한다. 일어

서서 자신이 하고 싶은 말을 단호하게 이야기하는 연습을 한다. 설명 없이 한 문장으로 만든다(실제 메시지는 더 길어질 수 있다. 설명하지 않고 원하는 것을 간결하게 말하는 연습을 하라).

✓ 자기방어 훈련을 위해 호신술 수업을 듣는다.

수치심 치유하기

수치심도 분노나 두려움처럼 왔다가 사라지는 감정이다. 그러나 공동의존자는 수치심을 내면화하여 자신이 수치스럽다고 생각하는 사람이다. 공동의존자는 자신이 나쁘거나 사랑스럽지 않고 죄책감이 있고 이기적이거나 나약하거나, 이전에 경험한 학대에 대한 책임이 자신에게 있다고 생각한다. 이는 진실이 아니다(제3장, 제7장 참조). 어린아이는 결백하다. 이전에 무슨 말을 들었든지 자기 자신도 결백하다. 비난받거나 추궁받지 않았어도 아마도 자기 자신을 비난하거나 추궁할 것이다.

아이가 경계선을 설정하거나 부모 곁을 떠날 힘이 없을 때, 살아남아야 하고 안전한 느낌을 갖기 위해 부모를 이상화하고 긍정적인 특성을 부여한다. 차갑고 경직된 부모에서부터 예측 불가능하거나 통제 불가능한 부모를 둔 아이들은 '엄마(혹은 아빠)는 자기중심적이고, 나를 신경 쓰지 않고 신뢰할 수 없어.'라고 생각하기보다 '내가 착한 아이라면 엄마(혹은 아빠)가 나를 사랑할 거야.'라고 믿는다. 이런 믿음이 더 위안이 된다. 진실은 무섭고 절망으로 이끈다. 자신이 착하게 행동하면 비판과 학대를 피할 수 있다고 믿는 통제감이 아이에게 생긴다. 어떤 아이는 사랑받고 안전감을 느끼기 위해 힘이 있거나 성공하거나 강해지기 위해 노력하는 반면, 어떤 아이는 안전감을 느끼기 위해 뒤로 물러선다. 내적 비판가는 선택한 특정 역할에서 벗어날 때마다 자기 자신을 판단한다. 문제는 이런 대처 기제가 더는 도움이 되지 않는다. 자신의 감정, 선택, 행동을 제한할 때까지 무의식적으로 계속된다.

공동의존자는 부모가 자신이나 형제자매를 향한 학대를 멈추지 않았던 것에 대해, 그런 부모로부터 보상을 받거나 기뻐한 것에 대해서도 자신을 비난한다. 어떤 공동의존자는 자신이 청소년이나 성인이 되어서도 학대를 받았던 일에 대해 부모에게 더 일찍 맞서지 못한 것에 대해 수치심을 느낀다. 공동 의존자의 반응은 아주 어렸을 때 이미 형성되었다. 다르게 반응할 수 있는 정서적·정신적 성숙도가 없었다는 사실도 모른다. 학대받더라도 부모의 사랑과 애정을 바라고 필요로 하는 것은 당연하다. 아이는 성장에 필요한 사랑을 받기 위해 무엇이든 한다. 아이는 자신이 부모의 행동을 유발하지 않았고 부모의 행동을 바꾸거나 멈출 수 없었다는 사실을 이해하지 못한다(때로 성인이 되어서도 오래 지속됨). 어쩌면 자신이 누군가의 행동을 유발하거나 변화시킬 수 있다는 환상이 있을 수도 있다. 보통 부모와의 관계를 개선하려는 시도는 현재 연애 관계에서 재현된다.

수치심을 치유하는 방법은 다음과 같다.

- ✓ 제3장과 제10장을 읽고, 언제, 어떻게 수치심을 느끼는지 설명하세요.
- ✓ 제7장을 읽고 수치심의 원인을 파악하세요.
- ✓ 제10장의 제안과 같이 폭군 삼인방(비판가, 압박가, 완벽주의자)과 함께 작업하세요.
- ✓ 내면 아이에게 귀를 기울이고 이야기하세요. 내면 아이에게 잘못이 없음을 반복해서 알리고, 자신에 대한 가정과 부정적인 믿음에 대해 의문을 제기하세요.
- ✓ 어떤 일이 있어도 자신의 내면 아이에게 사랑한다는 사실을 알리세요.
- ✓ 공동의존과 학대에 관한 자료를 읽으세요(제17장 참조).
- ✓ 지지 집단이나 12단계 프로그램에 참여하여 자신에게 어떤 일이 일어났는지 공유하세요(제18장 참조).
- ✓ 이 장의 뒷부분에서 논의된 외상 치료를 시작하세요.
- ✓ 저자의 책, 『수치심 정복하기와 공동의존: 자신을 진정으로 자유롭게 하는 8단계(Hazelden)』를 수행하세요.

상실 애도하기-치유되는 느낌

과거의 고통에 대해 알고 있거나 부정할 수도 있다(제4장 참조). 건강한 가정에서 자란 사람을 포함한 모든 사람은 어린 시절에 실망했다. 공동의존자는 다른 사람보다 더 크게 실망했다. 또한 역기능적 가정에서 자랐어도 대부분의 시간 동안 행복했을 수도 있다. 가족생활에는 애정, 웃음, 재미와 더불어 상실도 있다. 애도를 방해하는 것은 다음과 같다.

- ✓ 합리화: "부모님은 최선을 다했어요." 또는 "부모님은 잘 모르세요." 이런 진술이 사실이어도, 부모가 자신에게 끼친 영향을 부정한다.
- ✓ 정당화: "아버지는 힘든 어린 시절을 보냈어요." 또는 "저는 다루기 힘든 아이였어요."
- ✓ 최소화: "그렇게 나쁘지는 않았어요. 저보다 훨씬 더 힘들게 살아온 사람이 있어요."
- ✓ 회피: 감정을 피하려고 중독(음식, 일, 관계 포함)을 사용한다. 과거에 일어난 일로 치부하고 현재는 자신을 괴롭히지 않는다고 생각한다. '슬픔은 아무것도 바꾸지 못해요.' 또는 '어쨌든 부모님은 돌아가셨다.'
- ✓ 주지화: "나는 모든 일에 대해 알고 있어요." 하지만 감정은 없다.
- ✓ 성급한 용서: 슬픔을 극복하기 전에 용서하면 애도 과정이 중단되고 자신은 꼼짝하지 못하게 된다. 건강한 감정 표현을 차단한다.

 이 책을 읽으면서 공동의존의 원인에 대해 처음 알게 되었어도, 지식은 여전히 지식이다. 학대받은 어린 시절에 대해 모두 알고 있어도 어린 시절의 사건과 가족의 행동이 자신에게 미치는 영향과 당시의 감정과 현재의 감정을 연결시켜야 한다. **치유되는 느낌**이 일어나야 한다.

소중한 누군가 혹은 소중한 무언가를 상실했을 때, 감정이 일어나는 것은 자연스럽다. 역기능적 가정에서 성장하면서 상실을 경험하면 감정을 표현하지 못한다(제 7장 참조). 표현하지 못한 감정 에너지는 몸에 저장된다. 감정을 방출하지 않으면 우울증과 만성적인 정서적 · 신체적 증상으로 나타난다. 자신의 상처를 확인하고 감정을 느끼고 다른 사람과 감정을 공유하는 것이 치유다. 과거에 대해 울거나 분노할 수도 있지만, 신뢰할 수 있는 사람이 증인이 되어 주는 것이 중요하다. 그렇지 않으면, 고통 속에서 자신을 위로해 줄 사람이 없었던 어린 시절이 반복될 수 있다. 점차, 과거와 감정이 자신의 힘을 잃어버리게 한다.

 치유하기 '좋은' 시간은 절대 없다. 작업을 미루면 불행과 공동의존이 영속화되어 미래가 없어진다. 애도는 시간이 흐르면서 일어나는 과정으로, 때론 수년 동안 지속되기도 한다. 전문가의 도움을 받는 것이 현명하다.

잃어버린 어린 시절

자신이 무엇을 잃어버렸는지 모를 수도 있다. 청각장애인으로 성장했다면 음악 소리를 모를 것이다. 보살핌을 받아 본 적이 없다면 어머니 목소리의 푸근함을 모를 것이다. 아버지와 친밀한 관계를 경험해 보지 못한 사람은 아버지의 무릎에 앉아 본 적도, 자신에게 미소를 짓는 모습을 본 적도, 친절한 말을 들어본 적도 없었을 것이다. 이는 대부분 아이가 당연하게 여기는 것들이다.

상실은 자신에게 고유하다. 기억을 되살리는 데 도움이 되는 목록은 다음과 같다.

- ✔ 사랑하는 사람이나 반려동물의 죽음, 이별 경험하기
- ✔ 친구들이 할 수 있었던 모든 것을 자신은 할 수 없었던 사실에 대해 알기
- ✔ 행복하고 평온한 어린 시절이 결여된 느낌
- ✔ 행복한 어린 시절을 보냈다는 환상 내려놓기
- ✔ 부모에게서 받지 못한 조건 없는 사랑에 대한 소원 포기하기

✓ 학부모 회의, 체육 행사, 졸업식, 공연, 시상식에 불참한 부모

✓ 수줍음이 너무 많아 친구가 없음

✓ 부모와의 관계에서 뭔가가 빠져 있어서 다른 사람을 동경함

✓ 혼자서 고통을 겪거나 대화할 사람이 없음

✓ 신체적 또는 정서적으로 버림받음

✓ 부모의 이혼과 그 결과 경험하기

✓ 격려, 지도, 재정지원을 받지 못함

✓ 부모가 보지 않거나 이해하지 못함

✓ 상속에서 제외됨

✓ 가정이 안전하지 않다고 느끼거나 가족을 신뢰하지 않음

✓ 과거로 인한 피해, 잃어버린 시간, 치유하기 위해 지금 써야 하는 에너지와 돈에 대해 알기

✓ 대가족을 그리워함

✓ 휴일, 생일, 휴가를 망친 경험, 혹은 휴일, 생일, 휴가를 보낸 적이 없음

✓ 친밀감과 건강한 관계를 즐길 수 있는 능력이 부족함

✓ 자존감과 사랑할 수 있는 능력이 손상된 느낌

✓ 자발성, 기쁨, 즐거움과 같은 특정 감정의 상실

✓ 근친상간이나 강간으로 인한 순결의 상실

✓ 달성 가능한 성공이나 목표 상실

상실이나 기타 손실에 대해 자신이 기억할 수 있는 한 상세하게 한 단락의 글로 작성하라. 당시에 느꼈던 감정과 오늘 느낀 감정에 대해 적어라. 신뢰하는 사람 앞에서, 자신이 쓴 글을 읽어 보라.

애도의 얼굴

일반적으로 애도에는 슬픔과 울음이 수반된다고 믿는다. 애도는 다양한 요소로

구성되며, 다양한 모습과 단계가 있다. 애도는 과거에 대해, 다양한 감정에 관해 이야기하는 것이다. 자기 집착을 느낄 수 있고 한동안 그런 집착이 지속될 수도 있다. 다음을 경험할 수 있다.

- ✓ 기분 변화
- ✓ 피로, 소진
- ✓ 기억 소실
- ✓ 강박 사고
- ✓ 혼란
- ✓ 길을 잃어버리고 목적이 없고 의미가 없는 느낌
- ✓ 텅 비어 있고 무질서한 느낌, 생각하기 어려움
- ✓ 적개심, 자기 연민, 비통함을 포함한 분노
- ✓ 수치심, 죄책감
- ✓ 막힌 느낌, 앞을 향해 나아갈 수 없음
- ✓ 무망감
- ✓ '내가 ~했더라면' 하는 생각
- ✓ 울음, 비통, 슬픔
- ✓ 죽음, 우울, 공허감, 비현실감

 이와 같은 감정들을 경험하는지 알아차리라. 감정을 적고 그 감정이 현재와 과거의 상실과 어떻게 연결되는지 살펴보라. 현재의 상실이 과거의 상실을 떠올리게 하는가?

애도는 항상 일정한 패턴을 따르지 않는다. 전문가들은 애도를 단계별로 나누었다. 순서대로 단계를 경험할 수도 있고 처음부터 반복하여 순환할 수도 있다. 엘리자베스 퀴블러-로스는 애도 과정을 다섯 단계로 나누었다. 전문가는 대부분 죄책감을 애도의 한 가지 단계로 본다.

✓ 부정: 자신이 괜찮다고 생각하거나 어린 시절이 행복했다고 믿는다. 부모의 행동을 최소화하거나 변명한다(제4장 참조).

✓ 분노: 분노는 오래 지속될 수 있다. 분노에 갇혀 있지 말고 슬픔을 허용하는 것이 중요하다(제3장 참조).

✓ 타협: 과거에 '~만 했더라도'라고 생각하거나 미래에 대해 신과 거래한다. 전남편(처)이나 부모에게 영향을 미치려는 시도가 반복적으로 실패했다.

✓ 우울: 공허감과 무망감이 포함된 비통함과 슬픔으로 인한 우울감이다.

✓ 수용: 자신에게 일어난 일을 잊어버려야 하거나 전부 괜찮다는 의미가 아니다. 자신에게 일어난 일에 대해 부정하지 않고 강한 감정을 느끼지 않고 객관적으로 자신의 과거를 바라보게 된다.

많은 공동의존자, 특히 여성은 화가 나면 슬픔을 느낀다. 어떤 사람은 울거나 슬픔을 느끼지 못하고 분노만 경험한다. 슬픔과 분노는 모두 애도의 필수 단계다.

공동의존자는 자신이 느껴야 할 죄책감보다 더 많은 죄책감을 경험한다(죄책감에 대해서는 제3장, 자기 용서에 대해서는 제10장 참조). 자신의 죄책감이 다음과 관련 있는지 생각해 보라.

✓ 애도를 피하려고
✓ 다른 사람의 행동에 책임을 지고 있어서
✓ 너무 어려서 책임을 질 수 없을 때 내린 선택이어서
✓ 자립에 대한 자연스러운 욕구나 정당한 분노로 인해 타인에게 고통을 주어서

실천할 수 있는 작업은 다음과 같다.

✓ 각 상실에 대한 감정을 파악한다. 어떤 단계의 경험을 했는가? 진행 과정을 판

단하지 말라.
✓ 부모의 행동을 정당화하거나 자신을 탓하지 않고 감정을 허용한다.
✓ 안전한 곳에서 감정을 공유하고 분노를 발산할 수 있는 생산적인 방법을 찾는다.
✓ 부모에게 다음 내용의 편지를 쓴다.
  • 부모가 자신에게 한 일
  • 그때의 기분
  • 지금 기분
  • 기분이 자신에게 미친 영향
✓ 신뢰할 수 있는 사람 앞에서 편지를 읽는다.
✓ 부모가 의자에 앉아 있다고 상상하고 편지를 소리 내어 읽는다.
✓ 깊이 이완하고 부모를 상상하고 편지 내용을 공유한다.
✓ 오늘 부모에게 원하는 것이 무엇인지 생각한다.

수용하고 계속 나아가기

애도와 분노가 성장을 방해한다. 수용은 앞을 향해 계속 나아가게 하는 열쇠다. 부모는 운명이고 좋든 싫든 자신의 일부다. 부모를 향한 조건 없는 사랑이나 분노는 현실과 용서에 대한 객관적인 평가로 대체된다. 자신의 감정을 방어하기 위해 부모의 행동을 이해하는 것이 아니다. 수용은 또한 사과, 후회, 수치심 없이 현재의 자신을 용서하고 받아들이는 것이다.

어떤 사람은 용서가 치유에 필요한지 묻는다. 용서가 애도를 우회해서는 안 된다. 용서는 자연스러운 결과다. 치유는 과정이다. 너무 성급히 용서하면 치유가 중단될 수 있다. 너무 오래 용서를 보류하면 앞으로 나아가는 것에 방해가 된다. 해결되지 않은 분노와 적개심이 죄책감, 낮은 자존감, 수치심으로 바뀌고 현재의 관계로 흘러 들어갈 수 있다.

어떤 것이 용서이고 용서가 아닌지 명심하라.

✓ 상처와 분노를 놓아준다는 의미다.

✓ 보복이나 보상에 대한 욕구를 놓아준다는 의미다.

✓ 가해자의 행동을 용인한다는 의미가 아니다.

✓ 잊는다는 의미가 아니다.

✓ 반드시 친구가 되거나 관계를 맺는다는 의미가 아니다.

✓ 학대자를 신뢰하거나 학대자에게 취약하다는 의미가 아니다.

애도가 마무리되면 애도하지 않았던 때보다 살아갈 수 있는 새로운 희망과 에너지가 생긴다. 자신의 어린 시절과 부모를 받아들인다. 짐이 덜어지고 가벼워진다. 과거의 통제를 받지 않고 미래에 집중할 수 있다. 자존감, 자기 긍휼, 안녕감을 얻는다. 더 현실적이고 건강한 방식으로 신뢰하고 사랑할 수 있는 위험을 감수한다.

직면

직면에 대한 완전한 논의는 이 책의 범위를 벗어난다. 자신에게 상처를 준 사람과 직면하여 치유할 필요는 없다. 그 사람이 이미 사망했거나 너무 늙었거나 약해져 있을 수도 있다. 개인적으로 직면하려고 결정하든 아니든 이 책의 제안들을 따르라. 부정에서 벗어나 지지 체계, 자존감, 경계선, 단호한 의사소통을 견고히 한다. 애도, 분노, 수치심을 치유한다. 모든 것이 직면을 위한 중요한 준비다.

직면은 자기 자신을 위한 것이어야 한다. 상대가 마법처럼 변할 것이라는 비현실적인 기대는 하지 말라. 공격받을 준비를 하라. 아마 수년 동안 유지되어 온 부정에 도전하고 있을 것이다. 자신이 상대로부터 무언가를 얻는 데 초점을 맞추면, 아마 실망할 것이다. 복수를 원한다면, 해결되지 않은 분노를 다루어야 한다. 직면은 죄책감을 느끼게 할 수도 있다. 직면은 언젠가 자신이 바라는 화해를 막거나 연장시킬 수도 있다.

부모나 학대에 직면하기 전, 다음 질문에 답해 본다.

✓ 동기는 무엇인가?
✓ 무엇을 성취하고 싶은가?
✓ 무엇을 기대하는가?
✓ 최악의 결과를 상상해 본다. 그렇게 살 수 있는가?
✓ 강력한 지지 체계가 있는가?
✓ 부정해 왔던 일이 발생했을 때, 자신은 안전한가?
✓ 자신의 잘못이 아니라는 사실을 알고 있는가?
✓ 가족에게 요구하고 싶은 것은 무엇인가?
✓ 그들과 연을 끊고 살 수 있는가?
✓ 비난과 분노의 보복을 다룰 준비가 되어 있는가?
✓ 반응이 없으면 어떻게 할 것인가?

직면하기로 결정한 경우, 다음을 연습하고 친구나 치료자와 함께 직면을 준비하라.

✓ 이야기할 내용을 적고 큰 소리로 연습하라.
✓ 미래 관계에서 필요한 경계선과 자신이 원하는 것에 대해 언급하라.
✓ 쉽게 피할 수 있는 장소에서 만날 계획을 세우라.
✓ 중간에 끊지 않고 경청하도록 요청하고 연습한 내용을 간결하게 설명하라.
✓ 가족의 반응을 감당할 수 없었거나, 가족에게 의존하고 있거나, 아무 이득 없이 더 많은 학대에 노출될 수 있는 등, 어떤 이유로든 직면을 포기하기로 결정

해도 자신을 판단하지 말라.

외상 치유하기

 외상은 정서적 · 육체적 · 환경적일 수 있다. 외상은 지진을 경험하는 것에서부터 괴롭힘을 당하는 굴욕에 이르기까지 다양하다. 이 부분의 초점은 스트레스가 많은 사건 혹은 발생한 사건에 대처하는 자신의 능력을 압도하는 상황이 지속되는 정서적 외상이다. 어떤 종류의 학대나 이혼과 같이 어린 시절의 어떤 상실은 외상적이다. 강렬하거나 애매하지만, 수치심을 자주 경험하는 것도 외상이다.

외상의 종류

공동의존과 관련된 외상화(traumatization)는 보통 아주 어렸을 때 시작되기 때문에, 건강한 성인으로서 대처 기술을 미처 개발하지 못했다. 따라서 외상 사건은 현재보다 그 당시에 더 큰 영향을 끼쳤다. 공동의존은 성인이 되어서도 버림받음이나 외상 사건을 다시 경험하게 할 수도 있다. 외상 사건의 예는 다음과 같다.

✓ 배신
✓ 지속적인 비판을 포함한 학대
  학대는 애매하거나 은밀할 수 있고, 지속된다면 폭력만큼 해롭다. 신체적 · 성적 학대는 신체적 · 정서적 외상이다(제3장, 제7장 참조).
✓ 중독 또는 중독자와 함께 생활하기
✓ 사랑하는 사람의 사망, 신체적 혹은 정서적 유기
✓ 통증

✔ 동료, 형제자매의 놀림

✔ 방치

✔ 신체적 고통, 상해, 유기에 대한 위협

✔ 무력감

✔ 가난

✔ 가치 있는 대상의 실제적 또는 위협적 상실

✔ 정서적 유기

✔ 생존자 죄책감을 포함하여 다른 사람의 외상 목격하기

외상의 증상

외상은 주관적인 경험이고 사람마다 다르다. 가족 내에서, 자녀마다 동일한 경험과 외상에 대해 다르게 반응한다. 증상이 있다가 사라질 수 있고, 사건 이후 몇 년이 지나서야 없어지기도 한다. 외상을 경험하기 위해 다음의 증상들이 전부 있지 않아도 된다.

✔ 외상을 상기시키는 유발 인자에 대한 과민반응

✔ 외상 유발 인자에 관한 생각, 경험, 언급 회피하기

✔ 한때 즐겼던 활동 회피하기

✔ 미래에 대한 절망감

✔ 기억상실을 경험하거나 외상의 일부를 기억할 수 없음

✔ 집중의 어려움

✔ 친밀한 관계 유지의 어려움

✔ 짜증을 내거나 화를 냄

✔ 압도적인 죄책감이나 수치심

✔ 자기 파괴적인 행동

✔ 쉽게 겁을 먹고 깜짝 놀라는 행동

✓ 지나치게 경계하기, 지나치게 두려워하기

✓ 없는 것을 듣거나 보는 것

✓ 한정된 감정 보이기-때로 무감각하거나 메마른 감정, 감정이 타인 또는 사건과 분리되어 있음

✓ 개인화되지 않은 느낌-자아 상실, 신체나 환경으로부터 단절 등, 마치 몸만 움직이는 느낌

✓ 과거 사건 장면의 플래시백이나 재현

✓ 과거에 대한 꿈이나 악몽

✓ 불면증 경험

✓ 공황발작 경험

외상 후 스트레스 장애(PTSD)는 외상을 경험했거나 중독자와 함께 성장한 공동의존자에게서 흔하다(PTSD에 대한 자세한 내용은 존 와일리와 선즈에서 출판한 마크 굴스턴 박사의 『초보자를 위한 외상 후 스트레스 장애』, Dr. Mark Goulston, John Wiley & Sons, Inc. 참조).

진단은 최소 30일 동안 지속되는 특정 개수의 증상이 필요하다. 유발 사건 이후 오랫동안 증상이 나타난다. 핵심 증상은 다음과 같다.

✓ 꿈, 생생한 플래시백, 반복되는 부정적인 생각의 형태로 나타나는 침투적 사고

✓ 폭력 영화 등과 같이 외상을 상기시키는 것에 대한 회피

✓ 외상을 잊어버리거나 수면을 피하거나 감정을 차단하거나 감각이 굳어버림

✓ 신경계의 예민성, 과민증, 소진, 이완과 수면의 어려움 등의 과잉 각성 상태

너무 오랫동안 이러한 증상이나 기타 증상을 겪어 왔기 때문에, 이를 정상이라 여기고 과거 사건에 대한 반응으로 보지 못한다. 외상은 삶을 쇠약하게 하고 빼앗는다. 보통 기분 변화, 우울증, 고혈압, 만성 통증과 같은 심각한 증상을 초래하는 다양한 외상을 경험한다. 외상과 공동의존을 치료하는 데 집중하라.

도움받기

고통스러운 감정을 이해하고 관리하는 데 도움을 줄 수 있는 훈련된 전문가와 일대일로 작업하는 것이 가장 이상적이다. 외상은 보통 신뢰, 안전, 순전함의 상실을 수반하기 때문에 애도와 외상이 겹친다. 이러한 감정은 시간이 흐르면서 흘러가지만, 저절로 사라지지는 않는다.

많은 치료가 외상 치료에 도움이 된다. 집단 환경에서 자신의 일에 관해 이야기하는 것도 도움이 된다. 하지만 감정을 표현하고 피드백을 받는 것이 안전하게 느껴지는 훈련된 치료자와의 일대일 작업만큼 효과적이지 않다. 효과적인 치료는 다음과 같다.

✓ **인지행동치료(CBT):** 외상과 관련된 생각, 감정, 신념을 변화시킬 때 권한다.

✓ **안구운동 둔감화 및 재처리 치료(EMDR):** 신념과 감정을 바꾸기 위해 안구의 움직임을 사용한다. 안구의 움직임은 뇌의 패턴에 영향을 미친다.

✓ **감정자유기법(EFT):** 감정 반응성을 감소시키는 지압법을 기반으로 한다.

✓ **합리적 정서적 행동치료(REBT):** 과거를 검토하지 않고 신념과 생각에 도전한다.

✓ **시각화:** 새로운 관점과 대처 전략을 얻기 위해 옹호자나 보호자의 도움을 받아 안전한 상황에서 사건을 재체험하여 사건의 영향력을 줄인다.

✓ **정신역동치료:** 유발 인자를 파악하고 생각과 신념을 바꾸고 외상으로 야기된 감정, 갈등, 증상을 다루고 경계선을 설정하고 자존감과 자기 긍휼을 증진하도록 돕는다.

✓ **둔감화:** 유발 인자에 대한 반응성을 줄이기 위해 다양한 형태의 치료에서 사용되는 기술이다.

✓ **신체 기반 외상 치료(SE):** 지각된 신체 감각에 초점을 맞추어 PTSD의 증상 및 정신적·신체적 외상과 관련된 건강 문제를 해소하고 완화하는 치료다.

✓ **12단계 프로그램을 포함한 지지 집단:** 일어난 일에 관해 이야기하고, 다른 사람의 말을 경청하면서 감정을 해소하고, 외상에 대해 알려 주고, 수치심을 해소

하고, 감정을 다루고, 자신감과 신뢰를 회복하는 데 도움이 된다. 지지 집단은 개인치료의 훌륭한 보조 치료다. 지지 집단은 일반적으로 자신이 경험한 외상의 개인적인 측면에 초점을 맞추는 데 필요한 비밀보장과 개인적인 관심에 주의를 기울이지 않는다.

제9장

진정한 자기에로의 초대

> 🪶 **이 장에서는**
>
> ✔ 자기 자신 알아 가기
>
> ✔ 자신의 필요와 욕구의 차이 구별하기
>
> ✔ 자신의 필요, 욕구, 감정, 가치 파악하기
>
> ✔ 진정한 자기되기

공동의존자의 정체성 감각은 손상되어 있다. 공동의존자는 "정상이란 무엇인가?" "나는 누구인가?"에 대해 알고 싶어 한다. 공동의존자는 자신을 다른 사람과 비교하고 공허감을 느낀다. 자신이 완전하다고 느끼기 위해 다른 사람이 필요하다. 자신이 누구인지를 알아 가는 것은 지속적인 과정이다. 또한 완전성을 향한 첫걸음이다.

내적 안내 체계 구축하기

대부분의 공동의존자는 다른 사람의 감정, 의견, 욕구, 필요를 수용하는 데 너무 익숙해서 자신의 감정을 파악하지 못한다. 감각적 단서의 일부인 자신의 본능과 생

물학적・감정적 충동을 알아차리지 못한다(제7장 참조). 내적 안내 체계가 자신의
필요와 감정에 관해 알려 주고 올바른 결정을 내리도록 도와준다. 또한 다른 사람과
상황을 정확하게 평가할 수 있게 한다. 어떤 공동의존자는 자신의 몸과 분리된 삶을
산다. 몸에서 뇌로 가는 피드백 고리가 제대로 연결되지 않아, 자신의 몸이 말하는
정보를 잘못 해석한다. 치유는 자신을 조율하고 의사소통을 재설정하는 일이다.

　　　　　자신이 좋아하는 것과 싫어하는 것, 자신의 신념과 가치를 생각해 보
고 진심으로 믿고 생각하는 것에 대해 개념화해 본 적 있는가? 아마도
공부하고 일하고 가정을 꾸리고, 부모나 친구, 상대가 바라고 의지하는
것에 어울리느라 바빴을 수 있다. 어떤 공동의존자는 자신에 대해 잘 알고 있을 수
도 있다. 하지만 자신이 아끼는 사람들을 실망시키거나 동의하지 않는 것을 두려워
한다. 배를 흔들지 않는 것이 더 유익하다고 판단하고 자신의 가치는 깨닫지 못한
다. 이럴 때마다 자기 자신을 버린다. 촛불이 꺼져 가는 것처럼 자기 자신은 뒤로 물
러서고 자신의 목소리는 점점 더 작아진다. 더 많이 자고 더 많이 먹는다. 자신이 즐
겼던 활동과 사람에게 관심을 잃어 간다. 자신의 모든 자연적인 생명력을 '억누른
다.' 관계에서 행복을 찾도록 기대하기 전에, 자신이 행복해지는 방법을 찾아야 한
다. 도전 과제는 자신이 자기의 가장 친한 친구가 되는 것이다.

혼자만의 시간

누군가를 알아 가고 친구가 되려면 함께 하는 시간이 필요하다. 묻혀 있는 자신의
진짜 모습이 수치스러울 수 있다. 모험을 떠나려면 인내와 안전이 필요하다. 자신과
친해지고 내면의 대화를 시작하려면 혼자 보내는 시간에 더 많이 전념해야 한다. 이후
에 다른 사람과 함께 있을 때 자기 자신을 확인해 본다. 공동의존자는 다른 사람에게
빠져들고 싶은 유혹을 받는다. 다른 사람들과 함께 있으면서 자기 자신을 알아 가기는
더 어렵다. 자기 발견의 여정이 시작되었다.

혼자 시간을 보내는 것은 혼자 TV를 보거나 책을 읽는다는 의미가 아니다(연애하고 있다면 이것마저도 어렵다). 이는 내면에서 일어나는 일에 진지하게 집중하고 마음이 흐트러지지 않는다는 의미다. 어린 자녀가 있으면 아이가 우선순위가 되기 때문에 더 어렵다. 자신을 우선순위에 두는 것은 새로운 일이다. 방해받지 않고 혼자 조용히 지내는 것이 낯설고 불편하게 느껴질 수도 있다. 하지만 이것이 자신을 알아 가고 영양이 풍부한 내적 자원을 발견하는 방법이다. 이를 얼마나 오랫동안, 잘 수행할 수 있을지 기대하지 말라. 한 번에 몇 분씩 하기 시작하면 더 쉽다. 많은 스트레스와 불안에 익숙해져 있고, 마음을 가라앉히는 데 시간이 걸린다. 다양한 호흡법과 명상 기술이 도움이 된다(제11장 참조).

자기 자각하기

누군가를 알아 가는 것은 사물에 대한 자신의 취향, 의견, 감정을 배우는 것을 의미한다. 자신에 대해 배우는 것도 똑같다. 함께 시간을 보낼 계획을 세우기 전에 직장이나 학교에서 누군가를 관찰하는 것처럼, 듣고 보는 것부터 시작하라. 다음의 연습은 자기 지식을 얻는 데 도움이 된다.

매일 글쓰기

일기를 쓸 노트를 준비하라. 자신의 감정과 생각을 쓰면 혼자 있는 시간에 집중하는 데 도움이 된다. 매일 자신이 어떻게 느끼는지, 어떻게 생각하는지, 오늘과 미래에 무엇을 하고 싶은지 쓰라. 어떤 사람은 아침에 일어나서 또는 하루를 마무리할 때, 떠오르는 것을 모두 적는다. 시작하기 힘들면 다음 문장으로 시작하라.

- ✓ "~에 대해 할 말이 없다."
- ✓ "난 ~하고 싶지 않다. 왜냐하면~"
- ✓ "내 마음은 텅 비어 있다. 마치~"

✓ "지금 기분이 ~하다. 왜냐하면~"

일반적으로 더는 쓸 것이 없다고 생각될 때까지 계속 쓰라. 차단하고 있는 인식이나 감정에 닿을 수 있다. 전날 밤의 꿈과 그 안에 있는 이미지와 사람에 대한 감정과 연상에 대해 적으면서 시작할 수 있다.

자기 인식

낮 동안 일어난 대화에 주의를 기울이라. 누군가와 대화하면서 내적 자기에 귀를 기울이도록 노력하라. 자신이 어떻게 느끼는지 궁금해하라.

✓ 자신도 모르는 사이에 얼마나 자주 동의하는가? 혹은 동의하지 않을 때도 얼마나 자주 공손하게 행동하는가?
✓ 듣고 싶지 않아도 들어 주는가?
✓ 불편한 침묵을 깨기 위해 말을 하게 되는가? 자신이 느끼는 것에 주목하라.
✓ 자신의 생각과 감정을 이야기하기보다 질문을 하는가?
✓ 칭찬이나 찬사를 간과하는가?
✓ 사과를 자주 하는가?
✓ 묵묵히 혹은 큰 소리로 자신을 비난하거나 다른 사람을 비난하는가?

하루를 마무리할 때, 기억나는 것을 모두 적고 다른 사람에게 자신을 어떻게 표현했는지 생각해 보라. 자신을 판단하기 위해서가 아니라 연구하는 것처럼 해야 한다. 다음 질문을 자신에게 던져 보라.

✓ 자신의 행동으로 자신에 대해 무엇을 알게 되었는가?
✓ 다른 사람과의 상호작용에서 실제로 느끼거나 생각한 점은 무엇인가? 모르겠다면, 생각해 보고 결정하려고 노력하라.
✓ 자신을 드러내지 않기로 의식적으로 결정했는가? 아니면 자동적으로 결정했

는가?

✓ 진정한 자신이 되지 못하게 멈추게 한 것은 무엇인가? 진정한 자신이 된다면 어떤 일이 일어나겠는가?

　누군가를 알아 가는 다음 단계는 당사자에게 물어보는 것이다. 지금 무엇을 하고 싶은지 자신에게 질문하라. 어떤 사람은 대답하지 못할 것이다. 낙담하지 말라. 자신이 어떤 일을 한다고 상상하고 어떤 감각이나 감정이 생기는지 알아차린다. 어떤 활동이 자신을 미소 짓게 하는지, 안도의 한숨을 쉬게 하는지, 흥분시키는지, 따뜻해지는지, 편안한 느낌을 주는가? 무엇을 하고 싶은지 알게 되면 그 일을 행동으로 실천하라. 그러나 그것을 실천하지 못하도록 멈추면 자신을 멈추게 한 생각을 쓰라. 누구의 목소리가 떠오르나요?

　자신과 더 친해지기 위해 직접 인터뷰하라. 간단한 질문부터 시작하라. 예를 들어, "내가 가장 좋아하는 색상은……" "내가 가장 좋아하는 음식은……" 과일, 채소, 디저트 등으로 바꾸어 질문한다. "내가 가장 좋아하는 영화는……" "학창 시절에 가장 좋아했던 과목은……" 음악, 동물, 옷감, 꽃, 스포츠, 취미, TV 프로그램, 책, 사람, 정치인 등에서 자신이 좋아하는 것과 싫어하는 것을 계속 알아본다.

　이제 더 많은 정보를 얻을 준비가 되었다. 종이에 다섯 칸을 그린다 (〈표 9-1〉 참조). 첫째 칸에 직장, 새 자동차 구입, 책, 친구, 직장 동료, 가족의 이름 등의 주제를 나열한다. 그런 다음 '좋아함' '싫어함' '중립' '이유'를 적는다. "내가 이 주제에 대해 어떻게 느끼는가?"라고 자신에게 물어보라. 자신이 그렇게 느끼게 된 이유가 무엇인지 생각해 보라.

〈표 9-1〉 자기 자신 알아 가기

주제	좋아함	싫어함	중립	이유
직장				
새 차 구입				

책				
친구				
직장 동료				
가족 이름				

자신의 의견을 공식화하고 자기 자신과 자신의 삶에 대한 감정을 알아 간다. 더 깊이 자세히 알아 간다. 다음 각 질문에 대해 한 단락의 글을 작성한다.

✓ 나를 가장 힘들게 하는 것은 무엇인가?

✓ 나 자신과 나의 신체 중에서 가장 좋아하는(덜 좋아하는) 점은 무엇인가?

✓ 나를 가장 흥분시키는 것은 무엇인가?

✓ 내가 한 일 중에서 가장 용감한 일은 무엇인가?

✓ 내가 가장 크게 위험을 감수했던 일은 무엇인가? 그로부터 무엇을 배웠는가?

✓ 나를 가장 성장시킨 일은 무엇인가?

✓ 내가 가장 자랑스러워하는 일은 무엇인가?

✓ 내가 극복한 가장 큰 도전은 무엇이었는가? 그 경험으로 무엇을 배웠는가?

✓ 나에게 가장 긍정적인 영향을 준 사람은 누구인가? 그 사람의 어떤 특성을 동경했는가? 그 특성을 나의 것으로 만들었는가?

✓ 나에게 가장 부정적인 영향을 준 사람은 누구인가? 어떤 영향을 받았는가?

✓ 가장 좋아하는 일은 무엇인가?

✓ 가장 고통스러웠던 경험은 무엇인가? 그로부터 무엇을 배웠는가?

몸에 귀 기울이기

몸의 소리를 들으면 두뇌 피드백 체계를 재활성화하는 데 도움이 된다. 몸을 움직이고 통제하는 방법, 몸이 원하는 대로 하고 있는지에 대해서는 알지만, 자신의 내적 감정 정보에 대해서는 모르는 운동선수나 댄서가 있다. 어떤 공동의존자는 자신의 몸을 정확하게 보는 데 어려움을 겪으며, 실제보다 더 크거나 더 말랐거나 덜 매력적이라는 왜곡된 자기 인식을 가지고 있다. 어떤 사람은 자신의 몸에 별로 신경을 쓰지 않는다.

몸은 자신이 파악하지 못하는 것들을 감지한다. 조용히 앉아 보라. 긴장을 풀기 위해 천천히 호흡하라. 자기 인식을 배나 심장에 두고 무슨 일이 일어나고 있는지 알아차리라. 어떤 종류의 온도, 색깔, 밀도, 소리, 움직임을 알아차리는가? 피드백이 올 때까지 긴장을 푼다. 감각 반응을 기다린다. 눈으로 보는 것보다 귀로 몸의 소리를 듣는다. 또한 자기 삶의 문제에 초점을 맞추고 그 문제에 대한 자신의 신체 감각에 귀를 기울인다. 단어, 느낌, 이미지를 얻을 수 있다. 이는 감정이 아니라 단순히 신체 감각이다. 보통 무거움, 가벼운 현기증, 메스꺼움 등은 모호하고 파악하기 어려운 감정의 전조다. 두려워할 필요는 없다. 무언가가 표면화되려고 한다. 인내심이 중요하다. 분석하거나 성급하게 결론을 내리지 말라. 감정과 이미지가 자신에게 말하게 두라. 감각이나 이미지와 대화를 시도해 보라. 다음과 같이 질문한다.

- ✓ "얼마나 오래 거기에 있었는가?"
- ✓ "시작될 무렵 무슨 일이 있었는가?"
- ✓ "이 일에 대해 내가 무엇을 알아야 하는가?"
- ✓ "이 문제의 가장 나쁜 점은 무엇인가?"
- ✓ "나에게 필요한 것은 무엇인가?"

눈을 감고 일어서서 몸을 살짝 앞으로 기울었다가 뒤로 젖힌다. 몸을 앞으로 기울이면 "예"를 의미하고, 뒤로 젖히면 "아니요"를 의미한다고 상상해 보라. 이제 가만히 서서 예 또는 아니요 질문을 던진다. 눈을 감고 자신의 몸이 어느 방향으로 기울이는지 보라. 훈련으로 단련되면, 이는 결정을 내릴 때 신체의 지혜에 접근할 수 있는 편리한 도구다.

자기 자신 알아 가기

자신의 감정, 필요, 욕구, 가치를 파악하는 것은 자존감을 형성하고 자신을 보살
피고 더 행복하고 더 만족스러운 삶을 살 수 있는 능력을 연마하는 중요한 단계다.

감정 파악하기

 감정은 자신의 길잡이이고 감정에 주의를 기울이고 경청하는 것이
중요하다. 감정은 내적 피드백 체계의 일부다. 감정 인식은 감정을 감
각 수준에서 느끼고 감정을 명명하고 표현하는 것이다.

많은 사람이 보통 자신이 느끼는 감정에 대해 잘 모른다고 말한다. 마음의 문을
닫고 자신의 감정을 완전히 부정했을 수도 있고(제3장, 제4장 참조) 무언가를 느꼈을
수도 있다. '화가 났다.'와 같이 일반적인 언급은 하지만, '기분이 좋다.' '기분이 나쁘
다.'와 같이 감정을 평가하지는 못한다. 어쩌면 정신적으로 감정을 언급할 수는 있지
만, 신체적으로 무엇을 '느끼지는' 모를 수 있다. 훈련으로 이것을 연결시킬 수 있다.

 감정 단어 만들기
대부분 감정은 다음과 같은 네 가지 기본 감정의 변형이나 조합이다.

✓ 슬픈
✓ 기쁜
✓ 화난
✓ 두려운

죄책감은 분노와 두려움의 결합이다. 수치심은 슬픔과 두려움의 결합이다. 불안
과 짜증은 각각 경미한 형태의 두려움과 분노다. 〈표 9-2〉에는 네 가지 기본 감정

과 관련된 몇 가지 감정들이 나열되어 있지만 실제 감정은 이백 가지가 넘는다. 얼마나 많은 감정을 구별할 수 있는지 알아보라. 이후에 감정이 생기면 이 장 앞부분에서 설명한 자기 인식 훈련을 활용하여 자신의 몸을 통해 감정을 느껴 보라. 감정

〈표 9-2〉 일반적인 감정

기쁜	화난	슬픈	두려운
환희	동요	유기	비관
고요함	성가심	소외	불안
긍휼	거만	패배	절망
자신감	괴로움	낙담	동요
흡족함	경쟁	우울	당황
즐거움	모욕	절망	폭로
헌신	방어	실망	제정신 아님
의기양양	경멸	좌절	죄책감
공감	혐오	환멸	주저함
열광	질투	공허	우유부단
흥분	격분	고독	불안정
용서	좌절	고통	질투
관대함	격노	무망감	긴장함
감사	굴욕	상처	강박적
행복	초조함	외로움	압도적
소망	분개	상실	공황
영감	짜증	후회	안절부절못함
기쁨	판단	거절	충격
사랑	열받음	자책	수줍음
열정	불쾌	수치심	의심
평화	분노	슬픈	공포
쾌활함	처벌	중요하지 않음	소심
강한	격노	불필요함	갇힘
자부심	원한	나약함	불편함
만족감	복수	무가치	걱정

의 색채와 감정에 수반되는 감각을 모두 구별하려고 노력하라. 열, 떨림, 소름 돋음, 긴장을 느끼는가? 이는 자신의 감정 데이터베이스와 감정을 파악하고 전달하는 능력을 형성한다. 자신이 놓친 것을 배우고 피드백 루프를 치유하는 신체와 마음의 기억을 쌓아 간다. 향후 어떤 느낌이 들 때 그 느낌을 인식할 수 있다.

감정 존중하기

자신이 느끼는 감정을 알고 있거나 한정된 수의 감정을 파악할 수 있는 공동의존자도 보통 수치심이나 다른 사람 때문에 자신의 감정을 존중하지 않고 공유하지 않는다. 일반적인 재구조화는 '이런 감정을 느끼는 나에게 무슨 잘못이 있겠지?'다. 10분 정도 시간을 허용하여 자신의 감정을 흘려보내지 않고, 몇 날 며칠 동안 감정을 판단하고 이에 저항하고 불행감을 경험하고 우울한 나날을 보낼 수도 있다. 이는 자신을 모욕하는 짓이다. 또한 자신의 감정이 불합리하거나 약하거나 위험하다고 말하는 것이다. 감정은 논리적이지 않지만, 감정만의 논리와 지성이 있다. 때로는 감정이 비합리적으로 보일 수 있지만, 좀 더 깊이 들여다보면 그럴 만한 충분한 이유가 있다. 표면 아래에 있는 감정을 느껴 보라.

감정은 허약함의 표시가 아니다. 감정은 그 자체다. 감정을 느끼는 것은 무엇이든 정당하며 그렇기에 감정을 느낄 권리가 있다. 감정을 무시하는 것이 위험하다. 이는 잘못된 결정과 건강 문제로 이어질 수 있다. 이유를 모르는 감정이 의사결정을 좌지우지해서는 안 된다. 보통 감정을 인정하지 않을 때 그렇게 된다. 마지막으로, 감정을 존중하는 것은 자신의 감정에 책임을 진다는 의미다. 어떤 누구도 자신에게 무언가를 느끼게 하지 못한다. 오직 자신만이 할 수 있다.

제7장의 가족 규칙과 메시지 목록을 살펴보라. 가족 규칙이 감정에 대한 자신의 태도에 어떤 영향을 주었는지 파악한다. 많은 사람이 부모의 규칙과 신념에 관해 모르거나 의심하지 않고 받아들인다. 가능한 한

많은 사람의 가족 규칙과 신념에 관해 알아보고 자신이 가족 규칙과 신념에 동의하는지 물어본다. 다른 사람의 신념에 관해 알아본다.

자신을 위한 새로운 규칙과 신념 목록을 만든다. 다음과 같이 시작한다.

✓ 나는 나의 감정에 대한 권리가 있다.

✓ 나는 감정을 변호할 필요가 없다.

✓ 나의 모든 감정은 다 괜찮다. 화가 나고 괴로운 감정도 괜찮다.

✓ 나 자신을 포함하여, 아무도 내가 무엇을 '느껴야 하는지' 말할 수 없다.

✓ 내가 느끼는 것은 지나갈 것이다.

✓ 나의 감정에는 가치와 지성이 있다.

✓ 내 감정을 느끼도록 허용하는 것은 건강하다.

감정 허용하기

감정 허용하기는 감정과 함께 걸어가는 것을 의미한다. 보통 내담자는 "내가 무슨 이유로 감정(화가 나거나, 상처받거나, 슬프거나)을 느껴야 하나요? 감정으로 어떤 것도 바뀌지 않잖아요?"라고 묻는다. 하지만 이런 결론은 사실이 아니다. 감정을 존중하고 허용하면 변화할 수 있다. 감정은 밀물과 썰물처럼 기복이 있다. 감정은 지나가지만 저항하면 지속된다. 표현하지 않으면 몸 안에 갇혀 관계에서 더 많은 고통과 문제를 일으킬 수 있다.

고통스러운 감정을 억누르면, 옆으로 튀어나와 폭발할 수 있고 자신을 방해할 수도 있다. 열정과 기쁨과 같은 좋은 감정까지도 걷힌다. 성적 흥미를 잃거나 열정이 사라지기도 한다.

공동의존자가 자신의 필요와 감정을 표현하지 않는 한 가지 이유는 과거에 수치를 당했거나 무시당했기 때문이다. 감정에 경청하지 않고 공감하지 않기 때문에 "왜 이렇게 성가시게 굴어?"라고 생각한다. 모든 사람이 자신의 가족처럼 반응할 거라고 가정하지 말라. 회복은 누가 신뢰할 수 있는 사람인지 분별하고 누군가의 반응을 개인적으로 받아들이지 않는 것이다.

자신의 마음을 열기 위해 노력하라. 가슴에 손을 얹고 마음이 열리는 상상을 하고 호흡하라. 화가 나면 움직이고 소리를 지르고 발을 구르고 고함치고 으르릉대라. 작업이 완료되면 해당 작업에 대한 경험을 쓰고 행동 실천이 필요한지 파악하라(감정을 표현하는 건강한 방법에 대해서는 제13장 참조). 이 부분에서 감정 허용이 필요하다. 감정을 받아들이고 표현하고 자신의 필요를 충족하는 것에 대해 생각한 다음, 필요한 경우 적절한 행동을 실천하라. 행동 실천의 결과는 다시 감정에 영향을 준다. 감정을 통해 자신이 실천한 행동으로 원하는 결과를 얻었는지 알 수 있다. 이것이 실수나 성공으로부터 배우는 방법이다.

　　[그림 9-1]은 필요에서부터 감정, 사고, 행동 실천, 결과로의 진행 과정을 보여 주며, 결과적으로 새로운 감정이 생긴다. 자신의 필요나 감정을 인식하지 못하면 행동 실천으로 필요를 충족하지 못하고, 부정적인 감정이 더 많이 생긴다. 충족되지 못한 필요가 증가한다. 그러나 필요가 충족되면 긍정적인 감정이 생긴다.

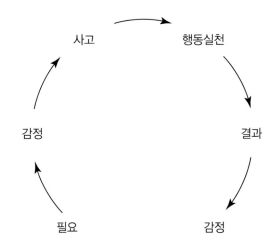

By Darlene Lancer

[그림 9-1] 필요와 감정의 순환

필요 파악하기

공동의존자는 자신의 필요와 욕구를 파악하고 표현하고 충족하지 못한다. 다른 사람의 필요와 욕구에 맞춰져 있고 이를 수용하는 데 익숙하다. 회복은 이를 되돌려 놓는다는 의미다. 자신에 대한 책임을 져야 한다(책임지기, 필요한 것, 원하는 것에 대한 소통 방법은 제10장, 제12장 참조). 우선, 자신에게 무엇이 필요하고 무엇을 원하는지 찾아야 한다. 이는 회복의 필수 단계다. 12단계 프로그램은 보통 이에 대해 다루지 않는다.

어떤 사람은 욕구는 인식하지만, 필요는 인식하지 못한다. 그 반대의 경우도 있다. 많은 사람이 이를 혼동한다. 필요 충족이 중요한 이유는 필요가 충족되지 않으면 정서적 고통을 느끼기 때문이다. 무슨 이유로 고통스러운지 혹은 어떤 필요가 충족되지 않았는지 모를 수 있다. 자신의 감정과 필요를 파악한 다음, 필요를 충족하고 좋은 기분이 들게 할 책임은 자신에게 있다. 예를 들어, 슬플 때 자신이 외롭고 사회적 관계가 필요한지 모를 수도 있다. 그렇지만 많은 공동의존자가 손을 내밀기보다 고립된다. 문제점과 해결책을 알고 나면 친구에게 전화하거나 사회 활동을 계획하는 등 행동 실천을 할 수 있다.

필요는 〈표 9-3〉의 일곱 가지 범주로 되어 있다. 목록에 추가할 사항이 있는가?

필요가 충족되면, 행복하고 감사하고 안전하고 사랑받고 쾌활하고 민첩하고 침착해진다. 충족되지 않으면, 슬프고 두렵고 화나고 피곤하고 외롭다. 자신의 필요가 충족되었는지 또는 충족되지 않았는지 생각해 보고, 자신의 필요를 충족시키기 위해 무엇을 할 수 있는지 생각해 보라.

〈표 9-3〉 필요에 대한 범주

정신적	사회적	감정적	자기 가치	자율성	영적	신체적
정보	가족	친밀감	진정성	목적	묵상	쉼
인식	상호작용	수용	정직	자기 가치	명상	피난처
반영	협동	존재 이해	자존감	목표	경외	음식
명료함	정의	사랑	자신감	창조성	질서	물
분별	신뢰성	애정	우정	독립성	감사	공기
이해	교제	지지	감사	권한 부여	소망	감각적 쾌락
정신적 자극	의사소통	돌봄	의미	자유	신앙	건강
학습	연결	열망	신실	자기표현	아름다움	건강검진
	관대	애도	타인 존중	고독	영감	운동
	놀이	양육		평화		안전 보안
	믿음	열정				성관계
		유머				

욕구 파악하기

　　욕구는 자신의 고유함의 표현이다. 어린 시절에 욕구를 충족시키지 못했다면(제7장 참조), 자신이 원하는 것을 그만뒀을 수 있다. 어떤 부모는 아이에게 물질적인 것은 주지만, 아이의 말을 경청하거나 보살피지 않는다. 어떤 부모는 아이가 감당할 수 없는 것을 원하거나 아이의 필요나 욕구를 충족시켜 주고 싶지 않아서 아이를 수치스럽게 여긴다. 부모는 책임을 지지 않고 진실을 인정하지 않는다. 자녀가 원하는 것을 주기보다는 자녀에게 필요하다고 생각하는 것을 주는 부모가 있다. 아이가 원하는 것을 들어주지 않는 것도 적절할 때가 있다. 그러나 아이의 실망을 위로해 주는 것이 중요하다. 욕구에 대한 고통스러운 경험은 '나는 원하지 않아야 한다.'라는 신념을 낳는다. 수치심을 느끼거나 실망하기보다 공동의존자는 자신의 욕구를 차단시킨다.

　많은 사람이 경제적 여유가 있어도 자신이 원하는 것을 사지 않는다. 어떤 사람은 놓쳐 버린 사랑에 끝없는 허기를 채우려고 무차별적으로 탐닉한다.

　신체적 · 정서적 · 재정적 제한에 관계없이 자신이 원하는 것이 무엇이든 할 수 있다고 가정하라. 다음 문장을 완성한다. "나는 정말 ……………………을 원한다." 가능한 한 대담하게 상상력을 발휘하라. 이 훈련을 즐겁게 실행하고 생각해 낼 수 있는 한 자세하게 쓴다. 자신의 욕구 중 하나가 목표가 될 수 있다. 그런 다음, 자신이 할 수 있거나 가질 수 있는 '욕구 목록'을 작성한다. 이에 대한 예는 다음과 같다.

✓ 미용하기
✓ 아이가 등교한 후 영화 보러 가기
✓ 합창단에 가입하기
✓ 농구하기
✓ 서핑 강습받기
✓ 춤추러 가기
✓ 딸기 심기
✓ 트램펄린 구매하기
✓ 외국어 배우기

　가장 쉬운 것부터 시작하여 목록에 있는 것을 전부 해 보는 것을 목표로 삼으라. 원하는 것을 못 하게 하는 내적 메시지에 귀를 기울이라. 적어 둔 목록에서 부모의 메시지가 떠오르는지 확인하라. 그런 다음 자신의 욕구를 뒷받침하는 주장에 대해 쓴다.

자신이 해야 하는 일을 작성한 다음, 그 일을 하고 싶은지도 표시하라. 어떤 것은 장보기와 같이 필수적인 필요를 충족시키는 일일 수도 있다. 이도 긍정적이다. 때로는 해야 하는 일이 원하는 일이 될 수도 있다. 해야 하는 일을 원하는 일로 바꿀 수 있는가? 어떻게 시작할지 설명하라. 〈표 9-4〉는 예시 목록이다.

〈표 9-4〉 해야 하는 일/원하는 일 목록

활동	해야 하는 일	원하는 일
체육관에서 운동하기	×	요가 수업 듣기
시험 공부하기	×	친구들과 공부하기
친구를 위해 선물 사기	×	×
장 보러 가기	×	밤에 쇼핑가기
도서관에 책 반납하기	×	×
어머니에게 자주 전화하기	×	일주일에 한 번 전화하기
개 산책시키기	×	친구와 함께 개 산책시키기

해야 하는 일과 원하는 일을 비교하라. 원하는 일을 하고 있지 않다면, 해야 한다고 생각하는 일로 삶이 좌우된다. 어떤 의무는 더 깊은 욕구를 반영한다는 사실을 명심하라. '의사에게 가야 한다.'는 실제 건강에 대한 더 깊은 욕구를 반영한다. '일하러 가야 한다.'는 특정 생활 양식을 제공하거나 직업 목표를 달성하거나 가족 부양에 대한 욕구를 나타낸다. 자신의 삶 속에 더 많은 욕구를 통합시키도록 노력하라.

자기 신뢰하기

감정과 지각을 부정하는 가정에서 성장했다면, 자신의 내적 단서, 즉 관찰, 인상, 감정을 신뢰할 수 없다고 배웠다. 그 결과, 자신의 감정을 믿고 결정을 내리는 능력이 손상되었다. 다른 사람에게 답을 구하며 자신의 삶을 포기한다. 또한 위험하거나 자신에게 좋지 않은 상황과 사람을 분별할 수 없고, 또다시 해를 끼치는 관계에서 신뢰할 수 없는 사람을 믿게 되고 더 많은 불신을 낳게 된다. 자기 자신의 말에 귀를 기울이고 감정을 존중하는 것은 자신을 신뢰하고 사랑하고 보호하는 일의 시작이다.

과거에 무시했던 작은 목소리에 귀를 기울이라. 결정을 내리기 전에 기다려라. 하고 싶은 일과 '해야 하는' 일을 알아차리라. 어떤 것이 언제, 어떻게 '옳다.' '벗어났다.' '불편하다.'고 느끼는지 주의를 기울이라. 이런 느낌은 논리적인 이유로 간과하거나 무시하기 전에 첫인상이 될 수도 있다. 결정을 내리지 못하고 혼란스러운 시간을 보내거나 분명해지기 위해 상황이나 사람에 대한 정보가 더 많이 필요할 수도 있다. 괜찮다. 서두르지 말라. 또한 시간이 흐르면서 누군가를 알게 되면 자신의 인상과 감정이 변한다는 사실을 알아차리라.

어떤 결정을 내릴 때, "나는 그것에 대해 어떻게 생각하는가?"라고 묻기 전에 "가장 사랑스러운 일이 무엇일까?" "나는 그것에 대해 어떻게 느끼는가?"이라고 자문해 본다. 다른 사람에게 물어보기 전에 스스로 결정하는 시간을 보내고 내면의 목소리에 귀를 기울이라. 강박사고나 정서적 반응으로 인해 어떤 행동을 취해야 할 것 같은 조급한 마음이 부추겨질 때 기다리는 것이 특히 중요하다(제12장 참조). 다른 사람의 제안을 받은 경우, 내면으로 다시 들어가 이러한 제안이 내적 단서와 일치하는지 확인하라. 이렇게 하면 할수록, 자신의 목소리는 더 강해지고 신뢰할 수 있다. 자신의 몸, 선택, 생각, 감정을 신뢰하기 시작한다. 자신의 삶이 자신의 것이 된다.

자신의 말을 경청하는 것은 자신의 열정을 발견하는 관문이기도 하다(제16장에서 논의). 다른 사람이 뭐라고 하든 자신의 마음을 따르는 것은 위험을 수반한다. 불충분한 정보에 따라 행동했거나 다른 사람, 상황, 자신의 필요, 한계에 대한 정보를 부정했기 때문에 잘못된 결정을 내릴 때가 있을 수 있다. 이런 경우, 자신을 비난하지 말고 다음에 더 좋은 선택을 하기 위한 학습 경험으로 생각하라. 이것이 자신감을 키우는 방법이다.

가치 파악하기

신조는 결정을 지배하고 감정에 영향을 주는 원칙, 개념, 신념으로 구성되어 있다. 자신이 가장 소중하게 여기는 것에 더 많은 시간과 관심을 기울인다. 자신의 가치가 훼손되면 화가 나거나 두려워질 수 있다. 온전함은 자신이 무엇을 위해 싸우는지 아는 것이다. 이것은 자아를 발견해 나가는 여정의 일부다. 다른 사람의 행동을 무조건 받아들이거나 자신의 핵심 신념에 반하는 행동을 하면, 자신의 순전함과 자존감이 손상되기 때문에 중요하다. 진정성은 가치, 신념, 행동의 통합을 의미한다. 즉, 자신의 '삶의 이야기를 향해 걷는다.' 반대에 부딪히더라도 자신의 가치를 지키는 것은 진정성과 개인적인 힘을 길러 준다.

 자신의 가치를 파악하기 위해 다음을 생각한다.

✓ 세상에서 가장 화나는 것은 무엇인가?

✓ 어떤 조직이나 자선단체를 지원하는가?

✓ 존경하고 존중하는 멘토나 공인은 어떤 사람인가? 이유는 무엇인가?

✓ 어떤 종교적 신념에 동의하고, 동의하지 않는가? 이유는 무엇인가?

✓ 정치적 견해는 무엇인가?

✓ 가장 좋아하는 책과 영화 장르는 무엇인가?

 다음 가치들 중에서 10개를 선택하고 10점(높음)에서 1점(낮음)까지 순위를 매긴다. 개인은 국가, 사회, 가족, 문화, 종교의 가치에 영향을 받는다. 다른 사람에게서 어떤 가치를 채택했는지, 어떤 가치를 자신의 가치로 삼을지 생각하라. 삶의 어떤 사건과 가족의 메시지가 자신의 가치를 형성했는가?

자유	종교	건강
평등	모험	성취
아름다움	자선	평안한 생활 양식
정의	교육	타인을 위한 봉사
인식	진정한 사랑	자연과 지구
우정	가족	진실
부	즐거움	존경
창의성	조화	긍휼

　자신의 가치를 알아보았으면 행동으로 표현되는 가치의 두 번째 목록을 만든다. 자신의 가치와 행동이 어떻게 일치하는가? 자신의 활동, 목표, 신념, 가치관이 일치하는지 자문해 보라. 언행이 일치하는지 확인한다. 일치하지 않을 때, 기분은 어떠한가? 한 가지 예는 가치있는 일은 하지 않고 시간을 허비하는 것이다. 자신의 가치와 그 가치에서 벗어나도록 영향을 준 계기에 대해 재평가하라. 어떤 가치는 꼭 있어야 한다고 생각하지만 실제로는 그렇지 않은 공허한 이상인가? 행동을 바꿔야 하는지 아니면 가치를 재조정해야 하는지 생각해 보라.

진정한 자기 되기

　진정성은 정직하고 진실하다는 뜻이다. 진정성은 말과 행동, 가치관과 동기 간의 일치나 정렬을 요구한다. 이를 위해, 자신을 알아야 하고, 알고 있는 것을 표현하고, 행동으로 실천하여, 자신을 점차 현실로 끌어들이는 위험을 감수해야 한다. 이는 공동의존을 극복하는 데 중요한 부분이다. 사람들은 반응하기보다 자신의 취약성을 드러내기 위해 치료와 12단계 모임에서 위험을 무릅쓰고 진솔한 행동을 한다. 명상, 글쓰기, 자기 수용(제10장에서 논의)은 자신과 다른 사람에게 더 정직해지도록 도와주는 방법이다.

자신이 싫어하는 모습에 대해 기꺼이 솔직해질 의향이 있는가? 이는 어렵다. 하지만 자존감과 진솔함을 향한 필수 단계다. 진실에 직면하고 수용하는 것이 변화의 시작이다.

어린 시절에 붙여진 꼬리표로 인해 진실을 분간할 수 없다면, 자기 지각은 사실이 아닐 수도 있다.

계속되는 자기 발견의 진행 과정은 자신이 진짜 누구인지 발견하고, 그 진실에 따라 생활한다. 또한 자신이 진실로 어떤 사람인지에 반대하는 거짓되고 낡은 신념, 이상, 자신이 아닌 모든 것을 버리도록 도전한다.

제10장

자존감 향상하기와 자기 사랑하기

> 🖋 **이 장에서는**
>
> ✓ 비판가, 압박가, 완벽주의자와 만나 함께 작업하는 방법 찾기
> ✓ 자기 책임, 정직, 전념하기를 통해 자존감 향상하기
> ✓ 자산 파악하기와 자기 자신 인정하기
> ✓ 죄책감에서 벗어나기
> ✓ 자기 수용과 자기 사랑의 요소 발견하기

한때 자연스럽고 아름다웠던 자존감이 잡초가 무성하게 자라고 방치된 정원이 되었다고 상상해 보라. 잡초의 씨앗이 어린 시절에 스며들어 비판가, 압박가, 완벽주의자의 모습으로 자신의 마음을 장악했다. 정원을 치유하고 재생하려면 잡초를 뽑고 토양을 준비하고 비료를 주고 새로운 씨앗을 뿌려야 한다. 정원은 영양을 공급하기 위해 햇빛과 물이 필요하고 잡초가 다시 생기지 않도록 정기적으로 잡초 관리를 해야 한다. 제3장에서 자존감과 관련하여 중요한 것이 무엇인지에 관해 설명하였다. 제10장에서는 자기 생각을 자세히 살펴보고 자존감을 훼손하는 자기 파괴적인 생각과 행동의 잡초를 제거하는 기술을 제공한다. 긍정적인 자기 가치, 자기 수용, 자기 사랑의 씨앗을 심는 방법을 제안한다.

폭군 삼인방－비판가, 압박가, 완벽주의자

잡초를 뽑기 전에, 잡초를 알아봐야 한다. 잡초는 눈에 잘 띄지 않는 곳에 숨어 있다. 즉, 내면의 대화 속에 있다. 비판가는 자기 자신, 말, 행동을 판단하고 비판하는 목소리로 심지어 생각까지도 비판한다. 비판가는 절대 만족하거나 충분히 훌륭하다거나 이상에 부합한다고 생각하지 않는다. 압박가는 완벽주의자의 환상적 기준을 충족하기 위해 개선하고 행동하도록 경종을 울리고 강요한다. 폭군 삼인방은 공동 작업을 한다. 한 목소리로 들리지 않아도, 한 사람, 즉 자기 자신의 목소리다. 사람들 대부분 이런 내적 명령이 자신의 삶을 좌우한다는 사실을 모른다. 이 목소리를 알아차리지 못하면 폭군 삼인방이 자신을 제압한다. 창의성과 생산성을 촉진하지 못하고 제한된다. 부정적인 자기 대화 알아차리기는 자신에게 해로운 통제를 느슨하게 푸는 한 가지 방법이다.

비판가 재교육하기

누구나 내적 판단을 한다. 즉, 자신의 실수와 단점을 지적하는 비판가가 있다. 건강한 양심이 일상적인 자기비판으로 바뀐다. 이는 주로 낮은 자존감 때문이다. 비판가는 자신감과 행복을 손상시키고 불안, 부적절감, 막연한 불충분감을 느끼게 한다. 전혀 만족하지 못하거나 목표를 추구하는 데 어려움을 겪거나 학대적인 관계를 맺고 있다면, 비판가는 아마도 초과 근무 상태다. 비판가가 다른 사람을 판단하여 자신을 고립시킬 수 있지만, 자기 자신에게 가장 가혹하다. 비판가는 자신의 최대 적이다. 비판가가 좋은 의도로 상처나 실패로부터 자기를 보호할 수도 있지만, 어떤 사람에게는 끊임없는 결함 탐지기다. 어떤 사람에게 비판가는 경멸로 가득 차 있고 기쁨을 누그러뜨린다. 비판가는 우울하고 아프게 한다. 삶을 망가트린다.

자기비판을 극복하려면 먼저 비판가에게 스포트라이트를 비추고 비판가의 목소리를 알아차리고 길들여야 한다. 은신처에서 비판가를 쫓아내기 위해 다음 훈련을 한다.

✓ 조용히 앉아 생각을 알아차린다. "나는 할 수 없어. 잘하지 못해." 완전히 풀죽은 목소리를 들어 보라!

✓ 삶의 각 영역에서 마음에 들지 않는 자기 모습에 대한 목록을 만든다. 자신에게 도움이 되도록, "_____ 때, 나는 내가 마음에 들지 않는다."라는 문장을 완성한다. 하루 종일 튀어나오는 비판에 귀를 기울이고 목록에 추가한다. 자신에게 말을 할 때, '해야 한다' '항상' '절대'라는 단어를 사용하는지 주의를 기울인다. 즉, 비판가가 일하는 중이다.

✓ 권태, 좌절, 우울, 불편한 감정은 부정적인 생각의 증상이다. 이전 사건을 거슬러 올라가 사건과 자신에 대한 생각을 떠올려 본다.

✓ 비판가의 목소리(어조, 크기, 단어)을 알아차리라. 과거에 자신에게 그렇게 말을 한 사람이 떠오르는가? 아이는 부모의 말과 어조를 모방하고 내면화한다.

비판가가 자신의 삶에서 어떻게 활동하는지 알게 되면, 비판가와 친구가 되어 길들이고 자신이 비판가의 친절한 코치가 될 수 있다. 대항하지 말고 자신을 변혁시키라.

✓ 종이에 비판가와 대화하라. 자주 쓰는 손(예: 보통 오른손)으로 질문을 쓰고 자주 쓰지 않는 손(예: 보통 왼손)으로 답한다. 비판가의 이름, 기능, 역할 모델, 동기를 파악한다. 정말 자신에 대해 어떻게 느끼는가(자주 쓰지 않는 손이 무의식에 더 많이 접근할 수 있다)?

✓ 비판가가 아무리 무례해도 존중하라. 친구를 사귀고 있다. 자신의 결점을 어떻게 개선하고 싶은지, 특히 동기와 욕구를 어떻게 개선하고 싶은지 물어보라. 비판가에게 긍정적인 의도가 있을지도 모른다.

✓ 비판가가 더 친절해지도록 가르치라. 비판가를 깎아내리지 말고 비판가를 지지하는 코치가 되라. 자신에게 쾌활하고 격려하는 어조로 말하는 것이 더 효과적임을 알리라. 비판가가 자신에게 어떻게 말해 주었으면 하는지 예를 적는다. 비판가가 이에 대해 무슨 말을 하는지 보라. 호칭(예: 바보, 멍청이 등)을 부르는 것에 대해서는 금지한다.

✓ 훈련받지 않은 동물을 길들이는 것처럼 비판가를 제지하고 길들이는 데 주의한다. 비판가가 말하려고 시작할 때마다, "그만!"이라고 말하고 자신이 어떻게 대화하고 싶은지 떠올린다. 한 발씩 계속 물러나면 오래된 습관이 강화된다.

비판가에 대해 알게 되면, 자신을 자기 비판적이라고 비판하는 슈퍼 비판가를 키우는 일이 흔하다. 더 많은 비판으로 도우려고 애쓰는 비판가의 교활한 전술에 빠지지 말라. "그만!"이라고 말하라.

압박가 누그러뜨리기–노예 감독자

압박가는 일을 달성하기 위해 행동하도록 몰아붙인다. 압박가는 바쁜 걸 좋아한다. 문제는 압박가가 노예 운전사가 될 수 있다는 것이다. 압박가는 항상 자신, 상대방, 환경, 업무를 개선할 방법을 찾고 있다. 매우 짧은 시간 안에 해야 할 일이 항상 너무 많다. 긴장을 풀려고 하면, 압박가는 최소 열두 가지 미해결된 일을 떠올려 행동하게 한다. 소파에서 내려오게 한다. 비판가는 압박가와 협력하여 자신이 하지 않은 모든 일에 죄책감을 느끼게 하고 압박가는 수정해야 하는 결함을 찾아낸다. 비판가가 자신이 뚱뚱하고 운동을 해야 한다고 생각한다면, 압박가는 행동으로 옮긴다. 압박가는 비판가와 함께 더 빨리 체중을 많이 감소하지 못했다는 이유로 들들 볶는다. 강력한 압박가는 아파서 일을 놓치거나 처리하지 못할 때도 쉴 수 있도록 내버려 두지 않는다. 하지만 압박가가 제 역할을 하지 못하면 일을 절대 '따라잡을' 수 없다. 다치거나 신체적 제약받으면, 비판가와 압박가는 일을 마무리하지 못한 것으로 자신을 비참하게 만든다.

압박가의 긍정적인 면은 목표를 성취하도록 돕는다. 하지만 항상 그 이상을 추구한다. 압박가는 자신의 성공을 충분히 즐기며 오래 멈추어 있지 않도록 부추긴다. 압박가를 통제하지 못하면 스트레스 관련 질병이 생길 수 있다. '인간이 하는 일'이 아니라 인간이 될 수 있도록 일을 내려놓고 줄이는 방법을 배워야 한다(제11장에서 이완하기에 대한 정보를 제공한다).

 압박가에 대한 인식을 높이기 위해, 완료해야 하는 모든 작업 목록을 작성한다. 건강 검진에서 독서 목록에 이르기까지 삶의 모든 영역의 목록을 작성한다. 목록을 크게 읽어 보라. 자주 쓰지 않는 손(보통 왼손)으로 자신이 들은 내용에 대한 느낌을 적는다.

 압박가에 대해 더 잘 알기 위해, 작성한 내용으로 대화하라. 자주 쓰는 손으로 다음 문장을 베껴 쓰고, 자주 쓰지 않는 손으로 압박가의 대답을 완성한다.

✔ 내가 더 많은 것을 성취하도록 강요하는군요. 왜냐하면 _____
✔ 긴장을 풀게 놔두지 않는군요. 왜냐하면 _____
✔ 내가 휴식을 취하고, 당신(압박가)이 날 그만 밀어붙이면 어떻게 될까요?
✔ 언제부터 밀어붙이기 시작했나요?
✔ (압박가가 아닌) 자신이 문장을 완성한다. 목록에 있는 어떤 일을 하지 않도록 허락한다면, 나는 _____ 라고 느낄 것이다.
✔ (압박가가 아닌) 자신이 문장을 완성한다. 더 많은 것을 성취하도록 자신을 밀어붙이면, 나는 _____ 을 빼앗길 것이다.

작은 휴가 떠나기

눈을 감고 자신이 좋아하는 곳에서 휴식을 취하며 휴가를 보내는 상상을 해 보라. 이마에 **이완**이라고 적힌 네온 글씨가 있다고 가정하라. 숨을 내쉴 때마다 네온 글자에 불이 들어온다. 천천히 열 번 호흡한다. 휴양지에서 신선한 공기를 마신다. 냄새를 맡고 피부로 느낀다. 주변의 소리에 귀를 기울인다. 물소리, 새소리, 산들바람 소리가 들릴지도 모른다. 밑바닥을 느껴 본다. 풀밭인가, 숲속의 나뭇잎인가, 아니면 모래사장인가? 몸에 힘을 뺀다. 땅속으로 몸을 가라앉힌다. 숨을 내쉬면서 네온 글자 '**이완**'을 보라. 자신의 느낌을 알아차리라. 불안해지는가? 그렇다면 그냥 그대로 둔다. 얼마나 오래 그대로 둘 수 있는지 보라. 작은 휴가를 하루에 한 번, 5~10분 동안 떠나라. 압박가의 강제적인 손아귀에서 벗어나기 시작했다는 사실이 중요하다.

아무것도 충분하지 않을 때 불완전함 받아들이기

완벽주의자는 자기 자신, 행동, 삶 속에 있는 사람에 관한 모든 것에서 도달할 수 없는 이상이 있다. 환상의 세계에 살고 있다. 제3장에서 논의했듯이, 완벽주의는 수치심에서 비롯된다. 완벽주의자는 실수, 질서 정연, 신체, 운동 능력, 일에 초점을 맞추지만, 어떤 식으로든 충분하지 않다는 신념이 핵심이다. 즉, 충분히 매력 있고, 충분히 훌륭하고, 충분히 똑똑하고, 충분히 강하지 않다는 신념이다. 완벽주의는 이러한 고통스러운 신념으로부터의 도피다. 절대 완벽하지 않기 때문에 작업을 완성하기 어렵다. 비판가는 완벽주의자의 비현실적인 기준에 부합하지 못한다고 판단한다. 완벽주의자에게 완벽이란 존재하지 않는다는 사실은 무의미하다. 즉, 해야 할 일이 없어지므로 완벽주의자에게는 의미가 없다.

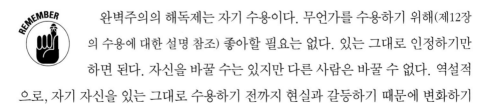

완벽주의의 해독제는 자기 수용이다. 무언가를 수용하기 위해(제12장의 수용에 대한 설명 참조) 좋아할 필요는 없다. 있는 그대로 인정하기만 하면 된다. 자신을 바꿀 수는 있지만 다른 사람은 바꿀 수 없다. 역설적으로, 자기 자신을 있는 그대로 수용하기 전까지 현실과 갈등하기 때문에 변화하기 어렵다.

 자신에 대한 신념 목록을 작성하라. 어떤 면에서 자신이 부족하다고 느끼는가? 자신의 신념이 행동에 어떤 영향을 미치는가? 거울을 보고, "나 자신을 있는 그대로 무조건 받아들인다."라고 말하라. 진심인가? 자신을 보는 것이 마음에 드는가? 어떤 반대 의견이 떠오르는가? 아, 깜빡했네요. 벌거벗은 채로 거울을 본다. 거울을 아예 보지 않으려고 피할 수도 있다. 이는 이 자체로 자신의 자존감을 떨어뜨린다. 자신에 대해 이미 알고 있는 것을 피하고 부정하려고 한다. 어쩔 수 없이 자신의 마음에 들지 않는 것도 있다. 어쩌면 늙어 보이거나, 가슴이 너무 작거나, 엉덩이가 너무 크거나, 다리가 너무 짧다고 생각할 수 있다. 자신이 보는 것을 좋아할 필요는 없다. 단지 자신이라는 현실을 직시하고 받아들이기 위해서다. "비록 ~해도, 나는 나 자신을 무조건 받아들인다."라고 큰 소리로 반복한다. 그럴 수 없다면, "나는 (뚱뚱하다)는 사실을 받아들이길 거절한다."라고 말한다. 몇 주 동안 거울 수행을 한다. 일기에 자신의 감정에 대해 적으라. 수행하면서 어떤 태도에 변화가 있는지 알아차리라.

자신에 대해 좋은 느낌 갖기

이제 잡초를 뽑기 시작했으니, 흙을 준비하고 비료를 주고 새로운 씨앗을 심을 때다. 이는 불편할 수도 있고 심지어 이기적이거나 우쭐대는 느낌이 들기도 하지만, 건강하고 새로운 습관의 시작을 의미한다. 부정적인 생각이나 습관을 긍정적인 생각으로 바꾸지 않고 없애는 것은 매우 어렵다. 그렇지 않으면 오래된 옛 생각에 계속 초점 맞추게 되어 옛 생각이 강화된다. 또한 모종이 자랄 수 있도록 햇빛과 물로 영양을 공급해야 한다.

더 이상 비난하고 변명하지 않기

자신의 감정과 행동에 책임을 지는 것이 자존감을 높이는 열쇠다. 그렇지 않으면, 계속해서 피해자라고 느끼고 자신이 통제할 수 없는 다른 사람의 감정과 행동에 의존하게 된다. 이것이 실패 공식이다. 자신을 행복하게 하거나 만족시켜 줄 누군가를 찾아 어떤 관계에서 다른 관계로 오가면, 온전하고 강하게 성장할 기회를 잃어버린다. 대신 공동의존이 커진다. 자신에 대한 책임을 받아들이기 전까지 삶을 바꿀 수 없다. 이에는 자존감의 향상도 포함된다. 이를 실천할 때, 미래는 자신의 손에 있다(자기 책임에 대한 자세한 내용은 제3장, 제6장, 제9장 참조).

물론, 자신에게 일어나는 모든 일에 대해 책임이 있는 것은 아니다. 즉, 무작위적 폭력, 타인에 의해 야기된 사고, 신과 자연의 행위, 유전병 등이다. 어떤 철학은 인생의 모든 일에 자신이 책임을 져야 한다고 주장하지만, 이 관점은 극단적이고 무력감으로 자신을 압도하고 무력하게 만들 수 있다고 생각한다. 달라이 라마가 우리가 통제할 수 없는 많은 변수가 있다고 한 말에 동의한다.

책임감 있는 삶은 실제로 실천하는 것보다 이해하는 것이 더 쉬울 수 있다. 자신의 감정과 필요에 대해 알아차리기(제9장 참조), 책임을 지지 않을 때 알아차리기, 비난과 변명하지 않기, 타인을 바꾸거나 통제하려는 시도를 멈추어야 한다. 그러면 자신의 필요를 충족하고 감정을 표현하기 위해 행동 실천할 준비가 되었다. 자신의 삶에서 다른 영역에 비해 책임을 더 많이 느끼고 자신을 더 좋게 여길 수 있는 영역이 있다.

자신에 대해 더 큰 책임을 지기 위해 지금까지 살아온 생활 방식을 180도 바꾸어야 한다. 행복하고 안전감을 느끼기 위해 다른 사람을 찾는 데 익숙하다면, 다른 사람은 그렇지 않다고 깨닫는 것이 어려울 수 있다. 하지만 모든 사람은 성장해야 한다. 장애물이 성장을 막아선다. 도전을 원치 않을 수 있다. 화가 나면 화를 내라! 아직 아무것도 할 필요가 없다. 먼저 이 깨달음이 스며들게 하라. 자신에 대한 책임을 지기 시작하면 변화는 깊어진다. 다음을 따라 변화를 시작하라.

✓ 다른 사람이 무엇을 해야 한다고 생각하고 있는지 알아차리라. 멈추고 자신이 무엇을 해야 하는지 물어보라(제12장 참조). 예를 들어, 자신이 꿈을 추구하고 있지 않아도 다른 사람에게 꿈을 좇으라고 말할 수 있고, 휴식이 필요할 때 좀 더 쉬라고 말할 수도 있다.

✓ 상처받거나 화가 나거나 슬플 때, 다른 사람의 행동에 초점을 맞추는가? 자신의 감정에 영향을 주는 것이 무엇인지 생각하고 자신이 무엇을 할 수 있는지 물어보라. 예를 들어, 감정 허용하기, 일기 쓰기, 친구와 수다 떨기, 즐겁게 지내기 등이다.

✓ 일이 잘못되거나 계획이 틀어지면 다른 사람을 탓하는가? 교통체증 속에서 운전하거나 전화로 사람을 응대하는 일로 좌절하면 다른 사람에게 비난이 일기 시작하는가? 문제가 발생하지 않아도 현실을 받아들이고 자신의 감정에 책임을 져야 한다. 호흡하고 이완하라.

✓ 약속이나 기한에 늦을 때, 이에 책임을 지지 않고 거짓 변명하거나 다른 사람이 양보해 주길, 연장되길 기대하는가?

✓ 문제가 있을 때, 자신을 도울 수 있는 방법에 대해 생각하라.

✓ 자기 책임감이 들 때 어떤 기분인가? 그렇지 않을 때 어떤 기분이 드는가?

✓ 자기 책임이 낮은 영역에서, 책임감을 더 높이기 위해 할 수 있는 일에 대해 작성하라. 변화할 수 없는 이유에 눈길이 가는 경우, 자신이 할 수 있는 방법을 찾는다. 자신에게 장애가 있다면, 자신이 할 수 없는 일을 할 수 있게 도움받을 수 있는 사람과 즐거워지는 일을 찾으라. 어떤 신념과 감정이 자신을 방해하는지 알아차리라.

다음 문장을 완성해 보라.

✓ 난 소극적이다. ＿＿＿＿＿＿＿ 때문이다.

✓ 내가 싫어하는 행동을 허용하려면, ＿＿＿＿＿＿＿ 해야 한다.

✓ 나의 몸에 대한 책임을 지려면, ＿＿＿＿＿＿＿ 해야 한다.

✓ 나의 불행에 대해 상대 비난하기를 그만두려면, _____ 해야 한다.

✓ 내가 원하는 것을 얻는 것이 전적으로 내게 달렸다면, _____ 해야 한다.

✓ 내 문제에 대해 부모를 탓하지 않으려면, _____ 해야 한다.

✓ 가족을 좀 더 책임감 있게 대하려면, _____ 해야 한다.

✓ 내 재정에 책임을 지려면, _____ 해야 한다.

✓ 내가 미루지 않으려면, _____ 해야 한다.

✓ 상황이 바뀌길 기다리지 않으려면, _____ 해야 한다.

행동 실천하기

배운 것을 행동으로 옮기고 위험을 감수하는 것은 자존감을 키우는 가장 강력한 방법이다. 익명의 알코올 중독자 모임에는 이런 말이 있다. "행동을 실천하면, 감정이 따라온다." 과학은 이러한 오래된 지혜를 뒷받침할 증거를 찾아냈다. 자신을 표현하고, 경계선을 설정하고, 자신이 하고 싶은 일을 하는 등의 자기—인정하기 행동 실천은 처음에는 불편하고 불안, 죄책감, 자기 의심이 생길 수 있다. 판단, 실수, 실패에 대한 불안, 두려움, 낮은 자존감, 수치심은 모든 위험을 감수하지 못하게 한다. 또한 외적 통제 소재를 하고, 통제하려 하거나 수치스러워하는 부모는 필요와 욕구를 분별하는 능력을 방해한다. 자기—인정하기 행동에서 벗어나면 성장이 정체될 수 있다. 이는 자존감을 형성하고 결정을 내리고 자신을 최우선으로 생각하는 데 모두 장애가 된다.

 약한 근육을 사용한 후에 생기는 통증처럼, 저항을 예상하고 이것이 옳은 일을 하고 있다는 신호로 알고 계획을 세우라. 위험을 감수하는 자신을 존중하라. 합리적으로 위험을 감수하면 새로운 자기 지각이 형성된다. 자기 자신, 선호도, 새로운 방식으로 무엇을 할 수 있는지 알게 된다. 이를 바탕으로 더 큰 위험을 감수할 수 있고 자신감을 키울 수 있다.

시간이 지나면 이런 행동은 더 자연스럽게 느껴지고 덜 불안하게 되며, 언젠가는 자발적으로 행동하는 자신을 발견하게 된다. 즉, 경계선을 설정하고, 무엇을 원하는지 물어보고, 새로운 것을 시도하고, 사소한 의견을 표현하고, 자신을 신용하고, 혼자 할 수 있는 더 재미있는 활동을 한다. 원망과 판단이 줄어들고 관계는 더 쉬워진다. 자신을 좋아하고 사랑하기 시작하고 삶의 과정을 즐기기 시작한다.

 자신이 하고 싶은 일의 목록을 만들고 실천하라. 친구가 동행할 때까지 기다리지 말라. 실천하기 두려운 일의 목록을 작성하라. 두려움에 도전하고 더 많은 위험을 감수할 수 있도록 지지하고 격려하는 친구나 후원자와 대화하라.

진솔해지기

공동의존자는 깊은 부분에서부터 자신을 수용하지 못하기 때문에 자신이 드러나는 것을 두려워한다. 자신이 솔직해지면 사람들이 자신에게 화를 내거나 훌쩍 떠날까 봐 두려워한다. 자신이 가짜로 행동해도 다른 사람은 모른다고 생각하기 때문에, 다른 사람이 자신에게 갖는 좋은 감정을 항상 의심한다. 제12장에서 진정성이 공동의존을 극복하는 열쇠라고 하였다. 얼마나 도전적인가! 진실하게 사는 것은 자신을 알고 신뢰하고 자기 책임을 지고 자신을 표현하려고 노력하는 것을 의미한다. 진정한 내면과 다른 사람에게 보여주는 자기 간에 불일치가 없다. 얼마나 도전적인가!

 자신이 말하는 것과 실제로 생각하고 느끼는 것 간의 불일치에 대해 매일 적는다. 하루, 일주일, 자기 삶을 통해 진정한 자신을 표현하면 어떻게 될까? 다음에 대한 결과를 한 문단의 글로 작성한다.

✓ 다른 사람의 감정을 상하게 할까 봐 걱정하지 않았다.
✓ 다른 사람의 결정에 순순히 따르지 않았다.

✓ 시간을 내고 싶지 않거나 듣고 싶지 않을 때 듣지 않았다.

✓ "아니요."라고 말하고 싶을 때 그렇게 말했다.

✓ 다른 사람에게 실망했거나 감정이 상했을 때, 솔직하게 말했다.

✓ 나의 의견에 대해 더 솔직해졌다.

✓ 화내는 것을 두려워하지 않았다.

✓ 답을 모르거나 어떻게 해야 할지 모를 때, 이를 인정했다.

영화 〈거짓말쟁이〉에서, 거짓말쟁이 짐 캐리는 24시간 동안 진실을 말하지 못하는 변호사 연기를 한다. 짐 캐리의 역할처럼, 직장 동료에게 "당신 가발이 자동차에 깔린 것처럼 납작해졌어요."라고 말하거나, 누군가에게 속옷이 보인다고 말하라고 제안하는 것이 아니다. 솔직해지는 것은 자신을 드러내는 것이다. 훨씬 어렵다. 어떤 관계에서, 특히 직장에서 자신의 내면의 모습을 드러내는 것은 목표 달성에 도움이 될 수도 있고 그렇지 않을 수도 있다. 누군가와 더 친밀해질수록, 건강한 관계의 본질은 더 깊은 정직이다.

삶에서 중요한 사람에게 진실을 말하는 상상을 하는 하루에 관한 이야기를 쓰라. 어떤 기분일지 적으라. 더 정직해질 수 없는 이유는 무엇인가? 정직이 관계에 어떤 영향을 미치는가?

더 솔직해지면 자존감을 높이는 데 도움이 된다. 관계에서 비밀을 숨기고 있다면, 자신이 자라온 가족 규칙을 반복할 가능성이 크다. 일반적으로 진실이 누군가를 해치거나 파괴할 수 있다는 두려움은 누군가가 자신에게서 멀어지거나 거부할 것이라는 두려움에 대한 위장이다. 하지만 진실을 덮는 효과는 자신과 다른 사람 간의 손상, 상처, 벽을 만든다. 사실을 밝히는 것이 진실의 한 단계다. 현재 감정을 솔직하게 드러내고 개방하는 것이 더 어렵다(친밀함에 대해서는 제15장 참조). 솔직하지 않으면, 자신이 누구인지 숨겨야 한다는 자신의 신념만 확인하게 된다.

긍정적인 자기 대화

항상 자신을 낮추거나 부추기거나 한다. 자신을 찬성하거나 반대하는 선택을 한다. 비판가, 압박가, 완벽주의자가 자신을 어떻게 방해하는지 알고 있다. 이제 긍정적인 자기 대화의 씨앗을 심어야 한다. 우울하거나 두려울 때, 자신을 격려하는 것은 자신에게 달려 있다. 긍정적인 내적 대화는 위험을 감수하고 변화하고 더 독립적으로 되도록 동기를 부여하는 데 중요하다. 자신이 할 수 있다고 믿는 것은 할 수 있고, 할 수 있다고 믿지 않는 것은 할 수 없다.

자기 자신 인정하기

모든 사람이 칭찬, 토닥임, 잘한 일에 대해 인정받는 것을 좋아한다. 왜 다른 사람의 친절을 기다릴까? 자신을 인정하고 칭찬하는 것은 자신에게 달렸다. 다른 사람의 따뜻한 칭찬이 얼마나 빨리 사라지는지 알아차리고 있는가? 자기 자신을 인정하고 칭찬하면 잔잔한 여운이 남는다. 친구를 칭찬하듯이, 자신의 성공에 대해 자신에게 이야기하라. 이는 원하는 만큼 자주 반복하고 즐길 수 있다. 이렇게 하면 실제로 자신에 관한 생각이 바뀌고 자존감도 높아진다. 공허한 긍정과는 다르다. 이는 경험이 뒷받침되는 자기 자신을 인정하는 방법으로 긍정적인 행동 실천 기억이다. 긍정적인 인정하기는 도움이 되지만 긍정적인 행동으로 뒷받침되어야 한다는 사실을 기억하라.

 다음을 실천한다.

✓ 매일 자신에 대한 세 가지 긍정적인 특성이나 행동을 작성하는 좋은 습관을 들이라. 가능하면 열 가지 특성이나 행동을 작성하라. 누군가에게 문을 잡아주거나 평소에 이야기를 나누지 않는 동료에게 아침 인사를 하는 것과 같이 사소한 일도 가능하다.
✓ 감사 목록을 작성하라. 감사는 부정을 차단한다. 판단과 감사를 동시에 느끼

기는 어렵다.

✓ 자기비판 목록을 검토하고, 각 비판에 대응하기 위한 격려의 말을 쓰라. 새로운 기술을 배우는 아기에게 무슨 말을 할지 생각해 보라. 자신을 정중하게 대하고 인내심을 가지라. 자기 자신에게 "나를 사랑하고 수용한다." "나는 잘하고 있다." "나의 성장이 너무 자랑스럽다."라고 말하라.

✓ 사소하고 긍정적인 변화와 과거 상황을 어떻게 바꾸었는지 자신에게 상기시키라.

✓ 새로운 행동을 시도할 때 비판가와 완벽주의자가 개입하여 이를 최소화하거나 부정하고 자신을 무너뜨릴 실수나 이유를 찾는다면 맞서서 논쟁하라.

비판가의 또 다른 전략은 자신에 대한 인정하기를 공격하는 것이다. 비판가의 말은 자신이 교만하거나 거만하다는 뜻일 수도 있다. 어떤 사람은 자신감과 오만함을 혼동하는 신념을 갖고 자랐다. 이들은 긍정적인 자아 존중이 교만의 죄를 짓거나 악마의 소행이며 신이 벌할 수 있다고 믿는다. 긍정적인 사람이 되는 것은 가족이나 종교와의 심리적 단절을 수반하기 때문에 가족규칙을 극복하기 어려울 수 있다. 자존감을 느끼는 것이 나쁘다면, 모든 사람이 낮은 자존감을 갖고 살아가야 할 운명이다.

자신감은 교만이나 오만이 아니다. 자신감은 자신의 장점과 한계에 대한 사실적인 지식을 바탕으로 자신에 대한 안정감을 느끼는 것이다. 반면, 자만은 근거 없는 자기 아첨이나 과장된 자기 중요성이다. 오만은 다른 사람보다 자신이 우월하다는 잘못된 감각이다. 교만과 오만은 모두 낮은 자존감에 대한 보상이다.

자신의 자산

진술함과 자존감을 위해 자신의 단점과 더불어 자기에 대한 모든 것을 인정해야 한다. 보통 자존감이 낮으면, 자신의 고유함을 소중하게 여기지 않는다. 자신의 자산을 당연하게 여기거나 자신의 좋은 자질을 믿거나 칭찬을 받아들이는 데 어려움을 겪는다. 어떤 사람은 칭찬을 피하고 자신에 대한 긍정성을 인정하는 데 죄책감을 느낀다. 이들은 비판가에게 너무 세뇌당해서 '그게 뭐 대수라고.' 또는 '그래서 뭐 어떻게 하라고?'라고 생각한다.

 다음을 실천한다.

✓ 자신의 긍정적인 특성 목록을 작성하라.

✓ 자신의 기술과 능력 목록을 작성하라.

✓ 자신의 성취 목록을 작성하라. (아무것도 생각나지 않으면, 다음 목록으로 시작하라. 예를 들어, "읽는 법을 배웠다!")

✓ 칭찬받을 때 기분이 어떠한지 알아차리라. 자신의 기분에 관해 이야기하고, "감사합니다."라고 문장으로 맺는다.

✓ 성장하면서 칭찬을 받았는지, 어떤 칭찬을 들었는지 적으라(어떤 가정은 부정적인 면만 허용하고 아무도 신뢰하지 않는다).

자신과의 약속 지키기

친구와의 약속을 어길 생각을 전혀 하지 않는 공동의존자는 보통 "내일부터 다이어트를 시작할 거야." "내일 체육관에 갈 거야." 등과 같이 자신과의 약속은 깨뜨린다. 이렇게 하면, 자기 자신을 포기하는 것이다. 어떤 경우, 쉬는 것이 계획한 행동을 하는 것보다 더 좋을 수 있다. 선택과 결과만 있을 뿐이다. 선택과 행동에 대한 책임은 자신이 진다. 즉각적인 만족은 없지만, 장기적인 이득과 자존감은 향상될 수 있다. 항상 자기에게 이득을 줄 수 있는 최고의 선택을 하라. 이것이 정원을 가꾸고 건강을 유지하는 방법이다.

자신과의 약속을 지키는 다른 방법은 자신의 기대를 충족시키는 것이다. 자신의 기대가 합리적인지 확인하라. 하루 만에 봄맞이 대청소를 하는 것이 합리적일까? 아니면 5km 마라톤 달리기를 하는 것이 합리적일까? 자신과의 약속을 지키는 것은 자신의 가치를 실천하는 것과 비슷하다. 세금 신고를 계속 미루고 있다면 머지않아 자신에게 질려버릴 것이다. 그리고 비판가는 바쁜 하루를 보낼 것이다.

때로 약속을 지키거나 위험한 행동을 하는 것과 같이, 어떤 행동이 자신에게 더 좋은지 모를 수도 있다. 자신의 몸이 무엇을 원하는지 알기 위해 제9장의 경청하기 훈련을 하라. 자신의 기대를 충족시키지 못하는 정당한 이유가 있다면, 비판가와 압박가에게 상황을 설명하고 자신을 괴롭히지 말라고 전하라. 자신이 내린 결정이 무엇이든 수용하라.

자기 긍휼과 자기 사랑

제3장에서 살펴본 바와 같이 자존감은 자기 평가다. 자존감은 자신에 대해 생각하는 방식을 개선하고 목표, 가치, 신념과 일치된 생활을 하면서 향상된다. 자존감은 행동 방식과 외부의 사건이나 건강 문제에 따라 약간씩 달라진다. 자신이 믿는 것과 반대로 행동하면 자존감이 낮아진다. 반대로 꾸준히, 조건 없이 자신을 수용한다. 앞서 설명했던 거울 연습과 같이, 자신의 결점, 실패, 한계에 대해서도 수용한다('아무것도 충분하지 않을 때 불완전함 받아들이기' 부분 참조). 죄책감에 사로잡히면 자존감과 자기 수용은 어려워진다.

자기 수용

자기 수용은 자신이 어떻게 달라져야 하는지에 대해 생각하기보다 자신이 누구인지 수용하는 것을 의미한다. 긍정적이든 부정적이든 다른 사람과 비교하는 자신을 포착하라. 이는 자신의 내면을 다른 사람의 외면과 비교하는 것이다. 멈추고, 자신과 다른 사람에게는 모두 고유한 지문이 있다는 사실을 기억하라. 지문 속에 자신의 모든 자산, 결점, 재능, 한계가 있다고 상상해 보라. 자신에게 "이것이 바로 나야. 괜찮아."라고 말한다. 도움이 된다면, 자신에게 "신이 나를 이렇게 만들었고 그렇게 되기를 원하셨다. 신은 내 모습 이대로 원하신다."라고 말한다. 월터 크론카이트의 "그게 바로 나야."와 뽀빠이의 "나는 나야."를 반복해서 말하라.

자기 수용적 태도는 마법과 같다. 자신을 수용하기 시작하면 자신이 똑똑하고, 강하고, 친절하고, 매력 있는 척하지 않고 가식적인 행동을 멈춘다. 자가 수용을 통해 진술해질 수 있다. 드디어 긴장을 풀고 더 다양한 내면의 실체가 앞으로 나아온다. 자신을 조건 없이 수용할 때, 자신을 드러내는 것에 대한 수치심이나 두려움이 없다. 이런 태도는 더 많은 긍휼과 수용으로 다른 사람에게 향한다. 다른 사람을 통제하거나 바꾸거나 심지어 자신의 의견에 동의하도록 설득할 필요를 느끼지 않는다.

자기 용서

과거에 대한 죄책감을 용서하기 전에는 자신을 수용할 수 없다.

죄책감을 느끼는 행동 목록을 작성한다. 다음 각 질문을 분석한다.

- ✓ 나의 동기는 무엇이었는가? 이를 깊이 성찰한다. 안전이나 사랑받고 싶은 것과 관련된 더 깊은 동기가 있었는가? 예를 들어, 어린 시절의 도둑질은 또래에게 수용받고 싶은 욕구, 사랑받고 싶은 필요, 상처에 대한 보복으로 동기화될 수 있다.
- ✓ 그 당시 상황과 나의 지식은 무엇이었는가?
- ✓ 어떤 방식으로 자신을 돌보려고 했는가?

✓ 그 당시 나의 선택이 가장 좋아 보였던 이유는 무엇인가?

✓ 나의 행동으로 피해를 본 사람이 있는가?

✓ 보상해야 하는가? 누구에게 보상해야 하는가?

✓ 이 경험을 통해 나는 무엇을 배웠는가?

✓ 오늘은 이를 어떻게 다르게 처리할 것인가?

자신에게 자비의 편지를 쓰라. 실수를 한 아이에게 편지를 쓰듯 용서의 편지를 자신에게 쓰라. 자신은 사랑스럽고 가르치고 싶고 용서하고 싶은 아이다.

어떤 경우에는 다른 사람에게 보상해야 할 수도 있다. 처음에는 어색할 수 있지만, 진정으로 자유로워지고 고무된다. 다른 사람들의 긍정적인 반응에 즐겁고 놀랄 수 있다. 자신의 행동을 정당화하거나 다른 사람을 비난하지 않고 해를 끼친 행동에 대해서만 사과한다. 또한 이는 다른 사람의 용서를 받기 위해서가 아니라, 자기 용서를 위해서다. 따라서 다른 사람의 반응은 중요하지 않다. 자신을 위해 그렇게 한다. 마지막으로, 중요한 것은 앞으로 자신의 행동을 반복하지 않기로 결심하는 것이다. 자존감이 높은 사람은 자신을 책망하기보다 실수를 통해 배운다.

자기 사랑

수용이 자신에 대한 태도라면 사랑은 감정과 행동의 결합이다. 많은 사람이 자기 사랑이 이기주의나 자기애(narcissism)라고 생각한다. 하지만 사실 이기주의자와 자기애자는 자신을 전혀 사랑하지 않는다. '큰 자아(big ego)'는 부족한 자기 사랑에 대한 보상이다. 공동의존자는 자신에 대해 전혀 생각하지 않는다. 너무 적게 생각한다.

자기 사랑은 건강하다. 성경은 "네 이웃을 네 몸처럼 사랑하라."라고 말한다. 자신은 다른 누구 못지않게 사랑받을 가치가 있는 사람이다. 자기 사랑이 이기적이고 다른 사람을 사랑하는 능력에서 벗어난다는 생각과는 반대다. 자신에 대한 사랑이 클수록 남을 사랑하는 능력이 커질 것이다. 게다가, 자신을 사랑하는 만큼 사랑받을 수 있다.

　사랑은 이해, 존중, 수용, 책임, 긍휼이다. 이러한 미덕은 구분되어 있지 않고 자신과 다른 사람을 통해 경험된다. 사랑은 갈라놓을 수 없다. 이러한 미덕을 발전시키면 자신과 다른 사람을 사랑하는 능력이 커진다.

긍휼 실천하기

　사랑은 집중적인 관심, 훈련, 인내가 필요하다. 특히 속도와 생산성을 중시하고 부산한 현대 사회에서는 쉽게 얻을 수 없다. 또한 사랑에는 공감과 긍휼이 있다. 이를 통해 다른 사람의 감정을 수용하고 배려하고 이해한다. 긍휼은 자기 자신에게까지 확장시킬 수 있다. 긍휼은 정중함, 온화함, 관대함으로 표현된다. 이는 폭군 삼인방과는 정반대다(앞에서 설명한 '폭군 삼인방−비판가, 압박가, 완벽주의자' 참조). 스트레스를 받거나 압도되었거나 지쳤을 때, 자신을 보살피기보다 일을 더 많이 하는지 주목하라. 어린 시절에 수용이나 보살핌을 받지 못했다고 느낀다면 자신을 보살피는 일은 어렵다. 자신을 가혹하고 무던하게 대하는 역할 모델밖에 없다면, 이것이 자기 자신을 대하는 방식이다.

　　자기 사랑은 또한 자신에게 호의를 갖는다는 의미다. 어린아이, 반려동물, 친한 친구를 보듯이, 긍휼과 이해의 눈으로 자기 자신을 바라보라. 자신의 행동 뒤에 숨어 있는 긍정적인 동기를 찾으라. 이는 대개 자기 보호다. 괜찮다. 자신의 행동은 지금까지 부모에게서 배운 경험의 결과다. 자신의 행동을 긍휼한 마음으로 관찰하고 생각하여, 앞으로 행동을 바꿀 기회를 증가시킨다.

자기 사랑은 자기 연민과 매우 다르다. 자기 연민은 자신에게 닥친 어려움에 대한 두려움, 판단, 분노가 뒤섞인 상태다. 긍휼과 공감으로, 자신의 원초적인 감정을 경험하고 이를 허용하고 이해와 배려로 자신을 위로한다. 자기 연민은 "이래서는 안 된다."는 의미다. 그러나 자기 사랑은 저항하거나 교정하려고 하지 않는 그대로의 긍휼과 수용이다.

중심 잡기

사랑이 마음을 짓밟으려고 할 때 믿음이 필요하듯이, 중심 잡기에도 믿음이 필요하다. 자기 사랑에 필요한 믿음은 불안이나 판단에 넘어가지 않고 감정을 허용하는 것이다. 중심 잡기와 평온함은 감정을 억제하고 지지하고 객관성을 유지하게 한다. 자기 자신은 "나는 살아남을 것이다."라는 사실을 안다. 이러한 객관성은 자신을 위로한다. 객관성과 믿음은 없지만 계속 노력할 때가 있다. 혼자만의 시간이 반드시 필요하다. 명상 연습은 자신의 감정을 관찰하고 억제력을 기르는 데 도움이 된다.

작은 아기 고양이가 무릎 위에 앉아 있다고 상상해 보라. 아기 고양이를 쓰다듬고 껴안고 사랑스럽게 말하고 있다. 마음을 연다. 아기 고양이의 그르렁거리는 소리를 듣고 몸의 온기를 느껴본다. 자신의 심장박동 소리를 듣는다. 이제 아기 고양이를 상상해 보고 자신이 겪은 모든 고통, 부담, 갈등, 걱정에 대해 자신을 쓰다듬으면서 사랑스럽게 계속 말한다. 몇 분 동안 모든 것을 있는 그대로 둔다. 해결하려 하거나 무언가를 할 필요는 없다. "지금 이 순간, 난 안전해."라고 자신에게 말한다. "지금 나에게 필요한 가장 사랑스러운 일은 무엇인가?"라고 자신에게 물어본다. 이를 매일 연습한다.

자기 사랑 실천하기

자기 사랑하기는 자기 지식으로 시작하는 인생 여정이자 목표다(제9장 참조). 자기 사랑하기는 회복의 핵심이고, 자존감 증진, 평화, 웰빙, 건강, 애정 관계 등에서 엄청난 혜택을 준다. 자기 사랑하기는 피조물 중 하나인 자기 인식, 경외, 친절이 필요하므로, 영성 훈련으로 볼 수 있다. 하루 10분씩 자기 사랑하기를 실천한다. 자기 사랑하기는 진행 과정이다. 온종일, 때로는 순간순간, 자신의 행동을 보고 자신의 말을 듣고 이야기하면서 자기를 사랑하는 기회를 갖는다.

폭군 삼인방과 함께 작업하면, 자동적으로 일어나는 부정적 내적 대화의 알아차림이 증진된다. 부정적인 내적 대화를 긍정적인 내적 대화로 바꾸는 것은 자신에게 달렸다. 처음에는 바보처럼 느껴질 수도 있지만, 거울 속의 자신에게 소리 내어 "사랑해."라고 말한다. 자기 자신과 다른 사람으로부터 사랑한다는 말을 들으면 좋다.

 하루 종일 하는 자기 행동의 대부분은 일상적이다. 즉, 아침 식사를 하고, 메시지를 확인하고, 출근하는 것 등이다. 일과를 중단하고 자신의 심장, 마음, 신체에 귀를 기울인다. 하루에 여러 번 자신에게 "나는 지금 어떤 기분인가?" "나는 무엇이 필요하고 원하는가?" "지금 내가 할 수 있는 가장 사랑스러운 선택은 무엇인가?"라고 물어본다. 대답을 기다리며, 휴식, 건강식, 기쁨, 긍휼, 사교 등 자신에게 필요한 것을 한다. 두려움, 불안, 죄책감에서 비롯된 선택은 보통 자신의 가장 큰 관심사가 아니다.

자녀를 사랑하는 부모는 아이를 부드럽게 훈육한다. 자기 사랑을 위해 자기 파괴적이거나 건강에 해로운 자동적 행동은 억제해야 한다. 미루기, 폭식, 게으름, 지각하기, 더 많이 일하기, 더 많이 놀기, 더 많이 운동하기 등에 대해서는 한계를 설정해 두어야 한다. 디저트를 더 먹고 싶을 때, 조용히 자신과 함께 머무른다. 자신이 무엇을 느끼는지 바라본다. 아마도 불안이나 초조함일 수 있다. 자신을 진정시키거나 위로해야 할 수 있고 감정을 더 깊이 탐색해야 할 수도 있다.

제11장

즐거움을 찾아서

📝 **이 장에서는**

✓ 몸과 마음 연결하기

✓ 레크리에이션과 취미 찾기

✓ 영혼 치유하기

✓ 다른 사람에게 다가가기

문제에 집중하면 기쁨과 즐거움은 줄어든다. 치유는 부정에서 벗어나기와 고통스러운 감정을 수반한다. 긍정적인 감정을 증가시키는 건강한 습관을 개발한다. 또한 절망, 불안, 우울과 싸우기 위해 방출되는 치유적 화학물질도 필요하다. 이 장은 신체적·감각적·영적·창조적·사회적 활동을 통한 삶의 재미, 기쁨, 영양분에 초점을 둔다. 때로는 문제에 집중하는 것 자체가 문제가 되기도 한다. 영감을 주고 긴장을 풀고 성취 활동을 하면 열정과 창의력이 되살아나고 새로운 태도, 관점, 집중력을 얻을 수 있다. 제8장에서 만난 내면 아이는 약하지만 감정적이고 장난스럽고 자발적이고 창의적이고 활기차다. 그러니 가볍게 몸을 이완하고 건강한 재미를 즐긴다. 이렇게 할 때, 변한다.

몸과 마음 연결하기

프로이트는 인간을 쾌락을 추구하는 동물, 즉 열정적으로 행복을 추구하는 동물로 보았다. 인간은 쾌락과 이어져 있다. 건강을 유도하고 유지하기 위해 쾌락적 감각에 직접적으로 반응하는 뇌 중추가 있다. 건강한 사람은 즐거움을 사랑하고 추구하고 창조하는 사람들로 삶의 기쁨을 누린다. 이들은 건강한 쾌락을 추구하고 건강을 증진하고 수명을 연장시키는 열정과 헌신을 하고 낙천적으로 살아간다.

아리스토텔레스는 일찍부터 심신 일원론을 인정하였다. 생각과 감정은 몸에 영향을 주고, 몸의 움직임과 감각은 마음에 영향을 준다. 예를 들어, 우울증은 신체 에너지를 약화시키고 질병과 고통을 초래한다. 질병과 고통은 짜증과 우울을 유발한다.

몸과 마음의 연결을 경험하려면 다음을 실천한다.

✓ 눈을 감으라. 이제 냉장고를 열고 밝은 노란색 레몬을 꺼내는 상상을 하라. 도마에 레몬을 썰고 있는 자신을 보라. 썰면서 톡 쏘는 레몬향을 맡아 보라. 신맛을 상상해 보라. 레몬 한 조각을 집어 레몬즙이 침과 섞일 때까지 빨고 있다고 상상하라. 입에서 침이 나오기 시작하는지 알아차리라. 무서운 영화를 보면 심장이 뛰는 것처럼, 마음과 상상이 실제로 신체에 화학적 변화를 어떻게 일으키는지 보여 주는 예다.

✓ 1분 동안 미소 짓고 웃어 보라. 얼굴 움직임으로 인한 신체 감각이 기분을 변화시키는 화학물질을 방출하여 기분이 밝아질 수 있다. 차이를 느끼지 못한다면 20~30분 정도 운동하라. 동일한 효과가 있다.

오늘날 몸과 마음의 상호의존성에 대한 경험적 증거가 있다. 양전자 방출단층촬영(PET) 스캔 및 기타 기술의 지원을 받는 신경심리–내분비학 연구와 신경심리–면역학 연구가 신체 전반의 지능을 밝혀냈다.

자율신경계는 싸울 준비를 하거나 도망갈 행동을 준비하는 **교감신경**과 이완하게 하는 **부교감신경**으로 구성되어 있다. 위험에 직면하여 싸울 수도 도망칠 수도 없을 때, 끊임없는 불안 상태로 얼어붙는다. 반대로 부교감 신경계는 즐거운 감각, 영양 공급, 치유, 재생과 관련이 있다.

 부정적인 감정이 신체에 스트레스를 줄 수 있는 것처럼 즐거움을 경험하면 마음이 안정되고 기분이 좋아진다. 〈표 11-1〉은 자율신경계의 두 가지 신경계(교감 및 부교감)의 대조적인 효과다.

〈표 11-1〉 자율신경계의 효과

교감신경계	부교감신경계
맥박 증가	심장 박동 늦춤과 강화
창백하고 차가운 피부	붉은 뺨, 따뜻한 피부
순환 억제	혈관 확장
혈압 상승	혈압 낮춤
근육 강화	근육 이완
얕은 호흡	느린, 심호흡
소화 수축	소화 및 배설 촉진
신진 대사 증가	신진 대사 감소
면역 억제	면역 반응 자극

신체 보살피기

 몸을 어떻게 대하느냐는 자존감, 즉 자신을 어떻게 생각하고 느끼는지에 대한 많은 정보를 나타낸다. 미디어는 신체가 어떻게 보이고 어떻게 행동해야 하는지에 대한 상상적 및 이상적인 기준을 만들어 낸다. 블러드하운드의 귀가 너무 길고, 벌새는 너무 작고 달마시안은 반점이 너무 많다고 말할 수 있는가? 모두 다르고 완벽하다. 신체 일부를 싫어하거나, 숨기거나, 기계처럼 움직이거나, 무엇을 먹든지 상관하지 않는다면 자기 자신을 사랑하지 않는 것이다. 많은 사람이 몸을 노예처럼 다루지만, 자신과 몸은 하나다. 자연의 의도대로 신체를 보살피는 것은 자신에게 달렸다.

몸은 성전, 즉 신의 성전이라고 한다. 이는 무엇을 의미하는가? 신은 자신과 다른 모든 사람 안에 있다. 신의 영은 모든 세포를 통해 흐른다. 이는 자신 안에 존재하는 생명의 힘이다. 자신 안에 있는 생명과 모든 창조물은 신의 표현이다. 자신과 몸의 관계는 모든 관계의 원형이다. 마음껏 사랑을 주고받는 것은 자신의 신체를 수용하는 것에서 시작한다.

자신의 몸보다 반려동물에게 더 친절한가? 친절하고 사랑스럽게 몸을 만져야 한다. 이는 건강을 극대화하는 세로토닌과 같은 화학물질의 방출을 자극한다. 손길은 교감신경계의 스트레스 호르몬 생성을 억제하고 부교감 신경계를 활성화하여 면역 기능, 몸과 마음의 이완, 통증 감소, 수명, 세포 성장, 회복을 촉진한다. 부드러운 손길은 심장 기능과 혈압도 안정시킬 수 있다.

다음과 같이 자신의 몸을 존중한다.

✓ 매일 자신의 몸에 감사하고 칭찬한다.
✓ 갓 태어난 아기를 다루듯, 이제부터 의식적으로 부드럽게 목욕한다.
✓ 건강에 좋은 음식을 사랑스럽게 준비하고 천천히 먹으면서 한 입, 한 입 음미한다. 식사하는 동안 편안한 음악이나 촛불을 즐기라.

이완은 몸과 마음을 치유하는 데 필수적이다. 머릿속으로만 살고 집착하고 걱정하고 분석하면 소진되고 마비된다. 몸을 돌보고 이 장에 설명된 제안을 실천하면, 이완 모드로 전환할 수 있다. 온종일 걱정만 하면, 거품 목욕을 한다고 해도 긴장은 풀리지 않는다.

다음 연습은 몸을 돌보고 현재에 더 오래 머물게 하는 데 도움이 된다.

✓ 편안하게 앉거나 누우라. 눈을 감고 한 손은 배 위에, 한 손은 가슴에 댄다. 정상적으로 호흡하라. 호흡을 느끼라. 호흡을 바꾸거나 생각하지 않는 것이 매우 중요하다. 그냥 호흡을 느껴 보라.

✓ 앞의 훈련을 반복하라. 이번에는 발가락, 어깨, 엉덩이, 손가락, 허벅지의 감각에 주의를 집중하라. 몸 전체를 움직이며 신체 내부와 피부 감각을 모두 느껴 보라. 옷의 질감, 중력의 지지, 몸의 무게를 감지하라. 실외에 있다면, 공기 냄새를 맡고, 산들바람을 듣고 느끼고, 햇살의 따뜻함을 느껴라.

✓ 편안하게 앉거나 누우라. 발가락에서부터 시작해서 5초 동안 수축한 다음, 잠시 동안 완전히 이완하라. 발을 5초 동안 수축시킨 다음 이완하라. 얼굴과 두피를 포함한 신체의 모든 근육을 수축, 유지, 이완하라. 다 끝나면 몸에 긴장이 남아 있는지 스캔한 후 이완한다. 완전히 내려놓는 것에 대해 생각하라.

✓ 배 위에 가루나 옥수수 녹말을 바르고 아주 천천히 쓰다듬으라.

신체 움직이기

몸은 움직이도록 되어 있다. 태아의 첫 감각은 자궁 안에서 흔들리고 떠다니고 움직이는 것이다. 부드럽게 물건을 잡고 몸을 흔들면 긴장이 완화된다. 건강은 움직임에 달려 있다. 엔도르핀은 무술, 춤, 운동의 섬세한 내부 움직임으로 방출된다. 근육, 팔다리, 호흡, 조직, 체액, 세포의 움직임으로 즐거워진다. 운동이 주는 건강의 이점에 대해 들어 봤을 것이다. 규칙적으로 운동하고 산책하면서 다음을 실천한다.

✓ 산소 흡입과 순환 증가시키기
✓ 심장 건강 증진하기
✓ 나쁜 콜레스테롤은 줄이고 좋은 콜레스테롤 증가시키기

✓ 제2형 당뇨, 관절염, 우울증, 일부 암을 예방하고 관리하기

✓ 불안, 우울증을 줄이고, 기분 상승시키기

✓ 에너지, 힘, 지구력 향상시키기

✓ 체중 감소하기와 조절하기

✓ 자신감 및 자존감 향상시키기

　　어떤 종류의 운동을 즐기나요? YMCA, YWCA, 가까운 대학에서 운동 수업을 찾거나 운동을 할 수 있다. 헬스클럽에 가입한 경우, 트레이너에게 맞춤형 운동을 계획해 달라고 요청한다. 동기 유지를 위해 친구와 함께 운동하라. 즐거움에 주의를 집중하라. 서핑이나 춤과 같은 열정적인 활동을 선택한다. 수영을 좋아하면, 경주가 아닌 재미를 느끼는 속도로 수영하라. 걷는 것도 마찬가지다. 시간이 지나면서 거리를 늘이고 싶을 수 있지만, 자신과 경쟁하지 말라. 하늘, 나무, 다른 풍경, 소리를 즐기라. 자연 속에서 운동을 하면 자연 속에서 야외 활동을 하는 추가 이점을 얻을 수 있다. 즐거움이 클수록 결과는 더욱 혁신적이다.

감각 즐기기

　　"멈춰 서서 장미꽃 향을 맡으세요."라는 표현의 핵심은 단순하고 감각적인 시간을 즐기라는 의미다. 속도를 늦추는 것이 핵심이다. 현대 사회는 모든 것이 빨리 움직이기 때문에 사람들은 더 열심히 일한다. 하지만 꽃향기를 맡거나 풀밭을 걷거나 일출을 보거나 별이 빛나는 밤하늘을 바라보는 단순한 즐거움은 드물다. 진정으로 이완하려면 생각을 내려놓고 감각을 살려야 한다. 생각하고 말하고 일하는 것을 뒤로하고, 감각의 영역으로 이동하여 마음과 직관을 열어라. 시간이 걸린다. 감각은 엔도르핀을 분비하는 뇌 중추로 가는 통로다. 엔도르핀은 음악, 아름다움, 자연, 예술을 경험할 때 즐거움과 행복감을 제공하고 자신을 치유하는 화학물질이다. 연구에 따르면, 수술받은 후에 병실에서 나무를 볼 수 있는 환자는 약물치료가 덜 필요하고 더 빨리 퇴원한다고 한다.

기적의 움직임

몸과 마음의 한계를 극복한 열정에 관한 이야기는 많다. 뇌졸중으로 지팡이를 짚고서야 겨우 걸을 수 있었던 전직 프로 무용가는 자신이 좋아하는 음악이 흘러나오자 놀랍도록 우아하게 춤을 추었다. 가장 눈길을 끄는 이야기는 류머티즘성 관절염과 폐기종을 앓고던 첼리스트 파블로 카잘스다. 매일 아침, 그는 머리와 허리를 구부린 채 발을 질질 끌며 피아노 의자 앞으로 갔다. 그는 두 손을 펴고 허리를 곧게 펴고 호흡은 편안했다. 카잘스는 바흐의 〈평균율〉을 능숙하고 민첩하게 연주하면서 흥얼거리기 시작했다. 그런 다음 그는 민첩한 손놀림으로 음반을 날아다니며 브람스 협주곡을 연주했다. 그의 온몸은 유동적이고 음악에 맞춰 움직였다. 그러고 나서 카잘스는 등을 꼿꼿이 펴고 일어섰다. 아침을 든든히 먹고 산책했다.

음악 치료

특정 주파수의 음악은 몸과 마음의 속도를 늦추고 생물학적 순환을 바꾸어 치유를 극대화한다. 왈츠는 엔도르핀을 분비하고 스트레스 호르몬을 감소시킨다. 빗소리, 파도 소리, 졸졸 흐르는 물소리, 나무에 부는 바람 소리, 아기를 부르는 자상한 목소리는 발륨 2.5mg과 같은 진정 효과가 있다. 하이든의 〈첼로 협주곡 C 장조〉와 바흐의 〈G 선상의 아리아〉는 암, 뇌졸중, 관절염, 신장투석 치료의 보완으로 사용된다. 중환자실에서 통증과 불안을 줄이고 수술 후 회복 속도를 높이는 데도 사용된다. 음악은 마취와 진통제의 필요성을 줄여 주고 파킨슨병, 알츠하이머병, 자폐증을 가진 환자에게 도움이 되었다.

신체는 조직과 뼈를 통해 울려 퍼지는 리듬, 노래, 박자에 자연스럽게 반응한다. 뇌의 전두엽을 우회하여 자발적인 움직임, 기억, 감정을 자극한다.

기분 좋은 아로마도 치유가 된다. 향긋한 사과 향은 스트레스 반응을 줄이고 긴장을 풀어 준다. 아로마 치료는 불면증, 불안, 공황발작, 요통, 편두통, 음식 갈망 치료에 효과적이다.

자연과 살아있는 생명체의 아름다움과 경이로움을 느끼면 생명, 창조, 우주, 신의 초월적 차원을 깨닫게 된다. 꽃의 웅장함과 완벽함을 깊이 들여다보거나 바다의 힘이나 초원, 일몰, 일출의 환의를 느낄 때, 자신보다 더 큰 존재와 이어져 영혼이 채워지고 마음은 안정된다.

 다음을 실천한다.

✓ 하루 종일 계획 없이 시간을 보내며 신체의 충동이나 감각을 따른다. '해야 하는 일'은 무시한다.

✓ 풀밭에 누워 구름을 바라본다.

✓ 편안한 음악으로 CD를 만든다(내가 가장 좋아하는 곡은 쇼팽의 〈녹턴〉, 마스네의 〈타이스 명상곡〉, 모차르트의 〈클라리넷 5중주〉, 프란시스코 타레가의 〈알함브라 궁전의 추억〉, 생상스의 〈백조〉, 미셸 콜럼비에의 〈엠마누엘〉이다).

✓ 불꽃을 바라본다.

✓ 분수, 시냇물, 바닷소리를 듣는다.

✓ 동물이나 아기가 노는 것을 바라본다.

✓ 고양이나 개를 쓰다듬는다.

✓ 꽃꽂이를 한다.

✓ 미술관을 방문한다.

✓ 수족관을 바라본다(이는 통증, 불안, 혈압을 감소시키고 최면만큼 효과가 있다고 밝혀졌다).

✓ 향기로운 것을 굽는다.

✓ 향유, 비누, 향료, 향수를 사용한다.

놀고 어리광 부리기

아이는 놀 때 쉽게 기쁨을 느낀다. 잊어버렸다면, 놀이터나 공원을 방문하라. 뛰어노는 아이들의 열정과 활기를 지켜보라. 모든 사람은 어렸을 때 놀았던 잠재 기억이 있다. 즉, 세상, 사랑, 즐거움이 하나였던 시기다.

놀이는 목적은 없지만, 의미는 있다. 놀이는 자의식 없는 자발적인 즐거움으로 자신을 채운다. 노는 동안 대상과 시간을 초월한 현재 속에서 경험하는 대상과 하나된다. 자기(Self)는 자신을 즐기면서 세상을 즐긴다. 이렇듯 편안하고 기쁜 연합은 치유적이고 즐겁다.

   다음을 실천한다.

✓ 기억에 남는 어린 시절의 즐겁고 재미있었던 시간에 대해 적는다.
✓ 자주 쓰지 않는 손(예: 왼손)으로 장난기 많은 아이를 그린다.

레크리에이션과 휴가

레크리에이션이 바로 그런 거다. 레크리에이션은 자극적이거나 재미있는 활동을 통해 몸과 마음을 상쾌하게 한다. 레크리에이션은 몸, 마음, 영혼을 재창조하고 통합하여 영감을 주고 활력을 불어넣는다. 레크리에이션은 건강과 삶의 질을 향상시킨다. 이는 외상 피해자, 슬픔과 다양한 질병을 치료하는 데 효과적이다. 정원 가꾸기, 캠핑, 골프 치기, 연날리기 등을 하면서 걱정하기는 어렵다. 스트레스를 가중시키는 사람과 활동 계획을 세우지 말라.

레저는 시간을 소모하는 의무, 책임, 목적 없는 활동으로의 자유다. 레저는 낚시, 영화 보기, 독서, 해변에 누워 있기, 아무것도 하지 않기 등과 같은 놀이와 오락 활동이다. 겉으로 보기에 무의미한 활동이 영양을 공급하고 긴장을 풀어 준다. 얼마나 자주 하루를 그냥 보내고 친구와 이야기하고 아무것도 하지 않고 야외에 앉아 있고 녹음해 둔 옛날 노래를 듣고 편지를 쓰는가? 근심 걱정 없이 보내는 자유 시간을 최대화하는 것이 핵심이다.

다음을 실천한다.

✓ 노는 날 무엇을 하고 싶은지 내면 아이에게 물어보고, 자주 쓰지 않는 손으로 대답한다.

✓ 내면 아이가 좋아하는 것들로 콜라주를 만든다. 잡지를 오리거나 인터넷에서 사진을 다운로드한다.

✓ 매주 하루나 한나절 오후 쉰다.

✓ 장난감, 공예품, 취미, 미술용품점에 간다. 재미있는 것을 고른다. 그리고 논다.

✓ 게임과 재미있는 활동을 하는 파티, 분장 파티를 계획한다.

✓ 취침 시간에 이야기를 읽는다.

✓ 휴가를 계획한다. 갈 수 없는 경우, 집에서 휴가를 보내고 있는 것처럼 행동한다. 하루를 계획하고 모험을 떠난다. 자녀의 도움을 받는다.

웃음은 고통, 스트레스, 부정적인 감정의 훌륭한 해독제다. 웃음은 엔도르핀 분비를 촉진하고 근육을 이완시키고 간접적으로 혈압을 상승시키는 스트레스 관련 호르몬을 감소시킨다. 미국 암학회에서는 웃음을 추천한다. 노만 커즌스는 고통스러운 강직성 척추염에서 완전히 회복하였다. 시각화, 웃음, 가족, 친구의 사랑이 치료를 보완하여 심장 우회 수술을 받지 않아도 되었다. 노만 커즌스는 막스 브라더스 영화와 〈몰래 카메라〉 재방송을 보았다. 그는 자신의 치유가 웃음과 엔도르핀 덕에 기분이 좋아졌다고 하였다. 연구에 따르면, 한 시간 동안 코미디를 시청하면 스트레스 호르몬이 낮아지고 면역력은 높아진다고 한다. 친구와 함께 웃으라. 웃음은 전염성이 정말 강하다.

다음을 실천한다.

✓ 자신을 웃게 하는 모든 것을 열거하고 실천한다.

✓ 유머책을 읽는다.

✓ 코미디 영화, TV 프로그램을 본다.

✓ 친구와 함께 농담하거나 삼행시를 만든다.

✓ 친구와 함께 웃을 계획을 세우고 이유 없이 웃는다. 곧바로 배꼽 잡고 웃게 될
　것이다.

취미와 창의적 표현

취미는 직업이 아닌 즐기는 활동이다. 취미는 그 자체를 즐기는 것이다. 취미는
우표 수집, 조사, 나비 키우기, 현미경 보기, 창의적인 일하기다. 창의력은 영혼을
일깨운다. 취미는 예술, 공예, 음악, 무용, 사진, 글쓰기, 드라마, 기타 취미 등 다양
한 방식으로 표현된다. 취미는 휴식, 즐거움과 영감을 주고, 특히 재미를 느낀다. 놀
이는 치유의 강력한 통로다. 반면, 완벽주의, 노력, 기술이나 기대 결과에 초점을 두
면 창의력과 신체의 정보 흐름이 제한된다. 현재 순간의 기쁨에서 멀어진다. 예술,
뜨개질, 요리, 스포츠든 무엇이든, 자신을 잊어버리고 그 활동과 함께 '흘러갈' 때 가
장 행복하다.

새로운 기술을 개발하기 위해 평생 교육이나 대학 수업 수강을 고려해 본다. 무엇
을 하든 비판가가 끼어들어 즐거움을 억누르지 못하게 하는 것이 핵심이다. 실수하
거나 엉망이 되어도 정말 괜찮다. 이는 감정과 직관이 자신을 안내하도록 한다. 어
린아이는 자신의 창조물을 판단하지 않고 감정과 직관을 활용한다. 결과에 초점을
맞추지 말고 과정을 즐기는 것이 중요하다.

 다음을 실천한다.

✓ 종이에 자신의 창의력에 대해 어떻게 느끼는지 내면 아이에게 물어본다. 자주
　쓰지 않는 손으로 대답을 적는다.

✓ 내면 아이에게 자신이 어렸을 때 즐겼던 취미와 창작 활동을 떠올려 보게 한

다. 내면 아이가 하고 싶지 않았던 수업을 받거나, 비행을 배우거나, 악기를 연주하였는가?

✓ 자주 쓰지 않는 손으로 글을 쓰면서 내면 아이가 무엇을 표현하고 싶은지, 무엇을 하고 싶은지 알아본다. 그런 다음 실행한다. 항상 비행하고 싶었다면 비행 수업을 듣는다. 새로운 것을 배우기에 절대 늦지 않다. 배움이 자신을 젊고 열정적이고 열망적으로 유지시킨다.

✓ 전지나 신문지, 보드, 포스터 페인트를 구한다. 벽에 종이를 붙이고 삶의 벽화를 그린다. 삶이 어땠는지, 현재 어떤지, 앞으로 어떻게 되길 바라는지 그린다. 그림을 그릴 필요는 없다. 색깔과 모양을 사용하여 감정을 표현한다. 펜으로 생각과 감정을 담은 자막과 설명을 덧붙인다. 음악이 긴장을 푸는 데 도움이 된다면, 그림을 그리는 동안 음악을 재생한다.

✓ 물건, 천 조각, 철사, 스크랩, 압화로 콜라주를 만든다(무거운 책으로 눌러 두면 몇 주 안에 꽃을 말릴 수 있다).

몰입할 때

미하이 칙센트미하이는 '흐름 속에 존재한다.'라는 개념의 연구자이자 개발자다. 칙센트미하이에 따르면, 흐름은 수행과 학습에 완전히 몰입할 때라고 한다. 흐름은 성과, 동기, 기술을 향상시킨다. 흐름은 감정을 이용하여 스포츠, 창의적 학습 등과 같이 자신이 하고 싶은 모든 일의 성취를 증진시킨다. 흐름은 긍정적이고, 에너지를 제공하는 감정과 기쁨을 자극한다. 이 활동은 매우 몰입적이고 보람이 있어서 자기 자신, 시간, 심지어 신체적 필요에 대한 감각까지도 잊게 한다. 이 활동은 어렵다. 너무 힘들면 좌절하고 너무 쉬우면 지루해진다.

기운 차리고, 마음 가라앉히기

신문 읽기, 게임하기, 텔레비전 보기 등은 전형적인 휴식 시간으로 보이지만, 실

제로 이완되지 않는다. 이는 스트레스를 주고 심지어 경쟁을 유발하여 정신 활동을
내려놓는 방식으로 부교감신경계를 자극하지 않는다.

영성 훈련은 **영성**을 향상하기 위한 규칙적인 활동이다. 영성은 깊게 이완시키고
치유의 귀중한 원천이다. 영성의 의미는 문화와 종교마다 다르다. 기도, 호신술, 서
예, 명상 등 한 번에 한 가지씩 집중할 수 있는 능력을 개발한다. 아직 영성 훈련을
하고 있지 않다면 많은 이익을 얻을 수 있는 영성 훈련에 대해 고려해 보라(12단계
영성 훈련에 대해서는 제18장 참조).

명상은 회복을 가속화시킨다

영성 훈련을 꾸준히 하는 것이 회복의 중요한 요소다. 취약한 자아
감각, 다른 사람에게 집중하기, 강박행동, 강박사고, 불안, 불행, 우울
등의 공동의존 증상을 치유하는 데 도움이 된다. 사람들이 과거나 상
상 속의 미래 사건으로 걱정하고 그런 일이 일어난 것처럼 반응하는 것이 일반적이
다. 과거나 미래에 대해 생각하다 보면, 현재를 즐기지 못하고 놓치게 된다. 마음을
현재에 두면 과거의 실수를 반복하지 않고 예상되는 문제가 실현되지 못하도록 막
을 수 있는 건설적인 변화 능력이 향상된다.

명상은 주의를 집중시키는 간단한 영성 훈련이다. 언제든 혼자서 할 수 있다. 훈
련이 도움이 되지만 반드시 필요하지는 않다. 명상할 시간이 없다고 생각할 수 있지
만, 실제로 명상은 더 효율적이고 생산적으로 만들어 인생에서 더 많은 시간을 만들
어 낸다. 명상의 이점은 다음과 같다.

✓ 신체적·정서적·정신적 건강 증진하기
✓ 집중력과 사고의 명료성 향상하기
✓ 감정 조절하기
✓ 영적 만족감 증진하기
✓ 창의성과 직관력 향상하기

✓ '지금–여기에서' 살기

✓ 침착하기

✓ 자아와 의지 증진하기

✓ 안내 제공하기

✓ 동기, 용기, 힘 기르기

✓ 웰빙과 기쁨 증진하기

✓ 반응성 감소하기

✓ 알파파 증가하기와 부교감신경계 이완하기(〈표 11–1〉 참조)

✓ 성격 재구조화하기와 강화하기

명상의 종류

책 한 권을 채울 만큼 다양한 유형의 명상이 있다. 어떤 것은 고급 훈련이 필요하다. 종교, 문화, 사상의 학파마다 다른 명상 기술을 강조한다. 다음은 시작하기 위한 몇 가지 간단한 제안이다. 실제로 여러 가지 명상은 중복되며 다음 목록은 포괄적이지 않다. 한 번에 1~2주 동안 여러 종류를 시도해 본 다음 자신에게 가장 적합한 것을 계속한다.

모든 사람이 다르다. 훈련을 선택할 때, 편안하게 느끼는 것이 중요하다. 기분, 명료성, 집중력, 다른 사람과의 상호작용에서 개선의 작은 신호를 찾으라. 몇 달 또는 몇 년 동안 수행하면, 일상생활에서 자신의 신체 감각, 감정, 생각, 지각이 점점 더 많이 의식하게 되고 알아차리게 된다. 이는 다시 명상 수행의 모든 이점을 향상시킨다. 명상을 좋아한다면, 자신이 선택한 명상 유형의 책을 읽거나 명상 집단이나 선생님을 만나 더 많은 정보를 얻는다(『초보자를 위한 명상』, Stephan Bodian, John Wiley & Sons, Inc. 참조). 다른 사람과 함께 명상을 하면 혼자 하는 것보다 더 강력하고 알아차림을 유지하는 데 도움이 된다.

호흡 지켜보기

호흡을 바꾸지 않고 단순히 알아차리라. 공기가 콧구멍으로 들어오고 나가는 것을 알아차리거나 가슴이나 배가 오르내리는 것을 알아차린다. 숨을 길게 내쉬거나 한 번에 한쪽 콧구멍으로 호흡하는 등 이완을 향상하는 호흡 운동은 다양하다. 명상은 특별한 일을 하는 것이 아니라 그저 관찰하는 것이다. 생각이 떠오르면, 자신의 주의를 다시 호흡으로 되돌린다. 호흡이 자연스럽게 느려진다. 호흡을 늦추면 마음과 신경계가 이완된다.

감각 관찰하기

신체의 여러 부위에 오가는 감각을 알아차리라. 생각이나 느낌이 떠오르면, 그것이 생각과 감정으로 바뀌기 전에 감각 수준에서 알아차리려고 노력하라. 약간의 불편함도 알아차린다. 한 가지 방법은 주의를 다른 영역으로 옮기는 것이고, 다른 방법은 불편함에 관심을 가지고 질감, 온도, 부피, 압력 등을 순수한 감각 수준에서 경험하는 것이다. 그러면 불편함이 해소된다. 이 두 가지 훈련을 모두 실험해 보고 차이점을 파악하라.

생각 관찰하기

명상을 시작하기 전까지 자신의 마음이 얼마나 바쁜지 모를 수 있다. 비판가가 자신의 생각을 비난하기 때문에 많은 사람이 명상을 거부하거나 그만둔다. 글쎄, 그렇다니까! 모든 사람의 마음은 생각으로 가득 차 있다. 생각을 바꾸려면 명상 훈련이 필요하다. 요점은 생각을 없애는 것이 아니라 불가능한 생각을 관찰하는 것이다. 이는 쉽지 않다. 명상을 처음 시작할 때, 생각을 알아차릴 수는 있지만 몇 분 안에 무엇을 하고 있는지 잊어버리고 과거나 미래에 대해 생각하게 된다. 현재에 머물러 있지 않고 걱정, 환상, 감정, 반응이나 계획에 빠져 있다. 침착하게 자신의 생각을 관찰하려면 훈련이 필요하다. 이는 단순히 생각하는 것과 매우 다르다. 한 가지 기술은 생각과 감정을 멈추지 않고 허용하는 것이다. 생각과 감정이 방향을 바꾸어도 그대로 둔다. 관찰한 것을 기억하는 것이 핵심이다.

명상에 관한 몇 가지 팁은 다음과 같다.

✓ 자신이 생각하고 있다는 것을 알아차리면 생각을 최소화시킬 수 있다. "누가 생각하고 있는가?"라고 자문해 본다. 무슨 일이 일어나고 있는지 바라보라.

✓ 시각화가 도움이 된다. 자신의 생각을 고요한 연못을 흔드는 물방울이나 푸른 하늘을 지나가는 잔잔한 구름과 비교해 보라. 사고 내용에 집착하지 말고 떠도는 생각을 지켜보라.

✓ 다른 방법은 숫자 세기다. 생각을 세거나 호흡을 세어 보라. 생각이 떠오를 때마다 다시 시작한다. 초보자는 4개 이상 기억을 유지하거나 무언가를 떠올리지 않고 4에 도달하기 어렵기 때문에, 4를 넘지 않는 것이 가장 좋다.

일반적인 문제는 자신이 명상하고 있다는 사실을 잊어버리고 생각에 빠지는 것이다. 또 다른 문제는 명상에 대해 생각하는 것이다. 이는 또한 자신이 빠지고 싶지 않은 이야기이기도 하다. 일반적으로 좋은지, 나쁜지의 평가로 이어진다. 목적을 상실한 자신과 경쟁하지 않도록 주의한다. 생각 알아차리기로 되돌아간다. 자신을 판단할 경우, 각 판단에 판단 1, 판단 2 등으로 표시한다. 또 다른 문제는 즐겁거나 창의적인 생각에 사로잡히는 것이다. 현재로 다시 돌아오라. 이러한 알아차림은 생각의 힘을 약화시킨다. 곧, 자신의 마음이 방해받는 것에 지쳐서, 계속 훈련하는 강아지처럼 조용해진다.

사물 바라보기

외부의 무언가에 주의를 집중한다. 예를 들어, 풍경 소리, 바위, 나뭇가지, 촛불, 만다라(종교적 상징이나 그림)와 같은 사물에 집중한다. 종이에 동그라미, 삼각형 또는 정사각형을 그리면서 만다라를 만든다. 몇 분 동안 만다라를 보라. 사물을 보면서, 지각에 활용 가능한 모든 세부 사항을 비언어적으로 탐색하되 응시하지는 말라. 사물을 만지고 있다고 상상하고 눈으로 감지하려고 노력하라. 이제, 눈을 감고 잔상이 사라질 때까지 바라보라. 이 과정을 반복하라.

움직임 명상

안절부절못하며 앉아 있다면, 하타 요가, 태극권, 가라테, 기공, 합기도, 수피 데르비시 춤, 알렉산더 움직임, 접촉 즉흥, 전통 운동, 연속체 등 여러 형태의 움직임 명상이 있다. 실험해 보려면, 걷기 명상을 연습하라. 이는 실내나 실외에서 할 수 있다. 몇 번 호흡하면서 의식을 집중시키고 천천히 걸음을 옮기면서, 발과 발가락이 땅에 닿을 때 각 부분에 주의를 기울인다. 발목과 종아리, 다리를 따라 엉덩이로 구부러지는 근육과 뼈, 배와 골반의 움직임, 팔과 어깨의 흔들림을 알아차리라. 생각이나 감정이 생기면, 그저 알아차리고 몸으로 다시 주의를 되돌리라. 각 단계마다 주의를 집중시킬 수 있는 것들이 많다. 가능한 한 많은 정보를 얻기 위해 천천히 걸어라. 잠시 한 신체 부위, 예를 들어 발에 집중하여, 각 단계의 모든 측면과 어느 부분이 먼저 지면에 닿는지 알아차린다. 관찰하는 것을 판단하지 말라.

만트라

만트라는 계속 반복되는 신성한 단어, 소리나 문구다. 만트라는 모든 종교와 토착 전통의 기도나 성가다. 만트라는 큰 소리 또는 조용히 읊으며, 호흡과 맞춘다. 일부 전통에서, 만트라는 정신적 지도자나 스승이 제공하고 점성술 기호에 기반을 둔다. 다양한 목적의 만트라가 있다. 만트라는 다양한 의식의 상태에 도달하고, 신성한 에너지의 다양한 측면과 공명하며, 자비와 같은 다양한 특성이 있다. 예를 들어, 유대교의 엘로힘(Elohim)과 아도나이(Adonai), 기독교의 예수 그리스도(Jesus Christ)나 아멘(Amen), 이슬람교의 알라후 아크바르(Alahu Akbar), 불교와 힌두교의 오엠(OM) 등이 있다. 또한 '평화'나 '사랑'과 같은 단어나 '나는 신이다.' '나는 바로 나다.'와 같은 구절을 사용할 수 있다. 시작하려면 익숙하고 의미 있는 만트라를 사용하라(제12장 참조).

묵상

아이디어, 문제, 이미지나 영적 구절에 대한 묵상은 때로 비구조화된 유형의 명상이다. 제12장의 만트라 하나를 골라 묵상해 보라. 만트라를 묵상하고 다른 주제로 벗어나지 않도록 한다. 만트라의 다른 측면, 반응, 감정을 성찰한다. 이에 대한 생각과 감정으로 마음을 채우라. 이와 대조적으로, 기독교의 관상 기도는 하나님과의 일체를 이루기 위해 마음을 비우는 것이다.

일반 지침

움직임 명상을 하지 않는 한, 편안하게 앉는 것이 가장 좋다. 정해진 특정 자세로 앉아 있으면 생리적인 이점이 있다. 다리를 꼬고 앉을 필요는 없다. 앉아 있는 것이 너무 불편하면 눕거나 움직임 연습을 한다. 일정 기간, 매일 같은 시간에 명상하는 것이 가장 좋다. 타이머를 설정한다. 5~10분 정도로 시작하라. 너무 열심히 하지 않는 것이 중요하다. 긴장을 풀려고 하면 긴장된다. 명상을 또 다른 도전으로 보지 말고 그냥 내려놓는 기회로 생각하라(그렇지 않으면 걱정으로 되돌아온다). 어떤 형태로든 자기 판단이 일어나면, 다른 생각과 마찬가지로 이를 관찰하고 원래 관심의 대상으로 되돌아간다. 졸리면, 45도 각도로 전방 위 아래를 바라보며 눈을 살짝 뜨고 명상한다. 마지막으로, 명상은 문제를 피하는 수단이 아니라 더 큰 용기와 평정심을 갖고 문제에 직면하도록 돕는다.

이완 반응

이완 반응은 신체-정신 연구의 선구자인 허버트 벤슨 박사가 개발한 대중적 기법이다. 이완 반응은 부교감신경계를 자극하고 스트레스, 불안, 우울, 분노를 줄이는 것으로 나타났다. 벤슨은 하버드 대학교에서 초월 명상 분야의 숙련된 실무자들을 연구한 후에 이완 반응을 개발하였다.

1. 편안한 자세로 앉아 눈을 감는다.
2. 발가락부터 시작하여 얼굴 방향으로 진행하면서, 각 근육을 이완시키고 긴장을 푼다.
3. 코를 통해 정상적으로 숨을 들이쉰다. 숨을 들이쉴 때마다 '하나'를 조용히 반복하고, 숨을 내쉴 때마다 다시 '하나'를 반복한다. 호흡을 통제하지 말라.
4. 매일 10~20분 동안 이완 반응을 하고 일어서기 전에 몇 분 동안 휴식을 취한다.

사회적 필요 충족시키기

공동의존은 생활방식, 가족이나 주요 관계 이외의 다른 사람과의 관계를 좁힐 수 있다. 중독이나 학대를 겪고 있는 경우에는 특히 그러하다. 중독 혹은 학대 관계에 너무 몰두해 있는 경우, 다른 사람과 우정을 발전시키거나 공동체에 관여할 시간이나 정신적·감정적 에너지를 갖지 못했을 것이다. 또한 점점 더 많은 사람이 혼자 살거나 한 부모다.

 치료 일부로 새로운 관계와 친구를 사귄다. 이는 공동의존적 관계 밖의 자극, 다른 관점, 지지를 제공하는 삶이 있다는 사실을 깨닫게 해 준다. 활동적이고 관여하는 삶을 사는 다른 사람과의 대화, 공유, 소통은 참여, 격려, 소속감을 제공한다. 특히 이는 자신을 지지하거나 가까운 가족이 주변에 없을 때 중요하다.

기쁨을 나누면 두 배가 되고, 슬픔을 나누면 반이 된다. 아마도, 이는 사회적 유대 관계가 강한 사람이 더 장수하고 감기에 덜 걸리고 혈압과 심박수가 더 낮은 이유다. 사실, 좋은 사회 체계는 운동과 같은 건강상의 이점을 제공한다!

 학교를 그만두면, 새로운 관계를 맺기 어려울 수 있다. 몇 가지 제안 사항은 다음과 같다.

✓ 지지 집단에 참석하고(제18장 참조), 모임 후 사람들과 대화하라. 커피를 함께 마시자고 초대받으면 다른 사람들과 함께 하라.
✓ 노인 센터, 인근 병원, 동물 보호소나 기타 비영리 단체에서 자원봉사하라. 빅 브라더 또는 빅시스터와 함께 자녀 멘토링을 고려해 보라.
✓ 아이의 학교나 자신이 속한 종교 단체 위원회에 참여하라.
✓ 수업에 참여하고 새로운 것을 배우라. 쉬는 시간에 다른 사람과 대화하라. 위

험을 무릅쓰고 수업 전이나 후에 저녁 식사나 커피를 마실 계획을 세우라.

✓ 지역 박물관 안내원으로 자원봉사하라.

✓ 지역 학교나 도서관을 통해 가정교사가 되어 아동이나 성인의 독서를 도우라.

✓ 정치기금 모금 및 선거운동에 참여하라.

✓ 공통 관심사를 공유하는 온라인 모임을 찾으라.

✓ 페이스북이나 트위터 등 인터넷 소셜네트워크서비스(SNS)를 통해 옛 친구들과 만나라.

✓ 요트 클럽, 시에라 클럽, 오듀본 소사이어티, 브리지, 야구, 코인, 북클럽 등 취미나 여가 활동을 공유하는 사람을 찾기 위해 클럽을 찾으라. 모든 관심사에 관한 클럽이 있고 인터넷으로 어느 때보다 쉽게 찾을 수 있다.

✓ 대면 접촉이 항상 더 좋지만, 공동의존을 포함한 온라인 채팅과 포럼에 참여하라. 집에 묶여 있거나 외딴 지역에 살고 있다면, 온라인 채팅과 포럼은 자신의 문제와 관심사를 공유하는 다른 사람과 만날 수 있는 좋은 방법이다.

대인관계 치유하기

제3부에서는

☑ 어떤 관계가 건강한지 알아보고, 다른 사람과의 상호작용을 검토한다.

☑ 언제 내려놓아야 하는지, 언제 좀 더 적극적으로 표현해야 하는지 배운다.

☑ 건강한 경계선 설정하기의 비밀에 대해 알아본다.

☑ 성관계, 연애, 공동의존 공포증 등을 포함한 대인관계 대처에 도움이 되는 전략을 사용한다.

제12장

내려놓기와 비애착

> 🖋 **이 장에서는**
>
> ✓ 과도한 관여와 비애착의 차이 구별하기
>
> ✓ 자기 자신에 대해 책임지기
>
> ✓ 통제에 기여하는 두려움과 기대 이해하기
>
> ✓ 반응하고 걱정하고 집착하는 진짜 이유 파악하기
>
> ✓ 수용의 중요성 인정하기
>
> ✓ 내려놓기를 위한 팁과 방법 획득하기

공동의존자는 지나치게 애착한다. 너무 사랑해서가 아니라, 너무 많이 필요해서 애착한다. 애착은 필요를 기반으로 한다. 누군가가 자신을 괜찮게 여기도록 누군가와 특정한 방식으로 존재해야 하는 필요다. 이 장은 건강에 해로운 방식으로 반응하고 과도하게 관여하고 집착하는 나쁜 습관과 잘못된 신념 바꾸기에 대해 다룬다. 다른 사람의 문제와 행동에도 삶을 즐기는 방법을 배울 수 있다. 변화는 관리와 통제, 반응과 걱정, 집착하는 공동의존 패턴을 살펴보는 것으로 시작된다. 공동의존 패턴은 모두 서로 연결되어 있다. 이 장에서는 논의를 위해 각각 따로 설명한다.

과잉 관여 vs. 비애착

가족이나 친밀한 사람에게 애착하는 것은 정상적이고 건강한 일이다. 하지만 공동의존자의 애착 패턴은 고통과 문제를 일으킨다. 공동의존자는 지나치게 관여한다. 해독제는 내려놓기와 비애착이다. 알아논과 익명의 공동의존자 모임(CoDA)은 분리를 권한다. 많은 사람이 분리와 신체적 또는 정서적 철수를 혼동하기 때문에, 나는 중립을 뜻하는 비애착이라는 용어를 선호한다.

과도하게 관여하는가

공동의존적 애착은 과도하다. 서로 다른 마음과 독립적인 감정을 가진 두 사람이 아닌, 자신과 상대('X'로 지칭) 간의 경계선이 모호하다. 다음 사항이 관찰된다.

✓ 자신의 기분은 X에 달려 있다. X가 행복하지 않으면 행복할 수 없다.
✓ X의 의견, 생각, 감정, 판단에 강한 감정적 반응을 보인다.
✓ X의 문제에 대해 걱정하고 생각한다.
✓ X의 동기나 감정을 분석한다.
✓ X가 무엇을 하는지, 하지 않는지, 무슨 생각을 하고, 느끼는지 곰곰이 생각한다.
✓ X에 대한 관심 때문에, 자신의 직업, 취미, 활동, 친구와의 시간이나 흥미를 갖지 못한다.
✓ X와만 시간을 보내려고 하고, X가 동의하지 않거나 동반하지 않는 기타 활동은 중단한다.
✓ 거절당하는 것이 두려워 X를 기쁘게 해 주려 한다.
✓ 혼자 무언가 하는 것을 불안해한다.

너무 깊이 관여하여 근시안적이다. 자신의 연장선에 다른 사람이 있다. 자신이 필요하고 괜찮은 존재가 되기 위해 다른 사람의 의견, 감정, 행동을 통제하려고 노력한다. 다른 사람의 고통을 보지 않기 위해 다른 사람을 관리한다. 다른 사람을 감동시키고 기쁘게 하고 자신의 의견에 동의하도록 설득한다. 다른 사람이 일정한 거리를 원하면 상처나 분노로 반응한다.

비애착이란

다른 사람을 통제하거나 집착하지 않고, 자비로운 마음으로 다른 사람을 격려한다. 다른 사람이 자신을 좋아하도록 조종하지 않는다. 진정으로 대한다. 다른 사람과 논쟁하거나 설득하지 않고 호기심을 갖고 서로 다른 관점을 존중한다. 거리두기나 침묵에 대한 필요를 존중하고 혼자 혹은 다른 사람과 함께 하는 시간을 즐긴다. 불가능하게 들릴지도 모르지만, 결과는 보람이다. 여기서 사용되는 비애착 (nonattachment)이라는 용어는 불교에서 말하는 것과 다르다. 비애착에는 세 가지 개념이 있다.

1. 적절한 경계선 갖기
2. 현실 수용하기
3. 과거나 미래가 아닌 현재에 머물기

비애착은 공동의존적 관계를 유지시키는 건강에 해로운 감정적 접착제를 분리하는 방법이다. 비애착은 다른 사람의 문제와 일에 얽매이는 것, 다른 사람이 말하고 행동하는 것에 반응하는 것, 사물에 집착하고 걱정하는 것을 내려놓는 것이다. 자기 일만 신경 쓴다. 비애착은 감정과 걱정을 없애는 것이 아니라 건강한 방식으로 감정과 걱정을 전달한다. 실제, 비애착은 공동의존적 애착보다 더 자비롭고 사랑이 많다.

비애착은 가족에 대한 책임을 소홀히 하거나 누군가를 떠나는 것을 의미하지 않는다. 물리적 공간이나 분리가 자신에게 집중할 수 있는 유용한 수단이다. 하지만 물리적 근접성은 비애착과 무관하며 비애착을 의미하지 않는다. 사실, 어떤 이혼한 부부는 대부분의 기혼 부부보다 서로 정서적으로 더 애착하고 더 많이 반응한다. 멀리서 살고 있는 누군가와 통화 버튼을 눌러 며칠 동안 대화할 수도 있다.

비애착은 냉담하거나 무관심하거나 감정이 닫혀 있거나 누군가를 무시하는 것과 다르다. 비애착을 처음 실천할 때, 보통 감정을 끄거나 침묵의 벽을 사용하여 공동의존 행동을 자제한다. 하지만 끈기와 이해, 자비심과 사랑으로 내려놓을 수도 있다.

물러서기와 내려놓기

내려놓기는 관계뿐만 아니라 개인의 성장, 내적 평화, 삶의 모든 영역에서 심오한 이득을 가져온다.

사랑하는 법 배우기

관계에 집착하지 않는 것은 누군가와 현재에 머무르고, 조건 없는 사랑을 실천하는 가장 사랑스러운 방법이다. 어떻게 이런 역설이 가능할까? 비애착의 기본 원칙은 다른 사람과의 깊은 감정을 공유하는 관계에서 서로의 분리를 존중하는 것이다.

내려놓기에 대한 더 큰 그림을 그리기 위해 개인적인 필요에서 한 발짝 물러서서 생각해 보라. 자신과 다른 사람은 서로 다른 필요, 유전, 삶의 경험, 관점이 있으며 각자 전체적이고 능력 있는 두 사람이라는 현실을 상상해 보라. 이러한 지적인 이해가 마음속에 스며들어 비애착이 자연스러워질 때까지는 시간이 걸린다. 분리된 장소에서, 자신과 다른 사람을 고유하고 특별한 개인으로 완전히 볼 수 있다. 이것이 자신과 다른 사람을 존중하고 사랑하는 길이다.

평화, 자유, 힘 기르기

자신이 반응하거나 바로 잡으려고 하거나 통제하려고 하는 사람이나 대상이 자기 자신을 통제한다. 다른 사람을 관리하거나 판단하거나 돕는 것을 중단하면, 걱정에서 벗어난다. 다른 사람의 선택과 문제의 결과에 얽매이지 않는다. 자신이 더 자유로워지고 다른 사람도 자유로워진다.

자신의 반응을 내려놓는 방법을 배우고 자신과 다른 사람의 기분, 행동, 말을 분리할 수 있는 단계로 더 나아가게 되면, 자신의 힘을 되찾게 된다. 사람이나 사물에 반응하는 사람이 아닌, 자신의 삶을 스스로 결정하는 행위자가 된다. 자신의 생각에 책임을 지고 매 순간, 모든 순간 어떻게 행동해야 할지 자신이 결정한다. 다른 사람과 독립적으로 자신의 행동을 선택한다. 이것이 자존감을 높인다. 다른 사람과 함께 감정적인 롤러코스터를 탈 때, 상대가 얼마나 혼란스러워할까에 관계없이 자신의 마음은 평화로울 수 있다. 이렇게 자신의 마음, 감정, 자존감을 통제하는 힘을 되찾는다.

자신만의 시간 갖기

다른 사람에 대한 책임을 내려놓으면, 더는 그 사람이 책임을 다하는지 확인하느라 시간을 허비하지 않는다. 훨씬 더 많은 자유를 누리고 다른 사람의 삶을 살지 않고 자신의 삶을 살 수 있다. 이를 통해 직업, 취미, 흥미, 친구를 개발할 수 있다.

각자 독립심과 자기 책임감에 대해 배우기

비애착은 자신과 다른 사람 모두 삶에 대한 책임을 질 수 있게 한다. 관리나 통제하던 사람이 실수로부터 배우고 자신의 선택에 대해 책임질 기회를 얻는다. 결과적으로, 두 사람 모두 더욱 독립적이 된다.

자기 책임

사랑하는 사람의 행복을 바라고 그들의 고통을 보는 것은 고통스럽다. 공동의존자는 다른 사람의 고통과 행복에 책임을 느낀다. 공동의존자는 너무 속상해하고 가까운 사람의 부정적 감정과 문제를 해결하려고 한다. 실제로 관계의 절반, 즉 자기자신만 치유할 수 있다.

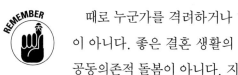 자신의 생각, 감정, 행동과 행동의 결과에 대한 책임은 자신에게 있다. 다른 사람은 그들의 행동에 책임이 있다(관계의 책임에 대해서는 제3장 참조). 책임지기는 자기 비난과 다르다. 이미 너무 많은 비난을 해왔다. 책임지기는 단지 인정하는 것이다. 즉, "내가 어떤 말을 했다(어떤 일을 했다)."라고 인정하는 것이다. 사실을 인정한다고 해서, 자신이 나쁜 사람이 되는 것은 아니다.

때로 누군가를 격려하거나 때로 관심을 더 기울이는 것은 공동의존이 아니다. 좋은 결혼 생활의 이점은 힘들 때 서로 돕는 것이다. 이는 공동의존적 돌봄이 아니다. 지지적이고 상호의존적이다. 반대로, 지속적으로 다른 사람의 기분을 바꾸려 하거나 문제를 해결하려고 하면, 이는 고통의 원인을 통제할 수 있다는 잘못된 신념에 근거한 다른 사람의 관리자가 되는 것이다. 자신의 책임을 자신이 지는 것이 아니라 다른 사람의 책임을 자신이 떠맡고 있는 것이다. 때로 공동의존적 커플은 한 배우자가 다른 배우자를 행복하게 할 의무가 있다고 생각한다. 이는 불가능한 일이고, 불행, 분노, 적개심으로 이어진다. 기쁘게 하려는 쪽이 항상 실패한다. 자신이 무엇을 시도하든 옳지 않거나 충분하지 않다.

상대의 행복에 대한 책임을 자신이 지면, 상대는 의존, 무책임, 유치한 행동을 하게 된다. 이는 성장하고 독립할 수 있는 기회를 박탈하는 것이다. 반면, 자신의 행복에 책임을 지면, 관계가 행복해지고 열린 마음으로 상대와 상호작용할 수 있다.

헨리의 아내는 우울했다. 헨리는 아내를 사랑했고 아내를 행복하게 해 주려고 모든 것을 했다. 그런데 이는 오랜 시간 아무 도움이 되지 않았다. 아내는 계속 불평했다. 헨리는 아내만큼 불행했고 화가 났다. 아내를 향한 사랑이 남아 있지 않았다. 이러한 무의식적 거래는 아내를 의존적이고 무책임하고 요구적인 사람으로 만들었고 헨리가 떠나지 못하도록 붙들었다. 또한 헨리는 의존적이고 충실했다. 또한 어떤 요구도 하지 않게 되었다.

공동의존자의 또 다른 함정은 관계 문제에 너무 많은 책임을 지고, 너무 많이 비난하는 것이다. 관계를 유지하기 위해 자기 자신을 바꾸려고 노력한다(인간 프레첼 해결책). 신념은 '내가 문제를 일으켰다면 내가 잘못한 것을 깨닫고 나를 바꾸면 문제가 사라질 것이다.'다. 이런 신념은 관계에 속한 각 개인의 감정과 행동에 대한 책임을 부정한다.

다음을 실천한다.

✓ 책임감을 느끼는 일을 전부 작성하라. 가족, 직장에 대한 책임도 포함시키라. 다른 사람에 대한 책임과 다른 사람을 위한 책임의 차이는 무엇인가?

✓ 다른 사람 대신 지고 있는 책임 목록을 작성하라. 상대가 어린아이나 청소년일 경우, 책임을 질 수 있거나 책임을 지는 법을 알 만큼 충분한 나이인가? 이들에게 책임지는 것에 대해 이야기하라(불공정하지 않고 원망하지 않는 한 공동 책임, 심부름, 집안일에 대한 문제가 아니다).

✓ 제9장의 필요 목록을 검토하라. 각 항목에 대한 필요를 충족시키기 위해 책임을 질 수 있는 행동을 작성하라.

✓ 자신의 책임과 필요를 충족하고 다른 사람이 자신의 삶을 관리할 수 있도록 계획을 세우라.

너무 많이 도와주기

보살핌과 조장하기로 행동을 관리하고 통제하는 것은 다른 사람의 경계선을 위반하는 것이다. 누군가의 삶을 관리하는 것은 무례하다. 이는 상대가 무능하고 도움이 필요하다는 메시지다. [그림 12-1]과 같이, 다른 사람의 삶에 대한 두려움과 기대가 있다.

By Darlene Lancer

[그림 12-1] 무엇이 최선인지 알기

실제로 다른 사람의 개인적 배경, 경험, 욕구를 고려하여 무엇이 최선인지 알 수 없다. 남편의 옷, 십 대 아이의 다이어트, 친구의 연애에 관한 조언하기와 같이 사소한 것에서부터 관리하기 시작한다. 변화, 통제, 원치 않는 조언은 다른 사람의 자존감을 손상시키는 공동의존적 패턴이다. 아마도 다른 사람의 문제에 공감하려고 귀를 기울이고 해결책을 제안할 것이다. 해결자, 상담자, 지지자 역할을 맡게 되고 점점 더 다른 사람의 선택에 얽히게 된다. 결국 다른 사람의 행동이 자신의 기대에 미치지 못해 속상해 진다. 다른 사람이 '올바른' 일을 하고 있는지 파악하기 위해 일거수일투족 주시하기 시작한다.

관리하기, 통제하기, 조장하기의 징후는 다음과 같다.

- ✓ X의 행동이나 신념을 바꾸기 위해 판단, 조언, 잔소리한다.
- ✓ 재촉하는 질문을 반복한다.
- ✓ X의 정보를 쫓거나 캐묻거나 알려고 한다.
- ✓ X가 할 수 있는 일을 X를 위해 반복적으로 한다.
- ✓ X를 조종한다(제3장에서 정의됨).
- ✓ X를 위해 정말로 하기 싫은 일을 한다.
- ✓ X의 필요를 충족시키거나 요청이나 동의하지 않은 도움을 제공한다.
- ✓ 자신의 몫보다 더 많은 일을 하거나 관계에서 받는 것보다 더 많이 준다.
- ✓ X의 부정적인 감정을 바로 잡으려고 노력한다.
- ✓ 자신을 위해 X에 대해 생각한다.
- ✓ X의 문제를 해결한다.
- ✓ X를 대변한다.

아이를 가르치는 것과 통제하는 것은 다르다. 통제는 분노와 반항을 낳는다. 좋은 부모는 어린아이에게 자연스럽고 적절하게 부모의 권위를 행사한다. 아이가 성숙하면 나이에 적합한 결정과 과제를 아이에게 넘겨준다. 부모가 아이를 너무 많이 통제하고 조장하면 아이가 성인이 되어도 책임지는 방법에 대해 알지 못한다.

통제의 연료는 두려움이다

행동 통제의 기반은 의존과 두려움이다. 자존감과 행복이 누군가의 기분, 자신을 향한 다른 사람의 감정, 관계 유지에 달려 있으면 통제의 필요성이 커진다. 새로운 관계에서 다른 사람과의 차이를 수용한다. 어쩌면 그 차이 때문에 끌릴 수도 있다. 애착을 느끼고 관계를 정리하고 싶지 않을 때, 서로의 차이가 향후 관계에 어떻게 영향을 미칠지 생각하게 되고 혼란스러울 수도 있다. 다른 사람을 변화시키기 위해 조언이나 의견을 말하고 기대하기 시작한다. 삶이 얽히게 되면, 서로에 대한 애착과 의존은 더 커진다. 또한 다른 사람의 행동이 자신에게 미치는 두려움도 커진다. 가까운 사람이 자기 파괴적인 행동을 보이면 통제 충동이 가속화된다. 두려움이 다른 사람을 돕고 통제하게 한다. 조언이 좋을 수도 있다. 대체로 비생산적이다.

도와 달라는 요청을 받는다면

이는 좋은 질문이자 어려운 질문이다. 정답은 상황에 따라 다르다. '도와달라는 요청을 받아도 간섭하거나 통제하는 선을 넘지 않는다.'라고 생각할 수 있다. 반드시 그렇지는 않다. 다음에 대해 생각해 본다.

✓ 계속 다른 사람의 강점을 찾고 문제를 해결하려 하고 독립할 수 있는 기회를 방해한다. 자신을 필요로 하지 않는 것이 두려운가?

✓ 돕기 시작하면 지배적 · 통제적 패턴으로 빠질 수 있다. 후속 조치를 취하고 다른 사람의 행동과 결과를 모니터링하고 싶어 한다. 다른 사람에게 도움을 주고 놓아줄 수 있는가?

✓ 다른 사람을 돕고 보답받지 못한다면, 균형을 잃어버린 관계에서 패자의 책임을 진 승자의 해결사 역할을 한 것이다(제3장 참조).

✓ 통제와 돌보는 습관을 강화하고 있는가?

✓ 돌보지 않고 어떻게 지지할 수 있는가?

더 현명하고 사랑스러운 과정은 상대의 생각에 귀를 기울이고 격려하고 지지한다. 상대가 자신의 문제를 처리할 수 있는 능력과 자신감이 있고, 다른 누구보다 자기 자신에 대해 더 많이 알고 있음을 전달한다. 제2장의 보살핌과 보호에 대해 읽어보라.

다음에 관한 내용을 작성한다.

✓ 누구를, 무엇을 통제·수정·관리하려고 하는가?

✓ 구체적으로 어떻게 통제·수정·관리하는가?

✓ 그런 상황의 동기는 무엇인가?

✓ 도와주는 것에 대해 화가 나거나 자기연민을 느끼는가?

✓ '희생'하는가, 아니면 자신의 필요를 챙기고 있는가?

✓ 돕는 것이 자신을 불안하게 하는가, 좌절하게 하는가, 아니면 피곤하게 하는가?

✓ '아니요.'라고 말하는 데 죄책감이 많이 드는가?

✓ 조언하지 않고 문제에 대해 경청할 수 있는가?

✓ 상대에게 무엇이 최선인지 자신이 알고 있다는 생각이 드는가?

✓ 통제·수정·관리하기를 멈춘다면, 무엇이 가장 두려운가?

✓ 통제·수정·관리하기를 멈춘다면, 어떤 기분이 드는가?

✓ 누군가가 자신을 변화시키려 하거나 통제하려 할 때, 어떻게 느끼는가?

✓ 따르지 않을 조언을 하는가? 상대에게 조언이 어떻게 느껴진다고 생각하는가? 기분이 어떠한가?

✓ 도움을 요청하거나 정서적 지지를 받는다면 어떤 기분이 드는가?

✓ 이용당하거나 고마워하지 않는다고 느낀 적이 있는가?

✓ 누군가가 직접 할 수 있는 일을 자신이 할 때, 자신에 대해, 그리고 다른 사람에 대해 어떻게 느끼게 되는가?

무엇을 기대하는가

　기대는 고통의 처방이다. 상대에게 어떤 사람이 되길 바라는지, 상대가 어떻게 행동해야 하는지에 대한 기대는 관계 문제를 일으킨다. 이는 실망을 안겨 주고 판단의 씨앗을 심어 분노로 자란다. 산불처럼 번져서 기대하는 사람에 대한 좋은 감정도 태워 버린다. 자신을 포함하여, 어떤 누구도 평가받는 것을 좋아하지 않는다. 고양이를 기른다면, 고양이가 개처럼 행동하길 기대하지 않는다. 고양이가 수영하고 하이킹하길 기대하지 않는다. 그런 기대를 한다면, 자신과 고양이 모두 매우 비참하게 된다. 곧이어 고양이에게 화를 내고 싫어하기 시작한다. 가까운 누군가가 자신이 원하지 않는 방식으로 행동하거나 본성에 어긋나는 방식으로 행동한다면 화가 날 것이다.

꼼꼼한 회계사인 **제레미**는 예술가 아내인 케틀린의 지저분함을 참지 못했다. 처음에는 무방비한 아내에게 끌려서 지저분한지 몰랐다. 아내는 옷을 걸지 않았고 탁자와 조리대에 잡지와 신문을 올려 두었다. 제레미는 아내의 결점을 더 많이 찾아냈다. 그는 증오심에 사로잡혔다. 그는 아내의 뒤를 따라다니며 불평했다. 아내는 그를 원망했지만 변하려는 노력은 전혀 하지 않았다. 온전한 정신과 관계를 유지하기 위해, 제레미는 비애착 훈련을 시작했고 아내를 사랑하는 이유를 떠올렸다. 제레미는 엉망진창으로 되는 것이 마음에 들지 않았다. 하지만 그다지 신경 쓰이지 않게 되었다. 아내를 수용하는 법을 배웠다. 다시는 화를 내지 않았다. 이들은 도우미를 고용하기로 했다. 이런 결정이 케틀린이 좀 더 깔끔해지도록 도와주었다.

관계가 어떻게 발전해야 하는지, 결혼 생활은 어떠해야 하는지 등에 대한 선입견이 있다. 결혼 생활은 아마 부모의 행동과 같거나 그 반대일 수 있다. 아니면 자신이 상상하는 이미지일 수도 있다. 이는 실망스러운 기대를 마음속에 심는 것이다.

자넷의 아버지는 어머니의 자동차를 항상 관리했다. 자넷이 결혼했을 때, 남편 다니엘이 자신의 차를 관리해 줄 거로 생각했다. 그녀는 남편이 도와주지 않는다고 화냈다. 자넷은 자동차 관리는 남편의 일이라고 생각했다. 하지만 절대 말하지는 않았다. 자넷은 오일 교환에 대해 전혀 몰랐다. 오일을 교환하지 않아 엔진을 거의 망가뜨릴 뻔했다. 자넷은 다니엘에게 자신의 차를 관리해 줄 수 있냐고 물었다. 남편은 "내가 왜 그래야 하지? 당신 차야."라고 대답했다. 다니엘 역시 자넷에게 기대가 있었다. 자넷이 자신의 더러운 옷을 빨아 줬으면 했다. 하지만 자넷은 즉각 거절했다. 이들에게는 각자 자신의 부모가 살았던 기대와 규칙이 있었다.

기대가 불합리한가

자신의 기대는 보통 합리적이고 바람직할 수 있다. 하지만 특정인과 관련하여서는 비합리적일 수도 있다. 기대가 합리적인지 결정하려면 기대를 충족시킬 능력이 있는지, 충족시킬 의향이 있는지 고려해 보라. 과거의 기대는 어떻게 되었는가? 기대를 충족시켰는가? 이는 다른 사람과 자신에 대해 무엇을 말해 주는가?

자신의 관계를 객관적으로 바라보라. 기대를 충족시키기 위해 자신이 무엇을 말하고 행동했는지, 다른 사람은 무엇을 말하고 행동했는지 자문해 보라. 동기를 고려해 보고 분노, 비난, 비판 없이 자신의 바람을 분명히 전달했는지 생각해 보라. 누군가가 자신의 마음을 읽어 주길 기대하지 말라. 그건 말도 안 되는 기대다! 자신이 원하는 것을 정중히 요청하라. 누군가에게 변화를 거듭 요청했지만 변화하지 않을 경우, 더 많은 요청, 조종, 잔소리가 변화하게 할 것이라는 생각은 비합리적이다.

현실에 있는가

관계에 대한 환상이 있거나 상대가 어떻게 행동하기를 바란다면 현재 자신의 불행을 부정하고 미래로 도피하고 있을 가능성이 크다(제4장을 읽고 부정하고 있는지 확인한다). 현재 충족되지 못한 필요에 대해 생각해 보라. 자기 행복에 대한 책임을 회피하고 있는가? 상대와 불만족스러운 부분에 관해 이야기하고 상대의 의견을 들어본 적이 있는가? 말다툼하지 말고 경청하라. 이것이 현실이기 때문이다.

합리적인 기대에 대해

각 사람이 관계에 기여하고 자신의 책임을 다하는 것은 합리적이다. 존중과 성실하게 대우받는 것이 합리적이다. 누군가에게 전념하기 전에 먼저 기대하는 것이 좋다. 연애는 상대가 적합한 사람인지 평가하는 기회다. 상대가 고양이인가, 강아지인가? 사이좋게 지낼 수 있는가? 상대의 습관, 결점과 함께 살아갈 수 있는가? 누군가가 변하기를 기대하면서 관계를 시작하면 문제가 발생한다.

 비애착이 자신의 가치에 어긋나는 학대나 행동을 수용해야 한다는 뜻은 아니다. 자신에 대해 책임을 지는 것은 누군가가 자신을 험하게 대하도록 내버려 두지 않는다는 의미다. 학대를 당하고 있다면 갈등을 해결하고 경계선을 설정하기 위해 진솔한 대화를 해야 한다(제13장 참조). 상대를 기쁘게 하거나 조종하여 통제하려고 하면 원치 않는 행동을 더 많이 하게 된다. 상대가 계속 경계선을 무시하면, 관계를 계속 유지해야 하는 이유에 대해 다시 생각하라. 지지 집단에 가입하고 전문가의 도움을 받는다(제18장 참조).

다른 사람에게 독심술을 기대하는가

다른 사람이 자신에게 묻거나 이야기하지 않아도, 자신의 마음을 읽고, 이해하고, 필요를 충족시켜 주길 기대하는가? 필요를 말하지 않으려고, 다른 사람이 자신의 마음을 읽을 수 있어야 한다고 믿을 수 있다. 필요를 요청했다면, "내가 요청하지 않았어도 당신은 알았어야 했어요."라고 말하면서 자신이 요청하여 얻은 것을 평가절하한다. 이런 태도는 상대를 이중 구속에 빠트린다. 즉, 상대가 알아서 자신의 필요를 충족시키지 못한 것이 잘못이고, 필요가 무엇인지 요청받은 후에 충족시키는 것도 잘못이라는 딜레마에 빠진다. 공동의존자가 이런 기대를 하는 이유는 다음과 같다.

- ✓ 자신의 필요와 욕구를 완전히 알지 못해서
- ✓ 자신과 다른 사람이 느끼는 감정과 가치가 같다고 가정하고, 자신과 다른 사람의 차이를 무시해서
- ✓ 자신의 필요와 욕구를 매우 수치스러워해서
- ✓ 거절당하는 것을 두려워하고 거부감, 실망, 수치심을 느껴서

이런 습관을 깨기 위해 자신이 무엇을 원하고 필요한지 알아차리고 이를 요구할 수 있는 용기가 필요하다. 처음에는, 상대가 이미 알고 있어야 한다고 말할지도 모

른다. 그러나 이러한 기대는 실망, 분노, 갈등으로 이어진다.

 본질적으로 '내가 (상대에게) 말해야 하는지는 중요하지 않다.'라는 잘 못된 생각을 바탕으로 자신의 요구를 충족시키는 사람을 평가절하하지 않도록 주의하라. 대신, 다른 사람이 자신의 요구를 들어줄 때 감사하는 연습을 하라!

중독에 관해서

중독자가 중독 행동을 멈추기를 기대하는 것은 비합리적이다. 알코올 중독자가 술에 취했다고, 놀라고 실망하고 화를 내고 상처 주는 행동은 아침에 해가 떠서 화를 내는 것과 같다. 사랑하는 사람이 자기 자신을 해하는 모습은 고통스럽지만, 기대가 더 많은 고통을 유발한다. 누군가의 중독을 멈추거나 통제하려 한다면, 정상에 도달하자마자 바닥으로 돌이 굴러떨어지는 시지프스와 같다. 진보하고 있다고 생각할 때, 다시 시작해야 하기 때문이다.

말로는 어떤 것도 영원한 변화를 이루지 못한다. 자신의 말과 행동은 무의미하고 저항만 낳게 된다. 사실, 중독 행동을 멈추는 것은 중독자에게 너무 어렵다. 누군가가 중독 문제에 영향을 주려고 하면 중독 문제로부터 주의를 분산시킨다. 도움을 주려는 사람이 중독자 마음의 방해꾼이 된다. 통제와 조장하기가 실제로 중독을 연장시킨다(조장하기에 대한 자세한 내용은 제3장 참조). 중독자와 학대자는 자신의 행동을 다른 누군가의 탓으로 돌리길 좋아한다. 행동과 중독에 대한 책임을 다른 사람에게 떠맡기려 한다. 절대 자기 책임이 아니다. 당신도 중독자에게는 책임이 없다고 말할 수 있다. 다른 사람에게 책임을 떠넘기면 중독과 부정이 가능해져서, 자신의 행동에 책임을 질 필요가 없다. 하지만 중독자를 내려놓으면 중독자가 책임을 져야 한다.

 자신의 행동을 바꾸고 비애착 훈련을 하는 것은 어려울 수 있다. 통제권을 내려놓기 전에, 다른 사람보다 자신이 무력하다는 사실을 받아들일 필요가 있다(무력함에 대해서는 제18장 참조). 중독자가 중독이 자기 파괴적이라는 사실에 동의하든 하지 않든, 비애착은 중독 행동의 당사자인 중독자의 선택을 존중한다. 길에서 벗어난 중독자를 통제하고 조장하고 보호하는 것을 멈추면, 경계선을 설정할 준비가 되었다(경계선 설정하기 방법에 대해서는 제13장 참조). 이는 중독자가 자신의 중독 결과를 경험하고 행동의 책임을 지게 한다.

나는 알코올 중독자와 함께 비애착 훈련을 하고 단주를 직접 경험했다. 나의 태도가 전부 바뀌었다. 중독자는 "너무 잘해 주셔서 제가 술로 인해 선생님을 비난할 수 없었습니다. 나 자신을 살펴보게 됩니다."라고 알아차리고 말했다. 비애착이 효과를 발휘했다! 제18장에서 1단계의 수용하기와 내려놓기에 대한 자세한 내용을 참조하라.

유발 인자 파악하기와 반응하기

통제하지 않아도, 사람과 사건에 반응하고 과잉반응하기 쉽다. 공동의존자는 다른 사람의 필요, 감정, 판단, 행동, 욕구에 반응한다. 자신의 생각과 느낌은 다른 사람의 내면에서 일어나는 것에 기반을 둔다. 강도와 지속 시간에 따라, 반응과 과잉반응을 보인다. 얼마나 오랫동안 화가 났는가? 이는 자극과 합당하게 비례하는가? 과민하게 반응하는 것, 즉 유발 인자는 자신에게 고유하다. 유발 인자는 과거에 누군가와 겪었던, 현재 경험하고 있는 고통스러운 상호작용을 떠올리게 한다. 경우에 따라, 유발 인자는 무해하다. 유해한 경우는 보통 반응이 사건과 균형이 맞지 않을 때다. 예를 들어, 마트에서 누군가가 새치기했을 때 분노 폭발하거나, 10분 늦었을 때 매우 불안하거나, 누군가와 애인이 장난치고 있으면 질투한다.

어떤 사람은 모든 것을 파괴한다. 일이 뜻대로 되지 않을 때 과잉반응을 일으킨다. 즉, 두더지 언덕으로 산을 만든다. 끊임없이 감정에 압도되고 불안하고 어린 시절의 기억을 다시 떠올린다. 어떤 사람은 내면의 감정을 진정시키기 위해 항상 행동하고 반응해야 한다고 느낀다. 안타깝게도, 행동과 반응은 전체를 고려하지 않았기 때문에, 종종 상황은 더 악화된다. '무언가를 하지 않고 가만히 있는 것!'을 배워야 한다.

 때로 분노, 순응, 철수 반응이 실제적인 상처나 취약성을 덮어버린다. 비난이 수치심과 죄책감을 덮는다. 자기 비난은 때로 다른 사람을 향한 분노를 가린다. 크고 작은 반응이 자기 자신을 훔친다.

 반응 양상은 성격, 문화, 이전 경험에 기초한다. 다음의 유형으로 반응하면 논쟁이 커진다. 경계선이 흐려지면 서로를 제대로 보지 못한다. 사실, 오래전 어린 시절에 일어났던 여러 가지 반응양상과 싸우고 있는 셈이다.

- ✓ 비난형("그건 당신 잘못입니다.")
- ✓ 회유형("무슨 말을 해도……")
- ✓ 사과형("그렇게 느꼈다니 죄송합니다.")
- ✓ 산만형(무관한 행동하기, 예: 머리를 빗거나 농담하는 등)
- ✓ 유혹형(키스하고 화해하기)
- ✓ 컴퓨터형("겨우 17분 늦었습니다.")
- ✓ 철수형("이야기하고 싶지 않습니다.")
- ✓ 공격형(큰 소리로 "이 형편없는 ~××야!")
- ✓ 교수형("내 의견에 근거한 것이기 때문에 맞습니다.")
- ✓ 순교형("전 아무것도 제대로 할 수 없어요.")

 경계선이 온전하면, 다른 사람의 행동과 관점이 자신을 반영하는 것이 아니라는 사실을 알 수 있다. 또한 자신의 고유한 관점, 경험, 필요, 감정을 표현할 수 있다. 반응하지 않고 경청하고 대답한다. 다른 사람이 말을 하지 않는다고 해서 비난하거나 화를 내지 않는다. 자기(Self)가 더 온전해지고 자존감이 더 높아지면, 자신과 다른 의견, 부정적인 감정까지도 견딜 수 있다(제

10장 참조). 자신의 감정에 귀를 기울이고 다른 의견에 대해 생각한다. 동의 여부를 자신이 결정하고, 동의할 경우 변화 여부를 결정한다. 진정성 있게 대응하고 말한 내용에 대한 자신의 생각이나 감정을 전달한다. 이는 사실과 무관하게 자동적으로 무릎을 꿇는 반응이 아니다. 반응하기를 멈추면, 단호하게 대응하고 의사소통할 수 있다(효과적으로 표현하고 과거의 외상을 치유하는 방법에 대해서는 제8장, 제13장 참조).

랜달은 여자 친구에게 자주 전화를 걸어 저녁 식사를 만들어 달라고 부탁했다. 랜달은 이것을 사랑받는 것으로 생각했다. 여자 친구는 랜달의 부탁이 아버지에게서 들었던 요구였기 때문에, 분노하며 과잉반응을 보였다. 그녀는 자신이 랜달의 부탁을 들어줄지 말지 선택할 수 있다는 사실을 깨닫게 되었다. 랜달의 부탁을 들어주면 자신의 필요도 더 많이 충족시킬 수 있고 자신도 랜달에게 부탁할 수 있다는 사실을 알게 되었다.

마르시아는 간호사였다. 장시간 일하여 소진되었다. 교대근무 시간 사이에, 그녀는 남자 친구가 자신에게 관심을 가져 주길 기대했지만 무시당했다고 불평했다. 그는 그녀를 기쁘게 해 주고 싶었지만, 일 때문에 바빴고 그녀의 전화를 받지 않기 시작했다. 부모가 이혼한 후, 아버지와 함께 시간을 보내고 싶다는 열망을 떠올린 마르시아는 남자 친구에 대한 기대가 비합리적이고 그와의 뜸해진 연락이 자신을 더욱 자극시켰다는 사실을 깨달았다. 또한 그는 마르시아와 자신의 비판적인 어머니가 다르다는 사실을 깨달았을 때, 반응하기를 멈추었다. 그는 경계선을 설정했다. 마르시아와도 더 가까워졌다. 또한 마르시아는 자기 관리에 책임을 지고 직장에서도 경계선을 설정하였다.

분노, 마약, 술에 취한 사람의 말과 행동에 반응하는 것은 쉽다. 하지만 중독자는 자신의 감정과 말을 뒤돌아보지 않는다. 어쩌면 기억조차 나지 않을 수도 있다. 상대가 '정상적인 상태'로 돌아온 후에도 한참 동안 속상할 수 있다.

누군가가 자신에게 불공을 던지고 있다는 상상을 해 보라. 불공은 자신에 대한 부정적인 부분이다. 이는 상대가 자신의 나쁜 기분, 수치심, 중독, 기타 행동에 대한

By Darlene Lancer

[그림 12-2] 게임하지 않기로 선택하기

책임을 전가하려는 시도다. 공격과 비난은 자기 성찰을 하지 못하게 한다. 상대와 불공 던지기 게임을 한다([그림 12-2] 참조). 불공을 떨어뜨리기도 한다. 불공을 잡으면, 상대가 자신에게 고통을 준다. 불공을 던지면, 불에 손이 그을리고 던질 때마다 불에 덴다.

항상 불공 게임을 하지 않아도 된다. 다음 질문에 답한다.

- ✓ 누가 자신을 촉발하는가?
- ✓ 어떤 행동이 자신을 촉발하는가?
- ✓ 각 유발 인자와 자신이 경험하는 감정에 대해 쓰라.
- ✓ 어떻게 반응하는가? 항상 같은 방식으로 반응하는가?
- ✓ 상대는 어떻게 되는가? 상대는 어떻게 반응하는가?
- ✓ 자신의 반응이 상황에 도움이 되는가?
- ✓ 과거의 어떤 인물, 사건, 감정이 떠오르는가?
- ✓ 앞의 질문에 다시 대답해 보고 다르게 반응하라.

걱정하기와 집착하기

어떤 일이 일어날지 걱정하거나 다른 사람에 대한 집착이 통제하려는 시도라는 사실을 알고 있는가? 마음에서 걱정과 집착이 일어나는 것도 통제하려는 시도다. 불행하게도, 많은 사람이 사랑과 걱정을 동일시하고, 이것이 스트레스를 유발하고 비생산적이어도 걱정하지 않는 것에 죄책감을 느낀다. 또한 일반적으로 상상 속의 걱정은 현실에서 일어나지 않거나 적어도 동일한 방식으로 일어나지 않는다. 현실이 된다 해도 걱정한다고 해서 결과가 달라지지 않는다. 또한 걱정한다고 해서 문제가 발생했을 때, 정보와 지지를 받거나 기도와 휴식으로 자신에게 집중하는 등 효과적으로 대처하지도 못한다. 대신 걱정과 집착은 자신을 소진시킨다. 또한 걱정과 집착이 현재에서 멀어지게 하므로, 실제 상황에서 부적절한 시도나 습관적인 반응을 하게 한다. 비애착은 자신과 다른 사람이 더 함께하고 사랑할 수 있도록 도와준다. 지금 바로 여기에 있는 것이 모든 문제의 해결책을 찾는 첫걸음이다.

걱정이나 집착에 사로잡혀 있을 때 다음 질문을 한다. 내가 머릿속에 있는가? 내가 현재에 있는가? 나의 기분은 어떠한가? 몸이 필요로 하는 것은 무엇인가?

현실 수용하기

수용은 과정이다. 수용은 하루, 일주일, 한 달 만에 되는 것이 아니라 노력을 기울여야 한다. 아기의 걸음마와 같이 연습과 실수로 진행된다. 변화는 알아차림에서 시작된다. 행동과 생각이 원하는 결과를 가져다주는지 알아차린다. 그런 다음, 이 장 뒷부분에 있는 '내려놓기 기술'을 활용하여 비애착 연습을 하라. 이 기술은 비애착을 증진시키는 수용적 태도를 개발하도록 돕는다.

수용은 동의가 아니다

수용은 있는 그대로 인정하는 것이다. 수용과 혼동하는 의미는 다음과 같다.

- ✓ 수용은 절망에서 나오는 수동적 자세를 뜻하는 체념이 아니다. 수용은 삶과 책임을 담당하는 긍정적인 단계다.
- ✓ 수용은 사실에 대한 동의가 아니다. 수용은 사실이 있다는 존재를 인정하는 것이다.
- ✓ 수용은 학대나 용납할 수 없는 행동을 무조건 받아들여야 한다는 의미가 아니다. 이는 일반적인 오해다. 사실 많은 사람이 자신이 학대당하고 있는지 알아차리지 못하고 이를 인정하지도 않는다. 학대에 직면하지 않는다. 수용을 통해, 자신의 행동을 바꾸고 안전과 지지를 구하고 경계선을 설정한다.

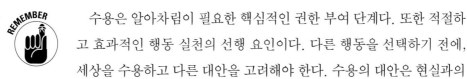

수용은 알아차림이 필요한 핵심적인 권한 부여 단계다. 또한 적절하고 효과적인 행동 실천의 선행 요인이다. 다른 행동을 선택하기 전에, 세상을 수용하고 다른 대안을 고려해야 한다. 수용의 대안은 현실과의 영원한 전쟁이다. 이 전쟁은 지는 싸움이다. 관계에서, 전쟁은 자신이 희생자가 되는 위치, 자신의 책임도 아니고 변화 능력도 없는 사람에게 집착하는 위치에서 무력하게 있도록 한다. 무언가에 반대하면 자신의 내면은 끊임없는 혼란 상태에 있고 통제하려는 사람과 갈등을 겪게 된다. 마음속에서 전쟁을 치르느냐, 평화를 누리느냐의 선택이다.

일단 내려놓으면, 집착은 줄어들고 자유와 해방감을 경험한다. 동시에, 걱정과 통제의 부담에서 다른 사람을 자유롭게 한다. 그러면 다른 사람이 더는 저항하지 않는다. 다른 사람은 자신에게 직면해야 하고 자기 행동에 책임을 져야 한다.

더 깊은 수준의 수용이 있다. 먼저 자신이 다른 사람보다 무력하다는 사실, 문제에 기여하고 있다는 사실, 변화해야 하는 사람은 바로 자신이라는 사실을 받아들이게 된다. 이 단계는 다른 습관과 감정에도 적용할 수 있다.

중독에 대한 수용

 중독자가 중독을 선택하지 않았다는 사실을 깨닫는 것이 중요하다. 이는 도덕적 문제가 아니다. 중독을 야기한 것은 아무것도 없으며, 중독을 통제하거나 바꿀 수 없다. 중독자가 나쁜 사람이거나 자신을 사랑하지 않는다는 의미가 아니다. 중독과 공동의존은 질병이다. 결핵이나 당뇨병이 있는 누군가의 행동을 바꾸려고 노력하는가? 그 사람을 비난할 것인가? 아니면 자비심을 가지고 질병에 대해 할 수 있는 모든 것을 배우고 가장 잘 대처하는 방법을 배울 것인가?

사랑하는 사람이 생명에 위험한 만성 질환을 앓고 있다는 사실을 직면하는 것은 두렵고 고통스럽다. 두렵고 고통스러울수록 부정의 강도도 강하다. 불행히도, 중독자를 포함한 많은 사람이 중독을 도덕화하여, 부정하는 시간을 지연시키고 자기 파괴적인 행동을 영속시킨다. 이는 수용과 치료의 장애물이다.

내려놓는 방법

자신이 공동의존자라고 인정하고 내려놓으면, 행동을 실천할 준비가 된 것이다. 시간이 흐르면서 비애착 훈련을 하면 수용하는 데 도움이 된다. 지지는 필수적이다. 또한 이 부분에서 제시하는 방법은 매우 유용하다. 많이 사용할수록 비애착이 쉬워진다.

자신에게 초점 맞추기

생각이나 습관을 새로운 생각과 습관으로 바꾸지 않고 중단하기는 어렵다. 자기 삶에 관심을 갖게 되면 다른 사람에게 집중할 시간이나 에너지가 없다. 자신을 성장시키고 자극을 주는 취미와 목표를 개발하라(제11장, 제16장 참조). 그렇게 하면 다른 사람의 행동과 분리되고 자존감은 높아진다.

만트라 떠올리기

만트라는 반복되는 단어나 구다. 다음 구절을 떠올리면 생각, 태도, 행동이 바뀔 수 있다.

✓ **남의 일에 참견하지 말고 각자 더불어 살자**: 내가 가장 좋아하는 말이다. 이것의 의미는 매우 강력하다. 자신이 원하는 것을 할 수 있는 권한을 자신에게 부여하면, 다른 사람에게도 그런 자유를 줄 수 있다. 올바른 경계선에 대한 정의다. 자신에게 힘을 행사할 수 있는 사람은 자신이 유일한 존재이고 자신에게 책임이 있다. 자신의 행동이 자신의 행복을 만든다는 사실을 알게 된다.

✓ **하지 말아야 할 일 네 가지**: 하지 말아야 할 일 네 가지는 다른 사람에게 집중하거나 기대하거나 판단하거나 다른 사람의 생각으로 시간을 허비하지 않게 한다.

  1. 보지 말라.
  2. 기대하지 말라.
  3. 판단하지 말라.
  4. 집착하지 말라.

✓ **자신의 일에나 신경 쓰자**: 조언을 하거나 누군가의 문제를 해결하고 싶을 때 자신에게 집중하라는 만트라다. 자신이 돕고 싶은 사람이 처한 상황과 정확히 동일한 경험을 했는지, 동일한 욕망, 감정, 걱정을 공유했는지 자문해 보라. 회복한 사람은 보통 다른 사람에게 자신이 달성한 변화나 필요한 변화를 강요한다. 하지만 이는 다른 사람에게 적절하지 않을 수 있다.

✓ **내려놓고 신에게 맡기라**: 내려놓기 위해 신이나 더 위대한 힘을 믿을 필요는 없다. 걱정과 염려를 신에게 맡긴다. 자신이 문제를 해결하는 것보다 신의 뜻에 맡기는 것이 더 도움이 된다. 사람을 신의 손에 맡긴다고 상상해 보라. 누군가를 하얀빛으로 감싸라. 신은 그가 무엇이 필요한지 알고 있다는 사실을 떠올

리고 내려놓는다. 또한 신을 믿든 믿지 않든 상대를 빛 속에 에워싸고 놓아준다. 내려놓는 또 다른 방법은 현실 그대로 두는 것이다.

세 가지 C

다른 사람의 중독에 대해, 알아논의 세 가지 C가 도움이 된다.

1. 내가 중독을 야기하지 않았다(Cause).
2. 나는 중독을 통제할 수 없다(Control).
3. 내가 중독을 낫게 할 수 없다(Cure).

기도

자신과 사랑하는 사람의 안녕을 위해 기도하면 두려움이 사라진다. 도움과 통제를 내려놓으면 공허함이 채워진다. 평온을 위한 기도는 수용의 기도이며 행동 통제에 대한 완벽한 해독제다('평온'이라는 단어가 어려우면, '의지'라는 단어로 바꿔 보라).

제가 바꿀 수 없는 것들은 그대로 받아들일 수 있는 평온함을,
바꿀 수 있는 것들은 바꿀 수 있는 용기를,
그리고 이 둘 사이의 차이를 알 수 있는 지혜를 허락하소서.

명상과 마음챙김

명상은 많은 이점이 있다(명상 방법에 대해서는 제11장 참조). 다른 사람에 대한 집착, 과거의 상처, 원망, '만약'이라는 위험한 영역에서 마음이 방황할 때, 현재에 머무르는 데 도움이 된다. 자신이 보고 만지고 듣는 순간의 감각에 집중하라. 설거지를 하든 운전을 하든 당면한 과제를 알아차리라. 자신을 진정시키고 마음을 고요하

게 하는 능력을 개발하면, 자신에게 더 집중하게 되고 사람과 사건에 덜 반응한다. 명상은 또한 자기 알아차림을 형성하여, 오래된 습관으로 말하거나 행동하기 전에 생각할 수 있게 한다. 대화를 잠시 멈추고 대답을 선택할 수 있다.

타임아웃

타임아웃은 논쟁, 감정적 압도, 집착을 완화시키는 좋은 방법이다. 자신을 자극 하는 대상이나 사람으로부터 물러나야 할 때도 있다. 장면의 전환, 특히 다른 것에 주의를 돌리면 감정이 진정된다. 누군가에게 자극을 받았을 때, 진정하는 시간이 좀 필요하다. 나중에 대화를 계속하고 싶다고 이야기한다(예: 언제 이야기할지 등). 타임아웃은 반응하기 전, 다섯 번에서 열 번 정도 천천히 호흡하기와 같이 짧을 수 도 있다.

글쓰기

글쓰기는 누군가에게 자극받아 유발되었을 때 특히 유용하다. 자신을 중심에 두 고 감정을 환기시키고 유발 인자의 근원을 찾는 데 도움이 된다. 자신의 현재 감정 을 쓰고 과거에 똑같이 느꼈던 때로 자신을 데려다 놓는다.

반대로 행동하기

새로운 행동을 시도해 보라. 말다툼을 자주 할 경우, 그 대신 침묵한다. 평소에 말이 없으면 말을 하라. 항상 진지하면 농담을 하라. 자신과 가까운 사람들이 놀랄 수 있다. 어떤 남성은 항상 폭언을 하고 알코올 중독에 빠진 아내와 말다툼을 했다. "우리가 여전히 서로를 사랑하고 있다는 사실이 놀랍지 않아?"라고 말하는 버릇이 그에게 생겼다. 아내는 충격을 받았다. 이 말은 아내를 미소 짓게 했고 다시 다정해 졌다.

반대로 행동하기는 뇌의 다른 부분을 사용한다는 의미다. 집착보다 해결하는 방향으로 긍정적인 행동을 실천한다. 더 많은 정보를 얻는 것과 같이 간단할 수도 있다. 누군가에게 집착할 때, 억눌린 감정을 풀기 위해 집착을 감정으로 전환하라. 또한 '생각을 흘려보내고 감각을 일깨우라.' 몸을 움직이라. 산책하고 음악을 듣고 노래하고 춤추고 요리하고 운동하고 반려동물과 노는 등 정신 상태를 바꾸는 행동을 한다. 영화나 텔레비전을 보는 등의 수동적인 활동은 지속적인 변화에 충분히 관여하지 못한다.

행동해야 한다는 강박감이 느껴지면 기다리라. 하루를 더 기다리면 어떤 결과가 생길지 자신에게 물어보라. 매일 그렇게 하면, 행동할 필요가 전혀 없다는 사실을 알게 된다. 결정을 내려야 하는 일을 연기할 수 있는가? 결정을 미루어 더 많은 문제가 생긴다면, 정보를 더 많이 얻고 해결책을 향한 작은 단계라도 밟는다.

마치 ∼처럼 행동하기

이는 기본적으로 '∼할 때까지 ∼척하라.'다. 직장과 같은 특정 상황에서는 자신의 감정을 숨기는 일은 흔하다. 많은 공동의존자가 개인적인 관계에서 감정을 너무 많이 숨긴다. 그러나 어떤 공동의존자는 상처, 분노, 방어적인 태도로 누군가의 말에 빠르게 반응한다. 자신이 그렇다면, 다른 사람의 언행으로 괴롭지 않은 것처럼 행동하라. 그런 다음, 다른 사람의 말이 개인적으로 받아들여지지도, 괴롭지도 않다는 사실을 알게 된다. 누군가가 침묵하게 만들면, 그 반대로 하라. 당황하지 않은 척, 친절하게 말하라. 자신이 침묵에 크게 신경 쓰고 있지 않다는 사실을 알게 된다. 상대는 자신의 '처벌'이 통하지 않는 것에 좌절하고 실망한다.

꼬리표 떼기

이는 가까운 관계의 기대를 낮추는 좋은 방법이다. 다음에 반응할 때, 배우자가 친구라면 어떤 기분일지 상상해 보라. 친구보다 배우자에게 더 비판적인가? 배우자를 용서하지 않는 이유는 무엇인가? 이 방법은 다른 가족에게도 적용된다. 친구를 대하는 방식으로 가족을 대하거나, 가족을 친구처럼 대하는 것은 어떠한가? 어떤 차이가 있는가?

마음을 비우고 감각 되살리기

몸에 맞추라. 집착은 고통이나 미래를 통제하려는 시도다. 집착은 불안으로 채워져 있다. 억눌린 감정이 흐르도록 놓아주라. 움직이고 자연스럽게 나아가라. 즐거운 일을 하라.

Q.T.I.P.: 개인적으로 받아들이지 않기

Q.T.I.P(Quit taking it personally)는 자신과 다른 사람 간의 정서적 경계선이 있다는 사실을 알려 준다. 말과 행동은 자신의 내부에서 일어난다. 따라서 다른 사람의 말과 행동을 개인적으로 받아들이고 반응하는 것은 다른 사람에게 자신의 자존감을 넘겨주는 일이다. 개인적인 일로 받아들이지 않으면, 자신의 힘은 유지되고 상처를 입거나 화가 나지 않는다. 예를 들어, 비난하는 사람은 자신의 수치심을 다른 사람에게 전가하려는 것이다. 비난을 개인적으로 받아들이지 않으면, 이를 무시하거나 선을 지킬 수 있다.

상상력 활용하기

시각화는 새로운 행동을 하기 위한 강력한 학습 도구다. 정신적 리허설은 실제 신체적 리허설 만큼 효과적이다. 비애착 훈련을 하는 자신을 시각화하라. 침착하고 집중하고 자신 있고 상대의 분노, 중독, 부정적인 말과 행동에 반응하지 않는 자신을 바라보라. 자신이 무슨 말과 행동을 할지 상상해 보라. 이미지로 자기주장 연습을 하라(제8장 참조). 비애착 훈련으로 자신의 삶이 어떻게 달라질지 그려 보라.

플랜 B 세우기

상대를 신뢰할 수 없는 경우에 특히 유용한 방법이다. 보통 중독자인 경우다. 항상 플랜 B를 갖고 있어야 궁지에 몰리지 않는다. 친구를 만나거나 혼자 영화, 극장, 파티에 가거나 12단계 모임에 갈 수 있다. 집에 있더라도 화를 내거나 자기 연민에 빠지지 않고, 취미생활을 즐기거나 독서를 하거나 특별한 식사 시간을 갖는다. 피해자처럼 느끼기보다 자기 삶을 책임지라.

장애물 예상하기

자신의 안전 영역에서 벗어나 있으면, 변화하고 있는 것이다. 배를 흔들면, 다른 사람도 불편하다. 예상되는 사항은 다음과 같다.

자기로부터

습관과 가치관 바꾸기는 엄청난 위협으로 다가올 수 있다. 변화로 유발된 감정이 강력하기 때문이다. 과거와 같이 다른 사람을 돕지 않으면 죄책감을 느낄 수 있다는 사실을 예상하라. 이런 패턴을 바꾸는 것도 매우 어려울 수 있다. 하지만 이런 도움은 장기적인 도움이 되지 못하고 결국엔 해가 된다는 사실을 알게 되면 실천하기 더 쉽다. 어떤 때는 공허하거나 불안하거나 우울할 수도 있다. 또 어떤 때는 자신에게 몰입하고 평화롭고 자유롭고 힘을 부여받은 듯한 느낌이 든다. 갇혀 있고 불안에 익숙한 사람은 평온함과 자유에 더 익숙해져야 한다.

이러한 과도기적인 감정은 시간이 지나면서 비애착과 평화에 좀 더 편안해지면서 감소한다. 더 자유롭고 힘을 느끼기 시작한다. 자신과 다른 사람을 더 많이 수용하면, 더 부드러워지고 더 명랑해지고 더 개방적이고 더 인내심이 강해진다. 다른 사람에게 짜증을 덜 내고 더 많은 시간을 함께 하고 보살핀다.

다른 사람으로부터

다른 사람이 자신의 변화를 좋아하지 않을 수 있다고 기대하라. 마음속의 패자(제 3장 참조)가 죄책감을 들게 하고 다른 사람을 돕고 돌보도록 조종할 수 있다. 가족이나 다른 사람은 당신이 그들에게 신경을 쓰지 않는다고 비난하거나 이기적이고 자기중심적이라고 말할 수도 있다. 다른 사람은 당신이 하려는 일이 무엇인지 이해하지 못하고, 그들에게 익숙하고 현재 상태를 유지할 수 있는 예전 방식으로 되돌아와 주길 원한다. 또한 다른 사람은 그들의 마음의 평화를 위해 패자가 돌봐 주길 바란다. 그러나 그렇게 할 필요 없다. 이것이 지지 집단이 매우 중요한 또 다른 이유다.

반대로 패자는 더는 감독, 판단, 통제하지 않아도 된다는 사실에 기쁠 수 있다. 패자는 자신의 새롭고 즐거운 기분에 감동한다. 자신을 비난하기보다 있는 그대로 바라보기 시작한다. 가정은 더 많은 평화로 이어진다.

제13장

단호하게 표현하기

🖋 이 장에서는

✓ 단호하게 표현하기

✓ 하한선 파악하기

✓ 경계선 설정하기

✓ 학대 직면하기

✓ 갈등 해결하기

　의사소통은 관계를 형성하거나 깨트릴 수 있고 성공에 매우 중요하다. 의사소통은 좋든 나쁘든 청자에 대한 화자의 자존감을 반영한다. 공동의존자는 성장하면서 배운 역기능적 의사소통 습관으로 고통받는다(제3장, 제7장 참조). 대부분의 역기능적 가정은 한쪽 혹은 양쪽 부모가 수동적이거나 공격적으로 소통한다. 그러나 단호한 의사소통은 하지 않는다. 공동의존자는 보통 부모의 의사소통 방식을 모방한다. 어떤 사람은 갈등을 피하고 어떤 대가를 치르더라도 평화를 선택한다. 부모가 불안해하는 것처럼 공동의존자도 성장하면서 불안을 경험한다. 어떤 공동의존자는 자신을 보호하기 위해 비난하고 무시하고 반응한다(제12장 참조). 하지만 단호하게 의사소통하지 않는다. 이 두 가지 의사소통 방식 모두 관계에서 불협화음을 유발하고 지속시킨다.

효과적으로 소통하기

자신의 감정, 필요, 가치를 파악하고 어떻게 통제하거나 보살피거나 반응하지 않는지 파악하기 시작했다. 배운 것을 실천하고 자신이 표현한 부분에서 진가가 발휘된다. 효과적으로 의사소통하는 방법을 배우면 자존감이 높아진다. 이는 연습과 용기가 필요하다.

감정을 억누르거나 필요를 무시하면, 관계가 악화되고 자기 계발에 누가 된다. 자신의 동기가 누군가를 통제하거나 조종하거나 바로 잡기 위한 것이라면, 자신의 말은 공동의존적 태도다. 그러나 자신을 표현하기 위한 것이 동기라면 말의 초점은 다른 사람이 아닌 자신에게 있음을 전달한다. 말로 표현하는 것이 다른 사람의 반응보다 더 중요하다.

의사소통은 말 그 이상이다. 다음과 같이 온몸으로 비언어적 의사소통을 한다.

✓ 눈: 눈맞춤, 움직임, 촉촉함, 표정, 초점
✓ 얼굴: 표정
✓ 신체: 자세, 몸짓, 근육 긴장을 포함한 수의적 및 불수의적 움직임
✓ 피부: 색상(예: 홍조), 땀

또한 다음을 통해 언어적 의사소통을 한다.

✓ 음량
✓ 음고
✓ 운율
✓ 어조와 강조
✓ 유창성
✓ 발음

단호한 자기표현-여섯 가지 C

단호한 자기표현은 존중을 요청하고 자신감을 드러내고 영향력을 발휘한다. 의사소통은 배울 수 있다. 단호하게 소통하는 법을 배울 수 있다. 자기주장을 배우기 위해 연습이 필요하니 인내심을 가지라.

단호한 자기표현은 자신이 생각하고 느끼고 필요로 하고 원하는 것이 무엇인지 명확하고 정중하게 말하는 것을 의미한다. 대부분의 의사소통은 네 가지 필수 요소로 구성된다. 자신이 소통하는 이유에 대해 설명한다. 화자의 의도는 자기 자신에 대해 전달하는 것이다. 단호한 의사소통은 정중하고 직접적이고 정직하고 개방적이고 위협적이지 않고 방어적이지 않다. 단호한 의사소통은 까탈스럽거나 공격적이거나 무례하거나 이기적이거나 조종적이지 않다. 단호한 의사소통은 여섯 가지 요소로 구성되어 있다. 이를 여섯 가지 C라고 부른다.

- ✓ 일치성(Congruency)
- ✓ 정중(Courtes)
- ✓ 간결(Conciseness)
- ✓ 명료(Clarity)
- ✓ 인식(Cognizance)
- ✓ 자기주장(Claim yourself)

일치성

일치성은 자신의 속마음을 정직하게 표현하고 내면의 느낌을 투명하게 드러낸다는 의미다. 일치성은 효과적인 의사소통의 열쇠다. 진실성은 사실에 관한 것이다. 정직은 의도나 감정과 더 관련 있다. 즉, 생각과 감정을 말하거나 자신이 하려는 말의 의미를 전달하는 것이다.

자신의 말과 속마음이 일치하지 않으면 몸은 혼합된 메시지를 보낸다. 부정직은 생각하는 것보다 더 흔하다. 뻔한 거짓말을 한다는 의미가 아니라, 겉으로는 동의하는 척하지만, 속으로는 동의하지 않을 때가 있다. 이는 공동의존자에게 흔하다. 예를 들어, "괜찮아."라고 말하지만, 신체 언어로는 불행하다고 드러내거나 슬픈 이야기를 하면서 미소를 지을 때다. 두 가지 경우, 청자는 혼란스럽고 어떻게 반응해야 할지 모를 수 있다. 청자는 화자를 신뢰할 수 없다고 느낄 수도 있다.

안절부절못하면 불안이 전달되고 청자의 주의가 흐트러진다. 편안하고 자신 있다고 말하면서 움직임이 긴장되어 있으면, 다른 사람은 신체 언어를 믿는다. 눈 맞춤은 학습된 습관이며 친밀한 관계를 형성하는 데 중요하다. 눈 맞춤을 피하는 것은 낮은 자존감의 신호다. 자신에게 이런 문제가 있다면, 상대의 머리, 머리카락이나 귀 주위를 보는 연습을 하라.

정중

의사소통의 목적은 정보와 감정을 전달하는 것이지, 화를 분출하거나 복수하거나 꾸짖는 것이 아니다. 청자를 무례하게 대하면 지는 것이다. 효과적으로 소통하기 위해, 청자의 참여를 유도해야 한다. 이를 위해 청자를 존중하는 마음으로 대한다. 건설적이고 단호하게 의사를 전달하면, 비판적인 내용이라도 청자가 경청할 가능성이 높다.

간결

말로 인해 영향력이 약화될 수 있다. 청자는 이야기의 본론으로 들어가 요점을 듣길 원한다. 화자가 긴장하거나 두려워할 때, 자기 자신을 피력하려고 애쓸 때, 화자는 청자의 화를 돋우지 않으려고 자신의 주장을 포기하거나 빙빙 돌려서 말한다. 이는 자신이 의도하는 결과가 아니다. 두려워하는 이유를 정리하고 말하려는 내용을 큰 소리로 연습하라. 아무 말도 하지 않았을 때의 장기적인 영향력을 가늠해 본다. 말이 장황해지는 이유는 다음과 같다.

✓ 관심을 끌려고 말하는 경우
✓ 무언가가 필요한데, 무엇이 필요한지 모르는 경우
✓ 할 말이 없는데, 침묵을 깨려고 애쓰는 경우

명료

명료하다는 것은 직접적이라는 의미다. 공동의존자는 직접적으로 말하는 것을 좋아하지 않는다. 직접성은 자신의 감정과 의견에 책임을 지는 것을 의미한다. 이는 직면이나 거절을 유발할 수 있다. 다음과 같은 간접 요청을 하는가?

"집에 먹을 게 없어요."
"새 영화가 개봉했네요."
"나가서 영화 보면 좋을 텐데……."
"차에 기름이 없어요."

질문을 하거나 힌트를 주거나 추상적으로 말하지 말라. "영화 보러 가고 싶어요?"라고 모호하게 말하지 말고(입장 취하기에 대해서는 이 장의 뒷부분에서 설명한다), "나는 (이름)과 액션 영화를 보고 싶어요."라고 말하라. 또한 상황을 추정하지 말라. 같은 단어에도 사람마다 다른 의미를 부여한다. 화자가 하는 말의 내용이 명확하지 않거나 간접적으로 말하면, 설명해 달라고 요청하라. 들은 내용을 다시 말하고, 더 많은 정보를 요청하라.

인식과 경청하기

인식은 청자를 인식하고 주의를 기울이는 것이다. 이는 매우 중요하다. 의사소통은 양방향적 교환이다. 경청하려면 귀를 기울여야 한다. 효과적인 의사소통자가 되려면, 다른 사람이 하는 말에 주의를 기울이고 존중하고 경청하라. 진정한 경청은 다른 사람을 참여시키고 자신의 반응을 조율하는 데 도움이 된다. 서로의 차이는 없어져야 하는 위협이 아닌 배울 수 있는 기회로 여기라.

주의 깊은 적극적인 경청하기는 화자의 말을 그대로 반복하고 다른 말로 바꾸어 되돌려주는 표현을 의미한다. 적극적인 경청하기는 청자에 대한 관심과 흥미를 전달하기 때문에, 책임감 있는 피드백이다. 어떤 사람은 자신의 감정과 의견이 청자에게 중요하다고 믿을 때 더 수용적이다. 화자의 말을 듣는다 해도 말의 의미를 전부 이해하지 못한다. 따라서 말의 의미를 확인해 봐야 한다. 게다가, 화자가 말한 의미와 자신이 이해한 것과 다를 수 있다. 들은 내용을 반복하여 표현하면, 화자의 설명을 들을 수 있는 기회를 잡을 수 있다.

인식은 다른 사람에 대한 자신의 지식과 지각이 정확하고 과거의 경험이나 외상의 눈을 통해 보거나 듣지 않는다는 의미다. 즉, 현재 기능을 잘하고 있고 자신과 다른 사람의 차이에 위협을 받지 않는다는 의미다. 자신이 반응하지 않으므로 다른 사람의 말을 들을 수 있다. 이는 자존감의 엄청난 성장이다.

타이밍이 중요하다. 차 안에서나, 다른 사람이 TV를 보거나, 컴퓨터를 하거나, 다른 일에 몰두하고 있을 때, 허락 없이 중요한 대화를 시작하지 말라. 이는 무례하고 다른 사람의 주의를 방해하는 것이다. 이는 말다툼을 시작하려는 것과 같고, 경청하지 않는다는 사실에 다른 사람이 실망한다.

자기주장

자기주장이 가장 어려운 요소다. 의견, 행동, 생각, 감정, 필요에 대해 책임을 지는 것은 자신의 감정이나 행동을 부정하거나, 다른 사람을 비난하거나 조언하지 않는다는 의미다. 다른 사람에 대해 말하거나 전문가 말을 인용하지 말라. 이 후에 설명하는 '나 전달' 메시지를 사용하면 자신의 생각과 느낌을 전달할 수 있다. 나 전달 메시지는 질문을 하거나 회피하는 것이 아니라 진술로 표현하는 것이다.

감정 표현하기

사람들이 대화할 때 생각과 감정을 혼동하는 일은 매우 흔하다. 예를 들어, 친구가 저녁 식사에 늦는다는 전화를 해 주지 않아 짜증이 났다고 가정해 보자. "친구가 나를 (배려하지) 않았다고 느꼈어요."라고 말할 수 있다. 이 진술은 여섯 번째 C(자기주장)를 위반한다. 자신이 어떤 감정을 경험하고 있는지, 상대방의 행동이 자신에게 어떤 영향을 미치는지 밝히지 않고, 상대방의 행동을 판단했다. 경험에 따르면, '느낌'이라는 단어를 '생각'으로 대체해 보면, 종종 다른 사람에 대한 판단을 자기 생각이나 의견으로 표현한 것이 된다. 경험상으로, "배려하지 못한 것 같다."라는 표현은 감정적 검증을 거치지 않고 다른 사람을 판단한 것이다. 대신, 다음과 같이 말할 수 있다. "○○ 님이 전화하지 않았을 때, 나는 무시당하는(또는 "중요하지 않은" 또는 "상처받은") 느낌을 받았어요." 또는 "~하지 않았는데, 나는 그럴 때가 싫어요."라고 말할 수 있다.

 자신의 감정을 이야기하거나 어떤 입장을 취할 때, 다른 사람이 아닌 자기 자신에 대한 이야기만 한다. 따라서 자신을 방어하고 정당화할 필요를 느끼지 않는다. 취약한 감정을 표현할수록, 청자는 더 수용적이 된다. 초기 감정은 분노나 적개심일 수 있지만 자신의 더 깊은 감정을 확인하고 표현하려고 노력하라. 이는 감정적일 때 특히 어렵다. 자신이 무엇을 느끼고 어떤 결과나 행동 변화를 원하는지 기다리며 생각하는 것이 도움이 된다. 단호하게 이야기하려면, 대화를 시작하기 전에 표현하는 연습을 하라.

 '나' 진술문은 "이용당한 느낌을 받았어요." 또는 "당신을 믿을 수 없다고 느껴요."와 같이 청자를 방어적으로 만드는 **암묵적인 판단**을 하지 않도록 주의하라. 대신, "저는 상처받았어요." "당신과 함께 있으면 안전하게 느껴지지 않아요."라고 말하라. 나 진술문은 취약한 자기 개방이다.

청자에게 일반화시키기보다 자신의 행동을 설명하는 것이 더 좋고 보통 도움이 된다. "더러운 접시를 아무 곳에 놔두면, 저는 기분이 ~합니다."라고 말한다. 자신의 감정을 파악하려면 시간과 연습이 필요하다. 대화 중이라면 이렇게 이야기해도 좋다. "내 기분이 어떤지 생각해 볼게요. 흠…… 정확히 내가 화가 나거나 상처를 받은 건 아닙니다. 그런 건 중요하지 않은 것 같아요. 내가 접시를 싱크대에 넣어 달라고 부탁했는데도 ○○ 님이 계속 그렇게 하지 않으니, 내 감정은 내가 ○○ 님에게 중요하지 않은 존재처럼 느껴져요. 그러면 내가 중요한 사람이 아니라는 느낌이 들어요." 다른 사람에게 분풀이하거나 벌을 주는 것이 아니고 자신에게 미친 영향을 전달하는 것이 요점이다.

필요와 욕구 표현하기

대부분의 공동의존자는 자신의 필요를 전달하지 않는다. 공동의존자는 어린 시절에 부모가 자신의 이야기를 경청하지 않았거나 수치심을 경험했기 때문에 거절당하거나 굴욕감을 두려워한다. 필요하고 원하는 것을 파악한 다음, 직접 요청하는 것이 가장 좋은 방법이다. 익숙하지 않다면 두려울 수 있다. 보통 공동의존자는 필요를 충족시켜 달라고 요구하기보다, 다른 사람을 비난하고 비판한다. 이는 논쟁으로 이어지고 자신의 필요가 충족될 가능성은 낮아진다.

> 말하지 않기: "당신은 ....을/를 절대 하지 않아요." 혹은 "당신은 항상
> ....을/를 합니다."
> 말하기: "나에게 중요한 것(혹은 정말 고마운 것)은 ....입니다."

 요청 충족시키기의 긍정적인 효과에 관해 상대방에게 알려라. 이는 설득력 있는 동기다. "직장에서 일어나는 일에 대해 더 많이 이야기해 준다면, ○○ 님과 더 가까워지는 느낌이 들 것 같아요."

반대 행동의 결과에 대한 감정적 진술도 덧붙일 수 있다. "직장에서 무슨 일이 일어나는지 이야기하지 않으면, 저는 ○○ 님의 삶에서 소외되고 배제되는 느낌이 들어요."

입장 취하기

자기주장은 직접적인 입장을 취하는 것이다. 입장은 무엇을 할 건지 혹은 하지 않을 건지, 무엇을 좋아하거나 싫어하는지, 무엇을 원하거나 원하지 않는지, 무엇을 용인하거나 하지 않을지에 대한 진술이다. 대신, 공동의존자는 반응적이고 간접적이다. 공동의존자는 자신을 숨기고 갈등, 거부, 비판을 피하려고 질문을 한다. 입장을 취하지 않으면 말다툼을 할 수 있다. 하지만 상반되는 필요나 입장에 대해 협상할 수는 없다. 아무것도 해결되지 않는다. 일반적인 공동의존자의 대화는 다음과 같다.

A: 시내에 있는 병원에 가야 해요. 저와 함께 가실래요?

(나-전달문이 아님, B가 갈지 말지 책임지도록 설계)

B: 토요일에 시내에 나가는 걸 좋아하지 않아요. 저와 함께 가고 싶나요?

(반응+명확한 질문을 통해, A가 입장을 취하게 함.)

A: 지난 주말에 가구를 보러 같이 갔었잖아요. ○○ 님이 가기 싫으면 다른 사람과 사러 갈게요.

(조종적 반응과 회피적 무응답)

B는 A의 조종에 다음과 같은 자기 주장적 반응 혹은 대답을 할 수 있다.

B-1: 내가 고른 가구가 마음에 들지 않아서 같이 간 거잖아요.

(A의 조종에 대한 반응)

B-2: 저와 함께 갑시다.

(입장 취하기, A의 반응에 대해 언급하지 않음)

공동의존자가 자신의 입장을 취하지 않고 반응하면 갈등이 커진다. B-1은 A의 의도에 반응하고 A의 탓으로 돌리고 있어 결국 말다툼으로 이어진다. 하지만 **B-2**는 입장을 취한다. 목표는 다음과 같이 다른 사람의 반응에 반응하지 않고 허용하고 어떤 입장을 취하여 대응하는 것이다.

> A: 입장 + B: 입장 → 타협
>
> A: 반응 + B: 반응 + A: 반응 → 확대 및 논쟁

많은 사람이 상대가 자신의 입장에 동의하지 않거나 수용하지 않으면, 자신이 표현하는 것이 무의미하다고 생각한다. 목소리를 높이는 게 목적이 아니다. 입장 취하기는 다른 사람의 의견을 바꾸기 위해서가 아니라 자신의 순종적인 행동을 바꾸기 위해서다. 자신의 목소리를 내면, 자신을 표현한 것으로 자기 자신과 관계에 대한 느낌이 더 좋아진다. 자존감이 높아질수록, 다양한 신념과 의견을 더 편안하게 수용한다. 경계선을 설정하여 다른 사람이 다르게 행동하기를 원할 수 있다(이 장 뒷부분의 '경계선 설정하기'에서 설명). 하지만 이런 경우에도 다른 사람이 자신의 의견을 존중하지만 동의할 필요는 없다.

공동의존자 함정

직면을 피하기 위한 일반적인 공동의존적 대화 패턴이 있다. 이는 보통 다른 사람을 조종하는 대화다. 주의해야 할 몇 가지 위험 신호다. 다른 사람에게 죄책감을 느낀다면, 의사소통을 개선하기 위해 다르게 말하는 방법을 적어 보라.

- ✓ **피해자 표현**: "○○ 님 때문에 죄책감이 들어요." "집안일을 왜 도와주지 않나요?" "○○ 님 때문에 머리 아파요." 이는 자신의 경험에 대해 책임을 지지 않는 진술이다. 자신의 경험, 느낌, 필요에 대해 표현하는 것이 더 효과적이다.
- ✓ **일반화**: "내 생일을 절대 기억하지 못하는군요." "우리는 항상 당신이 원하는 대로 해요." '항상' 혹은 '절대'라고 말하자마자, 청자는 판단이나 공격을 받았

다고 느끼고 화자는 패배자가 된다. 청자는 화자의 진술이 사실이 아닐 때, 화자를 공격하거나 적어도 한 번은 사실과 맞지 않았던 때를 떠올린다. 그러면 화자가 전달하려는 요점보다 누구의 기억이 더 정확한지로 논쟁이 벌어진다. 자신이 원하는 것을 요청하는 것이 낫다.

✓ **공허한 사과**: 공동의존자는 "죄송합니다."라는 말을 자주 한다. 이는 짜증날 수 있다. 때로 공동의존자는 다른 사람의 행동에 대해 사과하기도 하는데, 청자의 입장에서는 말이 안 된다. 비합리적인 죄책감 때문에, 공동의존자는 중요하지 않은 일로 사과한다. 예를 들어, 5분 지각한 일로 사과하고 변명하는 데 5분을 더 쓴다. 공동의존자는 보통 혼자 열을 식히고 대화를 마무리하려고 사과한다. 이들은 보통 미안해하지 않는다. 때로 공동의존자는 상대가 왜 화가 났는지 이해하지 못할 수도 있다.

　자신이 사과해야 할지 하지 않아야 할지 확신이 서지 않을 때는 "○○ 님이 저에게 한 말을 생각해 보겠습니다."라고 말할 수 있다. 이는 상대방의 말을 자신이 경청하고 있고 진지하게 받아들인다고 느끼게 한다. 공허한 사과보다 도움이 된다. 진정한 사과는 자신의 행동과 사과가 다른 사람에게 미치는 영향을 이해하는 진정성이다.

✓ **정당화**: 회복 초기에는 자신의 감정과 행동에 대해 책임을 지고, "당신이 옳습니다."라고 말하거나 그 반대로 "아니요. 저는 그렇게 생각하지 않습니다."라고 말하기 어렵다. 이제 그만! "나는 그저……" 또는 "나는 단지……"와 같은 언어를 사용하는지 알아차리라. 이러한 설명과 정당화는 죄책감과 낮은 자존감을 전달하고 다른 사람과 논쟁하게 되는 빌미를 제공한다. 또한 이는 자신의 동기와 자신에게 무엇이 가장 좋은지 판단할 권리를 다른 사람에게 넘겨준다. 정말 그렇게 할 작정인가? 제9장에서와 같이, 자신의 감정에 대한 권리는 자신에게 있다는 사실을 기억하라. 자신이 무엇을 원하는지, 원하지 않는지 설명하지 않아도 충분하다.

✓ **주제 바꾸기**: 공동의존자는 직면을 피하거나 자신을 드러내지 않기 위해 주제를 바꾼다. "그건 상의하지 않는 게 좋겠어요."라고 직접적으로 대응하고 경계

선을 설정하는 것이 더 좋다. 다시 말해, 정당화할 필요가 없다. 그것에 대해 이야기하고 싶지 않을 뿐이다.

✓ 비난하기: 다른 회피 전략은 상대에게 초점을 맞추고, 자기 행동에 책임을 지지 않기 위해 다른 사람을 비난하는 것이다. 자존감이 낮은 공동의존자는 어떤 것도 인정하기 어렵다. 실수했다면 인정하는 편이 좋다. 그러나 다른 사람이 자신을 비난하거나 처벌하도록 용납할 필요는 없다.

✓ 모호한 태도: 자신이 어떤 입장을 취하지 않거나, 찬성 또는 반대 의견을 내지 않으려고 설명을 할 때, 자신이 설명하는 이유에 신경 쓰지 않는 상대에게 보통 짜증을 낸다.

✓ 미루기: 공동의존자는 "아니요."라고 말하길 두려워해서 회의나 대화를 미룬다. 그러다가 더 이상 미룰 수 없을 때가 되면, 더 많은 죄책감과 책임감을 느끼게 되고 거절하거나 원하는 것을 말하기가 더 어려워진다.

✓ 해야 하는 일: '~해야 한다.'라는 단어를 사용하면, 누군가의 경계선을 넘는 일이고 조언하거나 통제하려는 위험 신호다.

의사소통 팁

 의사소통에서 기억해야 할 몇 가지 팁은 다음과 같다.

✓ 공동의존자는 압박을 받을 때 자신의 위치를 정하고 유지하는 데 어려움을 겪는다. 확신이 서지 않을 때, 혼자서 자신의 생각과 감정을 정리하는 시간을 가져라. "생각해 볼게요." 또는 "그 문제에 관해 다시 연락할게요."라고 말하라.

✓ "아니요."는 완전한 문장이다. 자신의 감정과 생각을 정당화하거나 설명할 필요는 없다. 질문을 받을 경우, 고장난 레코드 기술을 사용한다. "저는 그것이 불편합니다."라는 말을 계속 반복한다.

✓ 끈기 있어야 한다. 고장난 레코드 기술을 사용하고 모호한 태도를 취하지 않도록 주의하라. 그렇지 않으면 자신을 반복적으로 드러내는 데 필요한 모든

용기가 약화된다. 결국 청자는 물어보는 것에 지친다. 텔레마케터 등과 같이 낯선 사람을 대상으로 연습하라.

✓ 모든 질문에 대답할 필요는 없다. "대답하지 않겠습니다." 또는 "논의하고 싶지 않습니다."라고 말한다. 모든 질문에 대답하는 것은 고치기 힘든 강박적인 습관이라는 사실을 알게 된다. 대부분의 공동의존자는 추궁받는 아이처럼 느낀다. 고장난 레코드 기술을 사용하고 진술을 반복하라.

✓ 설명하지 않고 마음을 바꿀 권리가 있다.

✓ 다른 사람이 자신의 입맛에 맞도록, 무엇을 해야 하는지 제안하지 말라.

✓ 상대가 대화의 초점을 잃었을 때도 자신은 대화를 계속하고 있는지 알아차리라. 이런 경우, 대화를 멈추고 언제 대화를 계속하면 좋을지 물어보라. 또한 "○○ 님이 대화에 집중하지 못하고 있는 것 같아요."라고 말할 수 있다.

✓ 어려운 대화는 미리 준비하라. 자신의 감정과 감정을 표현하는 방법에 대해 생각해 보라. 그런 다음 자신이 원하는 것을 말하라.

경계선 설정하기

몸과 마음이 연결되기 시작하고 좋은 기분과 나쁜 기분이 무엇인지 말할 수 있고 자신에게 무엇이 필요하고 무엇을 원하는지 알게 되면, 경계선을 설정할 준비가 되었다. 경계선을 설정하면 자신과 다른 사람 사이에 선이 그어진다. 보통 다른 사람에게 "아니요." "~을 하고 싶지 않아요." "~을 좋아하지 않아요." "~을 할 마음이 없어요." "그만하세요."라고 말해야 한다. 이는 '나'의 입장을 언급하는 고급 단계의 언어다. 표현은 할 수는 있지만 자신에게 거절할 권리는 없다고 믿을 때는 자신의 입장을 드러내는 표현을 하기 어렵다. 자기 자신을 옹호해야 하는 상황에서 '나'의 입장 취하기는 더 어렵다. 경계선 설정하기가 직면적으로 느껴지기도 할 것이다. 그러나 그렇게 느낄 필요 없다. 경계선을 설정하기 위해 연습, 연습, 더 많이 연습해야 한다.

경계선 설정하기의 중요성

 관계에서 신뢰와 안전의 중요성은 아무리 강조해도 지나치지 않다. 경계선은 우리를 보호하고 안전하다고 느끼도록 도와준다. 경계선은 관계에 필수적이다. 경계선이 없으면, 상처받고 분노하고 공격적이거나 사회적으로 철수되고 벽을 쌓을 수도 있다.

경계선은 자신과 타인에 대한 존중을 의미한다. 경계선은 벌을 주려는 것이 아니다. 경계선 설정하기는 자신을 책임지고 돌보고 보호한다는 뜻이다. 다른 사람에게 무엇을 해야 하는지 언급하거나 조언하지 않는다. 또한 다른 사람도 자신에게 그렇게 말하지 못하게 하라. 다른 사람을 비난하지 말고 다른 사람이 자신을 비난하도록 내버려 두지도 말라. 다른 사람의 몸, 신념, 생각, 감정, 물질을 존중하고 다른 사람도 자신의 것들을 존중하도록 요청하라.

안전을 느끼기 위해 다른 사람을 바라보고 있을 수 있다. 자신의 감정을 깨닫지 못하고 경계선을 설정하면, 자신을 신뢰하지 않기 때문에 안전하지 않다는 사실을 깨닫지 못할 수도 있다. "아니요."라고 말할 수 있음을 스스로 증명할 때, 보다 자유롭게 "예."라고 승낙하고 자신의 삶에서 더 많은 친밀감을 허용한다. 자신을 신뢰하고 안전감을 느끼는 이유는 자신의 경계선을 침범한 사람과 친해지지 못한다는 사실을 알기 때문이다.

감정

대화하는 동안 자기 자신에게 귀를 기울이는 연습을 하고 자신의 몸에 귀를 기울이라. 근육이 긴장하거나, 심장이 뛰거나, 정신이 흐려지는가? 몸은 공격을 앞두고 싸우려고 준비하거나, 얼어붙어 있거나, 도망칠 준비를 하고 있을 수 있다. 이는 공격 상태를 나타낸다. 이 순간에는 아무것도 알아차리지 못할 수 있다. 하지만 몇 시간 혹은 며칠이 지나면, 대화를 더듬어 볼 수 있는 감정을 느낄 수 있다. 경계선 설정하기의 필요를 알려 주는 지표는 두려움, 답답함, 분노, 낮은 자존감, 우울, 적개심이다. 누군가가 자신의 경계선을 침범했거나, 자신이 상대에게 너무 많이 주는 편이거나, 이용당하거나, 상대가 자신의 행동을 당연하게 여길 수도 있다. 두려움이나 분노는 자신을 보호하거나 무언가를 바로잡기 위해 어떤 행동을 실천해야 한다는 의미다.

자기 스스로 경계선을 설정해야 한다. 예를 들어, 일을 더 많이 하거나 혹은 더 적게 하거나, 전화 통화를 줄이거나, 시간과 에너지에 맞추어 자원봉사를 중단해야 한다. 다른 사람을 비난하고 싶을 때, 자기 행동과 다른 사람의 행동에 대해 경계선을 설정해야 할 필요가 있는지 자문해 보라.

자기 존중감

경계선을 설정하면 두 가지 즉각적인 이점을 얻을 수 있다. 자신이 원하는 행동을 얻고, 자신의 필요를 존중하고 옹호하면서 더 높은 자존감을 얻는다. 이럴 때마다 더 강해지고 더 쉬워진다. 더는 통제하려고 애쓰지 않고 자발적으로 "예." 혹은 "아니요."라고 말할 수 있다. 누군가에게 "아니요."라고 말하는 것이 자신에게 "예."라고 말하는 것과 같다는 사실을 깨닫는다. 자신이 다른 사람을 통제하거나, 다른 사람이 자신을 통제하거나 학대하도록 놔두지 않는다. 더 많은 존경을 받고, 자존감과 자유, 힘에 대한 감각이 점점 더 성장한다.

 다음을 실천한다.

✓ 일주일 동안 하루에 한 번 "아니요."라고 말하는 연습을 하라. "아니요."가 완전한 문장임을 항상 기억하라.
✓ 질문에 대답하지 않는 연습을 하라.

경계선과 결과

잔소리, 고함, 비난, 불평은 다른 사람에게 초점을 둔 반응이고 경계선이 아니다. 자신의 말과 행동이 일치하기 전까지 경계선을 설정하지 못한다. 장담하건대, 무시당하게 될 것이다. 자포자기 상태에서 최후통첩하는 것 또한 반응인데, 다른 사람은 보통 이를 심각하게 받아들이지 않는다.

심사숙고하기

처음 경계선을 설정할 때는 반응을 하기보다 신중히 생각한다. 자신이 원하는 바가 확실해질 때까지 경계선을 설정할 수 없다. 그러니 시간을 가지라. 자신을 압박하거나 기다리는 것에 대해 비판하지 말라. 준비되기 전에 경계선을 설정하고 나중에 다시 취소하면, 양치기 소년처럼 신뢰가 떨어진다. 시간이 지나면서, 경계선 설정하기는 더욱 자연스러워진다. 이는 가슴 설레는 회복 징후 중 하나다.

하한선

경계선을 설정하려면 하한선을 알아야 한다. 많은 사람이 다른 사람의 행동을 제한하려고 경계선을 설정하지만, 아무것도 변하는 것이 없다고 불평한다. 심지어 단호하게 의사소통해도 무시당하여 절망감을 바로 느낀다. 여기에서 빠진 것은 결과를 설정하지 않은 것이다.

 다음 두 가지 경계선 설정하기 상황을 생각해 보라.

A. 자신이 원하지 않는 일을 해야 한다.
B. 다른 사람의 행동이 자신을 괴롭힌다.

그런 다음, 다음의 단계에 따라 연습한다. 다음에 대해 생각하고 적어 보라.

1. 무엇이 자신을 괴롭히는지 정확히 설명하라. 자신을 정말 화나게 하는 것이 무엇이고, 이유가 무엇인지 알려고 노력하라.
   돈을 빌려 달라거나 친구가 공항까지 태워 달라고 부탁했을 때, 부탁을 들어주고 싶지 않은 이유는 무엇인가? 남편이 컴퓨터를 너무 많이 해서 화가 나는가?

아니면 정말로 자신이 중요하지 않게 느껴지기 때문에 화가 나는가? 아내가 돈을 많이 쓰는가? 아니면 자신이 얼마나 열심히 일하는지 아내가 알아주길 바라는가?

2. 기분은 어떤가?

A. 다른 사람의 요구에 응할 경우 혹은 응하지 않을 경우, 자신의 기분을 설명하라.

B. 다른 사람의 행동이 어떻게 느껴지는지 설명하라. 경계선을 설정하지 않으면 어떤 기분이 드는가?

3. 무엇을 바꿔야 하는가?

A. 편안한 방식으로 요청을 수정할 수 있는가?

B. 다른 사람이 무엇을 다르게 하길 원하는지 설명하라. 결과에 대해 생각해 보라.

4. 다른 사람과 그 관계에 대해 어떻게 생각하는가?

A. 다른 사람의 요청을 존중하거나 존중하지 않을 경우, 다른 사람과 자신의 관계에 대해 어떻게 느끼는지 설명하라.

B. 다른 사람이 자신의 요청을 존중하거나 존중하지 않을 경우, 다른 사람과 자신의 관계에 대해 어떻게 느끼는지 설명하라.

5. 하한선은 무엇인가?

A. "화요일에 출근하기 전에 바래다 줄게요."와 같이 한계가 있는 타협을 하거나, "아니요." 혹은 "안 하는 편이 더 나을 것 같아요."와 같은 단순한 하한선일 수도 있다.

설명하거나 정당화할 필요는 없다. 어떤 경우에는 압박과 반복적 요청이 있을 수 있다는 사실을 예상하라. 이런 경우, 상대는 말을 경청하지 않고 무시한다. 필요한 경우 반복하라. "나는 이 일에 대해 더는 논의할 의향이 없어요."와 같이, 요청에 대한 두 번째 경계선을 설정해야 할 수도 있다.

B. 다른 사람의 행동에 대한 자신의 하한선을 결정하라. 수용할 의향이 있는 것은 무엇인가? 타협할 수 없는 것은 무엇인가?

결과 설정하기

어떤 사람이 경계선 요청을 반복적으로 무시할 경우, 그 결과에 대해 생각해 보라. 자신이 어떻게 느끼는지 혹은 어떤 행동을 취할 수 있는지 전달한다. 이는 다른 사람이 자신의 말을 경청하지 않은 자연스러운 결과다. 예를 들어, "더러운 옷을 바닥에 두면, '저의 요청이 당신에게 중요하지 않구나.'라고 느껴집니다. 이런 일이 다시 일어난다면, 저는 당신과 친하게 지내고 싶지 않을 것 같아요." 혹은 "도우미를 고용할 겁니다." 혹은 "더러운 옷을 바닥에 그대로 둘 겁니다."라고 말한다.

　　　　　　결과가 행동이든 무반응이든, **결과를 끝까지 따라가** 봐야 한다. 이런 경우, 관계를 끝낼 의향이 없다면, 천천히 움직이고 편안하게 실행하고 그 사람과 계속 관계를 유지할 수 있는 합리적인 결과를 선택하는 것이 중요하다. 공허한 협박은 하지 않는 것이 중요하다. 어쩌면 과거에 이런 일이 있었을 수 있다. 이는 상대의 원치 않는 행동을 부추긴다. 자신의 경계선이 확실하면, 상대는 경청할 것이다.

행동 실천하기

이전 부분의 연습을 한 후, 친구나 거울을 보면서 어려운 경계선 설정 상황을 역할 연기로 연습한다. 자신이 요청한 경우, 자신의 결정에 관해 이야기한다. 설명이 필요하면 간략히 설명한다. 설명을 요청할 경우, 다음 다섯 가지 요인에 따라 설명한다.

1. 원하지 않는 **행동**에 대해, 판단하지 말고, 있는 그대로 행동에 대해 설명하라. '배려심 없는 행동'이라고 말하기보다 "지각했군요."라고 말한다.
2. 원하지 않는 행동이 자신에게 어떤 영향을 주는지 이야기하라.
3. 자신이 원하고, 그리고 원하지 않는 행동의 하한선에 대해 구체적으로 말하라.
4. 준수할 경우, 긍정적인 결과에 대해 말하라.

5. 준수하지 않은 경우, 부정적인 결과에 대해 말하라.

경계선을 설정할 준비가 되었다면 목소리를 높일 필요가 없다. 침착하고 친절하고 존중하며 이야기할 수 있고, 계속 경청할 수 있다. 자신의 결심이 전달된다. 설득하기 가장 어려운 사람은 바로 자기 자신이다. 자신의 경계선을 제대로 알고 있으면, 상대는 경계선을 파악하고 위반하지 않을 것이다. 경계선 설정하기에서 해야 하는 것과 하지 말아야 할 것을 준수하라(〈표 13-1〉 참조).

〈표 13-1〉 경계선 설정하기에서 해야 하는 것과 하지 말아야 할 것

해야 하는 것	하지 말아야 할 것
침착하기	사과하기, 횡설수설하기, 장황하게 말하기
'나' 전달문 사용하기	비난하기, 꾸짖기, 잔소리하기, 화내기
눈 접촉하기	지난 일 들먹이기
직접적이고 솔직하게 말하기	정당화하기, 핑계대기
단호하고 자연스럽게 말하기	냉소적, 차갑고, 으스대기
따뜻하게 말하기	안절부절못하기
이완하기	너무 크거나 작은 목소리, 떨리는 목소리
경청하기	'알다시피' 혹은 '제 말은……'이라고 말하기

학대 직면하기

정서적 학대는 악의 없이 시작될 수 있지만, 피해자가 관계를 떠나지 않는다는 확신이 들면 학대는 점점 더 심해진다. 약혼, 결혼, 임신한 후에 시작될 수 있다. 뒤돌아보면 통제나 질투의 뚜렷한 조짐을 떠올릴 수 있다(정서적 학대의 정의와 예에 대해서는 제3장 참조).

경험에 따르면, 다른 사람으로부터 받은 학대보다 자신이 자기를 학대하는 것이 더 심하다. 학대에 직면하기 전에, 이전 장에서 논의한 것

처럼, 자존감을 키워야 한다. 학대는 다른 사람을 통제하고 의미 있는 대화를 회피하려는 학대자의 의도를 실행하기 위해 사용되는 조종 전술이다. 학대자의 방어를 알아차리라. 즉, 학대자가 피해자의 의사소통을 무시하고 책임을 회피하기 위해 피해자에게 모든 것을 떠넘기는 방법이다. 소통 내용에 초점을 맞추면, 이성적으로 대응하려 하고 비난을 부정하고 해명하려는 함정에 빠진다. 그러면 힘을 잃는다. 학대자는 언어 학대에 대한 책임을 회피하고 승리한다. 학대 문제를 먼저 해결해야 한다.

 다음을 실천하여 학대에 직면할 준비를 하라.

✓ 정서적으로 학대받은 경우를 알아차리기 시작하라. 학대자의 전술을 관찰하고 기록하라. 이를 개인적으로 받아들이지 않고 연구 자료라고 생각하라.

✓ 이때 자신의 몸과 감정에 주의를 기울이라. 속이 뒤틀리거나 기분이 달라졌다면, 학대적 상호작용으로 자신의 기분이 나빠진다는 의미다. 자신의 감정을 파악하라(제9장 참조).

✓ 먼저 자신이 더 존중받을 자격이 있다고 믿어야 한다. 이전 장에서 제시한 연습을 하라.

✓ 낯선 사람에게 "아니요."라고 말하고 경계선을 설정하는 연습을 하라. 그런 다음, 자신의 삶에서 위협적이지 않은 지인 및 다른 사람과 함께 연습하라. 관계가 소중할수록, 더 불안해진다. 하지만 학대자가 통제력을 잃을 때까지 침착하고 단호하게 기다리지 못하는 사람이 많다. 많은 사람이 자신의 한 말과 행동을 철회한다.

✓ 단호한 의사소통에 관한 강의를 수강하라.

✓ 12단계 프로그램에 참여하거나 자신의 자존감을 높이고 학대자를 다루는 데 도움이 되는 상담을 받으라. 지속적으로 학대에 맞설 수 있으려면 보통 집단, 치료자, 상담자의 지지와 확인이 필요하다. 이것이 없으면, 자신의 현실을 의심하고 죄책감을 느끼고 보복이나 관계 상실을 두려워할 수 있다.

✓ 아동 학대 문제를 다루라. 갈등 해결에 도움이 될 수 있다.

일반적으로 언어 학대에 최후통첩을 하는 것보다, 언어 학대가 발생할 때마다 다르게 반응하고 경계선을 설정하는 편이 더 낫다. 학대를 부채질하는 자신에 대한 방어나 변명은 하지 말라. 효과적인 대응 방법은 다음과 같다.

✓ **명료화를 요청하는 것으로 시작하라.** "다시 한번 말씀해 주세요." 또는 "저를 ○○라고 부르던데, 그게 무슨 뜻인지 설명해 주세요."라고 말한다.

✓ **자신의 감정을 언급하라.** "○○라고 부르는 것이 저의 기분을 상하게 하는 사실을 알고 있나요?" 학대자는 신경을 쓰고 있지 않다는 사실을 바로 알게 될 것이다.

✓ **관찰한 내용을 언급하라.** 비난부터 하지 말고, "○○ 님은 저를 깎아내리는(훼방하고, 명령하는) 것을 좋아하는 것 같아요."라고 언급한다.

✓ **경계선을 표현하라.** "○○ 님은 의견을 낼 자격이 있어요." "저희는 동의하지 않아요." 또는 "저는 그렇게 생각하지 않아요." "생각해 보겠습니다."라고 덧붙인다. "나는 그것에 대해 책임이 없어요."라고 비난에 답한다.

✓ **자신을 지배하려는 학대자의 동기를 꺾는 유머를 하라.** 하지만 비꼬지는 말라.

✓ **학대자의 비판에 동의하면 학대자는 놀라고 비판을 중지한다.** "편지 보내는 것을 잊어버린 건 정말 바보 같았어요." "이번 달 쓰레기 상은 내가 받을 거야." "나는 절대 괜찮은 아들이 될 수 없을 것 같아요." "당신이 옳을 수도 있어요."라는 말로 동의할 수 있다.

이러한 전술이 효과가 없다면, 학대자에게 직접 맞서 경계선을 설정하는 것이 좋다. 준비되면, "그만하세요." "저에게 그런 식으로 말하지 마세요." "저에게 욕하지 마세요." "저에게 언성을 높이지 마세요." "저에게 그런 말투 쓰지 마세요." "저는 명령에 응하지 않아요."와 같이 직설적이고 단호하게 말한다.

학대자는 "아니, 뭐라고?"라고 대답할 수 있다. "나는 대화를 계속하지 않을 거야."라고 말할 수 있다. 학대자의 또 다른 반응은, "어디 감히 목소리를 높여?"(또는 "내가 어떻게 해야 하는지 이야기해 줘?")일 수도 있다. 이는 갈등을 고조시킬 수 있기 때문에 침착하게 대응하고 반응하지 않는 것이 중요하다. 앞서 설명한 하한선과 결과를 준비하라. 학대자가 무엇을 해야 하는지 지시하는 것이 아니라 자신이 무엇을 할 것인지 진술하라. 언어 폭력자를 직면시키면 더 폭력적으로 될 수 있는데, 이는 같은 방식으로 계속 학대를 다루고 있는 것이다. "계속하면 방을 나가겠습니다."라고 말할 수도 있고, 학대가 계속될 경우에는 자신이 말한 대로 행동한다.

학대자와 논쟁하지 말라. 이는 갈등만 고조시킨다.

경계선을 설정하고 계속 결과를 실천하면, 학대자는 학대로 원하는 효과를 얻지 못하고 중단되어야 한다는 메시지를 받게 된다. 그렇지 않다면, 하한선과 결과에 대해 다시 생각해 보라. 또한 권력을 유지하는 방법인 사랑, 의사소통, 지지나 돈을 보류하는 것과 같이 행동적 · 정서적 학대를 다루기 위해 경계선을 설정해야 한다. 경계선 설정하기는 자신이 어디로 가든, 누구에게 이야기하든, 어떤 생각이든 통제하는 행동이다. "당신이 소파를 사 버리면, 우리는 휴가를 갈 여유가 없어요."라고 말할 수는 있지만, 누군가의 신용카드를 끊어버리는 것은 학대다. 사람, 장소, 소지품을 조사하고, 스토킹하고, 침범하는 것도 학대이며 경계선을 무시하는 것이다. 학대자가 피해자의 감정에는 관심 없지만, 행동에는 반응할 수 있다는 점을 기억하라.

관계가 더 좋게 바뀔 수도 있고 그렇지 않을 수도 있다. 더 깊은 문제가 표면화될 수도 있다. 어느 쪽이든, 자신감과 자존감을 높이고 경계선을 설정하고 자신의 힘을 되찾는 중요한 기술을 배우고 있는 중이다. 그러면, 다시는 누군가가 자신을 학대하는 것을 허용하지 않게 된다.

가정폭력 알아차리기

가정폭력은 신체적 학대를 의미한다. 이는 기물이나 소지품 파손하기, 머리카락 잡아채기, 발길질, 때리기, 타박상 입히기, 화상 입히기, 밀치기, 흉기 휘두르기 등이다. 정서적 학대가 항상 신체적 학대로 이어지는 것은 아니다. 하지만 폭력은 통제와 관련된 것으로 항상 정서적 학대로 시작된다. 관계에서 신체적 학대가 있다면, 이는 반복된다. 학대자는 후회하는 사건이 발생한 후에 다시는 폭력을 행사하지 않겠다고 약속한다. 피해자는 상대에게 의존하고 있고 학대자의 약속을 기대하고 믿으며 계속 학대자와 함께 산다.

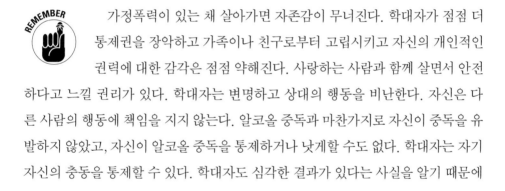

가정폭력이 있는 채 살아가면 자존감이 무너진다. 학대자가 점점 더 통제권을 장악하고 가족이나 친구로부터 고립시키고 자신의 개인적인 권력에 대한 감각은 점점 약해진다. 사랑하는 사람과 함께 살면서 안전하다고 느낄 권리가 있다. 학대자는 변명하고 상대의 행동을 비난한다. 자신은 다른 사람의 행동에 책임을 지지 않는다. 알코올 중독과 마찬가지로 자신이 중독을 유발하지 않았고, 자신이 알코올 중독을 통제하거나 낫게할 수도 없다. 학대자는 자기 자신의 충동을 통제할 수 있다. 학대자도 심각한 결과가 있다는 사실을 알기 때문에 화가 나더라도 상사는 때리지 않는다. 학대자가 술에 취했거나 마약을 사용했거나 이미 폭력적인 공격을 하기 시작했다면 통제력은 떨어진다. 법적 처벌은 신고된 폭력을 저지시킨 결과다.

연구에 따르면, 폭력의 주요 위험 요소는 부정적인 의사소통 방식과 갈등을 해결할 수 없는 무능력이라고 한다. 정서적 학대를 방어하기 위해 철수하는 경향이 있다면, 학대는 더 심해질 수 있다. 일반적으로 공동의존자는 학대자의 필요가 우선이다. 자신과 아이의 안전이 최우선이어야 한다. 자신이 할 수 있는 것은 무엇인가?

✓ 의사소통 기술 향상하기

✓ 자존감 높이기

✓ 12단계 프로그램과 개인치료 시작하기. 이는 커플 치료보다 더 도움이 된다.

✓ 정서적 학대에 대한 경계선 설정하기 훈련

✓ 폭력이나 중독에 대한 비밀을 유지하여 학대자를 조장하지 않기. 비밀은 도움과 지지를 차단하고 학대자의 통제력을 증가시킨다.

✓ 가정폭력에 대해 전부 배우기(이 내용은 이 책의 범위를 벗어난다).

✓ 빨리 피할 준비하기. 탈출 방법을 미리 계획하라.

✓ 큰 소동이 일어나면 경찰에 신고하도록 이웃에게 요청하기

✓ 친구나 친척 등 함께 지낼 장소 마련하기. 차에 가방을 두거나 여분의 약과 열쇠, 보석류, 휴대폰, 주소록을 안전한 장소에 보관하라. 아이의 짐도 미리 챙겨 둔다.

✓ 지역 쉼터, 핫라인 전화번호 잘 알아 두기(제17장 참조).

✓ 출생증명서, 법원명령서, 여권, 은행 계좌, 주택, 자동차 소유기록 등 중요 법적 문서를 복사하고 보관하기

✓ 본인 명의 신용카드와 통장을 개설하고, 신용카드, 수표, 현금 반드시 챙기기

기대하는 것

다른 사람에게 경계선을 설정하면 불안하고 죄책감을 느낄 수 있다. 감정적인 위험을 감수할 때, 일어날 수 있는 일로 불안하거나 자신이 말했거나 말했어야 했던 것에 대해 자기비판을 하는 것은 정상이다. 이는 낡은 규칙을 버리지 못하고 두렵고 겁에 질린 사람과도 같다. 보복이나 버림받는 걸 두려워한다. 이런 감정이 지나가면 경계선을 설정할 때마다 점점 더 쉬워진다. 자신을 멈추게 하는 감정을 허용하면, 무력감과 분노를 계속 경험하게 되고 이는 자신의 관계와 자존감을 약화시킨다.

경계선을 설정하기 시작하면, 융통성이 떨어지고 경직된 느낌이 든다. 이는 없었던 경계선이 생기고 경계선을 유지할 수 없다는 두려움에 대한 반응이다. 자신을 신

뢰하고 다른 사람이 자신의 경계선을 위태롭게 하지 않고 존중한다는 사실을 알게 되면, 더 유연해진다. 다른 사람도 자신에게 거절할 수 있도록 허용하면 권한을 가진 느낌과 자유를 경험한다.

갈등 다루기

관계에서 갈등은 피할 수 없다. 두 사람이 잘못된 의사소통을 하거나 욕구와 필요가 다른 것은 당연하다. 사실, 모든 오해에는 6명이 관여한다. 커플과 각자의 부모다. 이는 가정에서 보고 자란 것이 개인의 가치, 인식, 기대에 영향을 미치기 때문이다. 이 사실을 아는 것과 수용하는 것은 다르다. 서로의 차이를 생각하고, 어떤 관계든 차이가 있다는 사실을 깨닫고, 차이가 자신의 하한선을 넘거나 협상할 수 있는 일이 아니라면 차이를 수용하려고 노력하라.

두 사람이 관여한다

관계에는 희생자도 악당도 없다. 공모자와 협력자만 있을 뿐이다. 싸우려면 두 사람이 필요하다. 반응하지 않고 입장을 가지고 대응하면, 논쟁이 커지는 것을 피할 수 있다. 경계선 설정하기와 더불어, 단호한 의사소통에 대한 책임을 지라. 어려운 타협일수록 서로의 감정과 유발 요인에 대해 더 깊이 이해해야 한다. 자신을 표현하고 경청하라.

서로 윈-윈(win-win)의 관점에서 선의적으로 문제를 해결하라. 자기의 복지가 아니라 공동의 복지를 생각하라. 관계를 소중히 여긴다면 상대방의 행복이 중요하다는 사실을 깨달으라. 해결책에 만족하지 않으면, 서로 고통받는다. 관계에 전념하고, '우리'에게 문제가 있고, '우리'가 해결할 수 있다는 전제에서 시작하라. 함께 브레인스토밍하면서 협상을 시작하라. 단호하게 소통하면서 상대의 의견도 경청하라. 이는 자신이 상대를 소중히 여긴다는 것을 보여준다. 그러면 상대는 자신이 제안하는 해결책에 따를 가능성이 더 높다.

협상 규칙

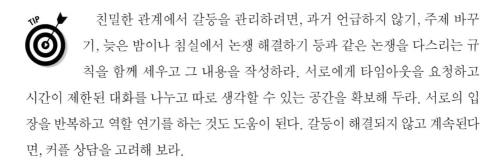 친밀한 관계에서 갈등을 관리하려면, 과거 언급하지 않기, 주제 바꾸기, 늦은 밤이나 침실에서 논쟁 해결하기 등과 같은 논쟁을 다스리는 규칙을 함께 세우고 그 내용을 작성하라. 서로에게 타임아웃을 요청하고 시간이 제한된 대화를 나누고 따로 생각할 수 있는 공간을 확보해 두라. 서로의 입장을 반복하고 역할 연기를 하는 것도 도움이 된다. 갈등이 해결되지 않고 계속된다면, 커플 상담을 고려해 보라.

제14장

가족, 친구, 연인과 관계 맺기

이 장에서는 회복이 진행된 후, 가족과 친구 관계에 대해 설명한다. 성관계에서 발생할 수 있는 몇 가지 문제와 다른 공동의존자와 경계선을 설정하는 방법에 대해 논의한다.

어떤 사람은 자신이 더 단호해지고 경계선이 존중받는 것에 기뻐한다. 하지만 가까운 관계에서 유지해 온 상태를 바꿀 때, 사람들은 오래된 기본 규칙에 익숙해져 있고 변화가 어려워 보통 저항을 경험한다.

다른 춤 추기

커플은 춤을 춘다. 일종의 관계 패턴이다. 갑자기 스텝을 바꾸면 상대는 혼란스럽고 어떻게 해야 할지 모를 수 있다. 상대가 자신의 리드를 따를 수도 있다. 하지만 자신이 설정한 새로운 제한을 검증하고 시행할 준비가 필요하다는 예상도 해야 한다. 반면, 자신이 단호해질수록 더 친밀해지고 더 취약해진다.

기대하는 것

상대가 짜증을 내거나 무시하거나 예전 일상으로 돌아가도록 압력을 가할 수 있다. 상대가 새로운 상태에 적응할 때까지 흔들리지 않도록 지지를 받아야 한다. 일관적으로 주장할수록 변화는 더 빠르다. '기대가 무너져도' 정당화하거나 비난하거나 비판하지 않고 단호하게 행동한다(제13장 참조). 그렇지 않으면, 논쟁이 벌어지고 결국 방어적인 태도를 취하게 된다.

단호한 태도는 자신의 필요를 충족하는 데 도움이 된다. 고함이나 잔소리를 덜 하면 더 효과적인 부모가 된다. 또한 친구, 가족과 타협할 수도 있고 함께 살 수 없다는 사실을 받아들이고 자신이 설득되지 않도록 하한선을 알아차리고 유지한다. 이는 이기적인 것이 아니다. 자기 존중과 자기 사랑이다. 정중하게 지켜 나가면, 다른 사람이 자신을 좋아하지는 않아도 존경받는다. 변화는 자신을 위한 것이다. 이 사실을 기억하라.

감정을 공개하면 자신은 더 취약해지고 상대와 더 친밀해진다. 처음에는 친밀감이 두렵고 불안할 수도 있다. 더 진술하고 덜 반응하면 갈등도 완화된다.

다른 사람이 자신에게 변했다거나 이기적이라는 불평을 하기도 한다. "네, 저는 변했어요." "저 자신에 대해 더 많은 생각을 하고 있어요. 그게 무슨 문제인가요?"라고 동의한다. 결심을 약화시키려는 이런 시도는 결국 사라진다. 상대가 자신의 말을 경청하지 않거나 행동을 바꾸지 않을 경우의 결과를 분명히 제시하고 결과대로 실행했는지 확인하라. 자신이 진지할 때 진지함이 받아들여진다. 또한 경계선은 누군가를 통제하기 위한 것이 아니라 자신이 편안해지기 위해서라는 사실을 기억하라. 자신이 실천할 수 있는 행동을 생각해 보라.

중독자 혹은 알코올 중독자에게 대처하기

알코올 중독자나 다른 마약 사용자와 함께 사는 일은 힘들다. 중독자의 기분 변화와 '지킬 박사와 하이드'의 성격을 알아차렸을 것이다. 하이드가 한 말을 개인적으로 받아들이면 실수다. 하이드가 한 말은 대체로 물질(약물이나 술 등)로 인한 것이다. 중독자는 기분과 사고에 영향을 받는 질병에 걸렸다는 사실을 기억하면 도움이된다. 비난이나 경멸이 자존감에 영향을 주지 않게 하라. 대신 비애착 연습을 하라 (제12장 참조).

반응 방식을 비난하고 비판하거나, 자신의 감정과 불만을 억누르는 전략은 비효율적이고 건설적이지 않다. 비난과 비판은 방어적인 반응을 유발한다. 카펫 밑에있는 오물을 닦는다고 해서 기분이 나아지는 것도 아니고, 중독자는 문제가 없는 것처럼 물질을 계속 사용한다.

사랑스럽거나 최소한 친근한 태도로 차분하고 단호하게 소통하는 것이 가장 좋다. 문제를 논의할 때 조언하거나 해결책을 제시하지 않도록 주의하라. 사실에 대해 언급하고 새로운 해결책을 경청하라. 사람은 자기 생각을 따를 가능성이 더 높다. 동의하지 않거나 해결책을 제시하지 않았다면, 자신이 해결책을 제안할 수 있는위치에 서 있다. 자신이 원하는 것을 지킬 박사와 침착하게 대화하라. 하이드와 문제를 논의하지 말라.

 중독자에게 반응하지 않는 것이 현명하지만, 쉽지 않다. 감정은 항상 통제할 수 있는 것이 아니다. 자기중심적이고 학대적이고 신뢰할 수 없는 누군가에게 좌절하고 화가 나는 것은 자연스럽다. 분노를 억누르거나 자녀나 다른 사람에게 화풀이하면 더 많은 문제가 발생한다. 대신, 일기를 쓰거나 12단계 집단과 치료에서 나누고 정원을 관리하거나 달리기를 하거나 춤을 추거나 테니스나 골프를 하라. 격렬한 운동은 긴장을 풀어 준다. 요가와 명상도 마찬가지다. 명상할 때(제11장 참조), 조용히 자신의 분노를 관찰하고 느낀다. 그러는 동안 분노는 사라진다.

중독자의 문제는 중독자의 몫이다. 자기 자신, 자녀, 직장, 친구, 관심사, 취미에 에너지를 투자하는 것이 가장 좋다. 조장과 통제를 하지 않으면 독립성이 높아지고 통제 대상도 줄어든다. 이는 자신에게 더 큰 자유와 행복을 준다. 중독자가 자신의 중독을 다룰 수 있게 한다.

절제한 후에

절제(단주 혹은 단약 등) 기간에는 보통 허니문 기간이 있다. 하지만 파괴적인 과거에 대한 죄책감, 분노, 두려움이 관계를 괴롭히고 있으면 해결해야 한다. 비중독 배우자는 오랫동안 박탈감을 느끼고 정상적인 관계에 대한 희망과 기대가 크다. 그러나 중독자가 12단계 모임에서 다른 회원과 친밀하게 이야기 나누는 모습을 보고 실망하고 분노할 수 있다. 배우자는 모든 상처, 모욕, 실망을 기억하는데, 절제 중인 중독자는 이를 부인하거나 잊고 싶어 한다. 배우자가 과거를 꺼낼 수도 있는데, 중독자가 과거를 기억하지 못하거나 그것에 관한 이야기를 너무 수치스러워하여 더 많은 갈등으로 이어질 수도 있다. 또 다른 문제는 배우자가 언제 하이드가 돌아올지 여전히 불안해하고 확신하지 못하는 것이다. 두 사람이 모두 회복되면, 배우자는 과거에 대한 분노를 용서하고 푸는 법을 배우게 되고 중독자는 책임을 지고 보상한다.

중독자가 계속 회복해도 비중독 배우자가 회복하지 않으면 문제가 지속된다. 이는 커플의 역동 관계가 변화하기 때문이다. 관계의 균형 잡으려면 비중독 배우자가 이에 상응하는 변화가 필요하다. 승자(제3장에서 논의)는 회복한 배우자가 결혼과 부모로서 책임을 지기 때문에 통제권을 포기해야 한다. 때로 비중독 배우자의 문제는 통제권을 포기하지 않거나 중독자가 회복하는 데도 여전히 불행하다면 더욱 분명해진다. 중독으로 가려진 배우자의 개인적인 문제와 관계의 더 깊은 문제가 드러나기 시작하고 치료와 치유가 필요하다.

가족과의 관계

 보통 부모에 대한 반응이 친구나 상대에 대한 반응보다 더 어렵다. 부모와 함께 있을 때 건강한 행동을 유지하는 것이 불가능하다는 사실을 알게 되기도 하고, 아니면 개인적 관계에 대한 변화와 경계선을 지지해 주는 부모가 있다는 사실이 행운일 수도 있다.

자신이 부모라도 내 부모의 주변에서는 아이처럼 느껴진다. 부모가 자신에게 무엇을 해야 한다고 이야기하는 것처럼 느낀다. 정신과 의사이자 가족 전문가인 머레이 보웬은 '분화되지 않은 가족 자아 집단'이라는 용어를 만들었다. 이는 '경계선이 분명하지 않은 가족과 함께 있으면 정신을 잃는다.'는 의미다. 역기능적 가정은 자아(ego)가 하나만 있다. 가족이 성인 생활에 관여하고 있든 없든, 경계선이 약하거나 경계선이 없든, 경계선을 설정하는 데 어려움을 겪는다. 멀리 이사를 가도 소용없다. 물리적 거리와는 무관하다는 점을 기억하라(비애착에 대한 논의는 제12장 참조). 반응성이 중요하다. '대화 금지' 규칙이 있는 가정은 감정이나 금지된 주제에 대해 언급하는 것이 불편하다. 이것도 역시 반응이다.

가족 방문하기

가족, 특히 부모는 새로운 경계선을 검증하고 문제를 제기한다. 매일 전화하는 엄마나 돈을 빌려 달라고 하거나 마약을 남용하는 형제자매가 있을 수 있다. 혼란스러울 때, 가족은 자신의 새로운 경계선에 대한 비난을 상대나 치료자에게 돌릴 수도 있다.

말로 표현할 수 없는 경계선을 만들기 위해 부모와의 거리가 필요하다. 어떤 사람은 이런 이유나 어린 시절의 해결되지 않은 분노로 가족과 연락을 끊는다. 단절은 정서적 긴장을 줄여 주지만, 근본적인 문제는 남아 있고 모든 관계에 영향을 미친다. 보웬은 가족으로부터 독립할 수 있는 이상적인 방법은 치료하면서 자신을 이해하고 부모를 방문하여 배운 것을 연습하는 것이라고 생각했다. 보웬은 집에 돌아가는 것이 불편하다고 느끼는 내담자들이 다음과 같이 행동하는 것을 본 적이 있다. 이들은 본가에 방문하는 동안 본가에서 머무르지 않았다. 집으로 오라는 초대를 편안하게 거절하였다. 죄책감을 느끼지 않으면서 호텔에서 머물거나 친구들과 함께 지냈다. 어떤 사람은 부모와 함께 머물면서 즐겁게 지내기도 했다.

부모를 방문할 때 규칙, 경계선, 의사소통 패턴을 알아차리고 성장하면서 자신이 맡았던 역할과는 다른 방식으로 행동하도록 노력하라(제7장 참조). 불안을 관리하기 위해 사용하는 습관과 방어에 주의를 기울이라. "내가 뭘 두려워하지?"라고 자문해 보라. 부모와 함께 있을 때 아이처럼 느껴져도, 이제 아이가 아니라는 사실을 기억하라. 이제 강한 성인이다. 어렸을 때와는 달리 벗어날 수 있다.

약물 중독과 남용이 있는 곳에서, 편안하게 느끼기 위해 자신에게 필요한 경계선이 무엇인지 생각하라. 하루 동안의 방문인가, 한 시간 방문인가, 아니면 전화 방문인가? 마약에서 갓 깨어난 어머니가 아이들에게 마약을 끊을 때까지 함께 있을 수 없다고 말할 때, 부모를 도우라고 압박하는 형제자매가 있다. 그렇게 하고 싶은 유혹을 받을 수도 있다. 치료자나 공동의존에서 회복한 다른 사람과 힘든 가족 상황에 관한 이야기를 하는 것이 도움이 된다.

기억해야 할 사실

관계 치유는 감정과 태도에서 시작된다. 때로 자신의 노력만으로 충분하다(제8장 참조). 때로 용서나 대화가 필요하다. 부모가 돌아가셨어도 관계에 대한 감정을 치유할 수 있다. 다음은 가족과 관련하여 고려해야 할 몇 가지 사항이다.

- ✓ 회복하기 위해 부모를 치유할 필요는 없다.
- ✓ 잘라낸 상처는 아물어도 흔적이 남는다.
- ✓ 부모를 좋아할 필요는 없다. 하지만 여전히 사랑할 수는 있다.
- ✓ 부모의 중독이나 학대가 계기가 될 수 있다. 경계선을 설정하고 제12장에서 다룬 비애착을 연습한다.
- ✓ 가족을 바꾸거나 구할 수 없다.
- ✓ 사랑의 반대는 미움이나 분노가 아닌 무관심이다.
- ✓ 누군가를 미워하면 자기 사랑에 방해가 된다.
- ✓ 해결되지 않는 분노와 적개심이 자신을 아프게 한다.

친구와의 관계

공동의존 증상(제3장 참조)은 친구 관계에서도 나타난다. 하지만 친밀감이 적기 때문에 정도가 덜하다. 자존감과 자기주장이 커지면 우정에서 새로운 것들을 관찰할 수 있다. 항상 친구와 함께 하는가? 통제하는가? 일방적인 관계라고 느끼는가? 전화를 끊는 데 어려움을 겪는 사람을 알고 있는가? 친구와 우정에 대한 분노나 실망을 함께 나눌 수 있는가? 자신을 피해자처럼 끈질기게 생각하는 친구가 있는가? 요청하지 않은 조언이나 도움으로 경계선을 넘은 다음, 친구의 문제가 해결되지 않아 좌절감을 느끼는지 확인하라.

12단계 프로그램에서는 다른 회원에게 조언하지 말고 회복, 경험, 희망을 나누라고 제안한다. 관심은 보이지만 정답은 없다는 사실을 다른 회원에게 알린다. 자신에게 적합한 12단계 프로그램에 참석하거나 치료를 받는다. 이것이 최선의 응답이다.

어떤 친구에게는 자신을 더 많이 보여 줄 수 있고, 어떤 친구와는 경계선을 설정할 필요가 있다. 어떤 사람에게 짜증이 나거나 이야기하고 싶지 않다면, 경계선을 설정해야 하는지 자문해 보라. 친구와의 경계선 재설정하기는 처음에는 모든 친밀한 관계와 같이 힘들다. 왜냐하면 오래된 역동에 익숙해져 있고 상처받을 수 있기 때문이다. 자신의 이유와 감정을 사랑스럽게 설명한다. 자신에게 더 많은 것을 베푸는 방법을 배우는 중이다. 어떤 친구는 이해하지 못하고 당신을 비난하거나, 이야기를 듣지 않거나, 통제받는다고 느낄 수도 있다. 이런 친구가 삶에 도움이 되는지 생각해 보라.

공동의존자는 자신의 문제를 공유하는 경향이 있다. "불행한 사람은 다른 불행한 사람을 찾는다."라는 속담이 있다. 자신이 변하면 친구도 변한다. 삶에서 더 단호해지고 자신이 행복한 사람들과 함께 하는 것을 더 좋아한다는 사실을 알게 된다. 문제가 있는 옛 친구를 떠나거나 함께 있는 시간을 제한하는 결정을 내릴 수 있다.

역의존자 되기

회복 과정에서 새로운 두려움과 문제가 생긴다. 더 많은 독립을 경험했기에 예전 방식으로 돌아가는 것이 두렵다. 새로 찾은 자율성을 보호하고 관계에서 자신을 잃지 않도록 조심해야 하는 것은 당연하다. 공동의존자는 보통 없거나 약한 경계선에서 경직된 경계선으로 이동한다. 건강하지 않은 관계에서 벗어난 후 다시는 누군가에게 의존하지 않기를 바라며 역의존자

(counter-dependent)가 된다. 타협에서 융통성이 없어지거나 강해지기 위해 벽을 쌓거나 자립한다. 이런 경우 다른 사람이 가까이 다가오기 어렵다. 역의존자는 의존이 '약하거나' 건강하지 않다고 생각한다. 의존은 인간 조건의 일부고 수치스러워할 필요가 없다는 사실을 모른다. 아마도 오래 지속된 관계, 보살피는 관계에서 건강한 의존을 경험해 본 적이 없어서다. 자신의 자율성과 다른 사람과의 친밀성 욕구가 충돌할 때 문제가 발생한다. 예를 들어, 역의존자는 친한 친구나 상대와 시간을 보내거나 직장, 스포츠, 질병, 고통을 피하려는 핑계로 12단계 모임을 절대로 놓치지 않는다.

성장이 지속되면 부메랑 기간을 맞는다. 보통 역의존이 건강한 상호의존(interdependency)보다 앞선다. 성장이 지속되면서 자율적인 두 성인이 서로 의지하고 의존할 수 있게 된다(제2장, 제15장 참조). 그러나 어떤 공동의존자는 역의존 기간에 갇혀 친밀감이나 헌신하길 두려워한다. 자기 관리와 경계선 설정하기 연습과 함께 자신의 필요와 취약한 감정을 알아차리고 표현한다. 이를 위해 이 책에서 제시하는 연습을 하면 자신을 신뢰하고 친밀함과 상호의존을 편하게 느낄 수 있다.

연애하기

회복 과정에서, 동등하고 친밀한 관계를 원하는 것은 자연스러운 일이다. 회복 작업은 자존감을 높여 주고 자신이 사랑받고 사랑할 가치가 있다고 느끼고 관계 기술을 배우게 한다. 자신이 건강해질수록 연애하는 사람들도 건강해진다. 또한 연애 상대를 더 잘 평가할 수 있다. 공동의존의 힘은 강하다. 반복되는 오래된 패턴에서 벗어나기는 매우 어렵다. 가장 좋은 해결책은 회복에 힘쓰고 12단계 모임에 참석하는 것이다. 연애에 관한 책은 많다. 하지만 공동의존과 관련하여 몇 가지 지침이 있다.

관계의 유형

관계의 유형은 여러가지다. 각기 서로 다른 수준으로 관여하고 서로 다른 필요를 충족시킨다. [그림 14-1]과 같이, 일상적인(가장 빈번한) 관계에서부터 결혼과 장기적인 헌신(가장 덜 빈번한)에 이르기까지 다양하다.

가장 흔한 관계는 쇼핑이나 스포츠 행사와 같은 만남이나 낯선 사람, 계산원, 음식 종업원과 같이 서비스를 제공하는 사람과의 가벼운 만남이다. 경계선이 빈약한 공동의존자는 자신의 삶을 자세히 공개하거나 자신의 필요나 친구를 등한시하면서 낯선 이를 도와야 한다고 느낀다. 자선을 베푸는 것은 좋지만 언제 누구를 도울지 선택과 경계선을 유지하는 것이 중요하다.

누군가와 자주 교류하면 지인이 된다. 워크숍에서 만나는 사람이나 미용실에서 만나는 사람도 반 친구, 팀 플레이어, 동료와 비슷하게 지인이 될 수 있다. 사교를 결정하고 함께 만날 계획이라면, 상대는 활동 파트너가 될 수 있다. 골프를 치는 사

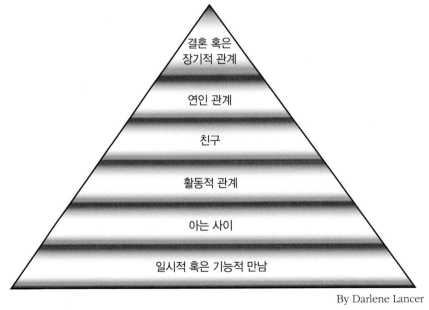

By Darlene Lancer

[그림 14-1] 관계의 유형

람의 경우, 활동을 중심으로 관계가 이루어지기 때문에 그 사람은 친구가 아니다. 그 사람과 상호작용할 때, 상대가 정직하고 신뢰할 수 있고 자신의 필요와 의견을 존중하는지 정보를 수집한다.

지인과 함께 어울리고 공통의 이해관계가 생기고 상대를 신뢰할 수 있다면, 한 단계 더 나아가 친구가 되고 싶을 수 있다. 즉, 자신에 대해 이야기하고 함께 시간을 보내고 싶다는 뜻이다. 양자 모두 동의하는 일을 함께하는 것을 좋아한다. 서로의 삶에 관여하고 지지한다.

 우정으로 발전하는 데 몇 년이 걸린다. 누군가를 알게 된 후 몇 달 안에 이런 일이 생기길 예상했다면, 상대에 대해 더 많이 알게 되면서 실망할 수도 있다.

이 방정식에 성관계를 추가하면 연애 관계다. 어떤 사람은 가벼운 낯선 사람, 지인, 활동 동반자와 성관계를 한다. 이런 연인이 성관계 이외에 자신과 시간을 함께 보내기를 바라고 기대하는 것은 실수다. 따라서 먼저 상대가 친구가 될 수 있는 사람인지 알아보는 것이 중요하다. 그렇지 않으면, 결국 이용당했다고 느끼거나 실망할 수도 있다.

자신이 원하는 관계의 유형(활동 동반자, 성관계 파트너, 헌신적인 관계, 결혼)을 결정할 수 있다. 결정은 보통 쉽지 않다. 보통 공동의존자는 자기 자신을 모르거나 과거에 상처를 받은 경험 때문에 혼란스럽다. 헌신적인 관계를 원하는지 확실하지 않거나 무의식적 두려움이 있으면, 혼란스러운 양가감정이 자신에게 적합하지 않거나 감정적으로 이어질 수 없거나 헌신할 수 없는 사람을 끌어들인다. 관계를 계속할지는 언제든 결정할 수 있다.

누군가에 대해 알아 가기

 신체적 매력은 존중과 건강한 관계를 유지할 수 있는 상대방의 진실성이나 능력에 대해 알려 주지 않는다. 어떤 사람이 성공하고 매력적이고 성취적이어도, 친밀한 관계에서 어떻게 행동하는지 알려 주지는 않는다. 좋은 선택은 자기 자신과 자신의 필요, 욕구, 기준을 알고 소중히 여기며 다른 사람에 대해 알아 가는 것에 기초한다.

　연애는 누군가에 대한 정보를 수집하고 자신의 감정, 가치관, 욕구, 필요를 소통할 수 있는 기회다. 연애하면서 상대가 자신과 잘 통하는지, 성공적인 관계를 위한 필요한 자질이 있는지 결정할 수 있다(제15장 참조). 자신의 가치를 모르거나 존중하지 않으면, 성적 매력이 자신의 가치관을 대신하거나 연애 상대의 가치관과 자신의 가치관을 현실적으로 비교하지 않고, 상대의 가치관을 따르도록 유혹한다. 머지않아, 자신의 가치관과 파트너의 가치관이 일치하지 않아 불행해진다.

　　자기 수용은 관계를 원활하게 하려고 자신의 필요나 가치를 판단하거나 부정하지 않는다. 어떤 사람은 함께 보내는 것을 좋아하지만 어떤 사람은 자신만의 공간을 더 원한다. 어떤 사람은 활동적이고 어떤 사람은 가정적이다. 어떤 사람은 애정을 많이 요구하지만 어떤 사람은 그렇지 않다. 어떤 사람은 안전이 가장 중요하다. 어떤 사람은 모험을 원하고 어떤 사람은 정서적 친밀감을 원하고 가족 부양을 원한다. 자신이 누구인지 사과나 자기희생 없이도 원하는 것을 가질 수 있다는 사실을 깨달으라. 공동의존자는 보통 자신의 필요와 욕구에 관해 이야기하기 두려워한다. 이야기하면 상대가 겁을 먹을 수 있기 때문이다. 하지만 서로의 차이를 공개적으로 드러내는 것이 가장 좋다. 자신의 필요나 욕구는 감춰도 사라지지 않는다. 이후 관계에 더 많이 관여되고 헤어지기 어려워지면, 고통과 갈등이 생긴다.

사랑에 빠지기

　　공동의존자는 연애에 자기 패배적·실무율적 접근 방식을 사용한다. 버려지는 것에 대한 근본적인 두려움이 있다. 연애에서 강한 성적 매력이 느껴지지 않으면 지루해하고 시큰둥해진다. 누군가에게 관심이 생기면 친밀해지기 위해 자신의 역사, 깊은 감정, 비밀을 바로 공개한다. 관계의 초기 단계에서 사랑에 빠지면 사랑이 자신을 바꿔 놓는다. 경계선이 병합되고 빠르게 종속한다. 곧 친구와 함께 하려던 취미와 계획을 포기한다.

　평범한 성격에서 벗어나 감정적으로 더 확장된다. 긴장과 노력이 가라앉고 멋진 기분이 든다. 즉, 관대하고 친절하고 장난기 넘치고 행복하고 안전하고 살아있고 강하고 축복받고 자신과 다른 사람을 수용하고 세상과 연결된 느낌이 든다. 어떤 사람은 이를 행복한 순간으로 경험하고, 어떤 사람은 이를 몇 시간, 하루 또는 더 오랫동안 경험한다. 당분간 만사형통이다. 사랑하는 사람과 함께 있거나 심지어 떠올리는 것만으로도 이러한 감정이 생긴다. 모든 사람이 이런 경험을 원한다! 사랑은 방어를 하지 않는다. 통제력이 사라지고 자신의 에너지와 삶의 흐름 속으로 '빠진다.' 자신의 과거와 개인적인 감정을 공유하고 수용되고 사랑받는다고 느낀다. 미래에 대한 자신의 기도와 꿈이 드디어 이루어지고 고통과 외로움이 끝났으며 좋은 감정이 영원히 지속될 거라고 믿는다. 새로운 사랑에 대해 많은 희망과 기대가 있다. 이내 곧 정직해지는 것을 멈추고 함께 하는 멋진 감정을 보호하기 위해 조종하기 시작한다. 어떤 사람은 이 단계에서 결혼하고 서로에게 삶을 헌신한다.

 　갈등, 차이에 대한 인식, 실망, 삶에 대한 엄청난 스트레스가 발생하면서, 현실은 위대한 사랑의 경험을 조금씩 갉아먹기 시작한다. 터놓고 솔직하게 말하는 것의 두려움은 불안과 강박관념으로 이어지고, 문제로 괴로워지기 시작하면서 자신이나 상대를 탓한다. 만나기 전에 없었던 상처를 입고 이전의 좋은 감정을 그리워한다. 연애 감정이 다시 돌아오기를 원하고 상대가 떠나는 것을 원하지 않는다. 관계를 지속하기 위해 진실한 감정을 숨기고 관계를 조종하고 통제하기 시작한다. 하지만 관계를 유지하기 위해 고안해 낸 바로 그 방어 전술이 자신이 처음 찾은 마법을 차단한다. '내가 이 사람과 함께 있어야 할까?' '우리는 사이좋게 지낼 수 있을까?'라는 의문이 들기 시작한다. 현재에 만족하지 않고 미래를 걱정하기 시작한다. 어쩌면 교육이나 직업적 목표를 달성해야 하거나 가정을 꾸려야 할 책임을 지게 된다. 지금까지 살아남을 수 있도록 자신을 도와준 평범한 성격과 방어력이 되돌아오길 갈망한다. 그것이 없다면, 어떻게 될까? 당신은 누구인가? 역기능적 가족의 누구와도 확실히 다르다.

관계가 충분히 괜찮다면 놓치고 싶지 않을 것이다. 공동의존자는 좋지 않은 관계도 붙들고 있다. 다시 혼자 되는 것이 두렵고 관계를 끝내는 데 죄책감을 많이 느낀다. 갈등을 피하고 자율성을 유지하기 위해, 상대를 달래거나 관심을 끄고 잠시 물러난다. 그렇지 않으면, 관계로 말다툼하고 요구, 비판, 죄책감으로 상대를 바꾸려고 한다. 어쩌면 자신을 바꾸려고 할 수도 있다. 의심을 합리화하고 상황이 나아지기를 바란다. 하지만 가까이 있을 수도 앞으로 나아갈 수도 없다. 자신과의 차이점과 걱정을 무시하고, 프러포즈를 받으면 결혼할 수도 있다. 또는 새로운 누군가에게 빨리 다가가거나 감정적으로 가까워질 때 잃어버린 자기를 되찾으려고 혼자 시간을 보낼 수도 있다.

다음을 실천한다.

✓ 누군가를 천천히 알아 간다.
✓ 상대가 자신에 대해 말하는 진실과 다른 사람을 어떻게 대하는지 경청한다.
✓ 친구와 취미와 활동을 계속한다.
✓ 특히 상대가 필요하거나 그리울 때, 충동적으로 연락하기보다 자기 관리, 모임, 영성 훈련을 유지한다.
✓ 제15장에서 설명했듯이, 안전하게 느껴지지 않는 행동에 주의를 기울인다.

공동의존과 성관계

성관계는 친밀한 의사소통의 한 형태다. 의사소통과 관련된 공동의존자의 문제는 침실에서 드러난다. 정서적 친밀감이 부족하거나 관계 문제가 생길 때, 보통 성적 쾌락이 가장 먼저 사라진다. 어떤 관계에서는 성관계가 부부의 유일한 친밀감이다.

성적 열정은 취약하고 통제 불능이고 의존적으로 느껴지게 한다. 성적 필요는 다른 누군가의 협력에 달렸다. 불안이나 종교적 신념이 성적 욕구와 선호에 관해 이야기하는 것을 불편하게 할 수 있다. 하지만 성적 환상, 필요, 욕구, 싫어하는 점을 공유하는 것이 중요하다. 하지만 공동의존자는 논란의 여지가 있는 모든 것, 특히 성관계에 대해 서로 솔직하고 정직하게 이야기하는 것을 어려워한다. 자신의 욕구를 부정하고 감정을 숨기고 통제하고 자신이나 서로를 비난하는 경향은 모두 성적 문제에 기여한다. 따라서 성적 문제가 개인의 문제로 시작되어도, 관계 문제로 보는 것이 가장 좋다. 성적 어려움은 발기부전, 냉담함, 억제된 성욕에서 성중독에 이르기까지 다양하다. 음식 중독과 같이 성중독도 필요에서 강박으로 가는 선을 넘은 것이다. 성관계나 특정 종류의 성행위는 부정적인 결과에도 불구하고 습관이 되는 약물과 같다.

성관계는 좋지만, 관계의 관심을 잃었다면 수동적으로 분노를 표현하는 것일 수 있다. 분노를 단호하게 표현하면 다시 재결합하는 데 도움이 된다. 분노를 억제하고 있다면, 성관계가 안전하고 만족스러워지기 위해 먼저 의사소통 문제를 해결해야 한다. 성관계가 건강하고 만족하려면, 각 상대가 자존감, 경계선, 주고받는 능력, 서로의 차이를 상호 존중해야 한다. 건강한 관계가 열쇠다(제15장 참조).

성적 자존감

이완하지 못하는 것이 수행 불안의 주요 요인이다. 수치심이 자신을 구속하고 외모나 수행에 대한 걱정으로 이어진다. 자존감은 자신을 억제하지 않고 정서적 · 신체적으로 자신을 드러낼 수 있게 한다. 명상과 마음챙김을 연습하고(제11장 참조), 비판가와 협상(제10장 참조)할 때까지 침실에 들어가지 말라. 자존감은 자의식을 덜어 주고 내려놓고 즐길 수 있도록 돕는다.

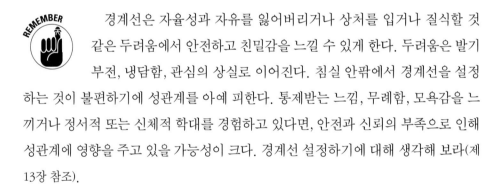 자존감이 높아질수록, 성관계를 만족시키는 데 필수적인 친밀감은 더욱 단단해진다. 연구에 따르면, 성적으로 더 적극적인 여성이 즐거움과 성적 자존감을 더 크게 경험한다고 한다. 문제는 보통 성적으로 원하는 것, 필요한 것, 싫어하는 것을 말하지 못한다는 데서 비롯된다. 대신, 성관계를 즐기지 않거나 뒤로 물러설 수도 있다. 자신의 두려움과 염려를 상대와 공유하라. 자신의 환상과 침대에서 좋아하는 것에 대해 이야기하라. 자신이 싫어하는 것에 대해 말하는 것보다 쉽다.

경계선

경계선은 자율성과 자유를 잃어버리거나 상처를 입거나 질식할 것 같은 두려움에서 안전하고 친밀감을 느낄 수 있게 한다. 두려움은 발기부전, 냉담함, 관심의 상실로 이어진다. 침실 안팎에서 경계선을 설정하는 것이 불편하기에 성관계를 아예 피한다. 통제받는 느낌, 무례함, 모욕감을 느끼거나 정서적 또는 신체적 학대를 경험하고 있다면, 안전과 신뢰의 부족으로 인해 성관계에 영향을 주고 있을 가능성이 크다. 경계선 설정하기에 대해 생각해 보라(제13장 참조).

상호관계

건강한 성관계는 모든 욕망, 열망, 쾌락을 주고받는 것이다. 어떤 공동의존자는 욕망을 부정하고 정서적 개입 없이 의무감으로 성관계를 한다. 다른 사람에게 기쁨을 주려는 사람이나 돌보는 사람은 보통 성관계를 하는 동안 이러한 역할을 한다. 이들은 받는 것에 취약하거나 노출되는 느낌을 받거나 통제할 수 없어서 베푸는 것이 편하다. 베푸는 것이 통제력을 유지하고 상대에게 집중하도록 돕는다.

수용

친해지려면 서로의 차이를 존중할 줄 알아야 한다. 서로를 알기 전에 관계 초반부터 누군가를 이상화하면 현실에 직면했을 때 상대를 수용하기 어렵고 실망과 어려움을 겪게 된다. 성관계가 갑자기 시큰둥해지거나 욕구가 사라진다. 어떤 커플은 관계에서 싸우거나 극적인 사건과 불안으로 흥분을 유지한다. 성관계를 포함한, 양쪽 모두를 만족시키는 관계는 서로의 호감과 필요에 대한 수용, 때로는 협상이 필요하다.

성관계 시작하기

경계선과 자존감이 낮은 공동의존자에게 성관계와 연애는 지뢰밭이다. 남성과 여성 모두 자신의 부족함에 대한 두려움과 진솔하고 친밀해지는 방법을 모르고 있다는 사실을 숨기기 위해 유혹을 사용한다. 유혹받은 사람은 상대의 관심을 성적 매력과 조종 이상의 의미로 해석할 수 있다. 여성은 보통 상대의 성적 욕구에 책임감을 느끼거나 원치 않는 성관계를 거절하는 데 어려움을 겪는다. 이러한 이유로 성관계를 가지면 자존감이 낮아진다. 성관계는 우울감과 외로움을 줄이기 위한 것이고 친밀감을 대신하는 것이 된다. 진정한 친밀감은 시간을 함께하고, 자존감, 기술, 신뢰가 필요하다(제15장 참조).

사귀는 사람과 성관계를 갖기 전에, 다음 사항을 고려해 보라.

✓ 성관계에 대한 자신의 바람과 기대는 무엇인가? 독점적인 관계를 원하는가?

✓ 상대에게 자신의 바람과 기대에 대해 상의하지 않았다면, 왜 하지 않았는가?

✓ 성관계가 정서적으로 어떤 영향을 미치는가?

✓ 건강상의 위험은 무엇인가? 상대가 성병이 있는지 알아보라. 자신에게 성병이 있다면 공개하라. 감염 보호에 대해 논의하라.

성병에 대한 사실을 확인하라. 대부분 사람은 언제 감염되는지 모른다. 검사만이 신뢰할 수 있다. 증상이 없을 때도 감염될 수 있다.

✓ 피임 방법에 대해 논의하라.

연애를 자기 자신을 대해 더 많이 배울 수 있는 실험으로 생각하라. 만졌을 때 어떻게 느끼는지 느껴 보라. 즐거운 감각과 생각과 감정도 느껴 보라. 흥분과 두려움을 구별해 보라. 누가 자신을 만질 수 있는지에 대한 결정은 자신에게 있다. 부정적인 감각, 생각이나 감정을 합리화하기 시작할 때 알아차리라. '그만하라!'는 몸의 신호를 알아차리라. 몸의 신호를 경청하고 말로 표현하는 연습을 하라.

다음 상황에서는 성관계를 절대 하지 않는다.

✓ 두려울 때
✓ "아니요."라는 말에 죄책감이 들 때
✓ 의무감이나 부담스러울 때
✓ 누군가의 사랑을 쟁취하려 할 때
✓ 누군가를 바꾸려고 하거나 조종하려 할 때

성적 매력과 애착은 위험 신호를 간과하게 한다. 관계에서 좋아했던 특성이 문제가 된다. 관계를 시작할 때 주의하고 피해야 할 사항에 대해서는 제15장을 참조하라.

중독

지금까지 이 부분에서 언급한 모든 문제는 중독에 의해 과장되고 복잡해진다. 보통 중독자는 성관계를 하는 동안 감정을 드러내지 않는다. 알코올은 남성의 수행 능력을 저해하여 두 사람 모두 좌절시킨다. 거듭되는 실패는 관계를 해치고 두 사람 모두 성관계를 피한다. 알코올 중독자의 배우자는 술에 취해서 하는 성관계를 거부하거나 내켜 하지 않는다. 혹은 분노로 이어질까 두려워하거나 의무감으로 성관계에 응하기도 한다.

또 다른 역동은 패자인 중독자가 승자인 배우자를 부모와 같이 의지할 수 있고 강하고 확고한 존재로 바라보는 경우다(제3장 참조). 중독자는 자신을 혐오하는 만큼 승자인 배우자를 성자로 이상화하고 죄책감을 완화하기 위해 승자의 꾸지람이나 처벌을 유발한다. 승자가 꾸짖지 않아도, 패자인 중독자는 자신이 심판받고 있다고 계속 믿으며 무가치감으로 성관계를 피한다. 언급할 필요도 없이, 남성 중독자는 잔소리하는 어머니와 성관계를 하고 싶지 않다. 알코올 유도성 발기부전으로 인한 죄책감은 알코올 중독자가 사회적으로 철수되는 원인이기도 하다.

회복 초기에, 중독자가 자신의 중독과 과거 행동을 인정하기에 수치스럽고 죄책감을 느낀다면, 과거의 성적 패턴 중 일부가 지속될 수 있다. 중독자의 배우자는 안정을 느끼지 못하고 회복하기 시작한 배우자와 성관계를 즐길 수 없거나, 과거에 대해 중독자를 처벌하거나 통제하기 위해 회복을 시작한 다음, 때로 무의식적으로 성관계를 보류하기도 한다.

제15장

관계 치유하기

> ✒ 이 장에서는
>
> ✓ 관계의 종류 이해하기
> ✓ 좋은 관계를 만드는 요소 파악하기
> ✓ 공동의존적 친밀성과 진정한 친밀성 구별하기
> ✓ 외로움 다루기

건강한 관계는 소수다. 사실, 대다수의 관계는 역기능적이다. 아마도 80%는 주고 받는 관계일 것이다. '정상적으로' 보이는 것이 반드시 건강한 것은 아니다. 불행히도, 대중매체가 역기능적 관계를 조장한다. 사랑 이야기는 사랑에 빠지고 행복한 결혼으로 결말을 맺는다. 사실, 결혼은 시작에 불과하다. 이 장에서는 관계 작업하기의 기준과 그에 필요한 기술에 관해 설명한다. 관계의 생명줄인 친밀감에 대해 알아본다. 마지막으로, 외로움을 다루기 위한 몇 가지 팁을 제안한다.

건강한 관계를 위한 레시피

 건강하고 장기적인 관계는 자기 생각에 사로잡혀 있지 않다. 자기 생각은 전경이 아닌 배경이다. 건강한 관계는 시계를 가게 하는 배터리처럼 삶을 지탱시켜 준다. 배터리를 계속 점검해야 한다면 삶을 즐기지 못할 것이다. 이것이 바로 당신의 삶이다. 배터리는 수리하지 않고 재충전하기만 하면 된다. 반려동물을 돌보는 것처럼 건강한 관계도 시간과 돌봄이 필요하다.

누구와 사랑에 빠질지 통제할 수는 없지만, 누구와 시간을 보내고 전념할지는 선택할 수 있다. 대부분의 사람은 사랑에 빠져 결혼한다. 하지만 사랑이 부부 문제를 해결하지 못하고, 관계의 성공을 예측하지도 못한다. 그래서 매년 수많은 사람이 이혼한다. 사랑 외에도, 관계를 맺는 과정, 즉 서로를 어떻게 대하고 소통하고 어떻게 함께 결정을 내려야 하는지 다뤄야 한다. 관계의 과정과 관계를 지속시키는 행동은 사랑의 정서적 측면, 그 이상이 필요하다. 관계의 구성 요소들이 뒤섞이면 문제가 발생한다. 상대가 혼자만의 시간을 원하거나 의견이 달라 자신을 사랑하지 않는다고 비난한다면, 이는 감정과 과정을 혼동하고 있다.

 사랑과 증오는 함께 간다. 상대에게 심한 적대감을 느끼는 것은 이상한 일이 아니다. 누군가와 함께 살 때, 시간이 흐르면서 크고 작은 실망이 끊임없이 생긴다. 사랑과 친밀함으로 자신을 개방할 때, 상처받고 실망한 일에 대해서도 개방한다. 관계에서 보상이 충분하다면, 관계에 관해 이야기하고 내려놓고 상처를 극복해 나간다.

건강한 자기

회복과 자존감을 형성하는 다양한 작업은 자신의 개성화(individuation), 즉 완전한 자기(Self)가 되는 과정을 보완하고 더 발전시킨다. 공동의존자는 심리적으로 건강하고 자율적인 자기를 개발하는 개성화 과정이 손상되어 있고(제7장 참조), 만족스럽고 친밀한 관계를 맺는 능력에 영향을 준다.

개성화와 관계

개성화를 살펴보는 또 다른 방법은 어린 시절의 상처를 치유하고 과거에서 비롯된 신념, 규칙, 경험으로 여과되지 않고, 현재의 자신과 분리된 것으로 세상과 다른 사람을 명확하게 생각하고 인식할 수 있는 능력을 증진하는 것이다. 이것이 달성되면, 자신에게 더 많은 반응을 보이고 다른 사람의 의견, 필요, 감정을 개인화하지 않는다. 어린 시절의 경험으로 유발된 유발 인자에 덜 반응한다. 또한 개성화는 부모를 이상화, 슬픔, 적개심을 갖지 않고 있는 그대로 바라보고 수용한다는 의미다.

개성화와 관계에 대한 세 가지 전제는 다음과 같다.

1. 자기와 자존감을 개발한 만큼 관계에서 더 쉽게 기능하고 행복해진다. 이는 좀 더 개성화되었다는 의미다.
2. 개성화가 더 커질수록 친밀감도 커진다. 진정한 친밀감은 서로가 같아지거나 하나가 되는 것이 아니다. 친밀함은 가까워짐에 기반을 둔다.
3. 거의 같은 수준의 개성화를 가진 짝을 선택한다. 계속 더 성장하고 더 개성화할 수 있다.

성공적인 관계를 위해서는 서로 혼합되거나 병합되는 것이 아닌 개별적인 두 사람이 모여 커플이 된다. 세 가지 독립적인 개체가 있다. 즉 나, 너, 그리고 우리.

친밀감이나 분리되기

개성화가 부족한 공동의존자는 관계에서 '우리' 혹은 '너'를 강조하지만, '나'를 보지 못한다. 공동의존자는 신체적 끌림에서 커플이라는 생각으로 바뀌어, 때로는 상대의 동의 여부를 무시한다. 공동의존자는 보통 모든 시간을 함께 보내고 싶어 한다. 친구나 자신의 관심사를 버리고 자신의 상대와 같아지길 기대한다. 공동의존자는 상대가 독립적으로 뭔가를 하려 하면 쉽게 상처받는다. 대부분의 공동의존자는 '우리'가 '하나'인 것을 이상적인 관계로 생각한다. 성공적인 관계에 필수적인 차이점과 분리를 무시하면 존중감이 결여된다. 또한 상대를 통제하고 변화시키고 올바르게 고치려고 한다. 반면, 친밀함 때문에 온전한 자기에 큰 위협을 받는 공동의존자는 상대를 배제하고 '나'를 강조한다. 이들의 자율성은 매우 취약하고 통제받는 것에 민감하다. 어떤 사람은 거리를 두고 친밀감을 피하지만 여전히 공동의존적이다.

사랑에 도전하는 두려움은 대부분 개인의 자기가 얼마나 온전하고 안전한지, 자신이 얼마나 사랑받을 만한 가치가 있다고 느끼는지에 관한 것이다. 역설적으로 자율성이 많을수록 친밀감도 높아진다. 자존감과 자율성이 없으면, '내가 상처받을까?' '내가 안전할까?' '내가 갇혀 버릴까?'라고 두려워한다. 이는 보통 무의식이지만, '나는 충분한 사랑을 받을 것인가 아니면 버림받을 것인가?' 또는 '자율성을 잃거나 질식될 것인가?'로 귀결된다. 누군가에게 애착을 갖는 것은 정상적이고 건강하지만, 자신의 부족함이 상대방을 실망시킬 수 있다는 두려움과 마찬가지로 누군가에게 의존한다는 생각도 끔찍할 수 있다. 자신이 사랑받을 가치가 없다고 느끼면 상대방을 밀어낸다. 혼자가 두려우면 관계에 집착한다.

권력 투쟁은 친척, 집안일, 직업 결정, 거주지로 인해 발생한다. 더 깊이 들여다보면, 한쪽 상대(보통 남성)가 너무 많은 독립성을 포기하거나, 아니면 다른 상대(보통 여성)가 상대에게 중요한 존재인지 궁금해한다. 관계는 권력 투쟁과 상호 불만을 보이는 단계, 즉 상대가 문제라고 생각하는 지점에서 평생 갇혀 있다. 이 장의 '자율성과 친밀감 탐색하기' 부분을 참조하라.

건강한 관계의 사람은 하나가 아닌 친밀함을 추구한다. 관계에 우선순위를 두지만 남은 인생을 즐기고 자신을 소홀히 대하지 않는다. 의견 불일치와 타협, 분리, 친밀함이 있다. '나'를 더 개발할수록, 친밀감과 분리를 더 잘 견딜 수 있다(제3장 참조).

필수 요소

 건강한 사람은 강렬함을 원하지 않는다. 강렬함을 유발하는 드라마, 싸움, 버림받음에 대한 두려움을 원하지 않는다. 만족을 원한다. 결별, 화해, 두려움, 무분별한 성관계의 솟구치는 아드레날린, 감정의 기복에 중독되지 않는다. 중독, 외도, 문제가 많은 사람, 부정직한 사람, 학대적인 사람을 멀리한다. 신체적인 상해에서 자신이 안전하길 바라고 자기 자신이 되는 것이 하한 선이다.

다음과 같은 사람을 좋은 상대로 볼 수 있다. 그럴 수도 있고 아닐 수도 있다. 관계가 진지해지기 전에, 다음과 같은 사람을 찾으라.

✓ 안전하다.
✓ 자신을 돌보고 구조할 필요가 없다.
✓ 자신과 타인을 존중한다.
✓ 신뢰할 수 있고 믿음직스럽다.
✓ 함께 시간을 보내고 싶다.
✓ 나와 나와의 관계를 소중히 여긴다.
✓ 다른 친구, 가족과 관계를 맺고 있다.

공동의존자는 때로 흥분과 불안전성을 혼동한다. 왜냐하면 이는 어렸을 때 가족 내에서 안전하지 않은 느낌에 친숙하고 이를 연상시키기 때문이다. 안전과 신뢰를 형성하는 개인적 자질이 기본이다. 〈표 15-1〉은 관계를 맺고 끊는 데 필요한 특성에 대한 비교다.

〈표 15-1〉 관계 레시피

안전한	안전하지 않은
신뢰	예측할 수 없음, 약속을 지키지 않음
정직	회피, 부정직
존중	무례, 폄하, 멸시, 으스대기
경청	몰두, 방해, 무시
수용	판단, 거부
개방	비밀
눈접촉	눈접촉을 피함
명확한 경계선	부적절, 간섭, 경직
지지	경쟁, 무관심
진정성	거짓, 자랑, 언행 불일치
배려	자기 중심
자기관리 실천	자기 무시
허용	경직, 융통성 부족
제공	이기적, 요구적, 보류
이해	냉정, 둔감

지속적인 관계

REMEMBER

과거의 권력 투쟁에서 벗어나려면 자기 정체성을 유지할 수 있는 충분한 자존감이 있어야 한다. 자기가 더 강해지면 거절당하거나 혼자 있을 때 관계의 붕괴를 두려워하지 않는다. 더 친밀해지고 개방적이고 관계의 상실을 두려워하지 않는다. 비판가가 잠잠해지면(제10장 참조), 사랑받을 가치가 있다고 느끼고 사랑이 나타났을 때 거부하지 않는다. 거부할 경우, 자기 자신을 사랑할 수 없거나 사랑할 수 없는 사람을 쫓아다니거나 권태로워하거나 누군가의 결점을 찾는 추적자나 거리를 두는 존재로 남게 된다. 지속적인 관계는 기본 이상의 것이 필요하다. 구체적인 사항은 다음과 같다.

✓ 자기와 자존감 개발하기

✓ 안전감 조성하기

✓ 현실적으로 되기

✓ 단호하게 소통하기

✓ 서로의 차이 수용하기

✓ 함께 결정하기

✓ 함께 문제 해결하기

✓ 함께, 그리고 따로 떨어져서 좋은 시간 보내기

✓ 베풀고 협력하기

✓ 양립 가능한 필요와 가치관 갖기

✓ 같은 비전 공유하기

✓ 우정 유지하기

커플이 최선을 다해도, 이러한 자질을 완벽하게 유지하고 표현할 수 없다. 항상 혹은 때로 잘 표현하지도 못한다. 상처받고, 화를 내고, 실망하고, 의도가 좋아도 상대에게 상처를 주고 싶기도 하고 주고 싶지 않기도 한다. 최선을 다하는 것이 때로 최악이다. 최선을 다한 다음 자신과 서로를 용서하게 된다.

자기와 자존감 개발하기

자기와 자존감이 클수록 관계는 더 성공적이다. 독립적인 정체성이 있는 커플은 각자의 목표와 성장에 집중하고 추구한다. 자신과 관계에서 지속성이 있으면, 더 많은 것을 베풀고 친밀감이 향상된다. 자존감이 높으면 검증과 지지를 기대하거나 필요로 하지 않는다. 자존감이 낮으면 상대가 자신을 행복하게 해 주길, 좋은 사람으로 느끼게 해 주길 바란다. 이는 비현실적인 요구다. 이는 자신의 책임이다. 따라서 자신을 위한 치유 작업으로 관계가 정말 좋아질 수 있다.

자존감은 또한 자신을 드러내는 것을 수치스러워하지 않고 개방할 수 있게 한다. 비판과 차이에 민감하지 않고 친밀함이나 분리의 위협을 받지 않는다. 홀로서기를 할 수 있어서 거절당하는 것도 두려워하지 않는다. 자유롭게 떠날 수 있다는 자유로 자신이 다른 사람을 기쁘게 하려 하거나 변화시키려고 노력하지 않는다. 사람들과 즐겁게 지내고 자신이 원하는 것을 얻기 위해 협상한다.

안전감 형성하기

안전감이 기본이다. 안전감은 상대에 대한 존중, 경청하기, 학대하지 않기 등을 포함한 건강한 의사소통과 갈등 해결 등과 같은 건강한 관계의 기타 요소를 반영한다. 안전감은 자신을 지키고 사회적으로 철수되거나 분노하지 않게 한다. 안전하게 느끼고 서로에게 마음을 열 수 있다. 안전하다고 느낄 때 자유로운 자신이 된다. 두 사람 중 한 사람이 힘든 시간을 보내고 있다면, 관계는 안전한 피난처가 되고 서로를 위한 장소가 된다. 신뢰할 수 없고 헌신과 약속을 지키지 않는다면 의지할 수 없다. 이는 안전감의 기반이 되는 신뢰와 호의를 약화시킨다.

현실적으로 되기

행복한 커플은 서로에 대한 기대와 관계에 현실적이다. 행복에 대한 책임을 받아들이고 자기를 완성하기 위해 관계에 의존하지 않는다. 따라서 연애와 열정의 초기 단계가 영원히 지속되길 기대하지 않는다. 이는 연애와 열정이 자신의 모든 필요를 채우지 못하고 완벽은 존재하지 않으며 자신의 관계에서도 문제와 과제가 있다는 사실을 알고 있다. 이에 대해 기꺼이 대화를 나누고 해결해 나간다.

단호하게 소통하기

건강한 관계에서 건강한 의사소통은 현재 및 내적 경험을 공유한다. 다른 사람의 말을 경청하고 자신이 들은 것에 대한 현재 및 내적 경험을 공유한다(제3장, 제9장, 제13장 참조). 건강한 의사소통은 관계 지속에 필수적인 '나' 진술문을 사용하고 경청한다. 적극적인 의사소통은 경계선을 설정하고 애매한 요구로 들리도록 기대를 숨기지 않고 자신이 필요하고 원하는 것을 요구한다. 자기 관리와 자기 책임을 실천하면, 자신이 원하는 대답을 듣지 못했을 때 상대에게 반응하거나 조종하거나 처벌하지 않는다. 대신 감정을 공유하고 "아니요."라고 말하고 요청한다.

건강한 의사소통에도 분노와 불화의 여지가 있다. 그러나 합의된 기본 규칙이 있다. 폭력적인 의사소통은 피하고 서로를 공격하거나 깎아내리거나 비난하거나 잔소리하거나 방해하거나 비판하지 않는다. 두 사람의 분노가 고조되면 타임아웃을 한다. 또한 일을 내려놓거나 여러 가지 일에 대해 이야기하면서, 분노를 쌓아 두지 않는다.

서로의 차이 수용하기

관계에는 반드시 차이가 있다. 행복한 커플은 이것을 알고 있다. 서로를 존중하고 서로의 차이를 받아들인다. 자기에 대해 더 잘 이해할수록 화를 내지 않고 상대를 무시하거나 변화시키려 하지 않고 상대와의 차이를 견딜 수 있는 능력이 더 향상된다. 보통, 누군가와 6개월 정도 사귀고 나면, 마음에 들지 않는 상대의 자질과 행동으로 괴롭기 시작한다. 수용은 동의한다는 의미나, 상처를 주는 행동이나 학대를 받아들이거나 용인한다는 의미가 아니다. 견딜 수 없는 특성이나 습관으로 비참한 삶을 살고 싶지 않다면 수용해야 한다(제12장 참조). 상대가 자신을 위해 변하기를 기대하지 말라! 상대가 변했어도 머지않아 상대는 습관적인 행동을 다시 한다. 하한선을 결정하고 상대를 전체로서의 개인으로 수용할지 결정한다.

함께 결정하고 문제 해결하기

서로의 차이는 피할 수 없다. 문제 해결 기술을 길러야 한다(제13장 참조). 어떤 커플은 문제를 무시하거나 한 사람이 결정자가 되도록 내버려 두거나 책임 영역을 분담하여 갈등을 피한다. 이런 전략은 억압된 분노로 이어질 수 있다. 또한 절망감을 낳고 벽을 만들고 해결하지 못하고 분포가 폭발하여 다시 더 멀어지고 절망감이 강화된다. 이런 커플은 실망하는 것을 두려워하고 자신을 지키지 못하고 진정한 친밀감을 느끼지 못한 채 기능적인 수준에서 생활한다.

효과적으로 소통하고 문제를 해결하는 커플은 서로의 차이를 비난하지 않고 자신의 입장을 포기하지 않고 서로 존중하고 논의한다. 서로의 행복을 소중히 여긴

다. 또한 이것이 자신과 관계의 안녕에 중요하다는 사실을 알기 때문에 타협을 추구
한다. 문제를 분담하는 대신 해결을 통해 깊은 이해와 친밀감을 얻는다.

함께, 따로 떨어져 좋은 시간 보내기

친밀하고 영양이 풍부한 관계를 원한다면 두 사람 모두 즐거운 곳에서 함께 시간
을 보내라. 이는 말처럼 간단할 수도 있고, 지역사회 프로젝트를 개발하는 것만큼
복잡할 수도 있다. 취미나 관심사를 공유하거나 공동의 목표를 추구하면 공통점 찾
기가 더 쉬워진다. 하지만 좋은 관계에서 두 사람이 시간을 함께 할 방법으로 공통
관심사가 꼭 필요한 것은 아니다. 성공적인 관계를 구성하는 기타 구성 요소가 없는
공통성만으로는 충분하지 않다.

상대가 없어도 자신의 흥미, 일, 친구와 함께 즐겁게 지내는 것이 중요하다. 자신
을 새롭게 하고 관계에 새로운 에너지와 경험을 불어 넣는다. 자신의 유일한 영양
공급원으로 관계만을 활용하지 않는다. 그러면 관계가 고갈된다. 따로 각자 떨어져
서 좋은 시간을 보내면 상대가 그리워지고 연애 감정은 계속 유지된다.

베풀고 협력하기

관계가 좋은 커플은 자신의 행복이 상대를 행복하게 한다는 사실을 안다. 상대가
요청하면 협력하려고 최선을 다한다. 자기 자신을 돌보고 성장시킬 수 있어서, 누구
의 필요가 충족되는지에 대한 권력 다툼이나 경쟁이 없다. 관계가 좋은 커플은 충분
하다고 느끼고 기대하지 않고 베푼다. 협력이 서로를 약화시키거나 고갈시키지 않
는다. 사실 서로 주면서 받는다. 또한 문제가 되면 거절할 수 있어서 베푸는 것을 두
려워하지 않는다.

양립가능한 필요와 가치관 소유하기

일반적으로 만족하는 커플은 친밀함과 새로움에 대한 욕구 수준이 비슷하다. 상
대보다 더 친밀함을 원하면 불행하거나 거부감을 느낄 수 있다. 반면, 더 많이 분리
되길 바라면 숨이 막힐 수도 있다. 어떤 경우든 모든 원인은 개인적인 것이 아니다.

서로 간의 다른 우선순위를 반영한다. 이를 깨닫는 것이 차이를 수용하는 데 도움이 된다. 새로운 경험을 우선시하는 상대는 항상 배우고 새로운 아이디어와 경험을 관계에 제공하기 때문에 가장 행복한 커플이다. 한쪽 상대가 새로운 경험을 즐기고 다른 상대와 함께 어울리면 관계가 좋을 수 있다.

가치관이 서로 같을 필요는 없다. 장기적으로 지속할 수 있을 만큼 충분히 양립할 수 있다. 서로의 가치관으로 관계를 깨뜨리지 않는 한, 서로 행복하기 위해 정치적 또는 종교적 신념이 같을 필요는 없다. 하지만 서로의 가치관을 상호 존중하는 것이 매우 중요하다. 충실함과 안정성과 같은 다양한 가치가 있다. 관계에서는 정직과 충실함이 최우선 순위다. 신뢰는 필수적이며 한 번 깨지면 회복하는 데 시간이 걸린다.

안전을 얼마나 중요하게 생각하는지도 관계에 영향을 미친다. 안전에 대한 가치관이 일치하지 않으면 변화 및 재정적 결정에 문제가 발생한다. 한쪽 상대는 오늘을 위해 살고 모든 것을 팔아 세계 여행을 하고 싶어 하고, 다른 상대는 대출을 갚고 미래를 위해 저축하고 싶어 한다면, 위험을 감수하려는 사람은 제약을 받고 안정을 원하는 보수적인 사람은 불안하다. 두 사람 모두 상대가 잘못된 생각을 하고 있다고 여기고 행복하지 않다.

 상대와 함께 가치 목록의 우선순위를 정한다(제9장 참조). 어떤 필요와 가치에 동일한 우선순위가 부여되는지 파악하라. 서로의 차이점과 타협점에 대해 논의하라.

같은 비전 공유하기

미래에 대한 비전이 같으면 가족, 사업, 은퇴 후 가정 등에 대해 미래를 함께 만들어 가는 데 도움이 된다. 서로를 포함한 하나의 단위로 단단해진다. 또한 두 사람이 함께 노력하는 더 위대한 무언가로 관심을 향하고 전념할 수 있다. 운동팀, 정치 캠페인, 공동체, 작업, 창의적 프로젝트 등과 같이, 팀 활동을 할 때 생기는 고양감을 떠올려 보라. 함께 일하는 사람들이 공유된 열정의 시너지로 만나 사랑에 빠진다.

우정 유지하기

가까운 관계에 한정되고 폐쇄적인 경향이 있는 공동의존자는 관계 밖에서 우정을 유지하는 것이 매우 중요하다. 이는 마치 갇혀 있는 듯한 느낌을 받을 수 있다(제7장 참조). 한 사람과 자신의 모든 관심사를 공유하고 우정, 지지, 친밀감에 대한 모든 필요가 충족되기를 기대하면, 비현실적이다. 서로의 외부 우정을 격려하고 친구들을 관계에 통합시키라. 이상적으로는 함께 할 수 있는 다른 커플을 찾는 것이 좋다.

현재 및 과거의 관계를 검토하고 이 부분에서 언급한 특성과 비교한 후, 다음 질문에 답한다.

✓ 상대에게 찾고 있는 특성이 바뀌었는가?

✓ 시간이 지남에 따라 관계가 개선되었는가? 어떻게 개선되었는가?

✓ 회복 중인 경우, 배운 내용이 어떻게 관계를 변화시켰는가?

✓ 자신의 시간과 정신 에너지의 몇 %가 자기 자신 혹은 상대에게 집중되었는가?

✓ 더 건강한 관계를 유지하기 위해 어떤 기술이나 태도를 개선해야 하는가?

자율성과 친밀감 탐색하기

누구든 자율성과 친밀감이라는 이중 욕구가 있다. 관계 문제의 대부분은 신체적·정서적 친밀감에 대한 욕구와 분리, 직업 목표, 개인 취미, 친구, 창의성, 영성 등을 포함한 개인의 욕구를 어떻게 충족시킬지에 대해 협상하는 것이다. 매기 스카프의 저서 『친밀한 동반자』에서, 상대의 개성화 단계에 기초한 다섯 가지 유형의 관계를 설명한다. 이 수준들은 원래 스튜어트 존슨이 분류하였고, 여기에서 이름을 바꾸었다([그림 15-1] 참조). 수준5가 최하위 단계이고, 수준1이 가장 조화롭고 개성화된 단계다. 대부분의 결혼 생활은 수준2~3에 있다. 수준2가 만족도가 가장 높고, 수준4가 갈등과 기능장애가 가장 많다. 스트레스에 따라 관계가 달라질 수 있다. 스

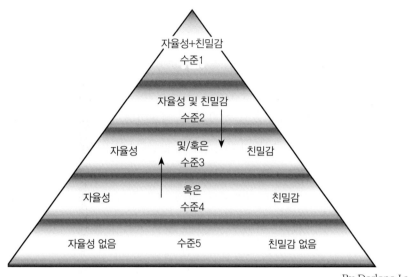

By Darlene Lancer

[그림 15-1] 관계에서 자기 발달 수준

트레스로 인한 두려움과 미성숙으로 인해 더 낮은 수준으로 떨어질 수도 있다.

자기 자신이 없음–수준5

수준5에서는 관계의 고통을 겪는다. 경계선은 너무 약하고 혼자 길을 잃고 무관심한 세상에서 살아남을 수 없을 것 같은 상실감과 두려움을 느낀다(경계선에 대한 제3장 참조). 우울하거나 공허하거나 외롭거나 분열되어 있는 느낌을 받는다. 자신의 존재를 증명하고 존재감을 더 많이 느끼기 위해 누군가와 함께 있기를 갈망한다. 하지만 가까워지는 것에도 문제가 있다. 경계선이 취약하면 자신을 잃어버리기 때문에 가까운 관계를 두려워한다. 상대로 인해 질식할 것 같거나 삼켜질 것 같은 느낌을 받는다. 자신의 의견, 감정과 정체성을 유지하지 못할 수도 있다. 이는 자신과 관계에 대한 지적인 사고 과정이 아니다. 매우 본능적이고 자동적이다. 자기 보호를 위해 상대를 밀어내야 한다. 관계 안에서도, 관계 밖에서도 기분이 좋지 않다. 어느 경우든 생존에 위협을 느낀다. 이 수준에서 분리와 친밀성의 문제는 풀리지 않는다. 삶의 질고도 많고 고통도 많다. 관계도 매우 불안정하다.

추구하기와 거리두기—수준4

수준4에서는 자율성과 친밀감을 경험할 수 있지만 상호 배타적이다. 한 번에 한 가지씩 경험하고 다른 하나는 무의식적으로 작동한다. 자기 자신에 대해서는 수준5 보다 관리를 잘한다. 하지만 관계에서는 상대가 자신을 억압하고 의식적으로 '분리' 해야 한다고 여긴다. 종종 공동치료에서, 한쪽 상대(추적자)는 다른 쪽 상대(거리 두 는 자)가 너무 바빠서 가깝게 지낼 수 없다고 불평한다. 추적자는 자율성이나 공간 에 대한 필요를 알아차리지 못하고 거리 두는 자는 친밀감에 대한 필요를 알아차리 지 못한다. 거리 두는 자는 추적자로부터 더 많은 분리를 원한다. 이는 추적자가 의 식적으로는 분리를 원하지 않지만, 무의식적으로 분리 욕구를 충족시킨다. 추적자 는 거리 두는 자에게 더 많은 친밀감을 제공하려 한다. 거리 두는 자가 의식적으로 는 친밀감을 피하지만 무의식적으로는 필요하다. 그렇지만 이들은 불행하고 서로 비난한다. 거리 두는 자는 폐쇄 공포증이나 압박감을 느끼고 더 많은 거리를 두고 싶어 한다. 반면, 추적자는 버림받은 느낌과 거부감을 느끼며 더 강하게 추적한다. 두 사람 모두 자신의 일부가 자신의 상대에게 투사되고 행동으로 드러난다는 사실 을 모른다.

때로는 한쪽 상대가 다른 쪽 상대의 역할을 할 때 진실이 드러난다. 예를 들어, 남편은 아내가 성관계를 원하지 않는다고 불평한다. 친구의 제안에 따라 아내가 더 많은 성관계를 요구하기 시작한다. 놀랍게도, 아내가 요구할 때마다 남편은 변명한다. 이들은 성적 친밀감을 포기하기로 무의식 적으로 동의했다. 아내는 남편의 친밀감에 대한 두려움을 알아차리지 못하고 남편 의 자존심과 정력을 유지시키는 포장된 존재였다.

분리하기와 엮기-수준3

학대나 중독이 있으면 수준2 이상으로 발전하기 어렵다. 수준2 이상으로 발전하기 위해서는 자기 성찰과 감정에 대한 인식이 필요하다. 수준3에서는 감정적인 자극을 받으면, 상대에게 모든 문제가 있다고 생각한다. 하지만 이후에 이에 대한 이야기를 나누고 상대에게 투사한 감정을 인정한다. 자율성이나 친밀감에 대한 무의식적인 욕구를 분리한 다음, 이를 인식한 상태에서 다시 통합하거나 엮는다. 다시 말해, 자신의 경험을 되돌아보고 상반된 필요와 감정을 느낄 수 있다. 친밀감이나 분리에 대한 필요는 상대의 것이 아니며 자신의 내면에 있다는 사실을 인정한다. 이를 통해 비난하지 않고 친밀한 대화를 나누고 감정을 공유할 수 있다. 개성화와 자율성을 잃어버릴 것 같은 두려움, 밀접함, 친밀감에 대한 필요에 대해 이야기할 수 있다. 함께 대화하면, 논쟁의 여지가 희석되어 상대와 타협할 수 있다. 갈등이 자신의 내면에 있기 때문에 상상하지 못했던 해결책을 찾는다. 커플 치료에서 시간이 지나면 더 많은 경험을 하고 스스로 변화할 수 있다.

성관계에 대한 앞의 사례에서 처럼, 아내는 성관계를 요구하고 자신의 욕구를 느끼고 소설을 읽거나 친구와 이야기하는 등 자신만의 관심사에 대해, 친밀감과 혼자만의 시간에 대한 상충되는 필요에 대해 논의할 수 있었다. 남편은 친밀감과 아내 만족시키기에 대한 불안, 혼자 있고 싶은 욕구를 인정할 수 있었다. 이는 자신이나 아내에게 인정하기 두려운 것이었다.

반대 포함시키기-수준2

수준2에서는 수준4와 같이, 친밀감과 자율성을 상호 배타적으로 경험하지 않고 연속선상에서 상반된 존재로 깨닫는다. 대부분의 시간 동안 자신의 상반된 감정을 인식하고 책임지고 친밀감과 분리성에 대한 이중적 필요의 균형을 맞추려고 노력한다. 어느 쪽도 두려워하지 않으며 결정을 내릴 때 동전의 양면에 대해 이야기할 수 있다. 감정적으로 스스로 생존할 수 있기 때문에 상대에게 기대, 비난, 요구하지 않는다. 또한 이득을 저울질하지 않고 상대를 기쁘게 하려고 하지 않는다. 타협은 상대와 함께 하는 것이 아니다. 자기 자신과의 타협이다. 하지만 어떤 필요를 충족시키기 위해 어떤 필요를 포기해야 하는 것처럼, 계속 타협한다.

관계에서 변화하는 양가감정과 반대를 자기 안에 담을 수 있다. 융통성과 선택권이 훨씬 더 크다. 어떤 때는 강하고 자신감 있고 용감하다. 어떤 때는 두렵고 무능하고 나약하다. 의존적이고 자립적이며, 장난스럽고 진지하며, 지적이고 감성적이다. 서로 주고받는다. 관계는 역할이 정해져 있지 않다. 수준2는 특정 감정이나 특성이 한 사람에게 있는 것이 아니다. 두 사람 모두 자신의 모든 감정을 표현한다. 때로 일시적으로 수준3으로 되돌아가기도 한다.

조화 이루기-수준1

자율성과 친밀감이 충돌하지 않고 두 사람 모두 똑같이 만족하는 수준1에 도달한 사람은 드물다. 둘 사이에 긴장감이 없다. 결정할 때 감정이 고조되지 않는 것은 투사도 내적 갈등도 없기 때문이다. 비난이나 죄책감 대신 사랑과 애정으로 분리의 필요를 표현한다. 더 온전하고 자율적이기 때문에 떠날 때 거부감을 느끼지 않는다. 상대의 자율성에 대한 필요를 개인적으로 받아들이지 않는다. 상대를 다른 필요가 있는 독립적인 존재로 인정한다. 사실 신체적으로 떨어져 있어도 친밀감을 느낀다. 서로의 자율성을 지지하면 개인으로서 더 많은 사랑과 인정을 느끼게 된다. 성적으로나 정서적으로 친밀한 것은 자율성의 상실을 의미하는 것이 아니라 자신의 성적 욕구와 서로의 사랑을 기뻐하는 상태가 된다. 자기의 일치는 자신이 상대에게 투사되는 것이 아니라 자기가 유지되고 온전히 통합된다. 서로 주고받기는 하지만, 자신의 선호를 요청할 수 있고 불편하지 않다. 친밀감으로 자신을 잃어버리지 않고 상대와 함께 더 완전한 자신을 느낀다.

친밀감

친밀감이 무엇인지, 어떻게 친밀감을 얻을 수 있는지 아는 사람은 거의 없다. '친밀한(intimate)'이라는 단어는 보통 오래되거나 매우 가까운 개인적인 관계를 말한다. 또한 자신의 내적·본질적·핵심적 자기(Self)를 나타낸다. 때로 매우 개인적인 정보나 성관계를 설명할 때 사용되기도 한다. 여기에서 초점은 정서적 친밀함이다.

가성 친밀감

공동의존자는 친밀한 관계를 잘 맺지 못한다. 경계선이 허술하고 공허하거나 불완전하다고 느낀다. 서로 하나가 되거나 온전하게 느끼려고 서로의 차이를 억누른다(또는 차이를 알아차릴 만큼 자신에 대해 잘 모른다). 하지만 친밀감은 가까워지는 것이지 합쳐지는 것이 아니다. 누군가에게 너무 빨리 애착이 생긴다. 친밀감을 느끼고 가깝게 여긴다. 공동의존자는 이러한 애착과 공유를 사랑과 진정한 친밀감으로 혼동한다. 보통 한쪽은 돌보는 사람이고 다른 한쪽은 문제가 있다. 승자-패자 역동(제3장에서 설명)이 설정되고 고통과 문제를 듣고 공유하면서 친밀감을 느낀다. 각 사람이 서로 소중하고 보살핌을 받는다고 느끼지만, 이는 진정한 친밀감이 아니다. "아직도 저를 원하세요?"라고 묻는 것처럼, 다른 사람을 밀어내기 위한 수치심이 매우 성급한 자기 개방을 부추긴다.

벳시와의 첫 데이트에서 **브랜든**은 대학원 과정과 자신이 선택한 직업에 대한 부모의 반대에 대한 고뇌를 모두 털어놓았다. 그는 너무 감정이 격해져서 울기 시작했다. 그가 벳시에게 굿나잇 키스를 하려고 하자, 그녀는 거절했다. 브랜든은 자신의 슬픔을 공유했기 때문에 서로 가까워졌다고 생각했다. 브랜든은 상처를 받았다. 브랜든의 충격에 대해 벳시는 솔직히 그를 잘 알지 못한다고 말했다. 덧붙여, 알아 가는 데 시간이 걸릴 것 같고 아직 그에게 마음을 열지 않았다고 대답했다.

공동의존자는 친밀감을 느끼려고 만나자마자 성관계를 갖는다. 하지만 성관계에서 친밀감을 느끼지 못할 수도 있다. 사실, 친밀감을 피하려고 성관계를 사용할 수 있다. 성관계 이후에 친밀감과 안전감을 느끼기보다 이전보다 더 공허하게 느낄 수 있다. 친구라면 안전, 따뜻함, 친밀감이 지속되어야 한다. 하지만 친구도 항상 친밀하지는 않다. 친밀감은 신뢰와 가까움 그 이상의 특별한 무엇이다. 동성 친구에게 안전감을 느끼고 고민도 함께 나눌 수 있다. 하지만 서로에 대한 감정이나 우정에 대해 이야기할 만큼 친밀하지 않을 수 있다.

한동안 함께 했던 커플이 일상적인 의사소통의 늪에 빠져 있고 관계를 유지하기 위해 자신의 분노를 묻어 둔다. 커플은 서로에게 의지하고 관계를 흔들고 싶어하지 않는다. 이들은 친밀감 작업을 해야 한다는 사실을 모른다. 정직하지 않고 진실하지 않고 비밀을 유지하면서 사랑을 보호하고 있다고 생각한다. 관계가 시들어 가면서도 유혹, 촛불, 제스처, 사랑이라는 말로 로맨스를 만들어 가려 한다. 한때 짜릿한 낭만과 사랑의 감정을 붙잡으려 하지만, 로맨스는 친밀감이 아니며 친밀감보다 밍밍한 것이다.

진솔하기와 취약성

친밀감은 만족감, 통합, 생동감, 평화, 안녕감을 만든다. 친밀감은 자신과 관계의 자양분이 되고 자신과 관계를 변화시킨다. 육체적 친밀감, 성관계와 연애가 관계를 유지하는 데 중요하지만, 정서적 친밀감은 관계를 새롭게 하고 활력을 불어넣고 지지한다. 수십 년 동안 결혼 생활을 한 부부라도 서로 사랑하고 성관계를 갖고 침대에 함께 누워 있고 친해지고 싶지만, 그 방법에 대해서는 모른다.

진정한 친밀감은 진솔하기에 대한 것이다. 진솔하기는 과거의 문제나 무언가를 공유하는 것보다 더 위험하다. 현재의 자신을 드러내고 분리를 존중하고 방어하지 않으면 상대에게 취약하게 보일 수 있다. 진정한 친밀감은 영혼 전사의 용기와 자신감을 필요로 한다. 관계를 위태롭게 하는 부정적인 것이 솔직하게 드러날 때 특히 그렇다. 행동은 반대로 친밀하다. 신뢰가 쌓이고 더 가까워지면, 관계는 깊어진다. 두려움을 최소화하기 위해 상대를 알고 있다는 안전감이 필요하다. 두려움, 보살핌, 통제, 반응하기가 친밀감을 방해한다. 친밀감은 또한 단호하게 의사소통하며 반응하지 않고 진실한 감정을 표현할 수 있어야 한다. 건강한 관계를 방해하는 모든 것이 보통 친밀감을 방해한다.

대화의 친밀감 정도는 다양하다. 가장 친밀한 대화의 특징은 다음과 같다.

✓ 사실, 생각, 판단이 아닌 현재 순간의 감정을 표현한다.
✓ 결과와 관계없이 쉽게 손상되고 정직하다.
✓ 서로의 차이를 인정하고 반응과 투사를 최소화한다.
✓ 자기 자신, 관계 또는 함께 하는 사람의 감정을 설명한다(제13장 참조).

현재 머물러 있기 힘들 때의 해결책은 인정하기다. 여기에 있는 자신이 전부가 아님을 인정하면서 현재에 머무른다. "혼란스러워요." 또는 "무슨 기분인지 모르겠어요."라고 말한다.

 친밀감은 자연스럽게 사라진다. 보통 자신과 상대는 두려움을 느끼고 친밀감을 방해한다. 억제되지 않은 친밀감이 생산성과 자율성을 빼앗는다. 또한 상대에게 녹아들거나 허둥대는 우주인이 될까 봐 두려워한다. 친밀감에 대한 자세한 내용은 http://www.whatiscodependency.com/intimacy/를 참조하라.

두 사람이 방어하지 않고 서로에게 개방적이고 애정적인 태도를 보일 때, 친밀감은 비언어적일 수도 있다. 친밀감은 초개인적이고 신비한 경험을 동반한 소중한 영혼의 만남이 될 수 있다. 경계선이 병합되거나 사라지는 일체감이 든다. 이럴 때, 대화가 친밀감에 대한 방어가 될 수 있다. 명상과 마음챙김으로 이를 알아차리고 친밀감을 유지하는 능력을 높인다.

 다음 훈련으로 친밀감이 주는 편안함의 인식을 높일 수 있다.

✓ 친밀감과 자율성을 추구하는 부분의 대화를 작성한다. 각자가 두려워하고 원하는 것을 타협할 수 있도록 한다. 타협점을 찾을 수 있는지 파악한다.

✓ 누군가와 가장 친밀한 순간을 회상하고 작성한다.

 • 작성하면서, 그리고 이후에 느낀 점은 무엇인가?

 • 친밀한 경험이 관계에 어떤 영향을 미쳤는가?

 • 친밀감은 어떻게 끝났는가? 끝났다면 무엇이 자신을 두렵게 했는지 알아본다. 과거 경험과 관련 있는가? 어떤 방어를 사용했는가?

 • 상대방이 끝냈을 때, 기분이 어땠는가? 과거 경험을 떠올리게 했는가?

✓ 현재 친밀감을 어떻게 회피하거나 막고 있는가?

✓ 친한 친구와 관계에 대한 이야기를 하는가?

✓ 가까운 사람과 어떻게 친밀감을 높일 수 있는가?

외로움에 대처하기

혼자가 될 준비를 하라. 외로움은 인간 조건의 일부다. 현대는 특히 외롭다. 관계를 맺기 이전, 중간, 이후에 때로 혼자다. 이상적인 관계도 배우자의 사망으로 끝난다. 혼자서도 편안하고 자신의 필요를 충족시키는 법을 배우고 손을 내밀고 자립하고 인생을 즐기면, 사랑이 다가왔을 때 더 좋은 상대가 될 수 있다.

현대인의 외로움

미국인의 20%가 외로움을 느끼고, 10% 이상은 마음을 털어놓을 친한 친구나 어울릴 만한 친구가 없다고 답했다. 외로움이 커지고 있다. 중요한 사안에 대해 의논할 사람이 없는 사람이 3배로 늘었고, 지난 20년 동안 신뢰할 수 있는 사람의 수는 1/3가량 줄었다.

고독과 외로움은 신체 상태를 나타낸다. 외롭지 않고 즐길 수도 있다. 반면, 다른 사람과 단절되어 있거나 마음이 허전할 때 결혼 생활이나 군중 속에서도 외로움을 느낀다. 외로움은 정서적 친밀감과 사회적 상호작용이 필요하거나 원할 때 느끼는 고립감이다. 어떤 사람은 우울하거나 슬프거나 지루하지만, 자신이 외롭다는 사실을 모른다. 어떤 사람은 외롭다는 사실을 알면서도 익숙해지기 어려워한다.

고립에 주의하라. 두려움, 수치심, 상처, 슬픔으로 인한 경직된 경계선으로 많은 공동의존자가 고립된다. 공동의존자는 고통스러운 관계에 대한 두려움과 혼자라는 고통 사이에 갇혀 있다. 친구와 활동은 외로움에 도움이 되지만, 누군가와 다시 친해져야 하는 위험을 감수해야 한다. 자신이 충분히 안전하다고 느끼려면 상담이 필요하다.

더 많은 시간을 혼자 보내고 관심사를 개발한다. 지지 동아리가 독신 생활에 도움이 된다. 혼자서 할 수 있게 되면 역량이 증가한다. 혼자서 하는 일이 즐겁지 않아도 실험하고 알아본다. 수업을 듣거나 영화, 라이브 공연, 아트 오프닝 행사를 보러 가라. 혼자 혹은 친구와 함께 무언가를 하면, 외로워서 부적절하거나 도움이 되지 않는 누군가와 서둘러 관계를 맺으려는 필요를 최소화한다. 실연한 경우, 지금 당장 다른 누군가와 연애하기보다 상실을 애도하는 혼자만의 시간을 보내라(제8장 참조). 한편, 제11장에서 제안한 활동 외에도 외로움을 다루는 여러 방법이 있다.

✓ 주말에 할 사회 활동을 미리 계획한다.

✓ 친구나 친척에게 전화해서 외롭다고 말한다.

✓ 이웃을 방문하거나 돕는다.

✓ 익명의 공동의존자 모임에 참석한다.

✓ 친구 또는 여행 단체와 휴가를 계획한다.

✓ 생일 및 휴일 축하 행사를 미리 계획한다.

때로 외로움이 자신을 놀라게 만든다. 괜찮다고 말한 다음 날 우울해지거나 모임에서 좋은 시간을 보내고 외롭게 집으로 돌아온다. 누군가와 이야기하면 자신에게 도움이 된다는 사실을 알아도 이야기하고 싶지 않을 수도 있다. 모든 감정과 같이 외로움을 더 악화시키는 것은 외로움을 느끼는 것에 대한 저항이다. 어떤 감정을 움켜쥐면 감정은 거기에 그대로 머물러 있을 뿐이다. 자신의 일부가 고통에 삼켜질까 봐 두려워한다. 두려움을 피하려고 바쁘게 살거나 과식하거나 헤어진 연인에게 전화하거나 일을 하거나 마약을 사용하는 것 등의 중독 행동을 한다.

다음은 외로움을 해결하기 위한 몇 가지 훈련이다.

✓ 외로움에 저항하기보다 자신과 감정을 충만하게 경험한다. 슬픔이나 연민을 알아차린다. 감정에 따라 움직이면, 생각한 만큼 고통스럽지 않고 그리 오래 지속되지도 않는다. 일단 감정이 해소되면 감정을 억제하는 데 에너지를 사용하지 않으며 몸이 가벼워지거나 평화로워지거나 기운이 나거나 피곤해진다. 이제 자신과 자원이 연결되어서 공허하거나 외롭지 않다. 고독 속에서 만족감을 느낀다. 친구에게 전화를 걸거나 산책을 하거나 피곤하면 휴식을 취하기도 한다.

✓ 슬픔이나 애도를 경험하기도 한다. 이는 오래된 외로움과 이어져 있을 수 있다. 매일 방과 후 집에 혼자 있으면 외로움과 고독감을 보통 경험한다. 감정과 관련된 기억에 대해 글을 쓰는 것은 과거의 고통을 치유하는 한 방법이다

(제8장 참조).

✓ 지난 24시간 동안 무엇이 자신의 감정을 유발했는지 생각해 보라. 실망하거나 대화가 잘 풀리지 않았는가? 자신의 생각, 신념, 감정에 대한 일기를 쓰라. 어떤 다른 결론을 내릴 수 있는가?

✓ 헤어진 상대가 그리워진다면, 그 사람에게 끌린 이유를 생각해 보고, 간과했을지도 모르는 경고 신호를 생각해 보라. 무슨 이유로 그 관계가 잘못되었는지, 무엇을 배웠는지 생각해 보라. 앞으로 어떻게 다르게 할지 물어보라.

제**4**부

회복으로
나아가기와 유지하기

12단계 프로그램에 참여해야 하는 다섯 가지 이유

☑**정보**: 자신과 동일한 어려움을 겪고 있는 다른 사람의 경험을 통해 귀중하고 실용적인 정보를 얻는다.

☑**격려**: 다른 사람의 성공 경험에 대해 듣고 후원자와 일대일 관계를 맺고, 어려워 보이고 오래된 행동을 변화시킬 수 있다는 희망과 지지를 얻는다.

☑**역량**: 다른 사람의 변화를 목격하면서 자신의 변화 가능성에 대한 힘을 얻는다. 다른 사람과 공유하면서 새로운 원칙과 태도가 증진되고 위험을 감수하려는 자신감을 갖게 된다.

☑**우정**: 자신과 동일한 여정에 있는 친구를 사귄다. 자신의 새로운 관점을 이해하지 못하는 가족이나 옛 친구에게 의지하기보다 새로운 친구와 어려움을 공유하고 자신과 비슷한 상황에 어떻게 대처했는지에 대해 듣는다.

☑**통찰**: 모임에서 다른 사람의 이야기를 경청하고 동일시한다. 후원자와의 대화로 자신의 행동, 동기, 사고 과정에 대한 통찰을 얻는다.

제4부에서는

☑ 새롭게 발견한 자기를 세상으로 확장하여 충만하고 건강한 삶을 산다.

☑ 꿈, 열정, 기술, 재능을 발견하고 자신감과 미래를 창조한다.

☑ 실수를 다루는 방법에 대해 포괄적으로 살펴본다.

☑ 모임에서부터 심리치료, 긴급 전화 목록에 이르기까지, 도움받을 수 있는 곳에 대해 알아본다.

☑ 12단계를 실천하는 방법과 어려움이 생길 때 대처하는 방법에 대해 배운다.

제16장

행복 따르기

이 장에서는

✓ 자존감을 행동으로 옮기기

✓ 자기 자신의 권위가 되기

✓ 자신의 열정 따라가기

✓ 자신의 기술과 재능 발견하기

✓ 목표를 궤도에 올리기

　삶의 주도권을 쥐는 것은 자존감을 반영하고 증진하는 일이다. 이 장은 회복 과정의 실천과 관련된다. 이제 자신의 꿈과 열정을 찾고 기술과 재능을 발견할 준비가 되었다. 다른 사람이 행복과 안전을 가져다주기를 기다리면 자기 자신을 홀대하는 일이다. 이 장에서는 자신감과 미래를 창조하는 데 도움이 되도록 자기 자신에게로 관심을 돌린다. 이는 자신에게 권한을 부여하는 것으로 시작된다.

삶의 저자

어떤 것에 권한을 주는 것은 권위를 부여하는 일이다. 회복은 다른 사람에게 자신의 권한을 넘기거나 반응하는 것이 아니다. 회복은 자신이 좋아하는 것, 원하는 것, 결정하는 것 등 자신의 권위를 세우는 일이다. 저항이나 반항도 자신을 무력하게 만드는 반응이다. 자신에게 권위를 준다는 것은 자신이 자기 삶의 저자가 된다는 의미다. 무거운 책임을 느낄 수도 있다. 이는 자존감을 행동으로 옮기는 일이다(제10장, 제12장 참조).

내적 통제 소재

공동의존자는 대부분 외적 통제 소재를 가지고 있다(제3장 참조). 즉, 외적 요인이 자신에게 일어나는 일과 감정의 원인이라고 생각한다. 공동의존자는 변화가 외부 또는 다른 사람으로부터 온다고 기대하고 희망한다. 공동의존자의 초점과 권력은 자신의 외부에 있다. 특히 관계에서 자신의 기분이 더 좋아지고 인정받기 위해 다른 사람을 찾는다. 또한 자신의 문제와 일이 계획대로 진행되지 않을 때 변명하거나 다른 사람이나 상황 탓을 하는 경향이 있다. 이런 행동을 멈추고 자신의 삶과 감정과 행동에 책임을 지기 시작하면(제12장 참조), 점차 힘을 되찾고 통제 소재가 내적, 즉 자기 자신이 된다.

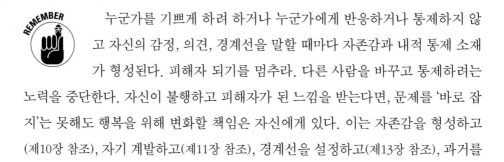

누군가를 기쁘게 하려 하거나 누군가에게 반응하거나 통제하지 않고 자신의 감정, 의견, 경계선을 말할 때마다 자존감과 내적 통제 소재가 형성된다. 피해자 되기를 멈추라. 다른 사람을 바꾸고 통제하려는 노력을 중단한다. 자신이 불행하고 피해자가 된 느낌을 받는다면, 문제를 '바로 잡지'는 못해도 행복을 위해 변화할 책임은 자신에게 있다. 이는 자존감을 형성하고(제10장 참조), 자기 계발하고(제11장 참조), 경계선을 설정하고(제13장 참조), 과거를 치유하는 과정이다.

마지막 단계는 새로 발견한 자존감과 자신감을 드러내는 것이다. 관계에서 자신의 목소리를 내고 자신의 재능, 기술, 창의력을 세상에 표현하라. 새로운 것을 배울 때, 혼자 문제를 해결할 때, 좋아하는 일을 할 때, 목표를 달성할 때, 독립심과 자신감을 느끼고 매일 새로운 날을 기대한다. 홀로 설 수 있다는 사실을 알게 된다. 이는 멋진 느낌이다.

내적 통제 소재가 있는 사람은 삶의 모든 측면에서 더 성공적이다. 이들은 결과가 행운, 불공정한 상황, 통제할 수 없는 일에 있기보다, 자신의 행동과 노력에 있다고 믿는다. 자신의 통제 소재 양상을 알아보는 온라인 퀴즈가 있다. 좋은 소식은 통제 소재를 바꿀 수 있다는 것이다. 자신의 삶과 안녕에 변화를 줄 수 있다는 사실을 깨달으면 힘을 되찾기 시작한다.

자기 인정하기

자신이 믿고 생각하는 것이 자신의 행동과 성공을 결정한다. 때로는 목표를 달성할 수 있다고 믿는 것이 목표 달성에 가장 어려운 단계다. 변명하고 '나는 할 수 없어.'라고 생각하는 습관이 있다면, 말하는 방식을 바꾸어 '할 수 있다.'고 자신을 설득하라. 인정하기가 아무런 가치가 없다고 생각할 수도 있다. 자신과 자신의 능력을 부정할 때마다 부정적인 부분을 격려하고 있다. 긍정적인 인정하기를 일관적으로 실천하면 무의식적으로 마음에서 할 수 있다는 확신이 들기 시작한다. 그렇게 하면, 미루지 않고 목표와 과제를 보다 쉽게 설정하고 성취할 수 있다.

자신이 원하는 것을 성취하지 못하게 방해하는 또 다른 무의식적 태도는 자신은 그럴 만한 가치가 없다는 믿음이다. 버림받거나 학대당하거나 박탈당한 경험과 수치심은 행복, 성공, 사랑, 건강, 재정적 안정, 지지적인 친구에게 합당할 만큼 가치가 없다는 결론을 내리게 한다. 가족을 비난하려는 것이 아니라, 자신에게 계속 영향을 미치고 있는 거짓되고 부정적인 메시지를 파악하고 폐기하기 위해 과거 프로그래밍(제7장 참조)을 이해하는 것이 중요하다.

가장 좋은 인정하기는 다음과 같다.

✓ 현실과 모순되지 않는 진술

✓ 거짓이 아닌 진술

✓ 현재 시제, 즉 "~할 거야." 또는 미래 진술이 아님

✓ 명확하고 간결한 진술

✓ 리듬적 또는 운율적

✓ 긍정적 진술("하지 마세요." 또는 "안 됩니다."와 같은 부정적인 단어가 포함된 문장
  과 "그만두세요." "피하세요." "포기하세요."와 같은 동사는 피한다.)

✓ 감정적으로 영감을 주거나 감동시키는 감정 형용사와 동사 사용하기

✓ 서면 및 구어 모두 활용하기

✓ 최소 한 달 이상 지속적으로 반복하기

인정하기를 할 때, 어떤 부정적인 신념이 생기는지 확인하고 적어도 어느 정도 동의할 수 있을 때까지 진술을 수정하라. "나는 ~을 진행하고 있다." "나는 매일 ~을 준비하고 있다." "나는 ~에 개방되어 있다." "나는 새로운 아이디어를 환영한다." "나는 매일 자존감을 쌓아 가고 있다." "자신감이 점점 커지고 있다."와 같은 인정하기를 한다.

자신에게 원하는 것을 할 수 없거나, 해서는 안 된다거나, 할 수 없을 거라고 말하는 다른 사람에게 권한을 주지 말라. 비웃거나 의심하는 사람에게 자신의 꿈과 목표를 말하지 말라. 대신 지지하는 사람들과 이야기하라.

극복한 사람들

실베스터 스탤론은 안면 손상으로 1,500번 이상 연기 거절을 당했다. 빈털터리가 되었을 때, 그의 〈록키〉 대본이 유나이티드 아티스트의 주목을 받게 되었다. 그는 주연을 하고 싶었다. 하지만 유나이티드 아티스트에서는 그에게 연기하지 않는 조건으로 35만 달러를 지불하기로 했는데, 실베스터 스탤론은 거절했다. 유나이티드 아티스트는 결국 그에게 35만 달러와 일부 수익을 지불하기로 합의했다.

스티븐 킹의 첫 번째 소설인 『캐리』는 출판 허가를 받기 전까지 30번 거절당했다.

NFL 선수 마크 허즐리치는 암으로 다리를 수술한 후 의사로부터 다시는 축구를 하지 못한다는 말을 들었다.

월트 디즈니는 그의 첫 애니메이션 회사를 파산했고 돈이 너무 없어 개 사료를 먹었다.

J.K. 롤링은 복지 혜택을 받았지만, 열심히 작업하고 결단력 있게 『해리포터』를 썼다.

스티븐 스필버그는 남부 캘리포니아 대학교 영화과에 세 번이나 떨어졌고, 기타 프로그램에서도 탈락했다.

오프라 윈프리는 학대받던 어린 시절을 극복하고 "TV에 적합하지 않다."는 이유로 텔레비전 기자직에서 해고되었다.

마이클 조던은 고등학교 농구팀에서 잘렸다.

노먼 쿠신스는 자신의 의사를 해고하고 강직성 척수염을 치료하여 의사가 틀렸다는 사실을 증명했다.

나는 3년 동안 목발을 짚고 있었다. 의사들은 다시는 걷지 못한다고 말했다. 나는 의사들이 틀렸음을 증명했다. 난 부츠를 신고 춤추러 간다!

우유부단함 극복하기

공동의존자는 다른 사람이 무엇을 해야 하는지는 알지만, 자신을 위해 메뉴를 주문하고 자유시간을 어떻게 보내야 하는지 등과 같은 작은 결정을 내리는 데 어려움을 겪는다. 함께 의사결정을 내리는 것을 피한다. 대신, 중독, 백일몽, 누군가에 대한 걱정, 다른 사람의 의견을 물어본다. 의사결정의 문제는 다음에서 비롯된다.

✓ 어린 시절에 선택이 허용되지 않음

✓ 통제적 또는 권위적 부모에게서 성장함

✓ 문제 해결 방법을 배우지 못함

✓ 내적 통제 소재가 없음

✓ 자신의 감정을 알지 못함

✓ 다른 사람을 기쁘게 하려고 함

✓ 실수와 자기 판단에 대해 두려워 함

✓ 실망에 대해 두려워 함

엄격한 규칙이 있는 가정 혹은 한쪽 부모가 통제하는 가정에서 성장한 경우(제7장 참조), 자신이 중요한 결정을 내릴 기회가 없었다. 자신의 감정을 찾는 방법, 대안과 결과를 평가하는 방법을 배우도록 도와줄 부모의 지원이 없었다. 아이는 스스로 생각하는 법을 빨리 배울 수 있다. 좋은 보살핌은 아이의 나이에 맞는 결정을 할 수 있게 한다. 이는 아이의 감정과 필요를 듣고 반영하며 다양한 선택의 결과에 대한 브레인스토밍하는 것이다. 건강한 보살핌은 아이가 원하고 필요로 하는 것에 대한 내적 통제 소재를 개발하도록 자신의 감정을 파악하고 신뢰하도록 도와준다.

자신이 무엇을 느끼는지 모르고 행동의 결과와 가능한 결과를 생각하는 데 능숙하지 않으면 작은 결정이 엄청난 일로 느껴질 수 있다. 대신, 미리 생각하지 않고 행동하거나, 회피하고, 자신의 삶에 대한 소극적인 태도가 길러진다. 다른 사람에게 지도를 구하는 습관이 생기고, 다른 사람의 의견이 자신의 의견보다 더 중요해질 수 있다. 다른 사람을 기쁘게 하려는 사람은 다른 사람을 불쾌하게 하고 싶어 하지 않는다.

WARNING!   자신이 해야 할 일을 알려 주는 친구와 권위적인 사람도 조심하라. 전문가에게 조언을 구하는 경우에도 다양한 대안을 탐색하고 자신이 취한 행동이 자신의 가치관과 일치하는지 확인하라. 치료자에게 결정을 내려 달라고 요청하기보다, 선택의 결과를 생각하여 도움을 구하라. 그러면 자기 스스로 결정을 내리고 문제를 해결할 수 있다.

REMEMBER   많은 역기능적 가정의 아이가 무고한 실수에도 벌을 받는다. 경우에 따라, 처벌은 가혹하고 임의적이며 예측할 수 없다(제7장 참조). 이런 두려움은 더는 부모와 함께 살고 있지 않아도 사라지지 않는다. 비판가인 부모가 자기 안에 계속 살고 있다(제10장 참조). 자신의 실수를 용서하지 않는다. 완벽주의와 절대 실수하지 않으려는 욕구가 모든 결정을 방해할 수 있다. 따라서 모든 사안을 철저히 조사한다. 친밀한 대화를 연습해야 하고, 새로운 경험을 피해야 한다. 또 다른 요인은 실망에 대한 두려움이다. 역기능적 가정의 부모는 아이가 실망했을 때 위로해 주는 시간을 갖지 않는다. 실망에 대한 대처는 성숙의 한 부분으로 부모가 아이의 감정을 이해하고 공감할 때 배운다.

다음은 의사결정을 위한 몇 가지 팁이다.

✔ 가능한 모든 대안을 적는다.
✔ 감정과 각 감정에 대한 결과를 적는다.
✔ 결과를 시각화하고 신체의 느낌을 경험한다.
✔ 자신을 판단하지 않고 무엇을 해야 하는지 말하지 않고 이야기를 경청하고 스스로 결정할 수 있도록 신뢰할 수 있는 사람에게 자신의 선택에 관해 이야기

한다.

✓ 그래프를 사용하면 다양한 선택 항목을 시각적으로 비교하는 데 도움이 된다. 차트 왼쪽 아래에 대안을 나열하고 상단에 고려 요인(비용, 편의성, 소요 시간, 가치, 보상 등)을 적는다. 결과 열을 추가하고 1부터 10까지 순위를 매긴다. 각 요인은 결정 유형에 따라 달라진다. 구매하려는 자동차를 비교할 때의 고려 요인은 유지·보수, 편의성, 가격, 감가상각, 주행거리 등이다(이 기술은 감정 기반 결정에는 효과적이지 않다).

결정에 옳고 그름이 없다. 결과만 있다. 위험을 감수하고 선택하기 전 까지 알 수 없는 경우가 많다. 실험하고, 마음을 바꾸고, 실수할 수 있도 록 허용하라. 이것이 성장하는 방법이자 자신과 세상을 알아 가는 방법 이다.

열정 명료화하기

"자신의 행복을 따르라."라는 표현은 신화학자 조지프 캠벨에 의해 유명해졌다. 그는 "자신의 행복을 따르라. 그러면 우주는 너를 위해 벽만 있던 곳에 문을 열어 줄 것이다."라고 촉구했다. 그는 말할 때마다 사람들에게 자신이 좋아하는 일을 하고 열정을 찾도록 격려했다. 자신의 행복을 따라가는 것은 목적이 있고 기쁨이 가득한 삶을 의미한다. 당신은 항상 삶의 목표가 있고 목표를 추구해 온 행운아일지도 모른다. 그러나 대부분의 사람은 자기 삶의 목표를 모르거나, 알지만 포기하거나, 미루거나, 추구하지 않거나, 친구나 가족의 생각이나 기대에 응하면서 삶을 살아간다. 꿈이나 열정이 없거나 무엇이 자신을 행복하게 하는지 모른다면, 행복하지 않을 가능성이 크다. 어떻게 하면 자신의 행복을 찾을 수 있을까?

꿈, 열정, 일

이 책은 내면의 목소리, 느낌, 직관에 귀 기울일 것을 강조한다. 대부분의 공동의존자의 목소리는 너무 오랫동안 억압되었거나 무시되었고 듣기를 멈추었다. 자신의 목소리와 예감이 점점 희미해졌다. 회복은 내면의 목소리를 되살리는 것이다. 역설적으로, 미래의 목표를 발견하기 위해서는 현재에 주의를 기울이고 지금, 이 순간 자신의 목소리에 귀 기울여야 한다. 몸과 마음의 소리를 들어라. 무엇을 옳게 느끼고 무엇을 원하는가? 어디로 가고 싶은가? 누구와 시간을 보내고 싶은가? 무엇을 더 알고 싶은가? 이것이 자신의 열정에 대한 단서다(제9장 참조).

꿈을 이루고 열정을 표현하면 삶에 기쁨이 된다. 취미든 직업이든 좋아하는 일을 하면 행복해진다. 그런 일이 생계가 되면 일처럼 느껴지지 않을 것이다. 하루하루 기대하면 열정이 더 큰 성공을 가져다준다.

자신의 열정과 관심사를 파악하는 데 도움이 되는 강의와 워크숍 수강 여부를 고려하라. 노트에 아이디어를 적어 보라. 학교 지도 상담사나 진로 상담사와 상담하라. 신문이나 온라인에서 원하는 광고를 보고 급여, 기술, 교육 요건에 상관없이 흥미롭거나 끌리는 광고에 표시하라. 적합한 분야를 찾는 것이 성취감을 갖게 하는 첫걸음이다. 이를 통해 자신의 기술을 개발하거나 자신에게 필요한 교육을 받기 위해 집중할 수 있고 동기가 생겨난다. 또한 다음 질문에 답하여 자신의 열정을 파악한다(여기에서 제시된 예는 배제하기 위해서가 아니라 자신의 생각을 이끌어 내기 위한 것이다).

- ✓ 어린 시절에 어떤 미래의 삶을 꿈꿨는가?
- ✓ 커서 무엇이 되고 싶었는가?
- ✓ 누가 우상이었는가?
- ✓ 누구의 삶을 원하는가?

✓ 요즘 누구를 존경하는가? 어떤 분야인가?

✓ 학창 시절에 가장 좋아했던 수업은 무엇이었는가?

✓ 무엇이 자신을 즐겁게 하는가?

✓ 무엇에 대해 이야기하고 싶은가? 무엇을 읽어 보았는가?

✓ 가장 즐거운 취미는 무엇인가?

✓ 시간 가는 줄 모르는 활동은 무엇인가?

✓ 가장 좋아하는 활동은 무엇인가? 건축, 디자인, 컴퓨터, 수리, 협상, 교육, 분석, 조직, 브레인스토밍, 연구, 음악 제작 등

✓ 가장 관심 있는 상점은 어디인가? 상점, 서점, 예술, 공예품, 전자 제품, 골동품 가게, 보육원, 음악 매장 등

✓ 시간을 보내고 싶은 장소는 어디인가? 캠퍼스, 무대, 바다, 상점, 국립공원, 실험실, 도서관, 사무실, 병원 등

✓ 혼자 일하거나 팀으로 일하는 것 중 어느 것을 선호하는가? 판매, 고객 확보, 아동, 동물, 노인, 의사, 공연자, 운동선수, 과학자 등

하고 싶지 않은 일을 배제하는 것은 자신이 원하는 것을 발견하는 첫 번째 단계다. 나는 만족하지 못하고 더는 일하고 싶지 않다는 사실을 인정하기 전까지, 연예인 변호사로 오랜 세월을 보냈다.

    공동의존자는 특히 외부 세력의 영향을 받는다. 자신에게 해당하는 것은 무엇인가?

✓ 아버지의 꿈은 무엇이었는가?

✓ 어머니의 꿈은 무엇이었는가?

✓ 자신에 대한 아버지의 꿈과 조언은 무엇이었는가?

✓ 자신에 대한 어머니의 꿈과 조언은 무엇이었는가?

✓ 조부모, 형제자매, 다른 친척과 함께 꿈을 나누거나 조언을 들었는가?

✔ 긍정적이거나 부정적인 역할 모델이 있었는가?

✔ 크면서 자신에게 가장 큰 영향을 준 사람은 누구인가?

✔ 자신이나 타인의 두려움, 의심, 비판 때문에 열정을 따르지 않았는가?

✔ 문화나 종교가 일에 영향을 주었는가?

✔ 지금 추구하고 있는 업무와 목표를 어떻게 결정했는가?

✔ 선택에 대한 동기는 무엇이었는가?

✔ 결과는 어땠는가?

좋은 부모는 보통 경제적 안정을 제공하거나 꿈을 이룰 수 있는 생활방식이나 직업으로 자녀를 안내한다. 부모나 다른 누군가로부터 부정적인 영향을 받았거나, 자신에게 무엇이 옳은지 알도록 도움을 주지 않았다면, 자신의 선택은 그러한 상황과 그 당시 자신이 누구였는지에 의해 결정되었음을 깨달으라. 새로운 정보를 활용하여 자신이 진정으로 원하는 것이 무엇인지 명료화하고 변화를 이뤄 가라.

 다음 질문에 답해 본다.

✔ 자신의 진정한 모습을 모두 드러내는가?

✔ 자신이 될 수 있는 모든 것을 상상하지 못하도록 하는 것은 무엇인가?

✔ 열정을 버렸는가? 이유는 무엇인가?

✔ 그것이 자신을 행복하게 했는가?

✔ 누군가의 승인을 구한 적이 있는가?

✔ 그럴 만한 가치가 있는가?

✔ 지금 어떤 두려움이 자신을 망설이게 하는가?

때로 자신이 무엇을 좋아하는지 알고 있지만, 변화를 일으킬 만한 영감이나 의욕이 없거나, 재능과 관심이 너무 많아 어떤 것을 추구해야 할지 결정하지 못할 때도 있다. 타이밍이 맞지 않을 때도 많다. 정신적으로나 감정적으로 현재 스트레스나 과거의 고통에 사로잡혀 있을 수 있다. 앞으로 나아갈 수 없을 것 같으면 인도와 이해가 올 것이고, 때가 되면 용기와 열정에 불이 붙을 것이라는 믿음으로 생각하고 기도하라. 명상을 통해 자신이나 신에게 마음을 터놓고 대화하고 일기를 쓰라. 자신의 목표, 열정, 야망이 명확하게 정의되어 있는지 물어보라. 자신의 마음에 귀를 기울이기 위해 좀 더 고요한 시간이 필요할 수도 있다.

아직 늦지 않았다

40세에 법학이 나에게 맞지 않는다는 사실을 깨달았을 때 나이가 너무 많이 들었다고 느꼈다. 나는 내가 무엇을 하고 싶은지 확신이 없었다. 몇 년 동안 마음을 탐색한 후에, 나는 심리치료사가 되고 싶다는 것을 알게 되었다. 심리학 석사학위를 받기 위해 입학하고 인턴십을 하고 결혼 및 가족 치료사 자격증을 따려고 열심히 공부했다. 자격증이 있든 없든 나이는 들어갈 텐데, 그냥 시작해도 괜찮지 않을까 하는 생각이 들었다. 직감에 따라 행동했다. 밝고 영감을 주는 세상과 새로운 우정이 나에게 열렸다.

돌이켜보면 40세는 젊은 나이다. 모세 할머니의 첫 번째 전시회는 78세에 약국에서 열렸다. 100세의 마라토너인 파우자 싱과 92세에 활동을 시작한 100세의 일본 시인 시바타 도요는 말할 것도 없다. 이들은 500마일 이상 자전거를 타고, 축구를 하고, 춤을 추고, 스카이다이빙까지 하고 있다. 어떤 시니어 올림픽 챔피언은 93세로 장대높이뛰기를 포함한 금메달 6개를 땄다! 자신을 막는 유일한 것은 자기 자신과 자신의 가능성에 대한 부정적인 신념이다. 신념은 현실이 아니다. 자신을 중요하게 여기고 변화하는 것이 목표를 향한 노력이다. 장애가 있다면, 자신의 속도를 조절하고 목표를 달성할 수 있는 도움과 방법을 찾아야 한다는 의미일 뿐이다.

목표 세우기

 성장한다는 것은 앞으로 나아가고, 새로운 것을 시도하고, 배우고, 위험을 감수한다는 의미다. 그렇지 않으면, 그대로 유지되고 성장하지 못한다. 동기가 생기거나, 상대가 있거나, 다른 변화를 위해 '언젠가'를 기다리며 하고 싶은 일을 미룬다. 자신이 실천하기까지 아무 일도 일어나지 않는다. 자신의 삶과 미래는 오늘 실천한 행동으로 결정된다. 오늘, 지금 이 순간, 이 시간이 전부다. 여정은 첫걸음으로 시작된다. 때로 그 첫 번째 단계가 가장 힘들고 그 다음 단계보다 훨씬 더 오래 걸린다. 걸어가면서 추진력이 생긴다. 움직이고 여정을 즐긴다. 반대로 정체와 미루기는 후회만 남길 뿐이다.

새로운 것을 시도하고 새로운 목표를 세우면 자신이 확장된다. 두려워하고 의심하는 것은 정상이다. 바리케이드를 치고 포기하도록 유혹하는 반대자와 비판가를 조심하라. 비판가를 자신에게 도움을 주는 코치로 바꾸라(제10장 참조). 부정적인 생각이 생길 때마다 격려와 칭찬으로 자신에게 힘을 실어 주라. 두려울 때는 내면 아이를 위로하고 안심시키라(제8장 참조). 실수하거나 목표를 끝까지 달성하지 못했을 때, 이를 인정하고 이를 통해 배우라(제19장 참조).

자신의 기술과 재능 파악하기

누구나 재능이 있다. 훈련으로 재능과 능력을 향상시킬 수 있다. 다른 사람이 알지 못하는 재능이 있는가? 친구보다 어떤 일을 더 잘하는가? 어떤 상황에서 주도적인가? 자신이 무엇을 잘하는지 잘 알고 있을 것이다. 많은 사람이 자신의 재능과 능력을 당연히 여긴다. 활동과 수업에서 자신의 재능을 활용한다. 훈련과 연습을 통해 새로운 기술을 배우고 향상시킬 수 있다. 하는 일이 재밌으면 더 빨리 배우고 싶은 동기가 생긴다.

자신에게 아이 돌보는 일이 즐겁고 아이를 이해하고 대화할 수 있는 능력이 있을 것이다. 모든 사람이 그렇지 않다. 팀장으로 자주 선출되었는가? 예산을 세우거나, 친구의 분쟁을 중재하거나, 물건을 쉽게 수리하거나, 사진을 잘 찍거나, 사람들을 즐겁게 하거나, 가장 빠르게 달리는가? 어떤 사람은 노래를 부르고, 언어를 배우고, 식물을 키우고, 논쟁에서 이기고, 다른 사람을 설득하고, 그림을 그리고, 이야기를 만들고, 색깔을 맞추고, 옷을 디자인하고, 요리법을 만든다. 나는 내가 공간 관계에 대한 적성이 높다는 사실을 생각해 본 적이 없다. 하지만 나는 여행 가방을 꼭 맞게 챙길 줄 알고 사진이 맞게 걸려 있는지, 가구가 공간에 잘 어울리는지 항상 안다.

 교회, 동아리, 학교 행사에서 자원봉사하는 것을 포함하여 자신이 맡은 직업과 직책에 대해 생각해 보라. 필요한 기술과 배운 기술을 작성하라. 예를 들어, 비서직을 맡은 경우, 타이핑, 컴퓨터 기술, 정리, 편집, 서류 작성, 서류 정리, 전화 처리, 상사 회의 일정 잡기 등 많은 기술을 사용했을 것이다. 보조금 예산을 맡았다면 연구, 전략, 작성, 분석, 구성, 편집, 설득력 있는 주장, 예산 책정, 직원과의 조정, 제안 협상 등을 해야 했다.

비전 개발하기

목표 세우기의 첫 번째 단계는 비전을 개발하는 것이다. 자신이 원하는 아이디어가 있을 때, 그것이 현실적으로 느껴지도록 감각적으로 세부 사항을 채우라. 새로운 역할이나 활동을 상상해 보라. 크게 생각하라(THINK BIG). 비전에는 가능한 한 많은 오감이 포함되어야 하며, 특히 사물이 어떻게 보이고 느껴지는지도 포함해야 한다.

 다음을 실천한다.

1. 제9장에서 제시한 이완 훈련을 하고, 마음과 몸이 편안해졌을 때 목표를 향한 각 단계를 구체화하고 달성한 모습을 자유롭게 상상하라.

   모든 감각으로 상상하라. 체중 감소가 목표라면, 아주 헐렁하고 큰 옷을 입고 있는 자신을 바라보라. 매일 체중을 재고 체중이 점점 더 줄어드는 것을 확인하라. 거울에 비친 날씬한 모습, 입고 싶은 옷을 입고, 할 수 있는 일을 하고, 날씬해진 느낌, 발가락을 내려다보는 모습을 보라. 몸이 가볍고 활동적이고 민첩하게 느껴진다. 평소에 먹던 음식을 거절하고 건강한 음식의 향과 맛을 즐기는 모습을 상상하라. 사람들의 칭찬을 들어 보라. 자존감, 자부심, 자신감, 행복을 느껴 보라.

목표가 배움이라면, 공부하고, 시험을 보고, A학점을 받고, 교사, 가족, 친구로부터 칭찬받고, 졸업장을 들고 있는 자신을 보라. 자신의 성취가 얼마나 자랑스러운지 느껴 보라.

2. 다음 단계는 일기에 자신의 목표에 대해 쓰는 것이다. 나이, 돈과 같은 장애물이 자신의 목표를 제한하지 못하게 하라.
3. 〈표 16-1〉의 각 영역에 단기 및 장기 목표를 작성하라.
4. 한두 가지 목표를 선택하여 집중하라. 목표를 달성할 수 있도록 능력에 뒷받침되는 인정하기 진술을 작성하라.
5. 잠에서 깨어났을 때 최소 5분 동안, 잠들기 전에, 목표를 달성했다고 상상해 보라. 시각화 연습을 통해 나오는 모든 감정을 느껴 보라. 최소 30일 동안 이 작업을 수행하라.
6. 비난하지 않을 사람에게 자신의 목표에 대해 이야기하라.

〈표 16-1〉 나의 목표

범주	단기 목표	달성한 날짜	장기 목표	달성한 날짜
사회				
재정				
운동				
개인적				
직업				
영양				
교육				

정보 수집하기

목표 달성을 위한 행동실천 계획을 세울 때, 목표 달성에 필요한 정보를 수집해야 한다. 경력과 관련된 목표인 경우, 기술 및 교육 요건, 잠재적 소득, 특정 면허 허가 및 요건, 사전 요구 사항을 달성하는 데 필요한 대략적인 시간, 비용, 경험에 대해 알아본다. 다음 출처에서 정보를 수집한다.

✓ 선택한 분야에서 일하는 사람과 면담한다.

✓ 도서관에서 온라인, 도서, 정기간행물을 조사한다.

✓ 세미나, 워크숍에 참석한다.

✓ 수업을 통해 정보를 얻고 기술을 개발한다.

✓ 관심 영역의 대학 및 학과에서 상담한다.

✓ 멘토를 찾는다.

✓ 진로 상담사와 상담한다.

✓ 학교 또는 대학의 진로 계획 정보원을 방문한다(이미 졸업했어도).

자격, 비용, 시간, 지원, 기술, 교통수단, 도구, 연락처, 결심을 포함하여 목표를 달성하기 위해 필요한 모든 목록을 작성하라. 또한 방해 요소와 장애물에 대해서도 작성하라. 문제를 예상하는 것은 문제를 피하는 데 도움이 된다. 계획을 단념하지 않기 위해 할 수 있는 일을 전략화하라. 예를 들어, "아버지는 내 생각을 지지하지 않으니 말하지 마세요." 또는 "공부할 시간을 위해 영화, 잡지 구독을 취소합니다."

걸음마 떼기

 목표를 달성하는 데 가장 큰 세 가지 감정적인 장애물은 다음과 같다.

1. 압도감
2. 의심
3. 두려움

목표를 성공적으로 달성하려면 목표를 단계별로 나누고 각 단계를 달성 가능한 행동실천 단계로 나눈다. 나는 고소공포증을 극복하기 위해 암벽 등반을 배웠다. 고개를 들거나 아래를 보면 겁이 났지만, 다음 발판에 집중하면서 정상에 이를 때까지 한 발 한 발 나아갔다. 요점은 너무 멀리 내다보지 말고 바로 눈앞에 있는 일을 하는 것이다. 아주 작은 걸음이라도 내딛어라. 감당할 수 있는 상태를 계속 유지하라. 목표 달성이 너무 어렵거나 불가능하다는 두려움에 압도되고 마비된 채로 미루거나 포기하지 말고 전진한다. 어떤 위대한 일도 한 번에 한 걸음씩 이뤄진다.

수집한 정보에 따라 한 가지 목표를 더 작은 단계로 나누라. 예를 들어, 오페라 가수가 되고 싶다면, 훈련과 연습이 필요하고 이탈리아어를 배워야 한다. 이후 단계는 지역사회 극장, 오케스트라, 카페에서 공연할 수 있다. 개인 코치를 고용할 여유가 없어도 장애물이 시작을 막지 못하게 하라. 다른 아이디어가 떠오르고 자신이 몰랐던 문이 열릴 것이다.

목소리를 훈련하는 단계를 실천 가능한 작은 단계로 나눌 수 있다. 첫 번째 단계는 대학 및 기타 지역에서 제공되는 코치와 수업에 대해 조사하는 것이다. 지역 교회, 회당, 기타 단체에서 개인 또는 지역사회 노래 모임이나 합창단을 찾는다. 일부는 무료이거나 기부 요청을 할 수 있다. 다음 단계는 연락하여 더 많은 정보를 얻는다. 새로운 정보로 저렴한 개인 코치를 추천받을 수 있다. 자금에 대해서는 이후에 생각한다. 할 수 있는 일부터 시작하라. 어떻게 해야 할지 모르는 단계에 대해서는 걱정하지 말라. 이탈리아어를 배울 때와 비슷한 분석과 조사를 한다. 책, CD, DVD

등 자기 계발법을 잊지 말고 목표를 향한 발걸음을 옮기기 시작하면 상상하지 못했던 가능성이 나타나고, 자신의 길을 계속 갈 수 있는 수단도 함께 나타난다. 계획을 세우고 적어 두면 행동 동기가 극대화된다. 목표를 단계별로 요약한다. 각 단계를 달성하는 데 필요한 행동 실천과 순서를 생각하라. 각 단계를 수행하는 데 필요한 시간을 추정하라. 행동 실천 계획을 세우고 매주 각 단계의 진행 상태를 표시한다.

  행동 실천 계획을 세운 다음, 매일 해야 할 일의 목록을 작성하여 각 단계를 더 세분화한다. 글쓰기는 행동 실천에 도움이 된다. 다음 날 아침에 행동 실천을 시작할 수 있도록 전날 밤에 목록을 작성하는 것이 좋다. 첫 번째 단계의 첫 번째 행동 실천 목록은 다음과 같다.

1. 도서관을 방문하여 온라인 및 모든 지역 전화번호 살펴보기
2. 지역 대학, 대학 목록 및 연락처 목록 작성하기

다음 날, 할 일 목록은 다음과 같다.

1. ○○ 대학 강의 조사하기
2. ○○ 대학의 평생 교육원 강의 조사하기
3. 노래 및 오페라와 관련된 모든 강의 목록 작성하기

  행동 실천을 시작하면, 향후 단계에 대한 새로운 아이디어가 떠오른다. 목표 전념 일기를 적으라. 실수를 기록하라. 그러면 앞으로 실수를 피할 가능성이 높아지고 성공 기록을 남길 수 있다. 자신에게 보상하고 축하하라.

제17장

도움받기

- ✓ 12단계 모임에 대해 알아보기
- ✓ 심리치료 결정하기
- ✓ 기타 교육 자료 활용하기
- ✓ 긴급 전화번호 챙기기

이 장에서는 12단계 모임, 외상 및 가정 폭력 지지 집단, 자신에게 적합한 심리치료와 치료자를 선택하는 방법에 대한 구체적인 정보를 제공한다. 심리치료에 대한 몇 가지 오해에 대해서도 설명한다.

12단계 모임과 지지 집단

제6장에서 논의하였듯이, 지지는 회복에 매우 중요하다. 지지를 받아도 습관과 생각을 바꾸기 어렵다. 하지만 지지 없이 자신의 행동, 신념, 태도를 객관적으로 보고 변화 방법에 대해 알게 되는 일은 거의 불가능하다.

12단계 모임

모임에 참석하기 위해 자신이 공동의존자라고 믿어야 할 필요는 없다. 손을 들고 자신이 공동의존자라고 말하지 않아도 되고 아무 말도 하지 않아도 된다. 모임이 어떤 곳인지 궁금하다면, 6개월 정도 모임에 참석하여 기분이 나아지는지 살펴보는 것이 좋다.

모임 찾기

익명의 알코올 중독자 모임(AA)에 기반한 12단계 프로그램은 많다. 각 프로그램마다 자체 모임이 있다. 모임마다 고유한 특성과 초점이 있다. 대부분의 프로그램은 전화 모임, 온라인 모임, 채팅이 있다. 하지만 항상 모임에 참석하여 사람들과 직접 이야기하는 것이 가장 좋다. 제6장에서, 12단계 모임의 개요와 기대 사항에 대해 설명하였다. 처음에는 일주일에 몇 번 모임에 참석하는 것이 좋다. 중독자와 함께 살고 있다면, 모임에 더 많이 참석하여 필요한 추가 지원을 받는다.

12단계 프로그램의 웹 사이트를 확인하거나 전국 또는 지역 사무실에 전화하여 모임 시간과 장소를 알아본다. 지역 사무실도 모임에 관한 질문에 정보를 제공해 줄 수 있다. 교통편이 없으면, 누군가의 도움을 받아 모임에 간다. 서비스 제공이 12단계 프로그램의 일부이기 때문에 기꺼이 돕는다.

CoDA(익명의 공동의존자 모임)는 특히 공동의존에 초점을 둔다. 해당 지역의 CoDA 모임을 찾는다. 다음 목록에 있는 프로그램들은 중독자의 친구나 가족을 위한 것이다. 알아논 가족 집단(Al-Anon Family Groups)은 가장 오래된 집단이며 많은 공동의존 문제를 해결한다. 다음 프로그램에서는 회복을 위한 유용한 정보, 지지, 도구를 제공한다.

- ACA 또는 ACoA(알코올 중독자 성인 아이): 알코올 중독자 또는 역기능적 가정에서 자란 사람을 위한 모임이다.
- 알아논 가족 집단: 알코올 중독자의 성인 가족을 위한 알아논(Al-Anon), 10대 가족

을 위한 알라틴(Alateen), 알코올 중독자 자녀를 위한 알라토트(Ala-tot)가 있다. 또한 알코올 중독자의 부모와 자녀를 위한 모임도 있다.

- Co-Anon: 코카인 중독자의 친구와 가족을 위한 모임이다.
- CoDA(익명의 공동의존자 모임): 역기능적 관계 패턴을 끝내고 기능적이고 건강한 관계를 발전시키려고 노력하는 사람들의 모임이다.
- COSA(성 중독자의 공동의존): 성중독자 가족을 위한 모임이다.
- COSLAA(익명의 성 중독자 및 연애 중독자 모임): 성 중독자 또는 연애 중독자의 친구와 가족을 위한 모임이다.
- Nar-Anon: 다른 사람의 약물 문제로 영향을 받는 사람을 위한 모임이다.
- Gam-Anon/Gam-A-Teen: 도박 중독자의 친구와 가족을 위한 모임이다.
- RCA(익명의 커플 회복 모임): 건강하게 친밀한 관계를 추구하는 다양한 중독 문제가 있는 커플을 위한 모임이다.
- FA(익명의 가족 모임): 중독자의 친구와 친척을 위한 모임이다.

공동의존자와 관련된 도움을 받을 수 있는 기타 프로그램은 다음과 같다.

- SIA(익명의 근친상간 생존자 모임): 성적 학대의 생존자를 위한 모임이다.
- LLA(익명의 사랑 중독자 모임): 사랑과 로맨스 중독의 회복을 위한 모임이다.
- SLA(익명의 성 및 연애 중독자 모임): 성 또는 연애 중독의 회복을 위한 모임이다.
- EA(익명의 정서 모임): 정서적 문제를 돕는 모임이다.
- EHA(익명의 정서 건강 모임): 정신적, 정서적 질병의 회복을 위한 모임이다.

마약, 일, 음식, 도박, 빚, 성, 흡연, 복합 중독을 위한 12단계 프로그램도 있다. 이에 대한 정보는 인터넷에서 찾을 수 있다.

이중 승자

회복 중인 중독자라면, 이차 중독이 시작되기 전에 자신의 일차 중독에 초점을 맞

춘 12단계 프로그램에서 먼저 단주/단약/단도박 등을 달성하는 것이 좋다. 공동의
존 및 관계 문제를 해결할 준비가 되면, CoDA, ACA, 알아논과 같은 프로그램에 참
여하여 '이중 승자'가 된다.

후원

후원은 12단계 프로그램의 장점 중 하나다. 한동안 모임에 참석하고 해당 프로그
램에서 수년간 활동한 회원들의 이야기를 듣거나 만난 후에, 자신이 존경하는 사람
에게 후원자가 되어 달라고를 부탁하는 것을 고려해 보라. 후원자는 모임 사이에 개
인적인 문제를 논의할 수 있는 안내자다. 또한 후원자는 12단계를 따르는 방법을
포함하여 회복 진행 방법을 지도한다. 모임에 참석하는 것 외에도, 12단계를 따르
면 변화와 성장에 도움이 된다. 때로 두 가지 프로그램에 참석하는 사람은 두 명의
후원자를 각각 둘 수 있다. 각 프로그램에 집중하고 두 가지 단계를 모두 작업한다.

기타 지지 집단

외상 생존자에 대한 정보는 다음 웹 사이트에서 확인할 수 있다.

- 외상 생존자 네트워크: 자기 근처에 있는 정보와 동료 지지 집단 찾기(http:// www.
  traumasurvivorsnetwork.org/home)
- 시드란 연구소: 외상 및 해리에 대한 도움 요청하기(http://www.sidran.org)
- PTSD 포럼: 외상 후 스트레스 장애로 고통받는 사람들을 위한 온라인 포럼
  (www.myptsd.com)

가정폭력 피해자의 쉼터와 지지 집단은 지역별로 조직되어 있다. 이는 국제 12단
계 프로그램과 달리 지역 내 단체를 검색해야 한다. 지역 쉼터에서 정보 및 집단 모
임이 있다. 자세한 정보를 제공하고 해당 지역의 집단이나 쉼터를 찾는 데 도움이
되는 웹 사이트는 다음과 같다. 또한 일부에서는 접근 금지 명령을 받는 방법 등의

법적 정보도 제공한다.

- **가정 폭력 반대 전국 연합**: 정보 및 모임(http://www.ncadv.org/)
- **핫라인**: 정보 및 응급 지원을 위한 24시간 핫라인(http://www.thehotline.org/)
- **여성법률.org**: 법률 정보, 쉼터 및 도움 링크, 채팅 및 게시판 목록(http://www.womenslaw.org/index.php), 스트레스 감소 툴킷 등의 정보 제공(http://www.helpguide.org/mental/domestic_violence_abuse_help_treatment_prevention.htm)

심리치료

12단계 프로그램에 참석하고 싶지 않을 때, 심리치료가 가장 좋은 선택이다. 또한 개인 또는 커플 상담에서 상대와 함께 더 깊은 회복 작업을 수행하기 위해 12단계 프로그램 참여는 귀중한 보조 수단이다(제6장 참조). 치료와 12단계 프로그램을 결합할 때 가장 큰 진전을 보인다.

보험 회사에 문의하여 네트워크 안팎에서 치료에 대한 보험 적용 범위에 대해 자세히 알아보라. 많은 치료자가 특정 보험회사에 소속된 서비스 제공자다. 치료자는 보험회사에 청구서를 제출하여 직접 지불받고 소액의 공동 부담금만 낸다. 보험회사와 거주지에 따라, 내담자가 해결하려는 문제에 대한 경험이 충분하고 편안하게 서비스를 제공할 수 있는 전문가를 찾을 수도 있고 찾지 못할 수도 있다. '네트워크 밖'에 있고 보험회사의 서비스 제공자가 아닌 훌륭한 치료자가 많다. 개인 보험 플랜으로 네트워크 외부의 치료자 비용의 일부를 상환받을 수 있다. 이 경우 보험회사에서 지불(또는 치료자에게 지불한 금액을 상환)을 받으려면 청구서를 제출해야 한다. 보험회사는 내담자의 진단을 알 권리가 있으며, 어떤 경우 치료 계획과 경과 보고서를 요청한다. 「건강보험양도 및 책임에 관한 법률(HIPAA)」의 개인 정보 보호 규정에 따라 고용주는 이 정보를 볼 수 없다.

편안하고 안전하다고 느껴지는 경험 많은 치료자를 찾으라. 치료자는 매우 따뜻하거나 외향적일 필요가 없다. 치료자는 치료상의 이유로 내성적인 태도를 유지하지만 차갑거나 무관심하게 보여서는 안 된다. 치료 관계는 고유하며 친구나 교사와의 관계와는 다르다. 대부분의 이야기는 개인적인 이야기와 문제를 공유하는 친구나 교사와 달리, 내담자 자신이 관심의 중심이다. 치료에 대한 몇 가지 오해는 다음과 같다.

- ✓ **치료자는 조언해야 한다.** 경험이 풍부한 치료자는 상황 해결에 대해 구체적인 조언을 하지 않는다. 치료자는 내담자에게 12단계 모임에 참석하거나 목표를 추구하도록 권할 수는 있지만, 훌륭한 치료자는 내담자의 관점을 탐색한다. 『자신의 열정을 억제하라.』라는 책에서, 래리 데이비드의 치료자가 래리에게 아내가 떠난 후 애정을 되찾는 방법을 정확히 알려 주는 에피소드가 있다. 래리는 자신의 영감을 따르지 않았기 때문에 의도하지 않은 엉뚱한 결과를 낳았다.
- ✓ **치료자는 내담자를 꿰뚫어 볼 수 있다.** 치료자가 자신을 들여다볼 수 있는 마법의 투시력이 있다고 생각하는 것이 놀랍다. 직관과 경험을 통해 치료자는 패턴과 원인에 대한 직감을 키워 나가지만, 내담자가 공개하지 않은 사실에 대해서는 모른다. 치료자의 직감이 틀렸을 때 바로 잡으라.
- ✓ **그냥 드러내기만 하면 변할 수 있다.** 치료는 자신에 관한 관심과 노력이 필요하다. 치료자는 내담자의 기억, 생각, 감정을 탐색할 때 지지하고 안내하는 협력자(즉, 파트너)다. 자기 자신과 치료에 대해 생각할수록 더 많은 것을 얻는다.
- ✓ **회기가 종료되면 치료는 종결된다.** 사실, 대부분의 치료 작업은 내담자의 환상, 꿈, 행동과 덧없는 생각 속에서, 회기 사이에 발생한다. 치료는 보호받는 환경에서 새로운 관점과 행동을 시도하는 실험실이 될 수 있다. 각 회기에서 느끼고 배운 것을 생각하고 주중에 연습한다. 그런 다음 치료자에게 돌아가서 어떻게 되었는지 이야기한다.
- ✓ **치료는 의존적으로 만든다.** 공동의존을 극복하기 위해 치료를 받는다. 누군가와 관계를 맺고 있지 않아도, 치료 관계를 맺게 되면 의존하게 될까 봐 두려울 수 있다. 관계나 치료를 멀리한다고 해서 문제가 치유되지는 않는다. 치료는 내담

자와 치료자가 정기적인 조언을 치료의 원천으로 사용하지 않는 한, 내담자를 더 독립적이고 상호의존적이 되도록 돕는다.

✓ **치료자는 미래를 예측할 수 있다.** 많은 내담자가 여자 친구를 다시 만날지, 결혼 생활이 지속될지 알고 싶어 한다. 무속인도 반은 틀린다. 치료는 무력하게 만들거나 보이지 않는 힘에 좌우되지 않는다. 치료는 미래를 바꿀 힘을 준다.

✓ **치료 후 기분이 나아지지 않으면 치료 효과는 없다.** 변화하고 회복함에 따라 감정이 오르락내리락한다. 치료는 내면을 휘젓는다. 그 과정에서 고통스러운 감정이 올라온다. 때로 우울하거나 불안하기도 하다. 특히 오래된 습관을 버릴 때 더욱 그렇다.

✓ **치료자는 내담자를 판단한다.** 치료자에게서 판단받고 있다고 느껴지면, 바로 치료자를 직면시켜라. 치료자는 인간이고 오해할 수 있다. 이런 패턴이 반복되거나 우울해지고 수치심이 든다면, 치료자 교체를 고려해 보라.

대부분의 내담자는 치료자가 자신에게 관심이 있다는 사실에 놀란다. 내담자는 자신이 호감이 없거나 사랑스럽지 않다고 느끼거나 치료자에게 영향을 주지 못한다고 느낀다. 왜냐하면 치료자와의 관계는 상호적이지 않고 치료자에게 도움이 되지 않기 때문이다.

치료에서 자신의 공동의존이 드러날 때 알아차리라. 즉, 치료자를 불신하거나, 기쁘게 하려고 하거나, 특히 치료에 대한 사실이나 감정을 숨기고 있는 경우다. 이는 모두 공동의존의 핵심이며 치료에서 이야기해야 할 것들이다.

개인 치료

개인 치료는 상대가 아닌 자신에게 초점을 맞춘다. 때로 내담자가 치료에 와서 상대나 중독자에 대해 불평하고, 왜 상대가 그렇게 좌절스럽고 잘못되었는지 치료자를 납득시키려 한다. 상대가 자신의 고통을 듣고 보기를 원하지만, 이는 자신의 성장이나 변화에 도움이 되지 않는다. 지지 집단이 그렇게 하기 좋은 곳이다. 종종 자신에게 집중하기까지 시간이 걸린다. 그렇게 할 준비가 되면 개인 치료를 최대한 활용할 수 있다. 개인 치료는 12단계 모임보다 자신에게 더 집중하고 구체적인 방식으로 행동, 신념, 사고, 역사를 이해하여 가족으로부터 분리되고, 견고하고 자신감 있는 자기 형성에 도움이 된다. 또한 문제를 해결하고, 자존감을 높이고, 목표를 달성하고, 과거로부터 문제를 해결하는 방법을 배울 수 있다. 외상이나 학대를 겪었거나 우울증이나 불안 등의 정신장애나 기분장애가 있는 경우 특히 개인 치료가 중요하다.

커플 상담

커플 상담은 부부치료를 포함한다. 관계 문제를 해결하기 위해 이상적이다. 정기적으로 약물을 남용하거나 절제하거나 단주(약)를 시작하려는 상대에게는 유용하지 않다. 커플 치료의 초점은 깨끗하고 맑은 정신을 유지하는 것이다. 12단계 모임은 의사소통, 학대, 친밀감 문제를 다루지 않는다. 한 사람만 변해도 관계는 달라지지만, 치료에서 내담자와 상대가 함께 작업하면 진보가 향상된다. 대화를 하려면 두 사람이 필요하다. 치료자는 내담자와 상대 간의 역동을 볼 수 있다.

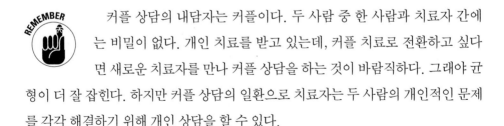 커플 상담의 내담자는 커플이다. 두 사람 중 한 사람과 치료자 간에는 비밀이 없다. 개인 치료를 받고 있는데, 커플 치료로 전환하고 싶다면 새로운 치료자를 만나 커플 상담을 하는 것이 바람직하다. 그래야 균형이 더 잘 잡힌다. 하지만 커플 상담의 일환으로 치료자는 두 사람의 개인적인 문제를 각각 해결하기 위해 개인 상담을 할 수 있다.

추천 자료

관계 및 중독에 대한 유용한 문헌(도서, 팸플릿 등)은 많다. 여기서 나열하기엔 너무 많다. 공동의존과 관련하여 알려진 저자로는 멜로디 비티, 피아 멜로디, 로빈 노우드, 어니 라슨, 클라우디아 블랙, 찰스 휘트필드, 샤론 웩스하이더-크루스, 앤 윌슨 쉐프, 자넷 보이티츠 등이 있다. 또한 외상, 폭력, 우울증, 갈등 해결, 자존감, 학대에 관한 책을 찾아보는 것도 좋다.

수치심을 치유하려면, 나의 저서, 『수치심과 공동의존 극복하기: 진정한 자신을 자유롭게 하는 8단계』를 참조하라(Hazelden.org). 도움이 될 만한 두 권의 책은 마크 굴스턴의 『초보자를 위한 외상 후 스트레스 장애』와 브라이언 쇼, 폴 리트보, 제인 어바인, 데이비드 루이스의 『초보자를 위한 중독과 회복』이다. 이 책들은 John Wilrey & Sons, Inc.에서 출판하였다.

알아논과 CoDA 웹 사이트와 모임에서 책자와 팸플릿을 반드시 확인하라. 온라인 서점과 http://www.WhatisCodependency.com에서 나의 전자책들을 만날 수 있다. 즉, 『자존감을 위한 10단계: 자기 비판을 멈추기 위한 최종 가이드』, 『자신의 마음을 전하는 방법-단호해지기와 한계 설정하기』, 『공동의존 회복 일일 성찰하기와 12단계의 영적 변화』다. 웹 사이트에서 '친밀감 댄스' '당신은 다른 사람을 기쁘게 하는 존재인가요?' '공동의존적 마음 변화시키기' '공동의존적 문제' '떠나야 할까요? 아니면 내가 원하는 변화를 할 수 있을까요?' '중요한 영적 관계-자기 사랑하기' 등의 정보가 담긴 월간 블로그 게시물을 구독할 수 있다.

비상 연락

해당 지역의 서비스 번호를 찾아보는 것이 좋다. 일부 프로그램은 핫라인만 있다. 가정 폭력에 대한 자원과 쉼터에 대한 핫라인은 지역마다 다르지만, 인터넷에서 찾을 수 있다. 지역 경찰서를 통해 가까운 쉼터를 찾을 수 있다. 폭력이 예상되면, 냉장고에 번호를 붙여 두고 미리 쉼터 정보를 파악해 두라. 위급한 위험에 처하면 신고하라.

제18장

12단계 밟아 가기

🪶 **이 장에서는**

✓ 12단계 이해하기

✓ 삶의 원칙 알아 가기

✓ 삶과 영성 통합하기

✓ 회복 계획 따르기

12단계 프로그램의 12단계는 실제로 작동하는 삶의 모델이다. 많은 공동의존자는 삶의 모델이 없다. 이들은 역기능적 가정 출신이고, 역기능적 모델을 반복하거나 건강하게 사는 방법을 모른다.

12단계는 두려움과 통제로 움직이는 자아가 아닌 진정한 자기로 기능하도록 도와주는 지침이다. '12단계 밟아 가기'는 중독에서 벗어나게 하고 성격과 영적 변화에도 영향을 준다. 각 프로그램의 첫 단계가 특정 중독에 맞도록 수정된다는 부분을 제외하고 모든 단계는 보편적인 원칙을 기반으로 하며 실제적으로 동일하다.

이 장에서는 익명의 공동의존자 모임(CoDA)의 12단계에 대해 설명한다. 순서대로 개략적으로 설명하지만 회복 및 변화 과정은 순환적이기에 선형적인 설명에는 오해의 소지가 있다.

1단계—무력함 받아들이기

우리는 다른 사람(들)에 무력했으며, 우리의 삶을 수습할 수 없게 되었다는 것을 시인했다.

물질, 행위, 다른 사람 등과 같이 중독에 대한 무력함을 받아들이는 것이 CoDA(익명의 공동의존자 모임)를 포함한 12단계 프로그램의 핵심 원칙이다. 중독자와 공동의존자는 통제에 대한 역기능적 태도를 보인다. 공동의존자는 자신이 원하는 것, 특히 행복을 위해 자신이 의존하는 사람, 모든 것을 통제하려고 한다. 공동의존자의 골치 아픈 사고와 행동은 대부분 다른 사람에게 집착하고 영향을 끼치려는 것을 중심으로 이루어져 있다.

보통 애정 상실, 건강 상실, 관계 상실 등과 같은 상실의 고통과 두려움을 피하기 위해 누군가를 통제하려 한다. 다른 사람을 통제하려는 시도는 다른 사람을 통제할 수 있다는 잘못된 사고, 즉 착각에 기초한다. 이는 자신을 계속 부정하게 만든다. 통제할 수 없는 것을 통제하려 하기에, 자신의 삶을 통제할 수 없게 된다. 통제하고 바로 잡으려는 반응과 노력이 자신에게 큰 도움이 되지 않는다면, 다른 사람이나 상황을 바꿀 힘이 자신에게 없다는 사실을 생각하라. 상당한 노력에도 자기 자신을 바꾸기 어렵다.

행복해지려고 다른 사람에게 집중할수록 더 불행해지고 자기 자신으로부터 멀어진다. 자신이 통제할 수 없는 누군가, 즉 중독자나 학대자를 통제하려고 한다. 한편, 상대에 대한 집착과 행동이 자신이 내려놓아야 하는 슬픔과 고통을 부정하게 한다. 또한 자신이 두려워하는 실제 현실과 상상 속의 현실을 부정하게 한다.

회복하면서 1단계에 대한 이해가 커진다. 이에 대한 첫 번째는 문제나 중독이 있다고 인정하는 것이다. 두 번째는 통제하려는 노력이 삶을 감당할 수 없게 했다는 것이다. 세 번째는 자신이 이에 무력하다는 것이고, 네 번째는 실제로 도움이 되는 것은 자신의 태도와 행동을 바꾸는 것이다.

무력함에 직면하기

다른 사람에게 무력하다는 사실을 받아들이는 것은 겸손이다. 통제를 내려놓기 위한 전제 조건이다. 행동을 바꾸고 집착을 내려놓는 연습은 쉽지 않다. 자아는 짜증, 불안, 분노로 이어지는 다른 사람을 변화시키려는 헛되고 좌절되고 지치는 노력을 패배로 인정하기 싫어한다.

무력함은 자신이 무능하다는 의미가 아니다. 수많은 행동(아무런 행동을 하지 않아도)이 반응하거나 무익한 행동보다 문제를 다루는 데 더 효과적이다. 또한 더 많은 평화, 명료함, 통제감을 갖는 데 더 효과적이다. 더 중요한 것은, 자신의 변화 의지와 마음을 되찾는 것이다(제12장의 내려놓는 방법 참조).

 자신의 삶에 적용되는 무력함을 더 잘 이해하기 위해, 다음 질문에 답해 본다.

✓ 무엇을 상상하면 행복해지는가?
✓ 자신이 다른 사람에 대해 무력하다고 생각하는가?
✓ 누군가의 행동에 대해 책임감을 느끼는가?
✓ 상대의 행동을 통제할 수 있다고 믿는가?
✓ 누군가를 바꾸려고 시도한 일들의 목록을 작성해 보라.
✓ 자신이 무력해지는 사람과 사물의 목록을 작성해 보라.
✓ 자신의 삶을 얼마나 구체적으로 감당할 수 없는가?
✓ 어떤 감정과 신념을 내려놓지 못하는가?

미친 것 같을 때

1단계에서 자신의 행동을 보다 객관적으로 보기 시작한다. 자신의 삶과 감정은 효과가 없는 일을 똑같이 반복하여 감당할 수 없게 되었다. 행동이 합리적이고 효과적이며 친절했는지, 아니면 좋은 의도에도 다른 사람과 자신의 상처, 두려움, 실망에 단순히 반응했는지 생각해 보라. 다루기 힘들고, 습관적이고, 중독적인 행동은 때로 '자기 의지의 방종'이라 불리는 '정신 이상'의 한 형태다. 이러한 좀 더 큰 자기(self) 알아차림이 중요한 발전이다. 이것이 중독적이고 바람직하지 않은 습관, 말, 행동을 자제할 수 있게 한다.

 다른 사람을 통제하고 돕고 조종하려는 모든 정신적 · 신체적 활동을 내려놓으면 공허, 권태, 분노, 우울, 두려움 등이 동반된다. 이는 또한 상실이다. 즉, 자신의 역할, 통제에 대한 환상, 관계에 대한 기대의 상실이다. 또한 자신과 자신이 사랑하는 누군가가 삶을 위협하고 무력하게 만드는 중독에 빠져 있다는 사실을 깨달으면 매우 당혹스럽다. 심지어 자신이 사랑하는 중독자의 죽음을 상상으로 슬퍼할 수도 있다. 이는 자신이 직면하지 않았다는 뜻이다(제8장 애도의 단계 참조). 가족과 친구는 오래된 관계 역동을 유지하기 위해 변화를 만류한다. 불편한 정서가 너무 커서 예전 행동이나 중독으로 되돌아가기도 한다. 다음 단계에서 약간의 안도감과 희망을 준다.

2단계-희망 찾기

우리보다 더 위대한 힘이 우리를 본 정신으로 돌아오게 해 주실 수 있다는 것을 믿게 되었다.

2단계는 자신이 전능하지는 않지만, 자신보다 더 위대한 힘이 존재한다는 사실을 전제로 한다. 삶에서 누군가를 자신보다 더 높은 힘, 즉 신으로 삼았는지, 상대의 사랑이나 승인을 얻기 위해 살았는지, 상대를 통제하고 조종하려 했는지, 그 과정에서 자신을 희생시켰는지 생각해 보라. 상대와 대체할 수 있는 사람은 누구인가? 혹은 대상은 무엇인가?

2단계는 예전 행동으로 되돌아가고 싶을 때 도움받을 수 있다는 사실을 떠올리게 한다. 많은 사람이 더 위대한 힘이 신, 하나님이라고 믿고 2단계를 실천하면서 즉각적인 안도감을 찾는다. 어떤 사람은 더 위대한 힘이 12단계의 지혜, 즉 '12단계 프로그램' 혹은 상위 자아라고 생각한다. 그러나 어떤 사람에게 2단계는 점진적인 과정을 반영한다("우리는 ~을 믿게 되었다."). 2단계는 필요할 때 도움을 받을 수 있는 대상이 있다는 확신을 주고 자신을 내려놓을 수 있도록 도와준다.

 다음을 실천한다.

✓ 제자리로 돌아가기 위해 삶에서 회복이 필요한 부분은 무엇인가? 자신의 '제정신 아닌' 행동에 대해 설명해 보라.

✓ 모든 두려움과 이를 피하거나 통제하기 위해 했던 일들을 열거한다. 효과적이었는가?

✓ 더 높은 힘에 대한 이해와 이를 통해 삶이 어떻게 변했는지 설명해 보라.

✓ 신에 대한 실망이나 분노에 대해 적어 보라.

✓ 어떻게 더 위대한 힘을 믿게 되었는지 설명해 보라.

✓ 매일 동시성을 찾고 우연의 일치를 알아차리라.

✓ 명상을 하고 안내에 귀를 기울인다. 내적 안내에 따라 행동하기 시작하라.

✓ 두려움도 희망도 없다면 어떤 선택을 할 수 있는가?

3단계-내려놓기

우리가 이해하게 된 대로, 신의 돌보심에 우리의 의지와 생명을 맡기기로 결정했다.

3단계는 삶의 감독자로서 자아의 중심적 위치를 포기하고 의지와 삶을 '우리가 하나님을 알게 되면서 하나님의 보살핌에 맡기는' 근본적인 결정을 내리도록 요청한다. '우리가 하나님을 알게 되면서'라는 말에서, 하나님에 대한 정의는 개인에게 맡긴다.

이 단계는 '내려놓기'와 '맡기기'의 실천적 이면에 있는 원칙이다. 즉, 다른 사람의 태도와 행동, 옛 행동의 재발을 유발할 수 있는 일상적인 좌절감을 자신이 통제하지 못한다는 의미다. 항복하기는 방치, 중독, 학대, 지배적인 부모의 가정에서 자란 많은 공동의존자에게 특히 두려울 수 있다. 신뢰 쌓기는 하나의 과정이지만, 더 높은 힘에 대한 믿음이 점차 커지면서, 내려놓을 수 있는 능력과 좀 더 기능적인 행동을 향해 나아가는 능력도 커진다.

신을 믿든 믿지 않든 현실은 고통스럽다. 인생이 잘 흘러가도 모든 사람은 사랑하는 사람을 상실하고 건강을 잃고 다른 것도 상실하고 결국 죽는다. 그러나 자기 의지를 포기하기로 선택하면, 현실적으로, 평온하게 삶을 받아들일 수 있고, 더 효과적으로 살 수 있다. 이는 자신의 감정을 없애는 것이 아니다. 반대로, 감정을 받아들이고 흘러가게 한다. 즉, 울어야 할 때 울고, 가장 관심 있는 행동을 실천할 수 있게 한다. 슬픔을 부정하면 마음과 활기가 걷히고 웃음이 차단된다. 이는 자신의 진정한 안전과 기쁜 순간의 경험을 여는 것이다.

3단계는 목표가 없거나 목표를 향해 노력하지 않는다는 의미가 아니다. 원하는 결과를 얻으려면 요령 있게 행동해야 한다. 이는 현재에 살고 결과나 다른 사람을 통제하지 말라고 가르쳐 준다. 사실, 걱정이나 해결책을 강요하기보다 계획과 행동이 바로 이 순간에 필요한 것이다. 이제 자신의 의지가 언제 발휘되는지, 어떻게 판단해야 하는지 궁금해질 것이다. 한 지혜로운 구루는 "사람은 항상 자기 의지와 신의 뜻을 구별하려고 노력한다. 일이 잘 풀리면 신의 뜻이고 그렇지 않을 때는 자기 의지라고 한다."라고 말했다.

대부분의 공동의존자는 성장하면서 의사결정에 대한 도움을 받지 못했다. 수치심과 공동의존은 자기 의심과 자신감 부족을 초래한다. 어떤 일이 일어나게 하거나 누군가에게 영향을 끼치려고 반복적으로 시도했지만, 원하는 결과를 얻지 못했다면 자기의 뜻을 강요한 것이다. 때로 피해를 입지 않으려고 너무 애쓰면 결국 자신이 해를 입는다. 또는 일어나지 않은 일들에 대해 걱정하지만, 비극은 예기치 않게 등장한다. 시행착오를 통해 실험하고 자신과 사실에 대해 더 잘 파악하고, 어떤 것이 효과가 있고 효과가 없는지, 자신의 행동과 선택에 대해 어떻게 느끼는지 알기 전까지는 신의 뜻을 알지 못할 수도 있다. 자신의 삶을 더 높은 힘에게 맡기는 것이 어렵다면 특정 문제, 행동이나 사람을 신에게 맡겨보라.

나의 세 번째 단계 이야기

제18장을 쓰면서 나는 세 번째 단계를 살 기회가 생겼다. 건강검진에서 심전도 검사를 받았는데 의사가 놀랐다. 의사는 내가 심장마비가 있었거나 언제든지 심장마비를 일으킬 수 있다고 말했다. 의사는 나에게 너무 무리하지 말라고 경고했다. 심장병 전문의에게 빨리 진료를 받지 못하면 응급실에 가라고 경고했다. 나는 어머니가 심장마비로 돌아가셨기 때문에 그런 결과가 나온 게 아니었나 하는 궁금증이 생겼다. 나는 상황과 가족력에 대해 더 자세히 알아보았다. 다른 의사와 상의하고, 5일 후에 심장병 전문의와 예약을 잡았다.

이 장을 쓰면서 불안한 마음이 진정되었다. 내가 살아 있고 숨 쉬고 있다는 사실을 잊지 않았고, 예방 치료가 필요할 때 심장 문제가 발견되어 다행이었다. 나는 내 삶을 다시 하나님, 나의 운, 나의 운명에 맡기고 편안한 한 주를 보냈다. 나는 의사의 지시를 염두에 두고 춤도 조금 추었다. 나는 휴식을 취하고 니체의 훈계인 "아모르 파티-운명을 사랑하라."라는 말을 떠올리며 계속 내려놓았다. 나의 심전도 결과는 정상이었다. 심장병 전문의는 어떻게 두 가지 전혀 다른 심전도 결과가 같은 사람의 심장인지 어이없어했다(두 가지 검사 결과지에 내 이름이 모두 적혀 있음). 결과가 근본적으로 너무 달랐기 때문에 인간의 실수를 넘어선 것이었다. 어쩌면 하나님은 나에게 속도를 늦추고 다시 더 높은 힘과 연결하길 나의 관심을 이끌어 일깨워 준 것일지도 모른다.

많은 사람이 매일 일상의 의식처럼, 처음 1~3단계를 밟는다. 어떤 사람은 "전 할 수 없습니다. 신은 할 수 있습니다. 신에게 맡깁니다."라는 간략한 문구를 사용한다. 3단계는 자신의 삶에서 누구를 의지하고 파트너로 삼을지, 자신의 삶에서 영적 존재에 대한 내적 자각과 하루를 신과 함께 보내는 것을 의미한다. 이는 수용적이고 유연하다는 것을 의미한다. 전형적인 공동의존적 태도와는 반대다.

다음을 실천한다.

✓ 자신의 삶을 되돌아볼 때, 자신이 상상한 대로 혹은 계획대로 되었는가?

✓ '내 방식대로' 살면서, 곤경에 빠진 적은 언제였는가?

✓ 진심으로 내려놓으면 어떤 일이 일어날지 두려운가?

✓ 내려놓고 싶지 않은 문제에 대해 더 위대한 힘(예: 신, 하나님 등)과의 대화를 적으라. 더 위대한 신의 힘을 빌리기 위해 자주 사용하지 않는 손을 사용하라.

✓ 자기 뜻을 신에게 맡기기 위해 매일 의식적 절차를 짜 보라.

✓ 직관의 안내를 받았거나 더 위대한 힘으로부터 받은 경고와 응답 목록을 작성하라. 작은 목소리에 귀를 기울이는 연습을 하고 정기적으로 목록에 추가하라.

4단계-자기 자신 살펴보기

철저하고 두려움 없이 우리 자신에 대한 도덕적 검토를 했다.

공동의존자는 다른 사람과 다른 사람의 문제에 너무 집중하여 종종 자신의 행동을 살피지 못한다. 불행의 근원인 다른 사람에게 집착하면 자신의 고통스러운 진실을 숨길 수 있다. 자신의 행동이 어떻게 불행을 초래하는지 전혀 모를 수도 있다. 이는 단순히 다른 사람의 행동, 운명, 불운 때문만은 아니다. 진실에 직면하기 전까지 성장은 불가능하다. 이제 4단계에서 자신의 알아차림 수준을 높여 역기능적 감정 및 행동 패턴을 파악하는 목록을 작성한다.

자신을 비난하거나 수치심을 주기 위해 4단계를 사용하지 말라. 대신 자신의 약점을 밝히기 위해 4단계를 사용하라. 이를 통해 성취감, 성장, 성숙에 필요한 자기 인식이 형성된다.

'도덕적 목록'은 어떤 행동의 옳고 그름을 나타낸다. 자기 자신과 과거의 행동을 살펴보고, 자신의 감정, 동기, 태도, '잘못에 대한 정확한 본질'을 공동의존 회복의 관점에서 정직하게 바라본다는 의미다. 이 책을 읽는 동안 자기 발견 훈련을 했다면, 목록을 작성하기 시작한 것이다. 목록을 작성할 때 비판가(제10장 참조)가 판단하지 못하게 하라. 편집하지 말고 자유롭게 작성하라. 나중에 후원자와 함께 목록을 검토하겠지만, 글을 쓸 때는 이에 대해 생각하지 않는다. 또한 과거를 검토할 때 '두려워하지 않고 탐색하는 데' 전념하라.

모든 단계 중 4단계와 5단계는 다른 사람, 즉 이상적으로는 후원자, 심리치료자, 회복 코치, 상담자와 함께 작업해야 한다(후원에 대해서는 제17장 참조). 목록을 검토하는 몇 가지 방법이 있다. 나는 알아논에서 목록을 검토하는 세 가지 방법을 알고 있다. 세 가지 방법은 각각 달랐다. 처음에는 내가 잘못했거나 누군가에게 보상해야 할 일은 없다고 생각했다. 목록을 계속 작성할 때마다, 나는 더 정직해졌다. 내 감정에 더 깊이 파고들 수 있었다.

후원자와 협력하는 경우, 후원자의 지시에 따라 목록을 작성하는 것이 좋다. 어떤 사람은 자신의 모든 잘못을 고백하면서 인생 이야기를 쓴다. 알아논의 출판물, 『진보를 위한 청사진: 알아논의 4단계 목록』은 태도, 책임, 자기 가치, 사랑, 성품에 관한 질문을 다룬다.

어떤 사람은 AA의 책, 『익명의 알코올 중독자 모임』에서 설명하는 네 가지 칼럼 목록을 사용한다. 〈표 18-1〉에 부분적으로 소개되어 있다. 이 책에서는 현재와 과거의 분노, 두려움, 성행위에 대한 목록 작성을 권한다. 기타 성격적 결함에 대해서도 적용할 수 있다. 나는 부정직을 추가했다.

자신이 원망하거나 두려워하는 모든 사람, 기관, 원칙(예: 종교, 정당 등)과 자신의 성행동에 영향을 받은 사람들을 나열하라. 자신이 정직했는지, 질투했는지, 교활했

〈표 18-1〉 네 가지 칼럼 목록: 예시

결함	원인	영향	실수
적개심			
아내	나에게 잔소리해서	자존감, 관계, 자존심	아내를 돕지 않음(자기중심적)
	성관계 거절	성적 욕구, 관계, 자존심	아내의 욕구 무시함(이기적)(복수심) 아내를 비판함(판단적)
상사	뒷담화	자존감, 자존심, 안전	부주의(인내심 없는)(게으른) 오만(자기 의로움) 지각(무책임한)
부정직			
아내	두려움	자존감, 안전, 자존심	싸움을 피하려고 거짓말함
밥	질투	관계, 안전	DVD를 훔침
상사	수치심, 두려움, 죄책감	관계, 자존심, 야망, 재정적 안전	실수를 감추려고 거짓말함

는지, 이기적이었는지, 비열했는지 등을 생각해 보라. 다음과 같이 AA는 자신이 영향받는 일곱 가지 영역을 지정하고 있다. 즉, 자존감, 자존심(다른 사람이 자기를 보는 방식), 정서적 안전, 개인적 관계, 성관계(성적 친밀감에 대한 욕구), 재정적 안정과 야망(목표, 욕구 및 계획)이다. 각 영역이 자신의 신념이나 욕구에 어떻게 영향을 주는지 짧은 문장으로 명료화하라. 자신의 행동을 정당화하거나 다른 사람을 비난하려는 유혹은 자제하라. 목록 작성에 대한 자세한 내용은 후원자와 상의하는 것이 가장 좋다. 빈칸을 완성한 후, 각 사건에서 누구에게 피해를 줬는지 기록한다. 자기 자신을 포함하는 것도 잊지 않는다.

활동하는 동안, 자기 알아차림이 높아진다. 자신의 행동에 주의를 기울이고 다른 사람에 대한 분노, 기대, 판단, 방어, 부정직, 자신의 다른 약점에도 주의를 기울이라. 무슨 이유로 그렇게 반응하는지 자신에게 질문하라. 활동지에 쓴 내용에 대한 자신의 감정을 탐색해 본다. 기분이 나아지기 전까지 한동안 기분이 더 나빠질 수도 있다. 하지만 이것이 치료제다.

다른 유형의 목록은 〈표 18-2〉에 있다. 〈표 18-2〉에는 자신의 현재 행동을 반영하는 칸이 있다. 또한 자신에 대한 기본 신념도 검토해야 한다. 신념이 자신의 행동을 이끌어 간다.

〈표 18-2〉 나의 목록

사람	과거 행동	감정	신념	현재 행동
어머니	회피	상처, 분노, 죄책감	'충분히 괜찮지 않다.'	경계선 설정하기
배우자	조언하기 캐묻기	두려움, 적개심, 질투, 분노, 사랑받지 못함	'내가 옳아.' '그가 속이고 있어.' '난 부족해.'	내려놓기 감시하지 않기 후원자에게 전화하기

나는 일찍이 알아논에서, 후원자의 지시대로 다음 열 가지 주제에 대해 작성했다. 즉, 자존심, 분노, 원망, 게으름, 두려움, 질투, 시기, 성관계, 절도·부정직, 탐욕·폭식이다. 나에게 무슨 일이 있었는지, 당시에 어떻게 느꼈는지, 현재 어떻게 느끼고 있는지 등에 대해 성격적 결함과 관련하여 내가 기억할 수 있는 모든 것에

대해 썼다. 감정을 파악하기 위해 사건을 다시 써야 하는 경우가 많았지만, 그때의 기억이 얼마나 많이 나는지 놀랐다.

자신의 자산과 결함에 대해 작성하지 않으면 목록은 불완전하다. 수치심 때문에 생각보다 어려울 수 있다. 자신의 긍정적인 특성을 폄하하거나 당연하게 여기고 있다는 사실을 알게 될 수도 있다.

 다음을 실천한다.

✓ 자신이 원망하는 사람, 이유, 자신이 맡은 역할에 대해 작성한다.
✓ 자신의 특성을 나열한다. 어려울 경우, 친구에게 의견을 묻는다.

5단계—수치심 공유하기

우리의 잘못에 대한 정확한 본질을 신과 자신에게 그리고 다른 사람에게 시인했다.

AA에는 "자신의 비밀만큼 아프다."라는 말이 있다. 이는 성 토마스 복음과 유사하다. 성 토마스는 "자기 안에 있는 것을 꺼내면, 꺼낸 것이 자신을 구할 것이다. 자기 안에 있는 것을 꺼내지 않으면, 꺼내지 않은 것이 자신을 파멸시킬 것이다."라고 했다.

5단계는 더 위대한 힘 앞에서 연약해지고 친밀해지길 요청한다. 자기 잘못의 '정확한 본질'을 공개하도록 요청한다. 이는 또 다른 차원의 항복이다. 신, 자기 자신, 신뢰할 수 있는 사람에게 자신의 불완전함을 솔직하게 인정하여 자신의 연약함과 인간성을 경험한다. 죄책감, 적개심, 마비되어 있던 수치심이 서서히 해소되기 시작한다. 또한 자기혐오와 우울증도 사라지기 시작한다. 자기 알아차림이 커질수록 자존감도 높아진다. 치료에서 이 과정은 어린 시절의 고통과 슬픔을 회상하여 자신과 다른 사람에 대한 공감이 증가된다.

많은 사람이 자신의 목록 읽기에 대해 불안해한다. 자신이 작성한 목록을 함께 읽어 줄 후원자의 특성은 다음과 같다. 자신이 신뢰하고 존경하고 비판단적이고 12단계 프로그램을 이해하고 이전에 직접 12단계 프로그램을 밟았고 다른 사람의 목록을 읽어 준 경험이 있는 사람을 선택하는 것이 중요하다. 목록을 읽는 때는 만나는 시간과 후원자의 철저함 정도에 따라 두 번 이상의 만남이 필요하다. 이상적으로, 후원자는 자신이 간과한 감정, 동기, 태도, 결점을 찾아내고, 자신의 반복적 패턴과 부당하게 자신을 비난했던 부분을 파악할 수 있도록 도와준다. 열린 마음을 가지도록 준비하라. 이는 자신에 대해 배우고 자신의 짐을 가볍게 할 수 있는 좋은 기회다. 태도와 행동의 중요한 변화를 위한 토대를 마련한다. 과거는 바꿀 수 없지만, 과거에 대한 인식은 바꿀 수 있다. 치유될 수 있다. 용서할 의지가 있을 때 관계는 치유된다.

보통 사람은 자신의 목록을 공유한 다음, 큰 짐이 벗어지는 경험을 한다. 어떤 사람은 자신의 결점에 죄책감을 느끼기 때문에 그렇지 않다. 죄책감에 사로잡혀 있으면 죄책감이 강화되고 과거에 갇히게 된다. 진심으로 고백한 친구를 계속 처벌할 것인가? 자기 긍휼을 실천하라(긍휼과 자기 용서에 대해서는 제10장 참조). 완벽주의자는 자신이 이상적인 자아에 부응하지 못하기 때문에 자신의 결점에 대해 자기 비판적이다. 회복은 자신의 인간성을 받아들이는 자기 수용을 의미한다. 자기 판단은 수치심과 자존심을 반영한다. 자기 판단도 목록에 추가해야 할 결점이다. 12단계 프로그램은 완벽이 아닌 진보를 나타낸다. 절망하지 말라. 아직 단계의 절반도 지나지 않았다.

6단계-자기 수용하기

신께서 이러한 모든 성격상 결점을 제거해 주시도록 완전히 준비했다.

6단계는 자기 삶의 중심인 자아와 자기 의지를 점진적이고 부드럽게 축소시킨다.

먼저 다른 사람에게 자신의 무력함을 인정하고 자기보다 더 위대한 힘이 있음을 인정한다. 그런 다음 자신의 삶을 더 위대한 힘에게 맡긴다. 다음으로 자신의 결점과 가장 깊고 부끄러운 비밀 목록을 작성하고 신과 다른 사람에게 공유한다.

시간이 어느 정도 지나면, 알아차림만으로는 충분하지 않다는 사실을 깨닫기 시작한다. '완전히 준비되는 것'은 '신이 모든 성품의 결점을 제거해 주시도록' 내려놓는 항복 과정이다. 6단계는 일반적으로 자신의 외부 상황이나 대상에 대한 통제권을 포기하는 3단계와 다르다. 6단계는 회복을 통해 발전하는 개인적 변화의 심리 과정을 강조한다. 이는 자기 수용의 발전을 나타내며 변화의 문을 열어 준다.

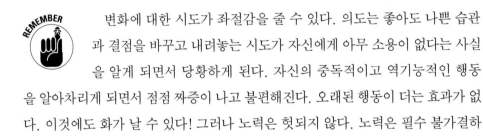

변화에 대한 시도가 좌절감을 줄 수 있다. 의도는 좋아도 나쁜 습관과 결점을 바꾸고 내려놓는 시도가 자신에게 아무 소용이 없다는 사실을 알게 되면서 당황하게 된다. 자신의 중독적이고 역기능적인 행동을 알아차리게 되면서 점점 짜증이 나고 불편해진다. 오래된 행동이 더는 효과가 없다. 이것에도 화가 날 수 있다! 그러나 노력은 헛되지 않다. 노력은 필수 불가결하다. 11단계의 기도와 명상도 마찬가지다. 그렇지만 변화에 무력감을 느끼거나 낙담할 수 있다.

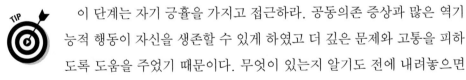

이 단계는 자기 긍휼을 가지고 접근하라. 공동의존 증상과 많은 역기능적 행동이 자신을 생존할 수 있게 하였고 더 깊은 문제와 고통을 피하도록 도움을 주었기 때문이다. 무엇이 있는지 알기도 전에 내려놓으면 생명이 위협받는 느낌을 받을 수 있다. 자신이 판단받는다고 느낄 때 방어적인 태도는 낮은 자존감을 강화한다. 다른 사람을 기쁘게 하려는 것은 수치심과 두려움에서 비롯되며, 다른 사람과 연결되어 있고 사랑받고 있다고 느끼게 해 주었다. 돌보는 사람이 되어 자기 책임을 피하는 데 도움이 되었고, 자신이 필요한 존재이고 혼자가 아니라는 가치와 안정감을 제공하였다. 아마도 경계선을 설정할 수 없었거나 관계를 떠나는 것이 두려웠기 때문에 학대를 허용하였다. 새로운 자신으로 변화하는 데는 시간이 걸린다. 적극적이고 자율적이며 자존감을 높이기 위해서는 새로운 기술이 필요하다. 오래된 습관이 유지되는 목적에 대해 배우고 없어질 때까지, 오래된 습관은 지속된다.

결국 자신의 통제력에 대한 믿음이 환상에 근거한다는 사실을 깨닫게 된다. 변화는 자기 안에서 일어난다. 하지만 자기 의지로 변화하는 것은 아니다. 절망의 벼랑, 돌이킬 수 없는 지점이 전환점이 된다. 이는 자신이 절대 상상하거나 설계할 수 없었던 해결책이다. 애벌레는 아름다운 나비가 되는 것을 상상할 수 없다.

7단계-낮아지기

신께서 우리의 단점을 없애 주시기를 겸손하게 간청했다.

이 과정에서 자신의 변화를 시도하고 자책하는 한 아무 일도 일어나지 않는다. 절망에 빠져 포기하는 지경에 이를 수도 있다. 드디어 겸손과 수용의 지점에 도달하고 자신보다 더 위대한 힘으로부터 도움을 받을 준비가 되었다. 7단계에서는 자신을 넘어선 근원에게 요청하도록 제안한다. 신과의 관계에는 겸손이 필요하다. 이는 나약함의 표시가 아닌 성숙의 표시다. 자신과 자신의 한계를 정직하게 평가했고, 많은 것들이 자신의 통제 밖에 있다는 사실을 깨달았다. 12단계 프로그램은 도움을 받을 준비가 되었을 때 도움을 받을 수 있다는 희망을 준다. 믿음과 겸손은 자신이 요구하는 모든 상황에서 더 위대한 힘이 자신의 삶에 관여하도록 허용한다. 융은 인내와 신에 대한 믿음으로 기다리는 것 외에는 할 일이 없다는 사실을 알고 있었다.

자존심과 성격적 결함을 다루는 전체 과정은 자신을 보다 더 연약하고 진실하고 겸손하게 만든다. 이 모든 것이 건강한 관계에 필요하다. 자립하고 통제할 수 있다고 느끼면, 다른 사람을 자신의 연장선으로 의존하고 통제한다. 자신의 연약함과 결점을 수용하면 다른 사람을 수용할 수 있는 능력과 긍휼히 생긴다.

8단계-해를 입힌 사람 파악하기

우리가 해를 끼친 모든 사람의 명단을 만들어서 그들 모두에게 기꺼이 보상할 용의를 갖게 되었다.

이전 단계들에서 다른 사람에 대한 공감을 일깨워야 한다. 8단계와 9단계는 행동 실천을 통해 이를 강화한다. 목록 작성하기와 후원자와의 검토를 통해, 자신이 해를 입힌 사람의 목록을 작성한다. 그들에게 어떻게 상처를 입혔는지, 왜 그들에게 보상해야 하는지 파악한다. 변명, 좋은 의도, 정당화는 하지 않는다. 불확실하거나 계속 죄책감이나 분노를 품고 있다면 목록에 추가하라. 4~9단계는 고통스러운 기억과 감정을 덜어 주기 위한 것이다.

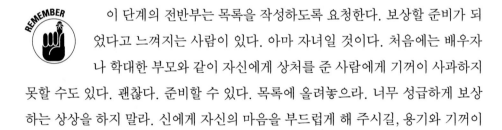 이 단계의 전반부는 목록을 작성하도록 요청한다. 보상할 준비가 되었다고 느껴지는 사람이 있다. 아마 자녀일 것이다. 처음에는 배우자나 학대한 부모와 같이 자신에게 상처를 준 사람에게 기꺼이 사과하지 못할 수도 있다. 괜찮다. 준비할 수 있다. 목록에 올려놓으라. 너무 성급하게 보상하는 상상을 하지 말라. 신에게 자신의 마음을 부드럽게 해 주시길, 용기와 기꺼이 보상할 마음을 주시길 구하라. 용서는 자신을 위한 것이고 치유하기 위함이다.

공동의존자는 목록에 자기 자신을 넣는 것을 보통 간과한다. 어떤 사람은 자신에게 보상하는 것보다 다른 사람에게 보상하기가 훨씬 쉽다는 사실을 알게 된다. 자신에게 가한 모든 자기 비난, 자기 부정, 자기 희생은 어떠한가? 경계선으로 자신을 보호하고 사랑스러운 친절함으로 자신을 보

살피지 못했는가?

9단계-보상하기

어느 누구에게도 해가 되지 않는 한, 할 수 있는 데까지 어디서나 그들에게 직접 보상했다.

대부분의 사람은 보상에 직면했을 때 두려움을 느낀다. 9단계는 겸손과 긍휼을 계속 키우는 쓰라린 약이다. 새로운 시작, 즉 새로운 삶을 살기 위해 과거의 행동에 책임을 지는 것이다. 회복 과정에서 배운 새로운 행동을 실천하는 것이다. 나(저자)를 포함하여 많은 사람이 보상에 대한 즐거운 경험을 했다. 매우 보람 있고 자존감을 높여 준다.

 9단계는 가능한 한 개인적으로 '직접' 보상하기를 권한다. 또한 구체적인 행동으로 보상한다. 일반화("내가 ○○님에게 상처를 주었다면 죄송합니다.")하거나 돌려서 말하지 않는다. 상대가 사망했거나 찾을 수 없다면, 보상할 수 있는 다른 방법을 찾으라. 예를 들어, 편지를 쓰거나 성묘하러 간다. 자원봉사를 하거나 자선단체에 기부하거나 보상해야 할 사람과 비슷한 상황에 있는 누군가를 돕는다. 어떤 보상은 돈으로 지불한다. 손상시켰거나 훔친 물품을 반환하거나 교체한다는 점에서 물질적이다. 후원자나 다른 신뢰할 수 있는 안내자와 각 보상 계획을 철저히 논의하여 적절하고 구체적으로 어떤 말을 하고 행동해야 할지 결정하는 것이 중요하다.

 보상하며 살아가는 것 또한 앞으로의 관계에서 자신의 태도와 행동을 바꾼다는 의미다. 때로 이것이 가장 좋은 형태의 보상이다. 고려해야 할 사항은 다음과 같다.

✓ 누군가가 자신에게 사과할 때 어떤 기분이 드는가? 누군가가 피해를 합리화하거나 최소화할 때 어떤 기분이 드는가?

✓ 9단계는 보상으로 누군가에게 해를 입히게 되면, 보상하지 말라고 경고한다. 아내의 불륜을 의심하지 않는 친구에게 배우자의 불륜을 폭로하는 등 자신의 죄책감을 덜기 위해 다른 사람에게 피해를 주지 않도록 주의하라. 살아가면서 보상하는 것이 더 현명한 선택이다.

✓ 용서받기를 기대하지 말라. 자기 자신을 위해 보상하고 있다.

✓ 자신의 행동을 상대 탓으로 돌리거나 변명하거나 정당화하지 말라.

✓ 상대의 학대적인 행동에 어떻게 대처할지 계획을 세우라.

✓ 가까운 사람에게 보상할 때는 행동을 바꿀 준비를 하고 보상 행동을 반복하지 말라. 바뀌지 않은 반복된 행동은 보상과 신뢰를 손상시킨다.

✓ 자신에게 보상하는 것을 잊지 말라! 이는 자존감과 개인적 성장을 위해 중요하다. 다른 사람에게 보상하는 것만큼 혹은 그 이상 보상한다(일부는 이 책에서 설명함). 자신에게 해를 입힌 방식에 대처하기 위한 구체적인 행동을 실천하라. 자기 용서에 문제가 있다면, 나(저자)의 블로그에서 제안하는 '자기 용서하기' 단계를 밟아 보라. http://www.whatiscodependency.com/ho-to-comeguilt-and-forgive-yourself

보상하기 전에 모든 기대와 분노를 내려놓으라. 자신이 보상하려는 사람은 보통 과거 행동에 대한 기억이나 지식이 없을 수 있다. 필연적으로, 화를 내거나 자기 보호 때문에 당신에게 말을 걸지 않는 사람이 생길 것이다. 유대교는 자신이 해를 끼친 모든 사람에게 보상할 것을 요구한다. 거절당하면 해결책을 제시하라. 두 번 이상 보상을 시도하면, 모든 잘못이 용서받을 수 있다. 편지로 인해 추가 피해자가 발생할 것에 대해 고려하라. 어떤 경우, 학대자가 보상하는 사람이 어떤 잘못을 했는지에 관해 이야기하는 기회로 삼으려 할 것이다. 이에 대한 대처 계획을 세우라. 처벌하기 위해 보상하는 것이 아니다.

목록에 있는 모든 사람에게 보상하려면 몇 달이 걸릴 수 있다. 그건 중요하지 않다. 보상을 원하면, 보상할 수 있는 기회가 생길 것이다. 나는 어릴 적 남자 친구를 동창회에서 만나 예기치 않게 사과했다. 목록에는 없었지만, 마음이 아프기 시작했다. 남자 친구와 관계를 끝냈을 때, 그는 매우 상처받았었다. 사과하고 싶었다. 우리 모두 감동적인 경험이었다.

10단계—매일 청소하기

인격적인 검토를 계속하여 잘못이 있을 때마다 즉시 시인했다.

회복과 영적 성장은 끝나지 않고 계속되는 과정이다. 10~12단계는 유지 단계다. 이 세 단계는 영적 삶을 살기 위한 지침이다. 회복 초기에 시작하는 것이 좋다.

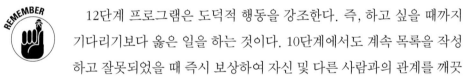 12단계 프로그램은 도덕적 행동을 강조한다. 즉, 하고 싶을 때까지 기다리기보다 옳은 일을 하는 것이다. 10단계에서도 계속 목록을 작성하고 잘못되었을 때 즉시 보상하여 자신 및 다른 사람과의 관계를 깨끗하게 유지한다. 상처받은 다음, 시간이 지날수록 상처를 입에 올리고 사과하기는 더 어려워진다. 시간은 또한 행동을 합리화하고 그 일을 '잊어버리게' 한다. 하지만 무의식은 잊지 않는다. 누군가에게 해를 끼쳤다는 사실을 알면 자존감은 계속 낮아진다. 즉각적인 보상은 또한 자기 책임감을 증진시키고 자신의 바람직하지 않은 부분에 대한 알아차림으로 통합된다. 뭔가 잘못되었다고 느껴질 때, 자신이 그 잘못과 관련이 있고 행동 실천과 변화가 자신의 개인적인 책임이라는 사실을 알게 된다. 죄책감이 자기 책임으로 전환된다. 이는 말과 행동의 효과에 대한 알아차림을 높이고 성장, 긍휼, 성숙, 평온을 촉진시킨다.

이전 단계에서의 모든 노력은 자기 자신과 행동을 더 명확하게 볼 수 있도록 도와준다. 죄책감과 후회보다 정서적 평온을 더 소중하게 여기게 된다. 자신의 실수가

다른 누구보다 자신에게 더 해롭다는 사실을 깨닫게 된다. 이 단계에서 독선, 통제, 분노에 빠지지 않도록 완화해야 한다. 공허한 사과를 하지 않는다. 대신 잘못을 인정할 수 있는 용기를 지닌다. 보통 보상의 책임은 자신에게 있다.

매일 되돌아보기를 실천하면 정직해진다. 되돌아보기로 하루를 마무리한다. 이는 자신의 옛 습관으로 되돌아가지 않게 하고 공동의존적 행동을 관리하도록 도와준다. 공동의존적 행동을 계속 검토하면 사라질 때까지 빈도는 점차 줄어든다. 목록에 자산도 포함되어 있음을 기억하라. 매일 하는 긍정적인 일도 목록으로 작성하라. 즉, 경계선을 설정하거나, 누군가에게 양보하거나, 아픈 친구에게 전화하거나, 자신을 위해 꽃을 사는 것 등의 사소한 친절이나 성취일 수도 있다. 이런 작업을 하면서, 감사할 일들을 추가하라.

매일 10단계를 실천하면 깨끗한 양심이 유지되고 자존감이 높아진다.

✓ 화를 내거나 부정직하거나 두려웠는가? 의논해야 할 일은 무엇인가?

✓ 오늘 보상해야 할 사람이 있는가?

✓ 오늘 잘한 일 세 가지를 적어보라.

✓ 감사한 것을 적어보라.

11단계-위대한 힘에 더 가까이 다가가기

기도와 명상을 통해서 우리가 이해하게 된 대로 신과 의식적인 접촉을 증진하려고 노력했다. 그리고 우리를 위한 신의 뜻만 알도록 해 주시며, 그것을 이행할 수 있는 힘을 주시도록 간청했다.

단계들을 거치면서 위대한 힘에 더 가까워지길 바란다. 11단계는 새로 발견한 영적 중심, 즉 **자기(self)**를 어떻게 발전시키고 어떻게 살아갈

지에 대한 간단한 지침을 제공한다. 그러나 의식적으로 기도하고 정기적으로 명상한다. 더 위대한 힘으로부터 내적 안내를 구하기 위해 훈련이 필요하다(자신이 신, 더 높은 힘을 이해하는 것처럼). 이는 자기 알아차림을 증가시키고 거짓된 공동의존적 자기가 아닌 진정한 자기와의 관계를 증진시킨다. 변화에 수반되는 반응성과 두려움이 줄고 옛 행동과 자아 구조가 떨어져 나가면서 불안과 공허함에 대한 내성이 증가하여 새로운 행동이 촉진된다.

3단계(자기 뜻을 더 위대한 힘의 돌보심에 맡기는 것)는 일회성 결정이 아니다. 일회성 결정은 반드시 잊어버리기 때문이다. 11단계는 규칙적으로 더 위대한 힘의 뜻에 항복하도록 일깨워 준다. 기도와 명상을 매일 실천할 때 더 위대한 힘과의 파트너십이 '향상'된다. 그렇지 않으면 일상생활의 좌절과 상처에 대한 반응으로 불안, 통제, 분노가 되돌아온다. 하지만 자신의 결정에 더 위대한 힘을 포함시키면, 불안과 초조함이 완화되어 자신감과 평화를 얻을 수 있다.

더 위대한 힘의 인도하심에 대한 요청은 건강한 습관이 될 수 있다. 더는 자신에게 의지하지 않고, 자신의 삶을 함께 창조해 나가는 파트너가 있다는 사실을 알게 된다. 11단계는 구체적인 결과를 위해 기도하거나 사람과 사건을 통제하기 위해 기도하는 옛 습관에 의존하지 않고, '더 위대한 힘의 뜻을 알기 위해서만' 기도하길 권한다. 통제나 옛 습관에 의지한 기도는 보통 실망으로 이어지는 경우가 많다. 기도는 성서 내용이거나 자신이나 다른 사람이 쓴 내용일 수도 있다. 서면으로 더 위대한 힘과 대화하거나 마음속으로 또는 큰 소리로 대화할 수 있다. "도와주세요."라고 말하는 것도 기도다. 이와 대조적으로 명상(제11장 참조)은 더 위대한 힘의 인도에 귀를 기울이기 위해 문제와 강박관념에 사로잡히지 않고 마음을 고요히 집중하는 훈련이다. 응답이 금방 오지 않을 수도 있다. 그러니 인내심을 배워야 한다.

공동의존자는 인내심에 문제가 있다. 자신이 **무언가를 해야** 한다고 믿고, 더 많은 문제를 일으키는 행동을 부추긴다. 11단계는 해결책을 강요하거나 관계, 직면, 취업 면접, 사업 거래, 시험이 어떻게 될지 걱정하지 말라고 상기시킨다. 11단계는 자신과 더 위대한 힘의 계획이 일치되도록 돕는다. 항복하는 법을 배운다. 이는 "뜻이 이루어지이다."로 요약될 수 있다.

알아논에 처음 나왔을 때, 나는 부모님을 심각하게 실망시키거나 남편을 화나게 하는 중대한 결정을 내려야 된다고 느꼈다. 후원자는 나에게 "지금 당장 결정을 내려야 하나요?" 라고 현명하게 물었다. 내가 "아니요."라고 대답하자, 그녀는 신에게 맡기라고 제안했다. 후원자의 지원으로 나는 몇 주 동안 매일 맡기는 작업을 계속했다. 몇 달 후 상황이 바뀌었다. 나는 아무것도 결정할 필요가 없었다. 이것은 중요한 교훈이었다.

다음 질문에 대답을 작성하거나 생각해 본다.

✓ 신을 향한 '의식적인 접촉'은 자신에게 어떤 의미인가?

✓ 마지막으로 신에게 도움을 구한 것이 언제인가? 무슨 일로 요청했는가?

✓ 더 위대한 힘에게 기도 편지를 쓰고, 자주 쓰지 않는 손으로 답장을 쓴다.

✓ 자기 뜻과 신의 뜻을 어떻게 구별하는가?

위대한 힘은 경계선을 설정하고, 관계를 정리하고, 새로운 책임을 맡고, 직업을 바꾸거나, 이사하는 등 변화에 필요한 위험을 감수할 때 용기를 주는 내면의 힘이 된다. 자신이 더는 혼자가 아니라는 사실을 깨닫는다. 이는 평소 자신의 마음을 헤아리는 것 이상의 인도이며 의존이다. 그렇게 할 때, 자신을 통해 흐르는 보편적인 힘에 접근할 수 있다. 자기(Self)가 삶을 이끌고 미래에 대한 두려움과 불안을 내려놓기 때문에, 이는 자아(ego)에 대한 사형 선고다. 인생이 흥미진진한 모험이 된다.

12단계-원칙 실천하기

이러한 단계들로 생활해 본 결과, 우리는 영적으로 각성되었고 다른 공동의존자들에게 이 메시지를 전하려고 노력했으며, 우리 일상의 모든 면에서 이 원칙을 실천하려고 했다.

 　　　12단계는 자신이 관여하는 모든 관계, 사건, 상호작용에서 자기 자신과 자신의 의식을 끌어들이기 때문에 모든 일에서 12단계 프로그램 원칙을 실천하도록 요청한다. 배우자에게는 정직하면서 사업적 거래는 속이거나, 상사에게는 화를 내면서 친구에게는 화를 내지 않는 것으로는 충분하지 않다. 이러면 양심과 평온함이 훼손되기 때문이다. 죄책감이나 원한이 마음의 그늘 아래 도사리고 있으면, 이에 계속 영향받게 된다. 자기 자신과 가장 친밀한 관계에서는 죄책감과 원한이 잘 드러나지 않을 수도 있다.

12단계는 고통받고 있는 다른 공동의존자에게 봉사하도록 권한다. 알아논의 12단계는 '공동의존자'를 '다른 사람'으로 대체한다. 12단계 프로그램에 대한 도움이 필요하고 프로그램에 대해 듣고 싶어 하는 사람이면 누구에게든 봉사할 수 있다. 메시지를 전달하는 것이 다른 사람의 문제를 해결해 주거나 자신의 공동의존을 조장하는 것이 아니다. 다른 사람의 문제에 얽매이지 말고 자기 일에만 신경 쓰라. 그것은 재발이다. 분노를 느끼거나 다른 사람에게 집착한다면, 자신의 경계선을 무시하고 다른 사람의 경계선을 넘어선 것이다.

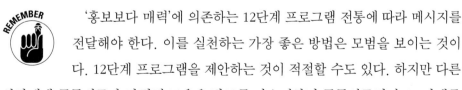 　　　'홍보보다 매력'에 의존하는 12단계 프로그램 전통에 따라 메시지를 전달해야 한다. 이를 실천하는 가장 좋은 방법은 모범을 보이는 것이다. 12단계 프로그램을 제안하는 것이 적절할 수도 있다. 하지만 다른 사람에게 공동의존과 관련된 도움을 받도록 잔소리하면 공동의존적이고 1단계를 위반하는 것이다. 조언하지 않고 문제를 스스로 해결하고 해결책을 찾도록 돕는다. 긍휼을 드러내고 필요할 경우 적절한 경계선을 설정하고 모임 참석이나 치료 요청

등과 같이 개인의 선택을 분명히 하도록 돕는다.

　12단계는 자원봉사를 하고 희망과 해결책을 공유하고 단계를 밟은 후, 모임에 새로 들어온 사람과 후원자를 찾는 사람에게 일대일 지원을 제공하는 것이다. 봉사는 희생이 아니라 보람을 느끼고 감사하는 것이다. 가장 순수한 형태다. 주는 사람도 없고 받는 사람도 없다. 주는 것과 받는 것이 하나다. 자신의 경험과 지식을 나누는 기회가 되어 매우 감사하고 기쁘다.

　단계를 실천하려면 매일 연습과 주의가 필요하다. 많은 신입 회원이 12단계 프로그램 과정이 여정인지를 잘 모른다. 시작한 지 몇 달 만에 단계들을 끝내 버린다. 12단계 프로그램은 절대 완전히 끝내지 못한다. 이는 부족함이나 수치심 때문이 아니라 인간 본성 때문이다. 이런 원칙을 자신의 삶에 적용한다는 약속이 변화다. 본질적으로는 자기 자신이지만, 자신의 행동과 태도가 바뀌는 것을 보게 될 것이다. 내면의 나침반을 찾고 덜 반응하고 더 평온하고 더 감사하게 된다.

　다음 질문에 답해 본다.

✓ 자신에게서 목격한 변화는 무엇인가?
✓ 12단계 프로그램에 참여한 다른 사람에게는 어떤 변화가 있었는가?
✓ '변혁(transformation)'을 어떻게 정의하고 설명하는가?
✓ 일상생활에서 12단계 원칙을 어떻게 적용하고 있는가?

제19장

회복 유지하기

✏️ **이 장에서는**

✓ 실수 vs. 진보 상황 이해하기

✓ 중독에 현명해지기

✓ 재발 다루기

이 장에서는 회복 과정에서 만나는 어려움에 관해 설명한다. 슬그머니 다가오는 공동의존에 대한 경계심 유지에 대해 설명한다. 공동의존이 관계와 반응에 슬그머니 들어오고 직장이나 다른 환경에서도 나타날 수 있다. 또 다른 문제는 공동의존에서 다른 중독으로 옮겨 가는 것이다. 또한 자신이 회복되었고 건강한 관계를 유지하고 있다고 생각할 수 있다. 하지만 머지않아 공동의존이 계속 따라왔었다는 사실을 알게 된다. 슬그머니 다가오는 공동의존을 다루기 위해 몇 가지 제안을 한다.

회복은 인생 여정이다

대부분의 12단계 프로그램 회원들은 자신이 **실수**하지 않는 한 맑은 정신을 유지하고 절제(단주, 단약 등)하는 동안 생일을 축하한다. 이는 사실 공동의존에는 적용되지 않는다. 알아논과 익명의 공동의존자 모임에서는 생일 축하가 절제의 의미가 아니라 회원 유지 기간을 나타낸다. 다시 말해, 노력하여 성취하고 시도한 것만 인정받는다. 그래서 나는 '재발'이라는 용어가 판단과 후퇴를 의미하기 때문에 사용하지 않는다. 공동의존자는 항상 실수한다. 과거 행동을 반복하는 것은 회복의 정상적인 부분이다. 회복은 실제 나선형으로 진행되는 학습 과정이다(제6장 참조).

12단계 프로그램에서는 완벽이 아닌 진보를 강조한다. 중독은 치료되지 않으며 평생 주의를 요하는 질병임을 기억하라. 대부분의 사람은 이런 내용을 처음 들으면 이의를 제기한다. 공동의존자, 중독자, 알코올 중독자로 분류되는 것을 수치스러워하고 좋아하지 않는다. 이들은 결손을 느끼고 빨리 회복하여 '완벽한' 상태를 유지하려고 한다. 문제는 이러한 감정과 태도 자체가 중독의 일부다. 또한 공동의존을 극복했다는 잘못된 안정감으로 이어질 수 있다. 중독자의 부정은 위험한 재발 행동의 전조가 된다. 공동의존도 마찬가지다. 인식을 유지하거나 최소한 정기적으로 자신을 점검하지 않는 한, 공동의존은 관계 속으로 스며들 수 있다.

공동의존은 매우 기본적이고 모든 중독의 기저이기 때문에 회복에는 성격, 대처기제, 행동의 근본적인 변화가 필요하다. 회복은 모든 상호작용에서, 심지어 자신에 대한 태도와 행동의 변화가 필요하다. 자기 자신과의 단절은 말할 것도 없고 다른 사람과의 단절은 실제로 불가능하다. 큰 변화를 이루고 싶지만, 최선의 노력과 의도에도 오래된 공동의존적 행동이 반복되고 있다는 사실을 알게 된다. 이는 재발이나 실수가 아니라 진행 중인 학습 및 재학습 과정의 일부다. 제6장에서 회복은 DNA의 모양처럼 나선형으로 진행된다는 사실을 기억하라. DNA를 풀려고 애쓰는 상상을 해 보라! 이는 공동의존이 어린 시절에 아주 일찍 학습되고 세대에 걸쳐 전수되기 때문에 적절한 비유다. 공동의존적 행동은 깊이 뿌리 박혀 있고, 나쁜 습관과 태도를 새로운 행동으로 바꾸고 배우려면 인내, 강인함, 끈기가 필요하다. 공동의존은 자신의 일부이자 낡은 청바지처럼 편안하다. 청바지는 낡았어도 벗고 싶지 않다.

진보가 순환적인 이유

 회복은 새로운 태도와 대안 행동을 배우는 것이다. 원숭이에 대해 생각하지 말라고 하면 원숭이를 생각하지 않으려고 원숭이를 생각한다. 하지만 누군가 코끼리에 대해 생각하라고 하면 코끼리에 대해 생각할 것이다. 요점은 회복은 단지 오래된 습관을 멈추는 것이 아니라는 것이다. 새로운 습관으로 교체해야 한다. 이러한 변화는 장기적인 목표다. 사랑하는 사람의 문제에 간섭하고 선의의 조언을 하는 습관에서 벗어나기는 쉽지 않다. 습관적으로 반응하려는 기질과 충동을 통제하려면 인식과 절제가 필요하다. 자기주장은 욕구, 필요, 감정을 인정하고 표현하려는 용기가 있어야 한다. 자기를 수용하고 사랑하는 법을 배우는 일은 평생의 여정이다.

또한 오래된 패턴을 자제하면 불안, 분노, 통제에 대한 상실감이 생긴다. 새로운 태도와 행동이 불편하게 느껴지고 두려움과 죄책감을 포함한 여러 감정이 일어난다. 이런 감정이 보통 오래된 공동의존적 행동으로 되돌아가게 한다.

회복에는 수년간의 훈련이 필요하다. 새로운 언어를 배우려면 교정과 반복이 필요하다. 오래된 습관으로 되돌아가고 있다는 사실을 알게 되면 성장 과정의 일부로, 자신을 더 많이 의식하게 된다. 자신이 무엇을 원하는지, 어떻게 행동하고 싶은지 등의 불일치를 경험하기 시작한다. 이런 불일치가 점점 더 불편해진다. 더 깊은 이해를 얻게 되고 옛 행동의 부정적인 결과를 볼 수 있게 된다.

예전의 방식은 자기 보호적이기 때문에 공동의존적인 습관을 바꾸기 어렵다. 변화를 원하지만, 예전의 방식을 내려놓으면 무섭고 고통스러운 공허가 남는다. 누구에게 "아니요."라고 말하는 것만으로 엄청난 불안을 느낀다. 버림받거나 보복에 대한 두려움이 이전 행동으로 되돌아가게 할 수도 있다. 새로운 대처 기술을 배우는 것이 중요하다. 예를 들어, 자신이 원하지 않는 일을 해달라는 요청을 받았을 때 "생각해 볼게요."라고 말하는 법을 배운다. 그런 다음 그것에 대해 글을 쓰거나 기도하거나 자신의 동기, 바람, 반응의 결과를 검토한다. 친구, 치료자, 후원자와 대화할 수도 있다. 시간이 지날수록 더 자발적이고 진실해진다. 불안한 변화의 물줄기를 헤쳐 나가려면 지지 체계와 영성 훈련이 매우 중요하다.

슬그머니 다가오는 공동의존 신호

회복 과정에서 공동의존적 행동은 밀물과 썰물처럼 밀려왔다 밀려간다. 때로 공동의존적 행동은 자신이 배우는 과정에 있다는 사실과 자신이 완전히 익혔다고 생각했던 것을 다시 배우고 있다는 사실을 끊임없이 일깨워 준다. 공동의존적 행동은 놀라거나 피곤하거나 외롭거나 자신을 보살피지 않았을 때 되돌아올 수 있다. 이것도 공동의존 증상이다. 자신을 소중히 여기고 보살피고 자신의 필요를 충족하는 방법을 배우는 것이 회복의 초석이다. 확인해야 할 몇 가지 경고 신호는 다음과 같다.

- ✓ 수면, 건강, 관계에 해가 되는 추가 근무를 한다.
- ✓ 누군가의 결점 목록을 작성한다.
- ✓ 계속 피곤하거나 감기에 걸린다.
- ✓ 분노를 품고 있다.
- ✓ 머릿속에서 누군가에게 장황하게 이야기한다.
- ✓ 정직하지 않거나 비밀이 있다.
- ✓ 자조모임에 참석하지 않는다.
- ✓ 다른 사람의 필요에 집중하고 자신의 필요와 활동을 포기한다.
- ✓ 자신이 직접 하기보다 자신과 함께 무언가를 할 다른 사람을 기다린다.
- ✓ 가족, 친구, 치료자, 후원자에게 관계 문제를 숨긴다.
- ✓ 비현실적인 목표와 기대치를 설정한다.
- ✓ 다른 누군가에게 집착한다.
- ✓ 참지 못하고 짜증이 난다.
- ✓ 자기 연민을 느낀다.
- ✓ 누군가를 지켜보고 비난하고 잔소리한다.
- ✓ 대상(예: 동물 등)에 대한 부정적인 태도가 있다.

✓ 사람들로부터 고립되거나 철수되어 있다.

✓ 지나치게 자기 비판적이거나 다른 사람들과 자신을 비교한다.

✓ 영성 훈련을 중단한다.

✓ 놀거나 여가 시간을 가지지 않는다.

유발 인자

공동의존적 패턴을 유발하는 특정 사람이나 사건이 있다(제12장 참조). 때로 더 많은 치유가 필요하다는 의미다. 또한 건강에 해로운 사람이나 상황을 피해야 한다는 의미다. 시간이 지나면서, 유발 인자가 줄어들고 자신을 신뢰하는 방법을 배운다. 대표적인 유발 인자는 과거의 외상을 상기시키는 사람이나 사건이다. 예를 들어, 성적 학대를 받았다면 성관계가 불신, 두려움, 수치심을 되살릴 수 있다. 부모나 전남편이 바람을 피웠다면, 배우자와 친구 간의 순수한 대화를 불륜으로 해석하고 불신을 느끼고 거부감과 굴욕감을 느끼기도 한다. 부모가 통제적이었다면, 상대의 요청을 부담스럽게 듣는다. 저녁 식사에 반주를 곁들이는 사람과 새로 사귀는데, 이 사람이 알코올 중독자일까 봐 두려워지기도 한다.

유발 인자의 개수는 제한이 없다. 개인의 과거 경험에 따라 다르다. 자신이 현재에 반응하는지, 과거에 반응하는지, 아니면 둘 다에 반응하는지 구별하지 못할 수도 있다. 때로 새로 만나는 사람이 음주를 권하거나 알코올을 남용한다. 상대를 잘 모르면 연애할 때 특히 불신이 나타날 수 있다. 자신이 할 수 있는 것은 다음과 같다.

✓ 과거를 치유하는 작업을 한다(제8장 참조).

✓ 유발 인자, 기억, 과거, 현재에 대한 감정 일기를 쓴다.

✓ 치료자와 상담한다.

✓ 상대와 솔직한 대화를 나누고 자신의 감정과 필요를 공유한다.

  많은 사람이 회복 과정에서 상당한 진전을 보이지만, 역기능적 가족 구성원과 함께 있으면 공동의존적 패턴으로 쉽게 되돌아간다(제14장 참조). 어떤 사람은 젊은 시절로 퇴행하는 것 같다고 말한다. 가족 역할과 의사소통 패턴은 성격, 방어, 대처 방식이 형성되었을 때 정해졌다. 가족이 변하지 않는 한 가족과 함께 새로운 행동을 오래 유지하기는 매우 어렵다. 제14장의 제안을 따르고 이 장 뒷부분에서 설명하는 대처 방법을 실천하라.

  이전 상대(예: 남편이나 애인)와 대화하면 이전 관계의 일부였던 공동의존적 패턴으로 되돌아갈 수 있다. 이전 관계가 외상적이었다면, 이전 상대와의 관계 역동으로 유발된 경험과 외상으로 유발된 감정을 다시 경험할 수도 있다. 경험적 가족 치료의 창시자인 정신과 의사 칼 휘태커는 누군가를 깊이 사랑할 때 어린 시절의 무의식적인 감정이 항상 유발될 수 있다고 믿었다. 이 과정을 **전이**(transference)라고 한다. 다음 엘라에게 일어난 일처럼, 전이는 가까운 가족과 전남편으로 인해 일어날 수 있다.

  엘라의 전남편 맥스는 매우 자기중심적이고 대화를 독점하는 편이다. 반면, 엘라는 자신이 가치가 없는 사람이라고 믿었다. 주로 들어주는 사람으로, 수동적이고 공동의존적인 역할을 맡았다. 그녀는 이기적이지 않고 자신에게 관심을 기울이는 사람과 행복한 재혼을 했다. 재혼해서 엘라는 남편과 동등한 목소리를 냈다. 공동 양육에 관해 전남편 맥스에게 이야기했지만, 맥스는 장황하게 잔소리하기 시작했다. 그녀는 맥스의 말을 어떻게 끊어야 할지, 어떻게 대화를 끝내야 할지 몰라 허둥댔다. 전화를 끊을 때마다 이를 허용해 버린 자신에게 화가 났다. 수개월 동안 언어적 경계선을 설정했다. 하지만 간헐적으로 성공했다. 그 후, 엘라는 메일과 문자 메시지로 의사소통을 제한하는 해결책을 찾았다.

교차 중독과 이후 관계

어떤 중독자는 한 가지 중독을 성공적으로 끊은 다음 다른 중독이 있다는 사실을 발견한다. 공동의존을 손에서 내려놓기 시작하면, 때로 새로운 중독으로 넘어간다. 여러 가지 중독이 있는 사람이 있다. 공동의존은 모든 중독의 기반이다. 공동의존은 자기 자신이 누구인지의 핵심으로 향하는 것이기 때문에 회복하기 가장 어렵다.

새로운 관계, 즉 이후 관계에서 공동의존적 패턴을 반복하는 것은 일반적이다. 또한 회복 중인 공동의존자는 자신도 모르게 다른 공동의존적 관계로 대체되는 경우가 흔하다.

회복 중인 사람이 진보를 이룬 후, 공동의존적 행동이 새로운 혹은 다른 상황에서 재발하는 일이 흔하다. 어떤 사람의 경우, 결혼생활은 좋아지지만 직장이나 단체생활은 어려워진다. 어떤 사람은 그 반대다.

중독 전환하기

자신이 다른 사람에 대해 무력하다는 사실을 깨닫고 분리하기 시작하면, 불안, 상실, 분노, 다양한 강한 감정이 생긴다. 이는 사랑하는 사람이나 누군가를 상실할 수도 있다는 의미일 때 더욱 그러하다. 이러한 감정과 변화에 대한 스트레스로 흡연, 섭식 장애 등과 같이 몇 년 전에 끊은 중독이 재발한다.

식사, 쇼핑, 일에 더 많은 시간을 소비하는지 등에 대해 자신에게 물어볼 몇 가지 핵심 질문은 다음과 같다.

✓ 습관에 대한 강박관념이 있는가?
✓ 강박적으로 행동하는가?
✓ 관계와 자기 보살핌에 시간을 할애하는가?

✓ 그러면 안 될 것 같은 곳에 돈을 쓰는가?

✓ 비밀스러운 행동이 있는가?

✓ 자신의 행동이 수치스러운가?

새로운 중독은 공동의존으로의 변화와 회복에 대한 감정을 더 많이 부정하고 회피하게 한다. 어쩌면 새로운 강박 행동이 대처에 도움이 되기 때문에 문제가 되지 않는다고 생각할 수도 있다. 그래서 자신이 공동의존자가 아니라고 생각한다. 틀렸다.

 공동의존은 모든 중독의 기초다. 중독으로의 대체는 자신의 회복을 우회하는 은폐일 뿐이다. 새롭고 건강한 방식으로 생각과 감정을 관리하는 방법을 배워야 한다. 가장 좋은 전략은 12단계 프로그램에서 상담이나 지원을 받아 강박 행동을 멈추는 것이다. 제11장의 제안을 실천하고 공동의존에 대한 지원을 늘리라(제17장 참조).

새로운 관계

회복 중인 많은 공동의존자는 독립성과 자존감을 더 많이 쌓은 후에 문제가 되는 관계를 떠나기로 결심한다. 삶이 개선된다. 어떤 사람은 회복하려는 중독자와 함께 살아간다. 이들은 자신의 공동의존이 치유되었다고 생각한다.

문제 있는 관계에서 벗어나면, 정서적으로 건강하고 자신에게 도움이 되는 누군가와 관계를 맺게 될 행운이 올 수 있다. 하지만 자존감이 뒷받침되지 못하면 머지않아 자신이 가치 없다고 느끼거나 관계가 지속될 수 없다는 두려움이 관계를 훼방놓기 시작한다(제16장 참조). 어떤 경우에는 다른 학대자나 중독자와의 연애는 피했지만, 다른 공동의존자와 관계를 맺는다. 어느 경우든, 핵심적인 공동의존 문제와 원인이 해결되지 않으면 자존감, 의사소통, 친밀감에 영향을 미치는 공동의존 패턴이 다시 발생한다.

신시아는 통제적이고 폭력적인 남자와 관계를 끊었다. 일에 집중하면서 행복했다. 자신의 공동의존은 과거의 일이라고 생각했다. 진지하고 침착하고 친절한 남자와의 새로운 관계에서, 공동의존적 행동이 다시 나타나는 것을 보고 실망했다. 그와 함께 있으면 즐거웠다. 신시아는 그가 영혼의 반려자라고 확신했다. 하지만 그의 일정 때문에 함께 할 시간이 충분하지 않았다. 신시아는 그에게 집착하기 시작했다. 그와 전화 통화를 하려고 친구와의 약속과 자신이 즐기던 활동을 모두 중단했다. 그와 함께 하기 위해 자신을 프레첼처럼 구부렸다. 전남편은 적어도 자신을 필요로 했다는 이유로 전남편이 그리워지기 시작했다. 전남편과 함께 생활했던 때만큼 불행해졌다. 관계를 끝냈을 때, 신시아는 사랑받을 가치가 있는 사람으로 느끼기 위해 버림받음, 친밀감, 낮은 자존감 등의 자기 문제를 해결해야 했다.

어니는 알코올 중독자와 결혼했다. 아내가 술에 취하면 보살폈다. 어니가 대부분 가족을 부양하고 육아를 담당했다. 이혼 후 데니스를 만났다. 그는 데니스가 건강을 잘 챙기고 집 리모델링 사업을 시작하려 한다는 인상을 받았다. 어니는 이혼한 후 이제 알코올 중독자와 관련이 없으므로 알아논이 자신에게 불필요한 모임으로 여겨져 참석하지 않았다. 머지않아, 어니는 데니스와 사랑에 빠졌다. 그녀에게 사업 조언을 해 주고 돈도 빌려 주었다. 이후에 그녀가 사업에 실패하고 빚이 있다는 사실을 알게 되었다. 어니는 분노했다. 그리고 판단력이 생기기 시작했다. 알아논에 다시 참석하여, 이전의 능력과 통제력 있는 행동을 회복하였다.

집단에서의 공동의존

많은 사람이 직장에서 공동의존적 패턴의 변화를 상상하지 못한다. 대신 직장에서는 아무런 힘이 없다고 생각한다. 자신의 문제는 직업과 관련 있다고 생각한다. 무의식적인 역동이 있다는 사실을 이해하지 못한다. 직업이나 조직을 탓하든, 자신을 탓하든, 이 책의 원칙과 제안을 직장이나 조직의 상호작용에서도 적용할 수 있다.

 관계와 마찬가지로, 집단에는 항상 행동과 반응, 필요 간의 갈등, 다양한 관점, 의사소통 문제가 있다. 건강하거나 역기능적인 방식으로 대응한다. 집단이나 조직에는 규칙, 특정 문화, 계층이 있다. 자신의 위치를 정해야 한다. 무의식적 연금술이 직장에서 자신의 가족 역동을 신비롭게 재현해 낸다. 자신도 모르는 사이에 집단이나 조직에서 가족에게 했던 역할을 맡는다. 조정자나 마스코트였다면(제7장 참조), 집단에서도 조정자나 마스코트로 행동한다. 가족의 희생양이었다면 직장에서도 희생양처럼 느끼기 시작한다. 어렸을 때나 직장이나 조직에서 책임감을 느끼는 영웅인 경우, 오랜 시간 일을 하고 리더가 되거나 곁을 지키는 사람이 되어 결국 소진한다. 상사나 위원장에게는 부모에게 한 반응을 하고 동료에게는 형제처럼 반응한다. 가족 내에서 자신이 어떤 역할을 했는지 모르는 경우, 반응 방식을 생각해 보라. 기쁨을 주는 사람, 철수하는 사람 혹은 순교자였는가?(제12장 참조)

때로 12단계 모임에서 어떤 한 사람이 통제하기 시작하고 일방적으로 결정하기 시작한다. 집단의 안녕을 위해 이를 무시하거나 모임을 떠나지 말고, 집단 운영 회의에서 이 문제를 제기하는 것이 중요하다. 클라라도 교회에서 비슷한 일을 겪었다.

 클라라는 헌금 봉사를 돕겠다고 자원했다. 헌금 봉사부에는 투표하여 다수결로 결정하는 규정이 있었다. 하지만 부장은 자기만의 방식을 고집하였고 매우 권위적이었다. 클라라가 제안하거나 의견을 말할 때마다 부장은 클라라의 어머니가 했던 방식으로 의견이나 제안을 일축시켰다. 어렸을 때 클라라는 자기 생각을 무시하고 포기하는 법을 배웠다. 또다시 그런 일이 되풀이되기 시작했다. 봉사부 모임의 다른 임원들도 수동적이었고 부장의 권위주의적 방식을 받아들였다. 하지만 모임 뒤에서 부장에 대해 분노하고, 불만을 토로했다. 익명의 공동의존자 모임에서 클라라는 어린 시절의 소극적인 수용 패턴이 유발되고 있다는 사실 알게 되었다. 반복하지 않으려고 다른 임원들과 대화를 나누었다. 임원들과 교회의 다수결 지침을 따르기 위해 부장에게 이야기하기로 합의했다. 이를 직면시켰을 때, 부장의 방식이 바뀌었다. 봉사부 전체가 새로운 아이디어와 생산성으로 감사와 활기를 띠었다.

 다니엘은 프리랜서 마케팅 담당자였다. 생계를 위해 마케팅 회사에 취직했다. 그는 독립적으로 일하는 데 익숙했다. 사소하게 여겨지는 일부 회사 규칙을 무시하면서 일했다. 다니엘은 성장하면서 아버지의 엄격한 규칙에 반기를 들었다. 몇 달 후, 새 직장에서 사장은 다니엘의 행동을 예의주시하여 보았고 결국 직장에서 경고를 받았다. 사장에 대한 다니엘의 적대감은 눈에 띄게 증가했다. 치료 중에 다니엘은 자신이 가족 드라마를 재현하고 있다는 사실을 깨달았다. 직장에 계속 다니기 위해 다니엘은 자신의 역할을 바꾸기로 결심했다. 그는 매니저에게 새로운 직책에 적응하는 데 어려움이 있지만 기여하고 싶고 좋은 팀원이 되고 싶다고 말했다. 그는 매니저가 자신에게 어떤 기대를 하는지, 이와 관련된 피드백을 해 달라고 요청했다. 놀랍게도 매니저는 고마워했다. 시간이 흐르면서 매니저는 다니엘에게 문제가 있다고 생각하지 않게 되었다. 또한 다니엘의 의견을 듣기 시작했다. 다니엘은 반항아에서 사장의 절친으로 바뀌었다.

어떤 직업과 조직은 역기능적이다. 일반적으로 최고경영자의 공동의존, 중독, 정신장애가 반영되어 조직 전체의 규칙과 문화가 정해진다. 그렇다고 해서 처우 방식이나 작업 의지를 변화시킬 수 없다는 의미는 아니다. 역기능적인 규칙과 문화가 정착되어 있어도 더 지지적이고 동기가 부여되는 환경으로 달라질 수 있다. 때로, 직장을 그만두기 전에 자신의 자존감을 높여야 한다.

 다음은 집단과 작업 환경에서 생각해야 하는 몇 가지 질문이다.

✓ 집단이나 일대일로 상호작용하는 것 중에서 어느 것이 더 편한가?

✓ 집단 환경에서 느끼는 감정은 무엇인가? 자신이 몇 살로 느껴지는가?

✓ 상사 또는 리더와 상호작용할 때, 자신이 몇 살로 느껴지는가?

✓ 집단 또는 작업 규칙을 평가해 보라.

✓ 규칙과 집단 구조에 어떻게 반응하는가?

✓ 제7장에 나와 있는 기능적 가정과 역기능적 가정의 특성을 살펴보고 직장이나 집단의 특성과 비교해 보라.

✓ 구성원이나 직원에게 어떻게 반응하는가?

✓ 집단에서 어떤 역할을 하는가?

✓ 자신의 감정과 역할이 가족과는 어떻게 같거나 다른가?

✓ 구성원 또는 직원 간의 경계선은 무엇인가?

✓ 리더와 구성원 또는 상사와 직원 간의 경계선은 무엇인가?

✓ 리더와 상사에게 어떻게 반응하는가?

✓ 자신의 행동, 반응, 감정을 바꾸기 위해 무엇을 할 수 있는가?

레이첼은 대형 은행의 대출 담당자로 일했다. 부서 직원들은 모두 무례하고 모욕적인 부사장을 두려워하였다. 레이첼은 사적인 관계에서 단호하게 소통하는 방법에 대해 배웠지만 이런 종류의 학대는 받아들이는 것 외에는 선택의 여지가 없다고 생각했다. 어느 날 레이첼은 부사장과 비서의 대화를 우연히 들었다. 레이첼은 눈이 번쩍 뜨였다. 부사장은 비서에게 서류 처리 방식에 대해 심하게 꾸짖었다. 비서는 "제발 그런 말투로 저한테 이야기하지 마세요."라고 침착하게 말했다. 더 충격적인 사실은 부사장이 정중하게 사과하였고 말투가 부드럽게 바뀌었다. 부사장은 무례하지 않고 친절하게 행동하는 방법을 알고 있었다. 레이첼이 비서의 행동을 따라하는 것은 쉽지 않았다. 레이첼은 집보다 직장에서 무력감을 더 느꼈다. 이 경험은 레이첼에게 자신도 할 수 있다는 마음을 먹게 하였다. 그리고 회복 목표가 되었다.

샘은 학생들의 학업 성과를 감독하고, 개편하고, 개선하는 업무를 하는 사립대학 학장으로 채용되었다. 대학의 이사들 간에 정치적 내분이 있었다. 각 부서마다 다른 안건이 있다는 사실을 알게 되었다. 그는 시간이 많이 빼앗기는 상반된 업무를 맡았다. 샘은 한 가지 계획을 실행하기 위해 승인을 받았지만 다른 이사가 이를 중단시켰다. 그의 직원들은 허탈감을 느끼고 동기가 저하되었다. 샘은 회복을 잘하였지만, 직장 때문에 우울해졌다. 샘은 이런 일에 익숙하지 않았다. 샘의 가족은 서열적이고 규칙이 잘 정해져 있었다. 그는 예측 가능한 상황에서 일하길 좋아했다. 자책하고 실패자처럼 느끼는 것도 그의 패턴이었다. 샘은 계속 변화를 시도했지만, 이사회가 제대로 기능하지 않아 불가능했다. 마침내, 그는 자신의 잘못이 아니라는 사실을 깨닫고 다른 일자리를 찾았다.

실수 다루기

자신이 이를 실수든, 재생이든, 재발이라고 부르든 간에 가장 중요한 것은 정상으로 되돌아가는 것이다. 자신의 행동을 어떻게 생각하고, 자신을 어떻게 대하는지가 전환점을 만드는 열쇠다. 되돌아가는 길에는 겸손과 자기 돌봄이 필요하다.

당신은 사람이야!

어떤 사람은 자신이 완벽해야 하고 실수를 하지 않아야 한다는 생각이 자존심에서 비롯된다고 생각한다. 사실, 수치심에서 비롯된다. 어느 쪽이든, '실수'하지 않으려는 것은 공동의존 수치심의 핵심이다. 다른 사람보다 자신의 실수를 더 끔찍스럽게 여기고 때로 다른 사람의 실수를 비판하고 참지 못한다. 이런 사람은 죄책감이 있고 비난을 받으며 성장했을 수 있다. 자신의 실수를 과장하면 반응 모드를 보이는 것이다(제12장 참조). 실수나 재발에 대해 자신을 비난하는 비판가는 자신이 신뢰할 수 있는 건강한 목소리가 아니다. 이는 자신의 공동의존이 말하는 것이다! "진보는 완벽하지 않다." 자신을 수용하는 법을 배우는 것이 치유 과정의 일부다. 치유 과정에는 결점도 있고 실수도 있다.

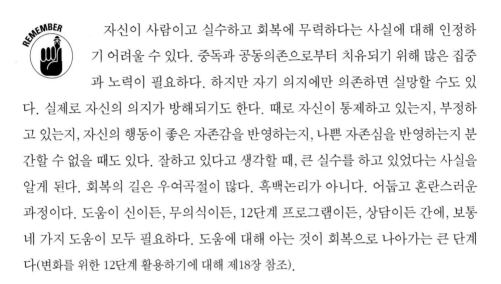

자신이 사람이고 실수하고 회복에 무력하다는 사실에 대해 인정하기 어려울 수 있다. 중독과 공동의존으로부터 치유되기 위해 많은 집중과 노력이 필요하다. 하지만 자기 의지에만 의존하면 실망할 수도 있다. 실제로 자신의 의지가 방해되기도 한다. 때로 자신이 통제하고 있는지, 부정하고 있는지, 자신의 행동이 좋은 자존감을 반영하는지, 나쁜 자존심을 반영하는지 분간할 수 없을 때도 있다. 잘하고 있다고 생각할 때, 큰 실수를 하고 있었다는 사실을 알게 된다. 회복의 길은 우여곡절이 많다. 흑백논리가 아니다. 어둡고 혼란스러운 과정이다. 도움이 신이든, 무의식이든, 12단계 프로그램이든, 상담이든 간에, 보통 네 가지 도움이 모두 필요하다. 도움에 대해 아는 것이 회복으로 나아가는 큰 단계다(변화를 위한 12단계 활용하기에 대해 제18장 참조).

책임지기

겸손해지면 자신을 현실적으로 평가하기가 더 쉽다. 책임을 지는 것은 변화를 향한 걸음이다. 책임감은 자기 수용의 터전에서 나온다(제10장 참조). 자기 판단과 죄책감에 사로잡혀 있지 않고 "맞아요, 내가 그렇게 했어요. (혹은 "내가 그렇게 말했어요.") 이제 어떻게 해야 하나요?" "내가 누구에게 상처를 입혔나요?"라고 묻는 것도 중요하다. 자기 판단이 자존감을 손상시키므로 자신을 최우선 순위에 두는 것을 잊지 말라. 죄책감이 들더라도, 책임을 지고 자기 자신을 용서하면 자존감과 행동 실천이 향상된다.

평온을 위한 기도(제12장 참조)는 '내가 할 수 있는 것을 바꾸는 것'을 강조한다. 과거는 바꾸지 못한다. 과거만 되돌아보고 자신이 한 일의 자기 판단에만 갇혀 있다면, 미래를 바꿀 수 없다. 분명히 다르게 행동할 수 있는 또 다른 기회가 온다. 그렇게 할 수 있도록 더 큰 알아차림이 생길 것이다. 더욱이, 결함과 실수에 집착하면 결함과 실수를 강화하는 데 그친다. 하지만 현재의 긍정적인 행동은 더 나은 미래를 만든다. 죄책감을 느끼는 행동을 했다면, 행동 결과에 대한 경험을 쌓게 된다. 이를 회복을 진지하게 받아들이기 위한 경종으로 생각하라.

 자신이 어떻게, 무슨 이유로 궤도에서 벗어났는지 이해하려고 노력하라. 이와 관련된 몇 가지 질문은 다음과 같다.

✓ 실수하는 것에 대해 어떻게 생각하는가?

✓ 어린 시절에 자신의 실수를 어떻게 다루었는가?

✓ 완벽을 기대하면 삶이 전반적으로 향상되는가?

✓ 완벽주의와 자책은 어떻게 자신에게 상처를 주는가?

✓ 무엇이 또는 누가 자신을 자극했는가?

✓ 어떤 감정을 느꼈는가?

✓ 동기는 무엇인가?

✓ 자신과 다른 사람이 충족시키지 못한 필요는 무엇인가?

✓ 자신의 행동으로 필요를 어떻게 충족시켰는가? 충족시키지 못했는가?

✓ 자신의 감정과 생각은 어떻게 행동으로 이어졌는가?

✓ 행동으로 이어진 상황이 과거의 일을 떠올리게 하는가?

✓ 어떤 건강한 신념, 생각, 느낌, 행동이 더 나은 결과로 이끌었는가?

✓ 자신의 행동이 자신과 다른 사람에게 어떤 영향을 미쳤는가?

✓ 누구에게 상처를 입혔는가?

✓ 어떻게 보상할 수 있는가? (제18장 참조)

자기 관리를 소홀히 하나요?

 휴식, 여가 활동, 운동, 영감, 정서적 지지를 포함한 적절한 자기 관리와 필요에 관심을 두지 않으면 재발할 우려가 더 높다(제8장 참조). 당연히, 자기 관리는 예방책이기도 하고 치료법이기도 하다. 정서적 지지는 자기 자신으로부터 시작된다. 자기 계발은 실제로 자기 성장을 촉진한다.

 재발은 자기 수용, 공감, 자기 사랑을 실천할 수 있는 기회다(제10장 참조). 다음 제안을 실천해 보라(유튜브 동영상, '자기 사랑, 자신감, 이완을 위한 세 가지 운동': https://www.youtube.com/watch?v=Td5nEdDOgsQ).

✓ 비판가와 대화하기(제10장 참조).

✓ 회복을 처음 시작했을 때를 되돌아보고 진보 상황 성찰하기

✓ 회복 성과 목록 작성하기

✓ 자산과 강점 집중하기

✓ 자신을 이해하고 용서하는 사랑의 편지 쓰기

✓ 신이나 더 위대한 힘에게 도움 요청하기

✓ 제18장의 12단계 중 6~10단계 훈련하기

자기 자신을 위한
열 가지

제5부에서는

☑ 자기 자신을 사랑하고 자신에게 잘 대하는 법에 대해 배운다.

☑ 일일 알림을 사용하여 회복의 속도를 높이고 유지하도록 돕는다.

제20장

자기를 사랑하는 방법 열 가지

🖋 **이 장에서는**

✓ 편안함 주고받기

✓ 필요 충족하기

✓ 자신을 수용하고 격려하기

✓ 자기 보호하기

✓ 취미와 열정 추구하기

공동의존의 치유에 대한 조언을 요약하면, "자신을 사랑하라."다. 다른 사람을 사랑하는 데 너무 익숙해져 있어서 이 말이 생소하게 들릴지도 모른다. 자기를 사랑하는 방법에 대해 모를 수도 있다. 사랑에는 감정뿐만 아니라 행동도 포함된다. 자신이 사랑하는 사람들을 생각해 보라. 그들을 알고, 지지하고, 격려하고, 베풀고, 행복하게 해 주고 싶을 것이다. 자신을 위해서도 그렇게 하는가? 이 장에서는 자신을 사랑하고 자신에게 베풀 수 있는 열 가지 방법을 제안한다.

자기 사랑에 몰두하기는 이기적으로 여겨질 수도 있다. 그렇지 않다. 이기심은 결핍에서 나온다. 이와 반대로, 사랑에 빠진 것처럼 행복하고 사랑으로 자신을 채울 때, 다른 사람들과 더 많이 나눌 수 있다.

자신의 존재를 즐기고 다른 사람을 '바로 잡거나' 변화시키지 않아도 기분이 더 좋아
질 수 있다.

영성 훈련하기

혼자 시간을 보내면서 자신을 사랑하라. 신을 믿든지 믿지 않든지 영성 훈련은 자
기와 더 깊은 관계를 맺는 훌륭한 수단이다. 매일 조용한 시간을 따로 갖는 일보다
자신을 존중하는 더 좋은 방법이 어디에 있는가? 영성 훈련은 종교적 신념을 필요
로 하지 않는다. 영성 훈련은 내적 인도에 접근하고 삶의 경외심을 키우고 자신과
다른 사람의 조화를 경험하기 위해 고요하고 집중할 수 있는 장소를 찾는 일이다.
자신의 진심을 듣고 찾으면 자신에게 더 큰 자신감, 명료함, 평화가 생긴다. 주변에
서 일어나는 일에 대한 통제력을 잃지 않고 반응하지 않도록 도와준다.

지지받기

도움을 요청하고 받으면서 자신을 사랑하라. 인간은 사회적인 동물이고 서로를
필요로 한다. 외로울 때, 혼란스러울 때, 불안할 때, 당혹스러울 때, 우울할 때, 손
을 뻗는 것은 자신에게 베푸는 방법이다. 때로 신에게 의지하여 위로와 인도를 받는
다. 어떤 때는 감정에 사로잡혀 혼자 생각하거나 진정할 수 없을 때도 있다. 이럴 때
다른 사람이 필요하다.

누구나 지지가 필요할 때가 있다. 문제가 지속되고 저절로 사라지지 않을 때, 친
구가 제공할 수 있는 것보다 더 많은 도움이 필요하다. 불행하게도, 어떤 사람은 도
움을 요청하고 받는 것이 나약함의 신호라고 믿는다. 다른 사람을 돕는 것에 익숙하
다면, 아마도 도움을 받을 자격이 없다고 생각하거나 마음이 편하지 않아서다. 이런
패턴을 바꾸는 것이 성장이다. 자조 모임에 나가거나 전문 상담을 받는 등과 같이

지지를 받는 것은 탐닉이나 성격적 결함이 아니다. 사실 자신의 한계를 알기 위해서는 자기 정직이 필요하고, 도움을 요청하기 위해서는 겸손과 용기가 필요하다. 그렇게 하면 다른 사람이 자신에게 베풀 수 있고 친밀하게 느낄 수 있다. 다른 사람의 사랑과 지지에 감사하는 것은 인간적이고 건강하다.

 이 책은 회복의 필수 부분으로 친구와 지지 체계의 중요성을 강조한다. 혼자서는 회복을 할 수 없고 할 필요도 없다. 정말 지지적이고 공동의존에 대한 지식이 풍부한 친구를 찾으라. 그런 사람에게 다가가라. 12단계 모임은 자신과 같은 처지에 있는 친구를 만나기에 이상적인 장소다.

필요 충족하기

자신의 필요에 주의를 기울이고 자신을 사랑하라. 다른 사람의 필요를 돌보면서 자신의 필요에 소홀했다면, 이제는 돌이켜 자신의 필요를 우선시할 때다. 반대의 경우도 발생한다. 즉, 다른 사람이 자신의 필요를 채워 주길 기대한다. 건강식품, 휴식, 운동, 건강검진, 치과 검진과 같은 기본적인 신체적 필요 사항을 해결해야 한다. 간과해 온 필요에 각별히 주의를 기울이라(제4장 참조). 외롭거나 슬프거나 화가 나거나 두렵거나 압도되거나 혼란스럽거나 피곤하거나 피해자처럼 느껴질 때, 무엇이 필요한지 자신에게 물어보라. 우울하다면 아마도 오랫동안 자기 자신에게 회피적이고 소홀히 대했을 수 있다. 이건 그렇게 어렵지 않다. 간단한 방정식은 다음과 같다.

필요 무시 → 기분 나쁨
필요 충족 → 기분 좋음

친밀감이나 우정 등과 같은 필요는 다른 사람에 의해 충족된다. 필요한 것과 원하는 것을 공개적으로 말하고 요청하는 것은 자신의 의무다. 다른 사람이 자신의 마음을 읽어 주기를 기대하면 분노와 갈등으로 이어진다.

자신의 필요와 다른 사람의 필요, 특히 필요가 서로 충돌할 때 균형을 잡으려면 알아차림, 훈련, 기술이 필요하다. 묵묵히 굴복하는 편인가? 원하는 바를 언급한 후 재빨리 굴복하는 편인가? 자신의 입장을 고수하면 이기적으로 느껴질 수도 있다. 자신에게 "예."라고 말하는 것이 다른 사람에게는 "아니요."라고 말하는 경우가 될 수 있다. 이를 기억하라.

재미있게 살기

즐거움, 여가 활동, 취미를 계획하여 자신을 사랑하라. 이런 것들도 필요하다. 문제에 집중하면 보통 문제는 더 악화된다. 균형이 없으면, 고통은 자기 연민으로 바뀌고 삶의 방식이 된다. 너무 심각하게 생각하는 사람도 있다. 이런 사람은 일과 문제에서 터널 시야가 발달한다. 이들에게 삶은 투쟁과 경쟁 또는 인내와 성취의 시험이다.

웃고 즐기는 법을 잊어버렸을 수 있다. 이는 신체의 화학적 물질 분비와 삶의 균형을 유지하는 데 중요하다. 인생은 짐이 아니라 즐기는 것이다. 휴식을 취하고, 놀고, 창의력을 발휘할 수 있는 시간을 갖고 즐기라. 이는 활력을 되찾고 현재로 이끄는 활동이다. 때로, 잠시 휴식을 취하고 즐겁게 지내면 걱정이 마법처럼 사라지고 문제에 대한 새로운 관점이 생긴다. 즐거움은 에너지와 행복감을 회복시키고 영혼에 영양을 공급하고 일의 생산성과 질을 향상시킨다.

자기 보호하기

신체적 · 정신적 · 정서적 학대로부터 자신을 보호하고 자신을 사랑하라. 누군가를 사랑한다고 해서 모욕적이거나 학대적인 말과 행동을 받아들여야 한다는 뜻이 아니다. 학대받고 있다고 생각하면, 에너지를 낭비하거나 학대자를 바꾸려고 노력하거나 자신의 입장을 설명하거나 결백을 증명하려고 애쓰거나 안전을 위태롭게 하지 마라. 그건 중요하지 않다. 다른 사람의 말과 행동을 유발하거나 책임질 수는 없다. 하지만 자신과 자녀를 보호할 책임은 있다. 말할 수 있고 한계를 설정하거나 대화를 중단하거나 방에서 나가거나 전문적인 도움을 받거나 폭력이 있을 때 경찰을 부르거나 관계를 끊을 수 있다.

자기 수용하기

외모, 감정, 생각, 중독을 포함한 자신을 있는 그대로 고유한 개인으로 사랑하라. 존중받으려 하거나 어떤 것을 증명하지 않아도 된다. 결점이 있고 실패하는 인간으로서 사랑과 존경을 받을 자격이 있다. 다른 사람의 인정을 받기 위해 변하려는 것은 아닌지 주의하라. 대신, 자기 자신이 되는 것이 더 중요하다는 사실을 상기하라. 자기 수용을 훈련하면, 다른 사람이 어떻게 생각하는지 걱정하지 않고 더 솔직하고 더 자발적으로 행동할 수 있다.

 자기 학대자인가? 자신을 판단하거나 평가하거나, 다른 사람과 비교하는지 지켜보라. 자신과 다른 사람을 꾸짖거나 가혹하게 대하는지 관찰하라.

자기 자신이 되고 수용하는 데는 시간이 걸린다. 끊임없는 자기 평가와 자기 판단으로 변화를 강요하면 꼼짝달싹하지 못한다. 그러나 자기 수용은 거의 노력을 들이지 않고 변화를 일으킬 수 있다. 실수하거나 실패할 때, 자기 비판이 일을 더 복잡하게 만든다는 사실을 기억하라. 자신을 용서하고 현재 행동에 집중하는 것이 훨씬 더 생산적이다.

상냥하게 대하기

온유함과 긍휼로 자신을 사랑하라. 차분하고 친절하게 내면의 목소리를 조절하라. 두렵거나 고통스러울 때, 자책하거나 자신에게 문제가 있다고 생각하면 상황은 더 악화된다. 더 많은 활동, 강박관념, 중독 행동으로 자신의 감정을 무시하고 주의가 흩어질 때, 그저 자신과 함께하는 연습을 하라. 불안, 슬픔, 절망, 분노, 공포 속에서 온화함과 긍휼로 자신의 곁을 지켜 주는 사람이 되라. 자기 안에 있는 아이는 자신이 필요하다. 우는 아이나 다친 동물을 보듬듯이 다정하게 자신을 위로하라. 자신을 온전한 인간으로 경청하고 용서하고 수용하라. 자신을 의지할 수 있다는 믿음을 쌓으라.

자기 격려하기

격려와 열정으로 자기를 사랑하라. 내면의 비판가를 긍정적인 코치로 변화시키라. 잘하는 일을 찾고 인정하는 습관을 들여라. 다른 사람이 자신에게 고마워하고, 칭찬하길 기다리지 말라. 자기 자신을 칭찬하고 감사하라. 사실, 계속 반복해서 칭찬하라. 자신의 좋은 자질을 당연히 여기지 말고 그것을 알아차리고 인정하라. 자신에게 적합하고 잘하는 사소한 일을 찾으라. 격려의 말을 듣는 것은 얼마나 기분 좋은 일인가! 자신을 의심하지 말고 목표를 향해 나아가는 작은 신호 하나 하나에 주의를 기울이라. 해낼 수 있다고 자신에게 말하라. 즉, "내가 원하는 건 뭐든 할 수 있어." 격려로 자신을 사랑하면서 자신감과 성공적인 성장을 지켜보라.

긍정적인 격려 → 긍정적인 행동 → 자신감

앞으로 자신을 응원하라. 별일 아닌 일에도 크게 응원하라. 매일 자신을 축하하라!

자기 표현하기

자기 자신을 표현하고 사랑하라. 너무 오랫동안 감춰져 있었다. 수치심을 치유하려면 눈에 띄는 위험을 감수해야 한다. 자신의 감정, 의견, 생각, 필요를 전달하고 숨기지 않고 존중하려고 노력하라. 설명하거나 정당화하지 않고 자신의 일을 생각하고 느낄 권리가 있다. 자존감과 다른 사람으로부터 받는 존중이 커질 것이다.

자기표현에는 창의성도 있다. 음악, 글쓰기, 디자인, 미술, 요리, 공예, 춤이나 창의성이 이끄는 대로 자신을 표현하라. 내면의 비판가에게 성가시게 하지 말고 즐거움을 창조하는 중이라고 말하라.

열정 추구하기

열정을 따라 자신을 사랑하라. 오직 자신만이 자신의 행복의 열쇠를 쥐고 있다. 자신의 바람을 쫓지 않고 설득하기만 하면 불만과 후회만 남는다. 자신의 바람이 실용적이지 않거나 수익성이 없어도, 그런 장애물이 자신을 낙담시키지 못하게 하라. 매일 목표를 실현하거나 설레는 일을 위해 작은 한 걸음이라도 내디디라. 자신의 열정이 불확실하다면 무엇이 자신에게 자극을 주는지 주의를 기울이라. 부름에 귀를 기울이고 영감을 따르고 자신이 누구인지의 충만함을 경험하기 위해 위험을 무릅쓰라.

 우울하거나 압도되어 있으면, 긍정적인 목표를 생각해 내기 어렵다. 지금은 회복을 최우선 목표로 삼으라. 시간이 지나면, 미래와 바람에 대한 더 많은 에너지와 동기가 생긴다. 인내심을 가지라. 목표나 특정 방향이 결국 나타난다.

제21장

매일 지켜야 하는 열 가지

🪶 **이 장에서는**

✔ 자신에게 집중하는 것 기억하기

✔ 자신을 존중하고 신뢰하기

✔ 서두름, 걱정, 통제 내려놓기

✔ 다른 사람들에게 다가가기

이제 공동의존에 대해 많이 이해했을 것이다. 이 책으로 연습했다면 자신에 대해 더 많이 알게 되었을 것이다. 이 모든 것을 한 번에 다 기억하려면 벅차고 많다. 이 장에서는 매일 해야 할 일 다섯 가지와 하지 말아야 할 일 다섯 가지, 즉 매일 지켜야 하는 열 가지에 관해 설명한다. 일기를 쓰고 매일 자신을 점검하라. 이는 자신의 기억과 회복 속도를 높이는 데 도움이 된다.

자기 자신에게 초점을 맞추라

다른 사람에게 초점 맞추는 것이 공동의존의 특징임을 기억하라. 다른 사람의 문제로 걱정하거나, 다른 사람이 무슨 생각을 하는지, 무슨 말을 했는지, 무엇을 했는지, 무엇을 하지 않았는지 궁금해한다. 슬그머니 뒤로 물러서서 사랑하는 사람에 관한 생각으로 몰두하기 쉽다. 헛된 집착으로 인생의 몇 시간 또는 며칠을 날려버릴 수도 있다. 반면, 자신의 삶에 집중하면 많은 이득을 본다. 자신이 통제할 수 있는 생각과 행동만이 자신의 것이다. 자신에게로 주의를 돌릴 때마다 자신이 중심이 되고 삶의 주인이 되어 회복으로 나아간다. 자기 일에만 신경 쓰고 다른 사람은 그들이 삶을 살도록 내버려 두라. 어떻게 반응할지에 대한 선택권은 항상 자신에게 있다.

걱정과는 별도로 연애나 더 행복한 관계에 대한 공상은 현재의 삶을 살지 못하도록 방해한다. 불행한 현재에서 벗어날 수는 있어도 자신의 능력 내의 변화는 책임지지 않는다. 변화할 수 있는 사람은 자신뿐이다. 도망칠 때마다 더 행복한 오늘과 내일을 만들 기회를 놓친다. 슬프고 화가 난 감정을 허용한다. 그런 다음, 일기를 쓰고 지지적인 사람에게 전화하고 모임에 나가고 산책하고 창의적인 일을 하며, 대처 기술을 활용하는 것이 훨씬 더 건설적이다.

하루 종일, 자신이 무엇을 느끼고 필요한지, 자기 생각이 자신에게 도움이 되는지 주의를 기울이라. 자신의 필요와 목표를 충족하기 위해 무엇이 필요한지 자문해 보라. 이는 해야 할 일이 많아 보이지만 그럴 만한 가치가 있다! 10%만 효과 있어도, 자신이 통제할 수 없는 다른 사람을 생각할 때보다 110% 더 효과적이다.

내려놓으라

현실을 받아들이지 않으면 고통이 따른다. 현실과 현실에 대한 자신의 감정을 통제하거나, 저항하거나, 도피할 때 더 큰 고통이 생긴다는 사실을 기억하라. 현실을 받아들이는 것이 정서적 건강과 성숙을 향한 단계다. 삶은 끊임없이 변화하고 예측할 수 없다. 하지만 이를 깨닫고 영적 자기와 깊은 관계를 맺으면 불안하더라도 안전을 찾을 수 있다. 항상 쉬운 것은 아니다. 훈련이 필요하다. 평온을 구하는 기도의 지혜가 도움이 된다.

> 주여, 제가 바꿀 수 없는 것은 그대로 받아들일 수 있는 평온을 주시고,
> 바꿀 수 있는 것은 변화시킬 수 있는 용기를 주시며,
> 이 둘을 구별할 수 있는 지혜를 허락하소서.

　사랑하는 사람을 잃었든, 자신의 한계든, 다른 사람의 결정이나 감정이든, 불행한 어린 시절이든 '내려놓기'는 현실과 평온을 마주하는 계기가 된다. 때로 알아차림과 관점의 변화가 필요하기도 하고 어떤 경우에는 애도가 필요할 때도 있다. 대부분의 경우, 다른 사람, 상황, 사건을 통제하지 않는다는 지속적인 주의와 깊은 알아차림이 필요하다. 감정 허용하기는 내려놓기 과정의 일부다. 과거도 통제할 수 없다. 비판가가 가장 좋아하는 무기는 자신이 '말했거나 해야 했던' 것에 관한 것이다. 보상과 성장을 위해 과거에 대한 성찰은 도움이 되지만 과거를 반추하는 것은 아무 소용이 없다.

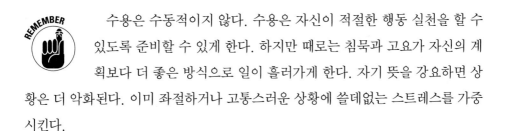

　　　　　　수용은 수동적이지 않다. 수용은 자신이 적절한 행동 실천을 할 수 있도록 준비할 수 있게 한다. 하지만 때로는 침묵과 고요가 자신의 계획보다 더 좋은 방식으로 일이 흘러가게 한다. 자기 뜻을 강요하면 상황은 더 악화된다. 이미 좌절하거나 고통스러운 상황에 쓸데없는 스트레스를 가중시킨다.

자신의 경험을 신뢰하라

　자신의 경험에 주의를 기울이고 검증하는 것을 잊지 말라. 다른 사람을 믿으면 머지않아 실망하게 된다. 신에게도 실망했을 수 있다. 회복이란 자신에 대한 신뢰를 키우는 것을 의미한다. 자신의 경험보다 사랑, 명성, 돈이나 다른 사람을 믿으면 결

국 혼란과 낙담만 남는다.

회복이 처음이라면, 수년 동안 자신의 내적 경험과 단절되어 있어서 자신을 포함한 어떤 것도 믿지 못한다. 자신을 신뢰하고 경청하는 데는 시간과 연습이 필요하다. 자신을 신뢰할수록 자신감과 위험을 감수하려는 의지가 커진다. 신뢰를 발전시키는 것이 진보 과정이다. 일반적인 단계는 다음과 같다.

1. 후원자, 치료자, 12단계 프로그램 신뢰하기(자신을 중심에 놓고 마음을 가라앉히는 데 도움이 됨)
2. 명상과 영성 관련 독서를 통해 신과 자신의 경험 신뢰하기
3. 자신의 감정, 내면의 안내와 직관에 귀 기울이기
4. 경험과 실수를 통해 배우기
5. 위험, 경험, 자신에 대한 신뢰 과정 믿기

자신의 감정을 존중하라

자신의 감정을 존중하는 것은 자신과 자신의 감정이 중요하다는 것을 말해주는 방법임을 기억하라. 사회는 불편함이나 고통을 느끼지 않도록 많은 돈을 쓰고 주의를 분산시킬 수 있는 지속적이고 풍부한 기회를 제공한다. 부정, 강박관념, 보살핌, 통제를 통해 자신의 감정을 회피하지 않도록 주의하라. 회복이란 자신의 감정을 경험하고, 명명하고, 허용하는 것을 의미한다. 감정과 함께 머물면, 감정은 구름이나 폭풍우처럼 지나간다. 감정에서 도망치면, 감정은 자신이 감정을 느끼거나 무감각해질 때까지 따라붙는다. 감정은 비논리적이다. 합리적으로 이해할 필요도 없다. 그렇다고 해서 감정이 타당하지 않거나 중요하지 않다는 의미는 아니다. 매일 일기를 쓰라. 자신을 괴롭히는 상황을 기술하고 그것에 대해 어떻게 느끼는지 자신에게 물어보라.

감정과 모든 신체 감각을 무시하거나 최소화하거나 합리화하지 마라. 배고플 때는 먹고, 피곤할 때는 자고, 추울 때는 따뜻한 옷을 입어라. 다른 사람이 다른 경험을 했거나 자신에게 동의하지 않는다고 해서 자신의 감정과 감각을 무시하지 말라. 자신의 감정은 자신의 것이다. 이는 타당하고 고유하다. 설명할 필요 없이 감정에 대한 권리는 자신에게 있다. 다른 사람이 자신에게 "해야 한다." 또는 "하지 말라."라는 말을 하도록 허용하지 말라. 특히 자기 자신에게도 그렇다! 아마 지난 수년 동안 그렇게 해 왔을 것이다. 오늘부터 자신의 감정을 존중하기 시작하라.

자기 자신이 되라

자신은 유일무이하고 단 한 번의 삶을 산다는 사실을 기억하라. 사는 기회는 딱한 번이다. 진정한 자기를 온전히 드러내는 것이 회복의 의미다. 모든 창조물은 완전하고 고유한 표현을 성장시키고 발전시키게 되어 있다. 장미 꽃봉오리가 아름다운 장미꽃으로 피어나고 애벌레가 멋진 나비로 변신하기 때문에, 이는 보통 알아논 12단계 프로그램의 상징이다. 마찬가지로 자신의 잠재력을 최대한 발휘해야 한다. 그러나 식물이나 다른 동물과는 달리, 자신이 원하는 것을 얻고 발전시키기 위해서는 노력과 자기 지식이 필요하다. 두려움 때문에 다른 사람을 즐겁게 하거나 조종하면 이는 진정한 자신이 아니다. 자기 실현에는 자신의 감정, 가치, 필요, 욕구에 대한 알아차림, 진정한 행동, 정직한 소통, 용기가 필요하다. 또한 이렇게 변화하려면 지지도 필요하다.

반응하지 말라

자신의 말과 행동이 자신을 반영하듯이, 다른 사람의 말과 행동은 그들이 누구인지 반영한다는 사실을 기억하라. 친구와 함께한 식당에서 무례하고 불쾌한 태도로 고함을 질렀다면, 이런 행동으로 친구의 명예가 손상되는 것이 아니다. 또한 친구의 상냥한 행동이 자신을 반영하는 것도 아니다. 그 반대도 그렇다.

다른 사람에게 반응하면, 자신은 힘을 잃고 문제는 더 확대된다. 반응하기(제10장 참조)보다 듣고, 생각하고, 느끼고, 답하라. 뭐라고 대답해야 할지 모르겠다면 생각해 보겠다고 말하라. 그런 다음 유발 인자와 감정에 대해 적으라. 아무것도 하지 않거나, 자신의 필요에 관한 대화를 하거나, 경계선을 설정하거나, 전문적인 정보와 도움을 받는 등 생산적인 대안을 생각하라.

서두르지 말라

12단계 프로그램에서 사용하는 에멧 폭스의 간단한 슬로건인 "여유 있게 하자."를 기억하라. 자신을 몰아붙이거나 더 노력하지 않으면 아무것도 성취되지 않고 게으름뱅이가 된다고 생각할 수 있다. 아마 이미 자신의 몫보다 더 많은 일을 하고 있을 것이다. '밀다(push)'라는 동사는 '밀어내다, 추진하다, 강요하다, 애쓰다, 밀고 나가다, 억누르다'라는 뜻이다. 이렇게 행동하는 상사를 위해 일하고 싶은가? 자기 안에 그런 사람이 살고 있는가? 자신을 압박하면 할수록 삶은 더 힘들어지고 즐겁지 않다. 실수하고 생산성은 떨어진다.

교통체증으로 약속 시간에 늦었을 때, 작곡가 호기 카마이클의 "천천히 더 빨리 갈 수 있다."라는 말이 떠오른다. 긴장하고 서두른다고 목적지에 더 빨리 도달하지 않는다. 차라리 긴장을 풀고 장미꽃 향기를 맡으며 삶의 가치를 누리는 편이 낫다.

염려하지 말라

마음을 밝게 유지하는 것을 기억하라. 초조함은 두려움을 키운다. 미래가 어떻게 될지 알 수 없다. 미래의 감정도 예측할 수 없다. 걱정하면 더 나빠진다. 현실과 맞닿을 수 없을 때까지 두려움은 점점 커지고 악순환된다. 세상과 자신의 마음은 위험한 곳이 된다. 하지만 자신이 상상하는 재앙은 절대 일어나지 않는다. 설령 재앙이 일어난다 해도, 걱정하고 염려하는 동안, 오늘의 소중한 순간들이 사라져 버린다. 반면, 준비는 건설적인 행동이므로 걱정과 다르다.

 영성 훈련은 현재에 머무르는 데 도움이 된다. 과거 또는 미래로 흘러가는 생각을 알아차리면, 즉각적으로 지각, 즉 호흡, 소리, 환경에 인식을 집중하라.

완벽해지려 하지 말라

누구나 실수한다. 하지만 완벽주의자는 이런 현실이나 자신을 받아들이지 않는다는 사실을 기억하라. 완벽주의자의 유일한 선택은 완벽하거나 실패하는 것이라고 믿는다. 실수에서 벗어나려고 애쓰면 끊임없이 긴장이 유발된다. 인간은 불완전하다. 실수를 인정하지 못한다면, 자신이 실수하지 않을까 두려운 것이다. 하지만 인간이 되는 것이 실수는 아니다.

스카치 가드, 페니실린, 초콜릿 칩 쿠키의 공통점은 무엇인가? 모두 실수에서 비롯되었다. 창의성과 관련하여 실수는 상상할 수 없는 의도치 않은 방향으로 이끌어가는 축복이다. 완벽함이 자신을 유혹할 때 유명한 일러스트레이터 노먼 록웰의 〈주식거래를 읽는 사람들〉의 세 다리를 가진 남자의 그림을 본다. 혹은 미켈란젤로가 그린 여성은 모두 그의 모델들이었는데, 남성과 닮았다는 점에 주목하라.

 완벽주의를 포기하기는 쉽지 않다. 완벽해지려는 노력을 멈추면 불편해진다. 무언가를 '완벽하게' 만드는 데는 몇 초밖에 걸리지 않거나 불가능할 수도 있다. 일을 처리하지 않거나, 명확하지 않거나, 약간 지저분하거나 더럽거나, 비대칭적인 상태로 둘 수 있는지 확인하라. 자신의 기분이 어떤지 알아차리라. 자신의 신념에 의문을 제기하고, 자기 용서를 실천하고, 비판가와 완벽주의자와 터놓고 이야기하라.

고립되지 말라

회복에는 문제를 공유하고 손을 내밀고 다른 사람들이 들어오도록 허용하는 것이 필요하다는 사실을 기억하라. 고립은 나쁜 습관이다. 우울하거나 고통스러울 때 고립되는 경향이 있다면, 이는 사랑받고 위로받은 긍정적인 경험을 하지 못해서다. 자신이 외롭거나, 다른 사람과의 연결이 필요하거나, 위로가 필요하다는 사실을 모를 수도 있다. 이것이 자신의 기분을 좋게 할 수 있다는 상상을 하지 못한다. 또한 어떤 사람은 수치심이나 외부인 같은 느낌 때문에 고립되기도 한다. 불행하게도, 고립이나 거리를 유지하면 부정적인 믿음이 강화되고 다른 사람들과 거리를 두게 되고 건강하지 못한 태도를 재구조화하지 못하도록 막는다. 건강에 해로운 습관을 끊는 방법은 고립과 반대로 행동하는 것이다.

찾아보기

내용

달린 랜서(Darlene Lancer)는 관계와 공동의존 치료를 전문으로 하는 면허가 있는 결혼 및 가족 치료자다. 랜서는 28년 동안 개인 및 커플 상담을 하고 국제 상담 코치를 해 왔으며, 전국 콘퍼런스와 언론 매체 전문가에게 인기 있는 연사다.

그의 저서로는 『수치심과 공동의존 정복하기: 진정한 자신을 자유롭게 하는 8단계』 (Hazelden)와 여러 전자책, 『**자존감을 위한 10단계—자기 비판을 멈추기 위한 최종 가이드**』, 『**자신의 마음을 전하는 방법—단호해지기와 한계 설정하기**』, 『**공동의존 회복 일일 성찰하기와 12단계의 영적 변화**』 등이 있다. 그리고 그의 기사는 전문 저널, 정신건강 웹 사이트, 랜서의 웹 사이트에 게재되어 있다(www.whatiscodependency. com). 또한 랜서의 월간 블로그를 구독하면 '내려놓기를 위한 열네 가지 팁'을 무료로 받을 수 있다.

랜서는 심리치료사가 되기 전에 법률 경력을 쌓았다. 그 기간 동안 그는 베벌리힐스 '바 엔터테인먼트' 법무위원회 공동 의장을 맡았고, 로스앤젤레스 고등법원에서 두 권의 책을 편집하고 전문 기사를 저술했다. 그는 안티오크 대학교에서 심리학 석사학위, UCLA 법학대학에서 법학 박사, 미국 법학상을 받았다.

역자 소개

신수경(Shin Soo Kyoung)

백석대학교 기독교학부 기독상담학 교수
임상심리전문가, 중독심리전문가, 범죄심리전문가
정신보건임상심리사 1급
동기면담 국제 훈련가

초보자를 위한 공동의존
관계 중독에서 자기다움을 회복하는 길
Codependency For Dummies, 2nd Edition

2023년 2월 15일 1판 1쇄 인쇄
2023년 2월 20일 1판 1쇄 발행

지은이 • Darlene Lancer
옮긴이 • 신수경
펴낸이 • 김진환
펴낸곳 • ㈜**학지사**
　　　　04031 서울특별시 마포구 양화로 15길 20 마인드월드빌딩
대표전화 • 02-330-5114　　팩스 • 02-324-2345
등록번호 • 제313-2006-000265호

홈페이지 • http://www.hakjisa.co.kr
페이스북 • https://www.facebook.com/hakjisabook

ISBN 978-89-997-2844-0　93180

정가 24,000원

출판미디어기업 **학지사**
간호보건의학출판 **학지사메디컬** www.hakjisamd.co.kr
심리검사연구소 **인싸이트** www.inpsyt.co.kr
학술논문서비스 **뉴논문** www.newnonmun.com
교육연수원 **카운피아** www.counpia.com